JOGADA PERFEITA

Publicações RBC

Jaime Fernández Garrido

JOGADA PERFEITA

A dinâmica da vida

Jogada Perfeita — A dinâmica da vida
© 2013 por Jaime Fernández Garrido
Editado e revisado por Publicações RBC sob acordo especial
com Jaime Fernández Garrido.

Tradução: Simone Olavarria, Mari Romero
Colaboração: Rafael Anselmé
Coordenação editorial: Rita Rosário
Revisão: Rita Rosário, Thaís Soler
Projeto gráfico: Audrey Novac Ribeiro
Imagem da capa: Ronam Bonfim

Dados Internacionais de Catalogação na Publicação (CIP)

Fernández Garrido, Jaime
Jogada Perfeita — A dinâmica da vida/Jaime Fernández Garrido; tradução Simone Olavarria, Mari Romero
Curitiba/PR, Publicações RBC.

Título original: *Sigue Cambiando de Ritmo*

1. Bíblia. 2. Devocional. 3. Esportes

Proibida a reprodução total ou parcial, sem prévia autorização, por escrito, da editora.
Todos os direitos reservados e protegidos pela Lei 9.610 de 19/02/1998.

Exceto quando indicado no texto, os trechos bíblicos mencionados são da edição Revista e Atualizada de João Ferreira de Almeida © 1993 Sociedade Bíblica do Brasil.

Publicações RBC
Rua Nicarágua, 2128, Bacacheri, 82515-260, Curitiba/PR, Brasil
E-mail: vendas_brasil@rbc.org
Internet: www.publicacoesrbc.com.br • www.ministeriosrbc.org
Telefone: (41) 3257-4028

Código: S2156
ISBN 978-1-60485-696-5

1.ª edição: 2013
1.ª impressão: 2013

Impresso no Brasil • Printed in Brazil

Conteúdo

Sobre o autor..6
Como utilizar este livro 7
    Janeiro..9
    Fevereiro...40
    Março 69
    Abril 100
    Maio 130
    Junho...161
    Julho..191
    Agosto...222
    Setembro 253
    Outubro...283
    Novembro...314
    Dezembro...344

Sobre o autor

DR. JAIME FERNÁNDEZ GARRIDO nasceu em 17 de abril de 1960 na província de Ourense, na comunidade autônoma da Galícia, Espanha. É casado com Míriam e tem três filhas Iami, Kenia e Mel.

Doutor em Pedagogia pela Universidade Complutense de Madrid. Compositor musical e professor de piano. Membro da *Sociedad General de Autores de España* desde o ano de 1980, com mais de 400 hinos, traduções e coros compostos. Diretor do programa evangélico na Rádio e Televisão de Galiza (TVG) *Nacer de novo* transmitido para Europa e América do Sul. Presbítero em igrejas evangélicas na Espanha desde 1979. É também presidente da *Conferência de Evangelistas da Espanha* desde 1996 e foi capelão evangélico em quatro Olimpíadas diferentes: Seul 1988, Barcelona 1992, Atlanta 1996 e Sydney 2000.

Tem vários CD's de música editados:

"Melodías para siempre", Mecovan, 1986
"Al trasluz", Mecovan, 1988
"La visita", Ave, 1990
"Grandes temas instrumentales de Navidad", A. Rivero producciones, 1995
"Fantasía", FONOMUSIC, 1997

É autor dos livros:

"Nacer de novo", 1987
"Didáctica de la lengua y enseñanza en Galicia", Tesis Doctoral, Univ. Complutense. 1987
"Cambia de ritmo", Sociedad Bíblica, 1992
"Obras para piano y concierto", Pentamusic 1998
"Cambia de ritmo", (2.ª Ed. revisada y ampliada) Sociedad Bíblica, 1998; Vida, 2004
"Con la música a otra parte", Clie, 1999
"Mais que o ouro", Sociedade Bíblica do Brasil, 2000
"Cara a cara", Portavoz, 2000, Zondervan 2007
"Compasión", Vida, 2007

Como utilizar este livro

Este é um livro diferente. Geralmente, iniciamos a leitura de um livro pela primeira página, mas neste não é preciso seguir a regra.

Na verdade, *Jogada Perfeita* foi escrito para você iniciar a leitura ainda hoje, na página do dia. É muito fácil: abra o livro na página de hoje e comece a ler!

Você pode ler vários dias de uma vez só, ou, limitar-se a uma página por dia. A decisão é sua.

Para aproveitar bem a leitura deste livro — *Jogada Perfeita* — tenha sua Bíblia em mãos, lá você encontrará os textos bíblicos mencionados em destaque. Se você fizer isso, lerá a Bíblia inteira em apenas um ano!

Após terminar a leitura deste livro devocional, você poderá relê-lo e continuará encontrando novas mensagens, especialmente ao reler as passagens bíblicas. Lembre-se que cada dia de nossas vidas é diferente. Você deverá estar disposto a encontrar novas aplicações para cada exemplo dos atletas em momentos diferentes da vida. À medida que o tempo passar você perceberá a ajuda de Deus em sua vida.

Para melhor compreensão, utilize este roteiro:

1 Cada meditação contém uma verdade bíblica. Guarde-a como um tesouro em sua mente.

2 Estes são os capítulos da Bíblia para você ler diariamente. No final do ano você terá lido a Bíblia inteira.

3 Esta frase traz a essência da mensagem do dia.

4 Este é um modelo de oração. Uma pequena ajuda para conversar com Deus.

Lembre-se que, como a Bíblia ensina, oramos sempre em nome de Jesus. E não esqueça, o mais importante não são as palavras escritas aqui. Elas são somente um auxílio expressando a compreensão da mensagem do dia. O que importa realmente são as palavras sinceras que brotam do seu coração quando estiver falando com Deus.

Sempre contigo

1 de janeiro

O mundo admira os atletas heróis. Alguns são admirados onde nasceram; a fama de outros ultrapassa as fronteiras do seu país. Se algum atleta participa de uma competição internacionalmente conhecida como a *NBA*, praticamente todos o conhecem. Daniel Santiago, de Porto Rico, é um desses casos. Ele competiu em muitos times, não só dos EUA, mas também da Europa. Desde jovem, Santiago sempre proclamou a importância da Palavra de Deus em sua vida pessoal, familiar e em sua vida como esportista.

A Bíblia é importante para você? Pense neste exemplo: por muito tempo vivemos sem telefone celular, agora isso parece quase impossível. Existem milhões de aparelhos no mundo; praticamente todas as pessoas têm um, e até dois, para uso pessoal e profissional. O que aconteceria se tratássemos a nossa Bíblia da mesma forma que o nosso celular? Se a levássemos para todo lado? Ou voltássemos para buscá-la sempre que nos esquecêssemos dela? Se em cada momento livre, parássemos para ler e meditar em suas palavras?

Recebemos as mensagens de Deus por meio da Bíblia. E se percebêssemos que não podemos viver sem ela? Imagine como a nossa vida mudaria se a lêssemos enquanto viajamos de trem ou avião, se a tivéssemos sempre "ligada"? Se estivesse sempre em nossa mesa quando comemos ou estamos numa reunião, se não pudéssemos passar um só dia sem ler e tê-la conosco?

Com a Bíblia, diferente do celular, você não precisa se preocupar com a cobertura nem falhas, nem com o pagamento de faturas, pois Deus escuta e fala com você o tempo todo. Deus nunca está inativo, Ele presenteia o Seu amor de uma maneira incondicional: Jesus já pagou tudo por todos nós.

A Bíblia está eternamente com a "bateria carregada", e por isso não é preciso recarregá-la, pois o Espírito de Deus é o poder inesgotável que precisamos para viver a fonte da vida. Também não se preocupe com possíveis "vírus". A Palavra de Deus é sempre limpa e pura. O que Deus promete, *sempre* cumpre.

E o mais importante: quando lemos a Palavra de Deus, Ele fala conosco e o conhecemos melhor e a nós mesmos. Encontramos sabedoria para o presente, compreensão e perdão para o passado, visão e esperança para o futuro. Tudo porque a Bíblia nos ajuda a conhecer a pessoa absolutamente mais surpreendente que existe: Deus!

A propósito, onde está a sua Bíblia agora?

LEITURA DE HOJE
Gênesis 1
Salmo 1
Mateus 1

ORAÇÃO
Pai nosso que estás nos céus, obrigado por Tua Palavra, por me amar e falar comigo. Quero estar contigo. Dá-me sabedoria para compreender o que queres dizer e para te amar sempre.

A Bíblia nos ajuda a conhecer Deus pessoalmente.

2 de janeiro

Como ler a Bíblia

A partir dos anos 2000, começou na Espanha uma paixão pelo futebol de salão. De todos os lugares apareceram times que contrataram os melhores jogadores. Mas, com a chegada da crise, muitos não puderam pagar seus salários. Em 2007, excelentes jogadores brasileiros estavam no *Martorell*: Franklin, Índio, Jonas, Flávio... que, apesar de uma temporada difícil com a crise financeira, decidiram se reunir todas as semanas para estudar a Bíblia e ter comunhão com Deus. Outros atletas também participam, levam sua Bíblia à concentração, aos momentos de oração, louvor e leitura da Palavra de Deus, buscando a vontade divina. Além da ajuda espiritual que recebem, os jogadores estreitam laços de amizade.

Talvez você já tenha decidido ler a Bíblia inteira. É muito comum tentar algumas vezes sem completar a leitura ao chegar aos livros aparentemente difíceis de ler. Não desanime e comece a lê-la outra vez, de maneira diferente.

Primeiro, ore e peça sabedoria a Deus para compreender a leitura e para que o Espírito Santo fale ao seu coração. Aplique Suas palavras em sua vida. A Palavra de Deus é para ser vivida, não apenas conhecida.

Em seguida, procure um local e busque um momento tranquilo para ler. Procure encontrar-se com Deus todos os dias. Depois, leia o que puder, não como obrigação ou peso. Anote tudo o que Deus lhe disser.

Finalmente, faça a leitura bíblica sugerida diariamente. Leia a Bíblia todos os dias. Ao terminar Gênesis, comece a ler Êxodo. Ao terminar Salmos, leia Provérbios, e ao acabar Mateus, leia Marcos. Assim, ao terminar o livro de Jó, Malaquias e Apocalipse, você terá então, lido a Bíblia toda.

Assim que terminar os três livros, comece outra série de três. Você lerá ao mesmo tempo as leis e a história de Israel, e estará em Salmos compreendendo muitas das situações descritas, e escutando as palavras de Jesus nos evangelhos.

Façamos isso. Se lermos seis capítulos por dia, leremos a Bíblia duas vezes ao ano!

Um detalhe: leia sempre atentamente e com entusiasmo. Não é um livro qualquer em suas mãos; é a Palavra de Deus! Sua carta de amor para todos nós. Ore, espere nele e diga: "Abre os meus olhos para que eu possa ver as verdades maravilhosas da Tua Palavra" (Salmo 119:18).

LEITURA DE HOJE
Gênesis 2
Salmos 2–3
Mateus 2

ORAÇÃO
Pai dá-me sabedoria para compreender Tua Palavra e dedicação para não deixar de ler um só dia.

A Bíblia é a carta de amor de Deus para cada um de nós.

Dê uma Bíblia

3 de janeiro

Tomás Guzmán, futebolista paraguaio, jogou no *Juventus de Turin*, Itália. Deus lhe deu capacidade especial para o esporte e para ajudar seus colegas. Ele é um dos fundadores do grupo *Atletas de Cristo* na Itália, e compartilha a Palavra de Deus com todos.

A Bíblia diz: "Então Deus disse: — Que haja luz! E a luz começou a existir" (Gênesis 1:3). A Palavra de Deus fez o mundo surgir. A Palavra do Criador fez tudo surgir da luz, da Sua própria essência, porque Ele é luz. A luz é a base de tudo. Qualquer tipo de avanço na área física, médica, ou da informação, hoje *internet*, baseia-se nas propriedades da luz. Deus já ensinou isso em Sua Palavra.

João escreveu: "A palavra era a fonte da vida, e essa vida trouxe a luz para todas as pessoas" (João 1:4). Sem luz, não há vida. O Senhor Jesus, Deus feito homem, é Vida e Luz. Assim, a Bíblia o apresenta como a Palavra de Deus encarnada, o Verbo, porque Jesus é — Palavra, Vida e Luz.

O mesmo processo da criação ocorre quando alguém recebe Cristo em sua vida. Deus fala e faz a luz surgir. Simples assim! Jesus explicou de maneira muito clara que a única maneira de entrar no reino dos céus é "nascendo de novo". Paulo explicou: "O Deus que disse: 'Que da escuridão brilhe a luz' é o mesmo que fez a luz brilhar no nosso coração, e isso para nos trazer a luz do conhecimento da glória de Deus, que brilha no rosto de Jesus Cristo" (2 Coríntios 4:6). Deus brilha em nossos corações por meio daquele que é a Palavra, a Vida e a Luz ao mesmo tempo. Você se lembra? O brilho no rosto de Jesus faz essa luz iluminar os nossos olhos. Uma criança explicou assim: "Deus nos sorri, e quando o vemos sorrir, Ele nos dá a vida."

Nós podemos fazer parte desse processo. Ao presentearmos uma Bíblia, se a pessoa que a receber a ler, ela estará dando o primeiro passo para ser uma nova criatura. A luz chega ao seu coração e traz a vida. O Espírito de Deus se encarrega de tudo. E esse mesmo Espírito, que habita naqueles que creem nele, é o que nos anima a falar do Senhor a todos.

Doe uma Bíblia. Faça parte da criação de uma nova vida; ajude para que a luz resplandeça ao seu redor ou na vida de alguém com quem você conversou hoje e que talvez nunca mais veja.

LEITURA DE HOJE
Gênesis 3
Salmos 4-5
Mateus 3

ORAÇÃO
Senhor, ajuda-me a pressentir o momento certo de poder dar uma Bíblia durante os próximos dias. Oro por...

Os alicerces de tudo são: a Palavra, a Vida e a Luz.

4 de janeiro

Perder a inocência

Há alguns anos, no futebol espanhol, aconteceu algo que eu jamais tinha visto em país algum. Nos minutos finais do jogo entre *Betis* e *Atlético de Madrid*, o árbitro expulsou os gandulas por atrasarem a entrega da bola para favorecer o *Betis*, que ganhava o jogo. Eram apenas meninos menores de 12 anos e obviamente obedeciam os responsáveis pelo time. Os mais velhos muitas vezes fazem os menores "perderem" a inocência.

O primeiro livro da Bíblia é Gênesis que em grego significa *começo*. Ainda que o livro trate mais do que o início de tudo, a tradução literal seria "princípio, origem" e nele está o começo da história do universo; criação; humanidade e também da rebeldia do homem contra Deus — o primeiro pecado. Os quatro livros bíblicos seguintes também foram escritos por Moisés, e com eles, se completa o "Pentateuco".

Para entendermos o que nos acontece hoje, devemos lembrar que Deus criou tudo com perfeição, mas o homem se rebelou em vez de aceitar a graça e o amor do Criador. Como consequência, o homem e a mulher, mesmo sozinhos no universo, "...perceberam que estavam nus..." (Gênesis 3:7). Ao se rebelarem contra Deus, perderam a inocência. E a perderam para sempre.

Não souberam agradecer ou vivenciar o amor de Deus. Para eles, o conhecimento, orgulho e a rebeldia os fariam mais felizes. Quiseram viver por si e se enganaram. E nós ainda nos enganamos e caímos nessa armadilha.

Ao ignorarmos o nosso Criador e nos distanciarmos dele, perdemos o melhor. As crianças perdem a inocência e a infância; se esquecem de brincar e falam de situações e perguntas comuns aos jovens. Com tal perda, vivemos tão rápido sem perceber que sofremos por isso. Os meios de comunicação e os *formadores de opinião* não querem saber de Deus e deixam o caminho e abandonam, às vezes cientes, a inocência: a liberdade, o amor, a graça e admiração.

Graças a Deus, isso pode mudar! Antes de o primeiro ser humano pecar, Deus estava preparado para restaurar tudo. Ele vestiu o homem e a mulher para que se sentissem cobertos. Em seguida, disse-lhes que poderiam voltar a Ele, que nada o surpreendia. Antes de o homem pecar, Deus providenciou a salvação.

O nosso desafio é decidir entre ignorar a Deus ou viver em Sua presença. Voltar à inocência ou permanecer culpado. Desfrutar da vida ou morrer eternamente.

LEITURA DE HOJE
Gênesis 4
Salmos 6–7
Mateus 4

ORAÇÃO
Pai eterno, quero voltar a ti e viver sempre ao Teu lado. Entrego-te a minha vida!

Quando nos distanciamos de Deus, perdemos o que somos e o que temos.

Assim tudo começou

5 de janeiro

Falando de inícios, nem todos sabem como o famoso Pelé começou a jogar. Ele admirava seu pai, também jogador, e sua mãe não gostava da ideia dele jogar, mas um dia, eles o levaram para um teste no *Santos*. Aquele dia marcou o início da história e da lenda, pois Pelé ficou ali desde o primeiro dia de treino, mesmo sem o uniforme do clube. Com apenas 16 anos, marcou 17 gols, em seu primeiro time!

Todos podem conhecer o livro inicial da Bíblia. Estes são alguns versículos-chave para compreender Gênesis:

"No começo Deus criou os céus e a terra" (1:1).

"Então, do pó da terra, o Senhor formou o ser humano. O Senhor soprou no nariz dele uma respiração de vida, e assim ele se tornou um ser vivo" (2:7).

"A mulher viu que a árvore era bonita e que as suas frutas eram boas de se comer. E ela pensou como seria bom ter entendimento. Aí apanhou uma fruta e comeu; e deu ao seu marido, e ele também comeu" (3:6).

"Naquele dia [...] o homem e a sua mulher ouviram a voz do Senhor Deus, que estava passeando pelo jardim. Então se esconderam dele..." (3:8).

"Eu farei com que você e a mulher sejam inimigas uma da outra, e assim também serão inimigas a sua descendência e a descendência dela..." (3:15).

"...o Senhor viu que as pessoas eram muito más e que sempre estavam pensando em fazer coisas erradas" (6:5).

"...prometo que nunca mais os seres vivos serão destruídos por um dilúvio..." (9:11).

"...Porque você fez isso e não me negou o seu filho, o seu único filho, eu juro pelo meu próprio nome — diz Deus, o Senhor — que abençoarei você ricamente" (22:15-16).

"...O seu nome não será mais Jacó. Você lutou com Deus e com os homens e venceu; por isso o seu nome será Israel" (32:28).

"Mas o Senhor estava com ele e o abençoou..." (39:21).

"Judá vai segurar o cetro de rei, e os seus descendentes sempre governarão. As nações lhe trarão presentes, os povos lhe obedecerão" (49:10).

"É verdade que vocês planejaram aquela maldade contra mim, mas Deus mudou o mal em bem para fazer o que hoje estamos vendo, isto é, salvar a vida de muita gente" (50:20).

LEITURA DE HOJE
Gênesis 5
Salmo 8
Mateus 5

ORAÇÃO
Senhor, quero estar contigo todos os dias da minha vida. Ensina-me a buscar-te a cada manhã e a passar tempo contigo.

No começo, Deus criou os céus e a terra.
—Gênesis 1:1

6 de janeiro

Não se mate, cara!

A Seleção Espanhola de futebol foi campeã mundial em 2010. Todos reconheceram que não só a vitória, mas a maneira de jogar, conquistou os corações. O objetivo do *Barcelona F.C.* nos últimos 20 anos foi estar sempre com a bola, acertar a jogada perfeita. Carles Rexach, primeiro jogador e depois treinador, reconheceu numa entrevista que os jogadores Michels e Johan Cruyff mudaram tudo. "O *Barcelona* da minha infância jogava bem, só que mais tarde, jogou um futebol escuro, triste, físico, sem imaginação. Era correr por correr, e se não corresse, não jogava. Cansei-me de ouvir isso, suar a camisa, brigar... 'Tem que morrer pela camisa', eu ouvia e pensava: 'Ei, quero é jogar, estar bem; não morrer, tenho 20 anos!' O futebol se joga de pé, quanto menos se sujar melhor. Sinal de que joga mais e passa a bola. Não é necessário morder, morrer nem outra bobagem qualquer."

A imaginação e a criação são presentes de Deus. A Bíblia revela que Ele é o Criador. Lembra-se? "No começo, Deus criou..." para Ele e Suas criaturas desfrutarem juntos.

Deus demonstrou a Sua imaginação criando este mundo impressionante e belo. Ele age para expressar amor, graça e beleza. Na descrição da criação, Deus mostra como tudo foi formado, como se fosse algo comum, "...Que haja luzes no céu..." referindo-se à criação das estrelas (Gênesis 1:14).

Deus fez num momento, num piscar de olhos, as milhões de galáxias e corpos celestes que o homem ainda não consegue calcular. Ele deixou escrito que o sol deve iluminar o dia, a lua, a noite, mas e as estrelas? Simplesmente, expressar a beleza, para nos encantar, iluminar e guiar caminhos. Esse é o caráter do nosso Pai.

Ele nos criou e também criou milhares de pessoas tão diferentes. Somos únicos! Diante de tanta criatividade, podemos reagir de duas maneiras: Negar e defender que somos produtos da sorte, que resulta em solidão e tristeza. Se recusarmos a Deus, poderemos ser o que quisermos, e viveremos sabendo que morreremos, e será o fim de tudo!

Mas se nos voltarmos ao Criador, encontraremos a razão de sermos criados: de viver o amor, o prazer, a alegria, o entusiasmo e a graça. Desfrutaremos a vida! E nos alegraremos com a família, amigos, alimento, esporte e muito mais. Não se destrua! Sua vida deve ser abundante e criativa, como a do nosso Pai.

LEITURA DE HOJE
Gênesis 6
Salmo 9
Mateus 6

ORAÇÃO
Pai que estás nos céus, quero desfrutar de tudo o que és, e de tudo o que fazes por mim, sempre!

Deus nos dá vida abundante e criativa, como a dele.

Assobiando para trabalhar

7 de janeiro

Juan Dixon foi o melhor jogador da final da *National Collegiate Athletic Association* — NCAA (Associação Nacional Atlética Universitária) nos EUA, em 2002. Seu time venceu o campeonato de basquete, mas os momentos de glória não fizeram Juan esquecer uma tragédia da adolescência. Seus pais morreram de AIDS e onde ele vivia, tinha acesso ao dinheiro *fácil* da droga; mas Juan trabalhou descarregando barcos, com um salário mínimo para se formar na universidade e jogar basquete. Ao invés do caminho fácil, ele preferiu trabalhar.

Fala-se mal do trabalho e muitos acreditam ser maldição, não é verdade! A Bíblia diz que Deus trabalha e é bom trabalharmos também. Deus ao nos criar decidiu: "...fazer os seres humanos, que serão como nós, que se parecerão conosco. Eles terão poder..." (Gênesis 1:26). Assim, o ato de trabalhar foi dado antes da rebeldia contra o Criador.

Esse versículo ressalta que todos têm a imagem de Deus. O homem é obra-prima pelo que é e tem valor porque Deus o criou — essa é a base da nossa dignidade humana.

Deus pede ao homem e a mulher (2:20) que dominem a natureza: Animais, terra, mar e ar, toda planta e semente (2:15). Não há diferença entre os seres humanos. Ninguém é superior, nenhum trabalho é mais importante, somos iguais perante Deus.

O trabalho e o esforço físico nos permitem realizar os desejos do coração. Nossas ações têm resultados eternos hoje e sempre. Tudo o que Deus fez era bom (1:31); o trabalho e esforço físico são parte desta bondade.

Então qual é o problema? Ao nos afastarmos de Deus, a dor e o cansaço sobrevirão. Queremos o nosso trabalho bem feito, no entanto, sofremos. Queremos terminar o que começamos, mas cansamos. Não pense que a dor e cansaço são ruins. Jesus também sofreu e descansou, pois trabalhou muito. O esforço faz parte da vontade de Deus, Ele não sustenta preguiçosos.

A Bíblia diz que a dor é o fruto do pecado e que o desejo que, às vezes, temos de dominar vem do nosso egoísmo. Quando trabalhamos e somos recompensados recebemos o fruto da injustiça humana.

A monotonia e a inadequação em nosso trabalho resultam da nossa distância do Criador. Se Ele está ao nosso lado, tudo faz sentido, por isso, precisamos nos esforçar para trabalharmos bem. Só assim demonstramos o caráter do nosso Pai, seja qual for nosso trabalho (Hebreus 11).

Quando realizamos bem as coisas, honramos a Deus, nosso Pai.

LEITURA DE HOJE
Gênesis 7
Salmo 10
Mateus 7

ORAÇÃO
Senhor, graças te dou pelo trabalho que me deste, ajuda-me a fazê-lo bem e a honrar-te em todos os dias da minha vida.

8 de janeiro

Competir consigo mesmo

O atleta Al Oerter (EUA) ganhou o ouro no lançamento de disco em quatro *Jogos Olímpicos* seguidos (1956-60-64-68). Ninguém repetiu tal façanha na história do esporte. Após os jogos do México, ele parou, mas voltou a treinar em 1977. Com 43 anos fez a sua melhor marca (69,46 m) na qualificação dos jogos de 1980; no entanto, o boicote americano o impediu de ir. Sua resposta sobre a motivação no esporte era direta: "Não concorro com os lançadores, mas com minha história." Oerter se aposentou aos 50 anos.

Competir consigo mesmo, esforçar-se para fazer bem, são temas que complementam o estudo de ontem.

A beleza está na diferença. Deus fez tudo perfeito e muito bom (Gênesis 1:31). Mas, devemos lembrar que ser diferente não é ser mais bonito ou mais importante. Todos têm em si a beleza de Deus e o mesmo valor para Ele.

LEITURA DE HOJE
Gênesis 8
Salmos 11–13
Mateus 8

Deus fez a beleza para admirarmos, não para nos compararmos aos outros. Criamos as competições, e o desejo de ser o melhor vem do pecado em nós. Deus criou a beleza e a diferença, e nós inventamos a sua organização. Ao invés de admirá-las, as classificamos.

Temos um grande problema com a nossa atitude. "Quero correr mais" ou "tentar fazer isso melhor", são boas motivações, pois queremos melhorar, o que não é pecado. Mas quando a nossa atitude muda para: "Gostaria de ser tão rápido quanto..." ou "quero ser melhor que..." a separação entre a motivação correta e a incorreta complica-se. Esta mesma linha separa a admiração da inveja; a primeira é boa, mas a segunda é destrutiva para todos.

ORAÇÃO
Pai dos céus, obrigado por fazer-me quem sou. Quero usar todos os talentos que me deste para Tua glória, e com Tua ajuda usufruir cada dia.

Todos nós somos únicos. Não temos que nos preocupar em ganhar todas as competições. Ninguém pode. Cada um é diferente e deve desfrutar disto. Claro que o campeão é feliz, mas quem sabe como cada um lida com essa alegria? Alguns aproveitam mais jogando do que os que vivem tensos pelo desejo de ganhar.

Nosso desejo marca o começo e o fim de tudo. Querer ser melhor no que fazemos não é ruim, mas querer agir para ser melhor que outra pessoa, sim. O apóstolo Pedro experimentou isso, seu desejo, esforço e disciplina para seguir o Senhor eram admiráveis, mas sua motivação de querer ser melhor que os outros o derrotou! (Suas palavras: "nunca abandonarei o Senhor" foram o início de sua queda).

Deus nos presenteou com diferentes talentos; use o seu. Seja quem você é e assim honrará o Senhor.

Use e aprecie os talentos que você recebeu!

As mentiras de sempre

9 de janeiro

Os torcedores defendem as cores do seu time com grande entusiasmo. Mas muitos não sabem a razão da escolha dos uniformes. O time argentino *Boca Juniors* jogava de listras azuis e brancas, mas tinha dificuldade quando jogava com o *San Lorenzo*, pois os uniformes eram quase idênticos (não havia segundo uniforme). Certa vez, os times jogaram pela utilização da cor da camisa. O *Boca* perdeu e sem saber que cor usar, escolheu no porto as cores do primeiro barco que chegou. O barco era sueco, e a camisa permanece azul e amarela até hoje.

O detalhe não é muito importante, mas muitos tomam decisões sem sentido, escolhas precipitadas. Fala-se que este é o momento da ciência, do conhecimento, mas muitos creem em tudo. Alguns passam a vida em total descrença. Dizem: "Não importa no que se acredita, tudo é válido." Mas se questionados sobre as suas escolhas, dizem: "Ninguém sabe o final, mesmo assim, continue."

O que não faríamos em qualquer situação, o fazemos com o que é eterno: a base espiritual da nossa existência. Em Gênesis encontramos as mentiras do Diabo que fisgaram Adão e Eva, e o homem ainda acredita: "...a cobra afirmou: — Vocês não morrerão coisa nenhuma! Deus disse isso porque sabe que, quando vocês comerem a fruta dessa árvore, os seus olhos se abrirão, e vocês serão como Deus, conhecendo o bem e o mal" (3:4-5).

1. Não morrerão: Imortalidade e crença na reencarnação — em desprezo a Deus.
2. Seus olhos se abrirão: Promessa de conhecimento total.
3. Serão como Deus: O homem é seu próprio deus, não precisa do Criador.
4. Conhecendo o bem e o mal: Não há lei moral absoluta, cada um decide o que é bom.

O que você acha? São as ideias que a maioria hoje defende. Somos os reis do mundo. Alguns dizem que se nada estiver bem agora, resolveremos em alguma reencarnação ou melhoraremos o mundo com o esforço de todos. Eles não querem se relacionar com o Criador e cada vez que se sentem mal, não sabem o que acontecerá. Se algo sai do controle, a saída para não se desesperar é meditar. Dizem para esvaziar a mente, e conectar com o seu eu. O problema é que se morre durante esse processo. Acham tudo válido para recusar Deus. Vale qualquer mentira para os que creem ser mais inteligentes!

Em Jesus, você saberá não apenas qual é o caminho, mas também como receber a vida e como viver a verdade.

LEITURA DE HOJE
Gênesis 9
Salmos 14-15
Mateus 9

ORAÇÃO
Pai, dá-me sabedoria para não cair nas mentiras do maligno. Ajuda-me a vencer todas as tentações e a viver junto a ti.

Qualquer mentira parece ser válida aos que acreditam ser mais inteligentes.

Como Deus havia dito

10 de janeiro

Todo bom torcedor de futebol sabe que o maior artilheiro de uma única Copa do Mundo foi Just Fontaine, com 13 gols, em 1958. O atacante titular da Seleção Francesa tinha sofrido uma lesão pouco antes do início dos jogos, e Fontaine descansava em casa. Quando foi chamado, teve que ir rapidamente com a seleção, e pediu emprestado as chuteiras de um amigo para jogar. Além de realizar seu sonho, Fontaine conseguiu um lugar na história.

Infelizmente, nem tudo na vida se cumpre de maneira tão extraordinária. Às vezes, esperamos um final feliz que nunca chega. Talvez para a maioria dos que leem essas linhas, os sonhos ainda não se realizaram. Também não devemos nos enganar. Alguns sonhos não se cumprem: há muita injustiça neste mundo, como por exemplo, a morte de mais de dez milhões de crianças por ano ao redor do mundo, por fome e enfermidades, que, de certo modo, também somos responsáveis.

Esperamos em Deus porque Ele é justo. O Senhor disse que cumprirá os nossos sonhos e em Sua Palavra promete fazê-lo nesta vida ou na eternidade, pois Ele é especialista em perdoar, restaurar e cumprir Suas promessas. Deus é justo e recompensará todos os que sofreram injustiças neste mundo. Devemos confiar na Palavra de Deus!

Uma simples frase no livro de Gênesis poderia ser o lema de nossas vidas e da história em geral: "De acordo com a sua promessa..." (21:1). Independente do que possa acontecer, Deus tem a última palavra em tudo. Ele sabe o que está acontecendo em cada instante. O Seu caráter, Sua justiça e amor são a base do universo. Nele está a segurança de tudo o que fomos, somos e seremos.

Observe bem as características escritas pelo salmista (19:7-14), em relação ao significado da Palavra de Deus:

1. Perfeita, restaura nossa alma e nos dá nova vida.
2. Confiável, transforma o humilde em sábio.
3. Certa, traz alegria aos nossos corações.
4. Clara e brilhante, ilumina a nossa mente.
5. Boa, permanece para sempre.
6. Justa e verdadeira.
7. Preciosa como o ouro e doce como o mel.

Se você conhecer alguém que restaure a sua alma, sua vida, o torne sábio, dê alegria, ilumine sua mente, seja justo e não lhe abandone, alguém que dê valor e doçura à sua vida, não o deixe escapar. Deus é mais valioso do que todos os nossos sonhos.

LEITURA DE HOJE
Gênesis 10
Salmos 16-17
Mateus 10

ORAÇÃO
Pai dos céus, obrigado porque Tua Palavra sempre se cumpre. Descanso em ti, porque sei que cuidas sempre de mim.

A certeza do que fomos, somos e seremos está em Deus.

A terra prometida

11 de janeiro

Sábias foram as palavras de Obadelle Thompson, Barbados: "Alguns dos maiores desafios que temos estão fora da pista, e se relacionam à vida e fé. Os fatos que parecem ser mais simples são os mais importantes." Ele as pronunciou pouco depois de ficar em 4.º lugar na corrida dos 200m de atletismo nos Jogos Olímpicos em 1996.

O livro de Êxodo, que significa saída, foi escrito por Moisés e narra a história da saída do povo de Israel do Egito, e o cuidado de Deus no caminho à Terra Prometida. Um versículo resume: "No dia em que terminaram os quatrocentos e trinta anos, todas as tribos do povo de Deus, o SENHOR, saíram do Egito" (12:41).

Ao ler o livro todo, você percebe o cuidado, preocupação e a presença de Deus. Em Suas mãos estão os detalhes da vida e nada escapa do Seu amor. Deus escolheu Moisés para levar Seu povo da escravidão à Terra Prometida, e se apresentou como YHWH — tetagrama hebraico, quase impossível de traduzir; "EU SOU QUEM SOU" e "Eu serei o que serei", são sempre expressões para explicar o nome de Deus. Mas o que Deus está dizendo é que Ele é a essência e existência da vida. Dele, nele, por e para Ele existimos.

O que digo pode soar muito teológico, mas observe o que significa para nós: Deus nos criou, deu vida e cuida de nós. Ele não deseja que sejamos escravos, por isso livrou Seu povo e quer nos livrar também. A Terra Prometida, mais do que um lugar é uma vida admirável e criativa que Deus nos permite viver agora, e que será perfeita quando estivermos com Ele. A felicidade não está só na linha de chegada, mas no caminho com Ele.

Os Dez Mandamentos estão em Êxodo, e ainda hoje embasam leis e constituições de países. Deus deseja que possamos ver e refletir Sua santidade, pois, às vezes, nos achamos bons demais, e o orgulho nos afasta do Criador.

Moisés, nos primeiros livros da Bíblia aparece como *tutor* do povo, vivendo diante de Deus, mas ele defendeu os seus e mostrou-se disposto a morrer por eles, se necessário. Moisés entendeu o significado do compromisso. Se quisermos ajudar aos outros, em Moisés temos um bom exemplo.

Tudo o que se relaciona aos nossos maiores objetivos e mesmo às coisas simples que fazemos bem e nos diferenciam, não nos faz vencer, porém os verdadeiros campeões são os que vivem todos os dias de acordo com a sabedoria e o amor de Deus.

LEITURA DE HOJE
Gênesis 11
Salmo 18
Mateus 11

ORAÇÃO
Senhor quero viver contigo cada dia da minha vida e enfrentar os desafios que estiverem adiante com o Teu poder e Tua sabedoria. Obrigado por sustentar minha vida.

A felicidade não está na linha de chegada, mas na caminhada com Deus.

12 de janeiro

Impossível escapar

Lutz Eigendorf jogou futebol no *Dynamo de Berlim* em 1980. Seu time fez um amistoso contra o *Kaiserslautern*, na antiga Alemanha Ocidental, e Eigendorf conseguiu escapar e ser contratado pelo time da Alemanha livre. Anos mais tarde, foi encontrado morto em seu carro, num acidente e havia álcool no sangue, mesmo sem ele nunca ter bebido. Após a *queda do muro*, descobriu-se que a polícia da Alemanha Oriental o perseguiu, e talvez o acidente tivesse sido provocado. Ninguém podia escapar.

O livro de Êxodo narra a história da fuga de um povo. Algo possível somente para Deus. Alguns detalhes da história:

"Depois o Egito teve um novo rei que não sabia nada a respeito de José" (1:8).

"...ela o levou à filha do rei, que o adotou como filho. Ela pôs nele o nome de Moisés e disse: — Eu o tirei da água" (2:10).

"...Moisés! Moisés! – Estou aqui – respondeu Moisés. Deus disse: – Pare aí e tire as sandálias, pois o lugar onde você está é um lugar sagrado..." (3:4,5).

"...Quando eu [...] lhes disser: 'O Deus dos seus antepassados me enviou a vocês', eles vão me perguntar: 'Qual é o nome dele?' Aí o que é que eu digo? Deus disse: — Eu sou quem sou. E disse ainda: — Eu sou me enviou a vocês" (3:13,14).

"...O Senhor, o Deus dos hebreus, me mandou dizer-lhe que deixasse o povo dele ir embora para adorá-lo no deserto..." (7:16).

"...com as suas artes, os mágicos do Egito fizeram a mesma coisa. E assim o rei continuou teimando. Como o Senhor tinha dito..." (Êxodo 7:22).

"– Nessa noite eu passarei pela terra do Egito e matarei todos os primeiros filhos, tanto das pessoas como dos animais. E castigarei todos os deuses do Egito. Eu sou o Senhor" (12:12).

"Peguem um galho de hissopo e o molhem no sangue que estiver na bacia e passem nos batentes dos lados e de cima da porta das suas casas. E que ninguém saia de casa durante toda a noite" (12:22).

"...o Senhor lutará por vocês. O Senhor disse a Moisés: — Porque você está me pedindo ajuda? Diga ao povo que marche. Levante o bastão e o estenda sobre o mar. A água se dividirá, e os israelitas poderão passar em terra seca, pelo meio do mar" (14:14-16).

"Não façam deuses de prata ou de ouro para adorá-los ao mesmo tempo que vocês adoram a mim" (20:23).

"Então a nuvem cobriu a Tenda, e ela ficou cheia da glória de Deus, o Senhor" (40:34).

LEITURA DE HOJE
Gênesis 12
Salmos 19–20
Mateus 12.

ORAÇÃO
Senhor Jesus, obrigado por me libertar e porque agora posso ver tudo de uma maneira diferente. Ajuda-me a te seguir sempre!

...O Senhor lutará por vocês. —Êxodo 14:14

Desfrutar com regras

13 de janeiro

O gol foi espetacular: a garrafa de plástico após ser chutada com o peito do pé, entrou com efeito sem o goleiro perceber. Ao sair da escola, sempre improvisávamos na rua um campo de futebol preparado para o jogo do ano.

Os nossos livros empilhados eram as traves, os limites do campo eram imaginários e a bola... uma simples garrafa de plástico, pois ninguém tinha dinheiro para comprar uma. As discussões sobre a validade do gol ou o sumiço da garrafa, pois jogávamos perto de garagens, e os carros sorteados que passavam, de vez em quando, diminuíam o tempo do jogo e mesmo assim, curtíamos o nosso esporte favorito.

Quando ouço sobre leis e restrições, lembro-me desses momentos. Daríamos tudo para ter campo, bola, traves e regras. Seríamos as crianças mais felizes com tais leis e restrições.

Alguns relatam que gostariam de viver sem restrições, pois a vida é melhor sem regras. Querem viver sem permitir que impeçam o seu jogo. Não sabem vivenciar a vida, mesmo achando-se os mais espertos do mundo. Acreditam ser livres, porém o egoísmo e a busca pelo prazer os acorrentam.

Levítico, terceiro livro da Bíblia, escrito por Moisés também, relata os princípios para viver como Deus manda. Os cinco primeiros capítulos explicam cinco sacrifícios diferentes pelo pecado, símbolos do que Jesus faria para nos resgatar.

O primeiro sacrifício, o holocausto, foi o símbolo da consagração a Deus — que Jesus cumpriu ao se entregar por nós. O segundo sacrifício foi pelos pecados, o sangue de Jesus na cruz. O terceiro foi a reconciliação, necessária, pois estávamos longe de Deus. O quarto sacrifício faz parte da entrega pela culpa, pois entre as consequências dos nossos erros, a mais grave é a inimizade com Deus. O último sacrifício foi a purificação, pois a Bíblia afirma que o sangue de Jesus purifica de todo o pecado.

Se o nosso mundo fosse perfeito não precisaríamos das regras, mas Deus nos ensina a viver diferente. Cada detalhe revela a Sua justiça, a nossa purificação e alegria. Trata-se de Deus em primeiro lugar e Seu desejo de nos perdoar. Ele nos dá tudo o que precisamos para viver.

Talvez você esteja muito impressionado com a sua garrafa de plástico e o campo imaginário, mas posso assegurar que se vive muito melhor sob o cuidado de Deus. Podemos desfrutar mais com a Sua presença e dádivas.

LEITURA DE HOJE
Gênesis 13
Salmo 21
Mateus 13

ORAÇÃO
Pai, muito obrigado pelo Teu agir em minha vida. Quero te conhecer e te amar cada dia mais, pois...

Deus nos dá tudo o que precisamos para viver.

14 de janeiro

Calar-se para não mentir

O campeonato mundial de *Fórmula 1* de 2007 terminou inesperadamente. Durante o ano, dois pilotos da *McLaren* lideravam a classificação; no entanto, essa disputa *caseira* fez o piloto da *Ferrari*, Raikkonen, aproveitar e se consagrar campeão, contra qualquer previsão. Quando perguntaram a Fernando Alonso, principal piloto da *McLaren* naquele ano, se a sua equipe ajudava mais o colega Hamilton do que ele, e se o fato de não ser campeão o decepcionou, ele respondeu: "É melhor calar do que mentir."

Mesmo que nunca faltem controvérsias e emoções nas corridas de *Fórmula 1*, sem dúvida o que mais impressiona são os pilotos dirigindo suas máquinas a mais de 300 quilômetros por hora. Isso sim é andar rápido. Nenhuma outra competição alcança tal velocidade.

Alguns vivem rápido assim, mesmo sem jamais dirigir um carro de corrida em sua vida. Querem ter a maior quantidade de coisas, desfrutar de mais situações e chegar ao maior número de lugares no menor tempo possível. O problema é que com essa rapidez, não se aproveita quase nada, não dá tempo! No entanto, há o risco de quebrar o motor por causa do estresse. Querer ter, ganhar e aparentar mais é a enfermidade que mais dilacera os corações.

Infelizmente, a sociedade mede a vida das pessoas pelo que alcançaram, como se a maioria quisesse permanecer na via rápida. Sempre com pressa, deixando outros para trás, em total tensão, sem tempo para descansar. Sem parar para ver a vida e aproveitar os dois lados da estrada que a natureza nos mostra. Sem falar com ninguém; só conversas rápidas de negócios, planejamento de reuniões e broncas para os que não se portam bem.

A questão é andar rápido, não importa o destino ou a direção a seguir. Muitos vivem como se precisassem ser mais rápidos do que os outros. Talvez por saberem que nada há do outro lado do sucesso. Não querem viver a frustração do que possa vir a acontecer, e assim: "Uns cairão em cima dos outros, como se estivessem combatendo, mesmo que não haja inimigos por perto…" (Levítico 26:37).

Alguns não querem parar porque os obrigaria a pensar, mas com a queda, a ausência ou o desânimo, nada parece fazer sentido. Tudo ao nosso redor cansa, mesmo algo caro ou difícil de se obter. E percebemos que o que realmente vale a pena talvez já tenha passado. A vida passa rapidamente. Não acelere!

LEITURA DE HOJE
Gênesis 14
Salmos 22-24
Mateus 14

ORAÇÃO
Pai que estás nos céus, preciso passar um momento a sós contigo, parar e pensar qual é a Tua vontade para minha vida. Quero fazê-lo agora.

A vida passa rapidamente. Não acelere!

Poder ilimitado

15 de janeiro

Quando perguntaram ao ginasta Koji Gushiken, ouro nas Olimpíadas de Los Angeles, o que sentira na premiação, ele respondeu: "Comecei a crer em Deus naquele momento." Não posso dizer se foi só uma resposta ou se Koji realmente foi sincero. Preciso reconhecer que muitos acreditariam em algo sobrenatural naquele momento; quando você se sente o rei e todos o veem como o melhor na sua área.

O segredo na vida é crer em Deus, sempre.

O quarto livro da Bíblia, Números, também escrito por Moisés tem esse nome porque começa com o censo do povo de Israel, antes de entrar na Terra Prometida. O começo do livro pode parecer um relato de nomes e acontecimentos, histórias e derrotas, porém, é mais do que isso, é o dia a dia do povo. Aprendemos nele que todos os detalhes, números, horas e minutos, importavam para o Senhor. Aprendemos a crer em Deus em todo o tempo.

Um dos maiores problemas do povo escolhido era a falta de confiança no cuidado de Deus. Passaram 40 anos no deserto desconfiando das palavras de Deus e reclamavam por tudo! Viram mais milagres do que sonharíamos: a saída espetacular do Egito e, sobretudo o Seu amor alimentando, provendo água e protegendo-os dos inimigos.

Mas o povo testou Deus declarando que Ele não poderia levá-los à Terra Prometida. A incredulidade de que o Criador lutaria por eles foi tamanha que ficaram no deserto até uma nova geração nascer. Quarenta anos. Eles desconfiaram tanto que Deus disse a Moisés: "…Será que eu tenho tão pouco poder?…" (Números 11:23).

Alto lá! Não seja cruel com o povo. Você acha que não acontece o mesmo conosco? Nosso problema é não descansar e não confiar em Sua palavra. Reclamamos de tudo. Pensamos que Seu poder é limitado, que o que Ele fez antes, não poderá repetir. Confiamos mais em pessoas, cremos mais em nós mesmos do que nele.

O que mais impressiona é que Deus não abandonou o Seu povo incrédulo porque Moisés sempre os defendeu. Foi capaz de oferecer sua vida a Deus, em lugar dos rebeldes. Isso sim é que é exemplo de líder espiritual!

Nossa vida precisa ser diferente; o livro de Números demonstra que se não confiamos em Deus, então nós o testamos. Se não descansamos nele é porque realmente não o conhecemos.

Deus não é amuleto para ocasiões ou dias especiais. Precisamos sempre confiar nele.

Se não confiamos em Deus, é porque realmente não o conhecemos.

LEITURA DE HOJE
Gênesis 15
Salmo 25
Mateus 15

ORAÇÃO
Senhor Jesus, obrigado por estar sempre comigo. Quero crer em ti e te servir sempre, aconteça o que acontecer.

16 de janeiro

O dia mais triste da história

As pessoas, às vezes, podem ser supersticiosas e querer esquecer uma derrota dolorosa de qualquer maneira. Foi o que aconteceu com a Seleção Brasileira de futebol que na época jogava com camisa branca. Mas após perder a final da Copa do Mundo para o Uruguai, no Maracanã, em 1950, decidiu trocar o uniforme branco para o amarelo e azul. Há relatos de que aquele dia foi o mais triste do futebol brasileiro.

O livro de Números menciona muitos dias tristes na história de Israel, pois o povo não cria nem descansava em Deus. Veja os versículos-chave:

"Que o Senhor os abençoe e os guarde; que o Senhor os trate com bondade e misericórdia; que o Senhor olhe para vocês com amor e lhes dê a paz" (6:24,26).

"…os israelitas começaram a se queixar a Deus, o Senhor…" (11:1).

"Ele [maná] caía durante a noite, com o orvalho…" (11:9).

"(Moisés era um homem humilde, o mais humilde do mundo)" (12:3).

"Pois eu falo com ele face a face […] ele até já viu a minha forma!…" (12:8).

"…mas Calebe os fez calar e disse: — Vamos atacar agora e conquistar a terra deles; nós somos fortes e vamos conseguir isso!" (13:30).

"Então, naquela noite, todo o povo gritou e chorou. Todos os israelitas reclamaram contra Moisés e Arão e disseram: — Seria melhor se tivéssemos morrido no Egito ou mesmo neste deserto!" (14:1,2).

"Mas no dia seguinte todos os israelitas começaram a reclamar contra Moisés e Arão, dizendo assim: — Vocês mataram o povo de Deus, o Senhor!" (16:41).

"Moisés levantou a mão, bateu na rocha duas vezes com o bastão, e saiu muita água. E o povo e os animais beberam. Porém o Senhor disse a Moisés e Arão: — Vocês não tiveram fé suficiente para fazer com que o povo de Israel reconhecesse o meu santo poder e por isso vocês não vão levá-los para a terra que prometi dar a eles" (20:11,12).

"…Faça uma cobra de metal e pregue num poste. Quem for mordido deverá olhar para ela e assim ficará curado. Então Moisés fez uma cobra de bronze e pregou num poste. Quando alguém era mordido por uma cobra, olhava para a cobra de bronze e ficava curado"(21:8,9).

"…mesmo que você me desse toda a sua prata e todo o seu ouro, eu não poderia desobedecer à ordem de Deus, o Senhor […] e somente diria aquilo que o Senhor me ordenasse" (Números 24:13).

"…como uma estrela brilhante, vai aparecer naquela nação; como um cometa ele virá de Israel…" (24:17).

LEITURA DE HOJE
Gênesis 16
Salmos 26–27
Mateus 16

ORAÇÃO
Pai que estás nos céus, obrigado por tudo o que fazes por mim a cada dia. Não posso imaginar minha vida sem ti!

O choro pode durar a noite inteira, mas de manhã vem a alegria. —Salmo 30:5

Alguém acredita em você

17 de janeiro

O atacante do *Barcelona F.C.* Pedro passou da terceira divisão à primeira em meses e foi o único jogador a marcar nas competições que o clube ganhou em 2009 (*Liga dos Campeões, Copa Espanha, Supercopa, Supercopa Europeia e Mundial de Clubes*). Ao marcar o segundo gol na Liga que venceu em 2010, disse: "Meus pais não puderam vir me ver, estavam trabalhando." Os responsáveis pelo time disseram que nunca o ouviram reclamar, e que a origem humilde dificultaria chegar ao topo, mas o treinador sempre confiou nele. Hoje, Pedro é um campeão do mundo pela Espanha.

As melhores histórias costumam ser sobre a confiança de alguém. Deixe-me dizer que sua vida mudará no dia em que você perceber que Deus acredita em você; pois para Ele você vale muito. De certa forma, o lugar e as circunstâncias ao seu redor não importam, pois não influenciam o amor de Deus. Ele conhece o seu coração, pois o criou.

Em Israel, a saudação entre o povo era: "O Senhor te abençoe e te guarde; o Senhor faça resplandecer o rosto sobre ti e tenha misericórdia de ti; o Senhor sobre ti levante o rosto e te dê a paz" (Números 6:24-26, ARA). Abençoavam-se uns aos outros.

Deus prometeu bênçãos para os que as desejassem. Vemos aqui uma bela imagem da Bíblia, Deus declara que resplandecerá o Seu rosto sobre nós; essa é a frase de um apaixonado. Da mesma forma que nosso rosto resplandece quando estamos perto de quem amamos; Deus nos ama tanto que Seus olhos e Seu rosto brilham ao nos ver.

Esse é o sorriso de Deus: o brilho de Sua face, vindo de um coração misericordioso, e essa qualidade de Deus não tem fim. É o melhor que podemos receber, pois quando Deus nos trata com misericórdia não é por merecermos, mas porque Ele nos oferece Seu amor e graça. Muito além do que imaginamos.

Não há maior bênção, pois ela demonstra que há esperança para nós. Deus acredita em nós e nos enche da Sua paz. Assimilamos o significado paz para definir *Shalom*, do hebraico, e usamos a palavra em seu sentido original, relacionada à santidade completa; acompanhada da presença de Deus. Quando desejamos essa paz a alguém, queremos que Deus encha a sua vida com o Seu amor e sorriso.

Não há melhor desejo! Deus responde ao sorrir e resplandecer Seu rosto sobre nós. Seus olhos brilham ao ver Seus filhos. Você não é qualquer um, Deus acredita em você!

LEITURA DE HOJE
Gênesis 17
Salmos 28-29
Mateus 17

ORAÇÃO
Pai amado, obrigado por acreditares em mim e me fazer como sou. Faze resplandecer Teu rosto sobre mim e me ensina a usufruir do Teu amor.

Quando Deus faz resplandecer Seu rosto sobre nós, nos sorri e nos enche de paz.

Regulamento para a perfeição

18 de janeiro

Os fãs de basquete conhecem Ricky Rubio, campeão da Liga Europeia pelo *Barcelona F.C.*, pois ele foi o mais jovem estreante. Quando foi campeão do mundo pela Seleção Espanhola, tinha 15 anos e impressionou com sua jogada na final. O tempo de jogo era maior do que o seu tempo de posse de bola. Rubio, então, pediu a seu colega para lhe jogar a bola no peito para fazer o relógio correr, sem isso ser considerado posse de bola. No regulamento, a posse ocorre quando a bola está nas mãos do jogador e Rubio usou isso a seu favor. Até os árbitros duvidaram que fosse legal! Um adolescente de 15 anos provou ao mundo que era.

Conhecer o regulamento para a perfeição. Deuteronômio, o último livro do Pentateuco, trata disto. Nele, entendemos que o principal não é conhecer a Deus e Sua lei, mas devemos cumprir e praticar o que Deus revela: conhecer cada regra e o Criador de maneira pessoal.

O livro descreve os momentos finais no deserto; uma nova geração de israelitas nasceu nos 40 anos, e os que partiram do Egito, incrédulos, morreram no deserto, salvo as famílias de Josué e Calebe. Muitos não entraram na Terra Prometida por não acreditarem que Deus os faria vencer.

O povo escolhido agora tinha menos de 40 anos e por isso precisava ouvir as bênçãos resultantes do amor e da obediência a Deus, que continua a amar o Seu povo, e pede que eles confiem nele e que o sigam à Terra Prometida. Crer em Deus significa tomar passos de fé e descansar nele. As instruções de Deus são claras: "Aí está a terra que eu estou dando a vocês. Eu, o Senhor, jurei a Abraão, a Isaque e a Jacó [...] Portanto, vão e tomem posse dela" (Deuteronômio 1:8).

Conhecer as promessas de Deus é essencial, muito mais do que pensamos. Não fique no deserto! Às vezes as situações difíceis nos fazem crer que não há saída e que nossa vida será sempre desesperadora. Confie em Deus! Mesmo que haja lutas e dúvidas. Descanse no Senhor e receba o que Ele oferece! Ore para saber qual o próximo passo e siga adiante!

Alguns preferem viver no sofrimento, com a compaixão dos outros. Dessa forma, sentem-se amados e não tomam decisões. Muitos choram e querem ser protegidos. Em seguida afirmam: sentimo-nos sós. Talvez tenham razão, mas às vezes, tal sentimento é uma desculpa para ficar no deserto. Precisamos entrar na Terra Prometida! Levante e lute!

LEITURA DE HOJE
Gênesis 18
Salmo 30
Mateus 18

ORAÇÃO
Pai celestial, quero receber em minha vida tudo o que tens preparado para mim. Não quero ficar no deserto, mas sim lutar e viver como Tu queres.

Saia do deserto. Levante e lute!

Viver com alegria

19 de janeiro

Luis Vidigal é um dos jogadores mais amados nos últimos anos da Seleção Portuguesa de futebol, ainda que tenha jogado mais na Itália. Ele me contou o que aconteceu na viagem de volta de um dos jogos com seu time, o *Livorno*, na Copa UEFA. O avião de seu time teve problemas na aterrissagem; as rodas não queriam sair. Todos estavam com medo. Vidigal falou aos seus colegas que Deus poderia cuidar deles, orou e o avião aterrissou normalmente. Naquela manhã, Vidigal leu a Bíblia e Deus lhe disse que daria oportunidade para falar dele a todos.

Leia alguns versículos-chave do livro de Deuteronômio:

"…como um pai leva o seu filho, e nos guiou o tempo todo até que chegamos a este lugar. —Mas mesmo assim vocês não confiaram no SENHOR" (1:31-32).

"Não tenham medo deles, pois o SENHOR, seu Deus, combaterá por vocês" (3:22).

"Como seria bom se eles […] me respeitassem, e sempre obedecessem a todos os meus mandamentos! Assim tudo daria certo para eles e para os seus descendentes para sempre" (5:29).

"…O SENHOR, e somente o SENHOR, é o nosso Deus. Portanto, amem o SENHOR, nosso Deus, com todo o coração, com toda a alma e com todas as forças. Guardem sempre no coração as leis que eu lhes estou dando hoje e não deixem de ensiná-las aos seus filhos…" (6:4-7).

"O rei […] não mandará homens ao Egito para comprarem cavalos, pois o SENHOR já disse a vocês que nunca mais voltariam para o Egito. […] E também não ajuntará para si muita prata e ouro. — Quando o rei começar a governar, mandará fazer uma cópia da lei de Deus que está no livro guardado pelos sacerdotes levitas. Ele deverá ficar com essa cópia e todos os dias da sua vida lerá a lei, para que aprenda a temer o SENHOR, nosso Deus, e para que sempre obedeça fielmente a todas as leis e a todos os mandamentos"(17:16-19).

"O SENHOR, nosso Deus, está presente no acampamento com vocês, para protegê-los e para fazer com que vocês derrotem os inimigos. Portanto, conservem o acampamento puro a fim de que Deus não encontre nele nenhuma coisa que o ofenda, para que ele não os abandone e vá embora" (23:14).

"O SENHOR lhes dará tudo o que é bom…" (28:47).

"…o que ele revelou, isto é, a sua Lei, é para nós e para os nossos descendentes, para sempre. Ele fez isso a fim de que obedecêssemos a todas as suas leis" (29:29).

LEITURA DE HOJE
Gênesis 19
Salmos 31–32
Mateus 19

ORAÇÃO
Pai que estás nos céus, obrigado por me dares a vida. Quero desfrutá-la com alegria e confiar sempre em ti, aconteça o que acontecer.

Precisamos servir a Deus cheios de alegria para ninguém nos encher de tristeza.

20 de janeiro

Estão perseguindo você

A surfista Bethany Hamilton se tornou famosa, pois um tubarão arrancou seu braço esquerdo enquanto ela surfava no Hawaí. Sua história foi contada no filme *Soul Surfer* (Alma de Surfista). Hoje apesar de ter um braço só, ela continua a competir, pois isso não a incomoda. Sua fé em Deus a mantém firme. Nos momentos ruins Deus sempre esteve ao lado dela, cuidando e protegendo-a. Em entrevista recente declarou: "É um grande alívio confiar em Deus e livrar-se dos fardos. Ele tem um plano para minha vida e um tubarão não mudará, nem uma competição. Deus é a Rocha sólida que me sustenta e sempre cuida de mim."

Alguns consideram que as circunstâncias difíceis nos afastam de Deus. Outros, veem nelas o Seu cuidado. A Bíblia afirma que já estávamos no coração de Deus antes de nascermos, pois Ele nos ama.

Deus nos busca, não somos nós que nos aproximamos dele, mas Ele vem ao nosso encontro:"— O Senhor Deus os amou e escolheu…" (Deuteronômio 7:7).

Quando Deus revela o que está em Seu coração só podemos nos maravilhar. Essa promessa é para você! Deus derrama o Seu amor em nós, mas muitos não percebem e muitos não agradecem.

Um dos segredos da vida é a motivação que nos enche de paz em muitas circunstâncias. Algumas pessoas não agradecem porque acreditam que conhecem, controlam e entendem tudo. Sabendo que Deus está presente, ainda assim, são incapazes de se admirar, ou admirar algo ou alguém! Passam a vida olhando para si mesmos, e perdem o carinho e a beleza ao seu redor. De tanto pensar em si, se esquecem de que Deus os ama.

As crianças são felizes porque se surpreendem, e sempre descobrem novidades. A cada momento, aproveitam uma situação desconhecida que lhes desperta a imaginação. Desse espanto nasce a aventura, o improvável, o desconhecido, às vezes, o admirável. O que vive com os olhos abertos é feliz. O que tem respostas para tudo, morre de tédio.

Somente Deus pode nos fascinar, pois o Seu agir é sempre novo e criativo. Cada dia é diferente, cada situação é extraordinária, gestos ou palavras impressionam. Nossa gratidão vem dele, que quer que desfrutemos do Seu amor. Deus está por trás das circunstâncias porque quer se relacionar conosco.

Se não somos capazes de ver e agradecê-lo por tudo o que faz, é porque nosso orgulho é muito maior do que pensamos.

LEITURA DE HOJE
Gênesis 20
Salmo 33
Mateus 20

ORAÇÃO
Senhor, agradeço por preencher minha vida tão plenamente, por tudo que o Senhor faz por mim. Desejo maravilhar-me com Tua presença sempre.

Deus se interessou por nós e deseja que desfrutemos do Seu amor.

Uma grande injustiça

21 de janeiro

Todos viram: quem estava na quadra, telespectadores, jogadores, até o goleiro do outro time que jogou a bola com raiva, quando ela passou 40 cm da linha do gol! Todos, menos os árbitros. Era a final da *Copa do Rei* de futebol de salão e o gol de *Lobelle Santiago* que daria a vitória não foi marcado. Alemão, o hispano-brasileiro do *Santiago* surpreendeu ao receber o prêmio de melhor jogador do torneio e não falar do erro da arbitragem. Saíram sem receber as medalhas, talvez pela consciência pesada. Ele disse apenas que o time campeão fora melhor. Um grande atleta, apesar da injustiça.

Mesmo que muitos digam não haver justiça absoluta, todos têm seu conceito do correto; do que se deve fazer. Independente do que pensamos, se não recebemos o que acreditamos ser justo, protestamos.

É curioso, pois mesmo os que afirmam que Deus não existe, em muitos momentos gostariam de ter acesso a um ser superior que tomasse decisões e colocasse tudo em seu lugar. Alguém com a última palavra.

O sentimento de justiça surge quando dirigimos pela rua. Se entrarmos contramão ou não usarmos a seta, haverá sempre alguém para buzinar e anunciar os nossos erros ao mundo. Não importa se não incomodamos os outros ou se nossa manobra foi importante naquele momento; sempre há alguém para nos envergonhar com gritos, apontando os erros.

A legião dos *justiceiros avisadores* aborrece, mas nos lembra de que levamos a justiça a sério ao tratar com os outros. Como não somos capazes de nos ver, Deus deixou escrito: "Não serão injustos suas sentenças; tratarão todos igualmente e não aceitarão suborno. O suborno faz com que homens sábios e honestos fiquem cegos e deem sentenças injustas" (Deuteronômio 16:19).

Deus nos deu o sentimento de justiça; a necessidade de um ser superior com a última palavra que representa a sede por Deus em nosso coração. Por isso, ser diferente, justo e bom, vale a pena. A vida se resume a isso!

Se quisermos lutar por justiça, não conseguiremos apenas com protestos para ficar tudo bem. Não! Deus espera que tratemos todas as pessoas da mesma forma, que ninguém nos compre nem por todo o ouro e que defendamos os necessitados. Que reconheçamos o nosso mal e peçamos perdão sem duvidar.

Deus espera que sejamos mais parecidos com Ele, mesmo que precisemos sofrer injustiças.

LEITURA DE HOJE
Gênesis 21
Salmo 34
Mateus 21

ORAÇÃO
Soberano Deus, agradecemos por Tua justiça, e por poder descansar em ti, porque Tu sempre nos guardas e tens a última palavra em tudo.

Deus espera que sejamos mais parecidos com Ele e que lutemos por justiça.

22 de janeiro

Não desanime

Na década de 80 do século 20, o *Real Madrid* se especializou em ganhar eliminatórias em competições europeias aparentemente perdidas. Não importava o resultado da partida de ida, no jogo de volta o *Real* goleava até eliminar o adversário. Times de vários países foram vítimas dessas famosas superações. Com os anos, alguns segredos de vestiário foram revelados por Juanito, jogador peça-chave dessas vitórias:

1. Na volta do primeiro jogo, deve-se gritar a todos os colegas que se vencerá na partida da volta; lembrar-se durante toda a semana; escrever na lousa; fazer todos gritarem que é possível.

2. No jogo em casa, no sorteio, deve-se pedir a bola. O rival não pode tocá-la e a primeira jogada da partida deve acabar em tiro de meta ou perigo de gol. As primeiras faltas da partida devem ser feitas por nós. Desde o primeiro minuto, o outro time deve saber que atacaremos.

3. Faz-se uma linha imaginária no próprio campo de defesa e o rival não pode passar dali. O público deve vê-la e os jogadores têm que acreditar nela.

Eram muitas regras, mas sabemos o objetivo. Os sentimentos contagiam. É uma lei universal que às vezes esquecemos. Um pessimista arrasta todos ao seu redor. Um vencedor torna os que o rodeiam em ganhadores. Alguém deprimido é perigoso em qualquer aspecto.

Por isso Deus ensinou Seu povo: "...Se houver aqui um homem tímido e medroso, então que volte para casa. Se não, pode acontecer que os outros soldados fiquem com medo também" (Deuteronômio 20:8). Deus não deixava os medrosos irem ao exército.

Se desencorajarmos todos ao nosso redor, somos culpados por essas pessoas e pelos sentimentos envolvidos. Essa lição é mais importante do que imaginamos. Um incrédulo é capaz de convencer a todos que não vale a pena crer. Uma pessimista dirá sempre que algo vai mal, e acabará mal! Alguém que sempre reclama, converterá seus amigos em reclamadores.

Vale a pena crer e fazer os outros acreditarem! O que transforma a vida das pessoas são palavras de ânimo, admiração, motivações vindas do desejo de que todos deem o seu melhor e lutem até o fim. Aqueles que são lembrados, amados e admirados jamais desistem em qualquer circunstância, mesmo que algumas vezes percam.

Uma pessoa pacífica encherá de paz o seu próximo, pois o que torna o mundo melhor é o desejo de melhorá-lo.

LEITURA DE HOJE
Gênesis 22
Salmo 35
Mateus 22

ORAÇÃO
Pai eterno, que a Tua mão alcance o nosso coração para que vivamos sempre cheios de esperança, e que sempre possamos falar palavras de alento aos demais.

Vale a pena crer e fazer os outros acreditarem!

Terra, me trague

23 de janeiro

Alguns jogadores russos não sabiam em que local se esconder. Queriam desaparecer do campo após cinco minutos de jogo. No *Campeonato Europeu de Hóquei sobre Patins*, de 1994, o resultado foi: Espanha 61, Rússia 0. A maior goleada da história! Qualquer um sentiria o mesmo que os russos.

Devemos encontrar nosso lugar, ganhando ou perdendo, dentro do espírito esportivo, e saber quem somos e como agimos. Para alguns, a identidade está ligada aos bens materiais, para outros, conquistas. Uns se sentem bem se a aparência for atraente. Outros, julgam-se pelos amigos ou pessoas que amam. Não saberemos quem somos até estarmos diante de Deus.

A verdadeira jornada começa quando o nosso falso eu desaparece e, corajosos, tiramos as máscaras, mesmo se usadas por muito tempo ou difíceis de desfazer.

Muitos se sentem seguros em sua falsa identidade, pois se acostumam a viver escondidos nela. Criaram sua própria personalidade e conduzem a vida como querem, para que ninguém descubra o que há por detrás das máscaras. Se vivermos assim, morreremos um pouco a cada dia, pois estaremos tão apegados que será impossível tirar a máscara, e não saberemos quem somos.

Talvez você não goste da minha pergunta, mas: Você usa alguma máscara?

Alguns têm a máscara da insensibilidade e frieza; nada os faz tremer, tudo está sob seu controle. Outros mergulham em uma falsa alegria permanente para depois derramar lágrimas sinceras, quando ninguém vê. Alguns vivem com uma imagem falsa da religião, seguem a doutrina que lhes é imposta, mas não a compreendem ou a desfrutam. A máscara de Israel era de santidade; o povo dizia amar a Deus por ser a nação escolhida, mas estava longe dele.

O que realmente importa é deixar de se esconder. Não se trata de exemplos. O que vai transformar a sua vida é o fato de saber, na realidade, quem você é.

Aproxime-se de Deus. Não apenas porque é o melhor a fazer, pois "Deus abrirá o céu, onde guarda as suas ricas bênçãos, e lhes dará chuvas no tempo certo e assim abençoará o trabalho que vocês fizerem [...]. Se obedecerem fielmente a todos os mandamentos do Senhor Deus que hoje eu estou dando a vocês, ele fará com que fiquem no primeiro lugar entre as nações e não no último; e fará também com que a fama de vocês sempre cresça e nunca diminua" (Deuteronômio 28:12,13).

Saber quem você verdadeiramente é restaurará a sua vida.

LEITURA DE HOJE
Gênesis 23
Salmo 36
Mateus 23

ORAÇÃO
Pai que estás nos céus, não quero usar máscaras em minha vida. Muda em mim tudo o que não é bom e ensina-me a viver sempre em Teu amor.

24 de janeiro

Sim, é possível!

A Seleção do Equador se classificou pela primeira vez na história para as oitavas de final da Copa do Mundo, em 2006, após ganhar dois jogos na primeira fase. Esse país jamais chegou tão longe. "Sim, é possível!", era o grito de guerra nos estádios durante as partidas.

O quinto livro da Bíblia, Josué, relata as conquistas do povo de Israel na Terra Prometida. Apesar de terem sido escravizados e nunca aprenderem a lutar, gritaram: "Sim, é possível!", porque compreenderam que Deus lutava por eles.

Desde o princípio, Deus prometeu a Josué, o líder escolhido no lugar de Moisés, estar ao seu lado e lhe dar a vitória: "Você nunca será derrotado. Eu estarei com você como estive com Moisés. Nunca o abandonarei" (Josué 1:5). Josué recebeu a ordem de Deus para entrar com o povo na Terra Prometida, e ele deveria ser um exemplo. O livro explica as circunstâncias da conquista.

Talvez alguém questione a razão dessas nações serem conquistadas e destruídas. A história conta que seus costumes eram sanguinários: sacrificavam crianças em honra a deuses e tratavam suas mulheres e os mais fracos sem piedade. Eles aterrorizavam seus prisioneiros de guerra e jamais demonstravam compaixão. Vencendo esses povos, Deus fazia justiça por meio de Israel.

A conquista deve estar de acordo com os planos de Deus. Jericó caiu com a explosão de louvores; cidades solidificadas foram derrotadas por um número inferior de soldados. Os invencíveis sucumbiram sem lutar, o sol se deteve um dia para que o exército pudesse conquistar. Não se trata dos nossos esforços, mas do que Deus faz.

O difícil se faz sem problemas, o impossível só Deus o consegue.

Jamais devemos esquecer que a diferença na vida não é marcada por nossas forças, estratégias ou planos. A presença de Deus é o diferencial. Ele promete nunca nos deixar ou nos abandonar. Com Deus ao nosso lado, tudo é possível, pois não se trata de nós, mas dele.

Deus ensina no livro de Josué que o mais importante é segui-lo, crer e não se distanciar da Sua Palavra. Quando o povo deixava de confiar em Deus e o desobedecia, era derrotado. Da mesma forma hoje, importa para nós descansarmos em Deus.

Nunca nos esqueçamos de confiar em Deus e segui-lo — sim, é possível!

LEITURA DE HOJE
Gênesis 24
Salmos 37–38
Mateus 24

ORAÇÃO
Pai nosso, enche-nos do Teu Espírito para que possamos viver de acordo com o Teu poder. Dá-nos forças para te servir de maneira digna e conquistarmos tudo o que tens preparado para nós.

A diferença na vida não é marcada por nossas forças, estratégias ou planos, mas sim pela presença de Deus.

Correr para vencer

25 de janeiro

As histórias de alguns atletas costumam ser impressionantes. Rosa Kutty tinha o recorde nacional da Índia, de 400 e 800 m em atletismo, ao participar das Olimpíadas de Atlanta, 1996. Desde pequena corria para ganhar dinheiro: vendia frutas e tinha que chegar ao local de vendas, em primeiro, para oferecer sua mercadoria antes dos outros, e depois para levar os lucros para casa, onde a esperavam seus *oito* irmãos. Correr por necessidade a tornou uma das melhores corredoras do país.

O livro de Josué ensina grandes lições sobre a conquista.

"Fale sempre do que está escrito no livro da Lei. Estude esse livro dia e noite e se esforce para viver de acordo com tudo o que está escrito nele. Se fizer isso, tudo lhe correrá bem, e você terá sucesso" (1:8).

"...ela parou de correr e ficou amontoada na parte de cima do rio até Adã, cidade que fica ao lado de Sartã. Na parte de baixo, o rio secou completamente até o mar Morto..." (3:16).

"Então os sacerdotes tocaram as cornetas. Logo que o povo ouviu este som, gritou com toda a força, e a muralha caiu. Aí todos subiram, entraram na cidade e a tomaram" (Josué 6:20).

"O povo de Israel pecou [...]. Ficaram com algumas coisas que eu mandei que fossem destruídas. Eles roubaram essas coisas, mentiram por causa delas e as colocaram no meio da bagagem deles. É por isso que os israelitas não podem enfrentar o inimigo. Fogem dele porque agora eles mesmos estão condenados à destruição. Se vocês não destruírem o que roubaram, eu não continuarei com vocês" (7:11,12).

"...O sol ficou parado no meio do céu e atrasou a sua descida por quase um dia inteiro. Nunca tinha havido e nunca mais houve um dia como este, um dia em que o Senhor obedeceu à voz de um homem. Isso aconteceu porque o Senhor combatia a favor de Israel" (10:13,14).

"...Faz quarenta e cinco anos que o Senhor Deus disse essas coisas a Moisés. Isso foi no tempo em que o povo de Israel atravessava o deserto; e o Senhor me tem conservado com vida até hoje..." (14:10).

"Mas, se vocês não querem ser servos do Senhor, decidam hoje a quem vão servir. Resolvam se vão servir os deuses que os seus antepassados adoravam [...]. Porém eu e a minha família serviremos a Deus, o Senhor" (24:15).

LEITURA DE HOJE
Gênesis 25
Salmos 39–40
Mateus 25

ORAÇÃO
Pai amado, aqui está a minha vida. Quero oferecê-la para que Tu a uses como quiseres. O que tenho e o que sou pertencem a ti. Irei onde quiseres que eu vá!

"...eu e minha casa serviremos a Deus, o Senhor."

26 de janeiro

Voltar ao de sempre

A Seleção da Holanda foi a sensação da Copa do Mundo na Alemanha, em 1974. Com seu bom futebol ganharam todas as partidas, mesmo perdendo a final. Em um dos jogos mais importantes, Holanda e Argentina, a defesa da seleção sul-americana se assustou com a *laranja mecânica*, que marcou quatro gols, porém poderia ter marcado o dobro. O goleiro argentino demorava demais para jogar a bola. Contam que quando os zagueiros pediam para que jogasse mais rápido, ele respondia: Calma, eles a roubarão logo.

O livro de Juízes, que acredita-se ter sido escrito por Samuel, narra os altos e baixos de Israel; suas vitórias e derrotas. O processo é simples: o povo peca e se afasta de Deus, caindo nas mãos do inimigo. Quando percebe, se arrepende e pede ajuda a Deus, que envia um juiz para libertá-los. O povo se acalma, mas em seguida eles voltam a esquecer de Deus, a pecar e caem nas mãos de um inimigo diferente. Este círculo vicioso aconteceu várias vezes: "Então os israelitas pediram socorro ao Senhor, e ele mandou um homem para libertá-los..." (Juízes 3:9).

Juízes é um dos livros mais atuais da Bíblia, e mesmo com milhares de anos de história, revela o que acontece quando abandonamos a Deus e somos escravizados por qualquer situação, elemento ou pessoa (Juízes 1:27,36). Quando percebemos, pedimos ajuda a Deus e Ele nos liberta, porém, mais tarde desobedecemos e voltamos a cair, até pedirmos novamente a ajuda de Deus.

Muitos cristãos vivem em altos e baixos, só se aproximam de Deus quando algo vai mal. Quando tudo volta ao normal, acreditam não precisar de ninguém.

Só pedimos ajuda a Deus no limite de nossas forças, quando vemos que não podemos fazer nada por nós mesmos. Diz-se que ninguém se diz ateu quando está morrendo. O problema é que quando Deus nos liberta, sumimos.

As histórias impressionam. Vale a pena ler com calma sobre o líder Eúde e a libertação do povo. Débora se dispôs a lutar por não haver homem pronto a comandar os exércitos de Deus. Gideão, capaz de derrotar um exército de milhares, com apenas 300 homens. Jefté que liberta o povo de Israel, mas não é capaz de vencer a si mesmo.

No final, o povo está tão longe de Deus que nem lhe pede ajuda. Cada tribo e família faz o que bem entende. Infelizmente, assim acabaram lutando e se matando.

LEITURA DE HOJE
Gênesis 26
Salmo 41
Mateus 26

ORAÇÃO
Pai que estás nos céus, ensina-me a viver perto de ti, e a não ter altos e baixos na minha vida. Que o Teu Espírito me ajude a te honrar em todos os momentos.

Precisamos do Senhor em todos os momentos.

Uma libertação

27 de janeiro

Trautmann, um jogador de futebol alemão que combateu como soldado por seu país, foi prisioneiro dos ingleses em 1945, durante a Segunda Guerra Mundial. Alguns dos soldados de outros países que o conheciam disseram que ele não queria matar, pois sempre soltava os presos que capturava: "Todos têm pai e mãe como eu", disse sobre esse hábito.

Quando a guerra terminou, o *Manchester City* o contratou e mais de 50 mil pessoas se manifestaram contra, por ser alemão. O clube não considerou isso, mas nas primeiras partidas, os torcedores o insultavam, no entanto, pouco a pouco todos começaram a gostar dele. Ganhou a Copa da Inglaterra em 1956, mesmo com um rompimento de vértebra do pescoço, arriscando sua vida, demonstrando como estava agradecido aos seus captores ao dizer: "Senti-me muito bem quando me levaram à Inglaterra. Foi uma libertação."

O livro de Juízes fala da libertação de todo povo, sempre sob a liderança de uma mulher ou de um homem de Deus.

"Então o Senhor Deus ordenou a Gideão: — Vá com toda a sua força e livre o povo de Israel dos midianitas. Sou eu quem está mandando que você vá" (6:14).

"Os três grupos tocaram as cornetas e quebraram os jarros. Eles seguravam a tocha na mão esquerda e a corneta na direita e gritavam: 'Uma espada pelo Senhor e por Gideão!'" (7:20).

"E mais uma vez os israelitas pecaram contra Deus, o Senhor. Adoraram o deus Baal de várias cidades, a deusa Astarote [...]. Então ele ficou muito irado com os israelitas e deixou que sofressem nas mãos dos filisteus e dos amonitas" (10:6,7).

"...Um homem de Deus falou comigo. Ele parecia um anjo de Deus, e isso me deixou apavorada. Eu não perguntei de onde ele vinha, e ele não me disse como se chamava" (13:6).

"Mas o Espírito do Senhor fez com que Sansão ficasse forte. Com as suas próprias mãos, Sansão despedaçou o leão, como se fosse um cabrito..." (14:6).

"...Sansão! Os filisteus estão chegando! Ele se levantou e pensou: 'Eu me livrarei como sempre'. Sansão não sabia que o Senhor o havia abandonado. Os filisteus o pegaram e furaram os seus olhos..." (16:20,21).

"E Sansão orou ao Senhor, dizendo: — Ó Senhor, meu Deus, peço que lembres de mim. Por favor, dá-me força só mais esta vez. Deixa que eu, de uma só vez, me vingue dos filisteus, por terem furado os meus olhos" (16:28).

Ó Senhor, meu Deus, peço que lembres de mim.
—Juízes 16:28

LEITURA DE HOJE
Gênesis 27
Salmos 42–43
Mateus 27

ORAÇÃO
Senhor necessito da sabedoria do Teu Espírito para saber que decisões devo tomar e o que devo fazer todos os dias.

28 de janeiro

Está tudo sob controle!

Seu futebol era genial, mas ele sempre quis viver *ao seu modo*, gostava de bebida e mulheres. George Best, o extraordinário jogador inglês dos anos 70 do século 20, falou pouco antes de se aposentar: "Se tivesse nascido feio, teria me dedicado completamente ao futebol e agora ninguém se lembraria de Pelé."

Ao afirmar que um dos personagens mais famosos da história da Bíblia é Sansão, não estou enganado. A força e beleza dele eram extraordinárias. Deus lhe havia concedido valor e força para vencer. Características de um líder, no corpo de um atleta. O povo o seguia, as mulheres o adoravam. Mas com o tempo, Sansão desenvolveu uma síndrome comum e atual: Agir sem pensar nas consequências.

Sansão venceu seus inimigos muitas vezes. Não precisava de armas para despedaçar um leão ou matar os filisteus. O problema começou quando pensou ser invencível. Nada importava mais, ele tinha recursos para vencer qualquer situação. Acreditou em si até o momento da sua cruel derrota: "…Eu me livrarei como sempre. Sansão não sabia que o Senhor o havia abandonado" (Juízes 16:20).

Deus nos permite conhecer as falhas de Seus servos para não cairmos nas mesmas armadilhas, porém, mesmo sabendo, também fracassamos. Somos orgulhosos para aceitar a graça e a misericórdia de Deus. Cremos que podemos controlar as situações. Podemos sair facilmente delas, mesmo se aprendermos ou não a confiar em Deus. Como Sansão, acreditamos ser fortes.

Com o tempo, quando saímos ilesos das confusões, pensamos que nada vai nos acontecer. Às vezes, vivemos no pecado enquanto vamos à igreja ou servimos a Deus, sentimo-nos bem acolhidos e especiais para Ele, pois não percebemos as consequências do nosso mal. Acreditamos que vamos produzir o *fruto espiritual* como Sansão o fez. Até chegar o dia da nossa cruel derrota.

Não é sábio viver à beira do abismo. Nunca seremos felizes se quisermos estar *um passo adiante*, provando e pecando mais. Cedo ou tarde cairemos. Mais cedo do que pensamos, nos sentiremos sozinhos, Deus não patrocina presunçosos! E nos veremos derrotados nas mãos dos inimigos.

Reflita sobre sua vida diante de Deus, não só os resultados ou sua força. Sansão, com muitos dons e a maior força, no Antigo Testamento, foi o *bobo da corte* de seus inimigos. Volte-se para Deus e abandone seus *jogos* antes de perder tudo.

LEITURA DE HOJE
Gênesis 28
Salmo 44
Mateus 28

ORAÇÃO
Pai, mostra-me se estou errado em relação aos meus problemas e ajuda-me a não cair. Não quero fazer nada que desagrade a ti.

Jamais seremos felizes se quisermos estar mais perto das tentações.

Fidelidade mesmo na dor

29 de janeiro

As lesões são os piores inimigos dos esportistas. É raro ver um atleta que não passou meses se recuperando de fraturas ou lesões. Um dos jogadores mais queridos dos espanhóis é Juan Carlos Valerón do *Deportivo de La Coruña*, que operou o mesmo joelho três vezes, e precisou de dois anos para se recuperar. O curioso foi vê-lo voltar a jogar, dois anos depois, no mesmo dia em que se machucou.

Miguel Angel Valerón, seu irmão, era um dos jogadores mais qualificados do futebol espanhol em 1990, mas se aposentou após uma terrível lesão. Um zagueiro adversário fraturou seu tornozelo num jogo da *Copa do Rei*. Miguel se recuperou, mas só conseguiu jogar na segunda divisão. Ele disse em muitas entrevistas: "Deus sempre esteve comigo [...] no fim das contas, o futebol não é tudo para mim." Quando se conhece Jesus não há como deixá-lo.

O livro de Rute narra a história de uma mulher moabita. É curioso pensar que um livro tão pequeno tenha lições tão importantes. Rute era casada com um judeu, mas quando ele morreu, ela não abandonou a sua sogra Noemi, mas ficou para ajudá-la. "Um dia Noemi soube que o Senhor tinha ajudado o seu povo, dando-lhe boas colheitas. Então ela se aprontou para sair de Moabe com as suas noras" (1:6).

A jovem viúva é a protagonista, pois sua lealdade é inalterada. Apesar de marcada por não ser do povo de Deus, ficou com sua sogra e viveu como Deus esperava. Arriscou a vida, pois sua fidelidade era maior do que o medo e superior a qualquer conquista.

Rute ensina a confiar em Deus em qualquer circunstância mesmo que pareça difícil. Ensina-nos a decidir e defender a honra mesmo quando aparentemente estamos perdendo tudo. Parecia que tudo estava contra Rute, mas ela decidiu seguir a Deus, foi fiel ao ficar com Noemi e obedeceu a Deus ao pedir que Boaz fosse seu parente redentor e que a tomasse por esposa. Mesmo sendo estrangeira, Rute queria pertencer ao povo de Deus.

Deus ama a todos, mesmo que não sejam da nação escolhida. Ao se casar com Boaz, Rute fez parte da genealogia de Jesus, como bisavó do rei Davi (Mateus 1). Deus presenteou sua fidelidade.

Deus não exclui ninguém. Nós é que desistimos de nós mesmos. Se quisermos conhecer o caráter divino, devemos considerar a fidelidade, lealdade e honra.

Quando conhecemos a Jesus, Ele nos toca de maneira eterna, e não podemos deixá-lo.

LEITURA DE HOJE
Gênesis 29
Salmo 45
Marcos 1

ORAÇÃO
Pai amado, sei que sempre me cuidas. Quero ser fiel a ti, aconteça o que acontecer. Ensina-me a descansar em ti, mesmo quando eu não entender as circunstâncias. Preciso de ti.

Deus não exclui ninguém.

30 de janeiro

Igual a todo mundo

Conheci Ezequiel Mosquera quando ele era jovem e andava de bicicleta pelas estradas. Compartilhamos muitas histórias sobre o ciclismo que estão no livro *Linha de Chegada* e sempre lhe disse que um dia teria a sua história. Em 2010, ele conquistou o segundo lugar na volta da Espanha e foi admirado no pelotão de ciclistas.

A prova contrarrelógio em equipes é apaixonante. Cada equipe deve sincronizar-se com perfeição, pois não importa se um ciclista é o primeiro, o tempo da equipe é contado quando o último ciclista passa pela linha de chegada. Todos devem ter o mesmo ritmo e os mais rápidos devem ajudar os lentos. Não adianta ser o primeiro ou o melhor, individualista ou impaciente. Quando alguém se atrasa, todos se atrasam.

O livro de 1 Samuel narra os problemas do povo na época final dos juízes. Eli e Samuel foram os últimos escolhidos de Deus para ajudar o povo. Eli não quis confiar em Deus diretamente e, anos depois o povo pediu a Samuel: "...queremos que nos arranje um rei para nos governar, como acontece em outros países" (8:5). Eles queriam ser iguais as outras nações.

O povo acusava Samuel por seus filhos não agirem como ele e sim como reis: aumentando e recolhendo impostos, herdando reinos e não seguindo a Deus. Samuel narra a história do povo durante esse tempo.

Saul foi o primeiro rei escolhido e o seu reinado foi bom no início, mas, ao envelhecer, ele se afastou de Deus. O Senhor precisou dizer a ele que a obediência importa mais do que os sacrifícios, pois com o tempo algumas pessoas pensam que podem comprar Deus com ações e bens. E acham que sempre serão abençoadas. No final, Saul afastou o seu povo de Deus por meio de suas decisões, atitudes e temores.

Os líderes do nosso tempo deveriam ler cuidadosamente 1 Samuel e comparar as motivações e decisões de Saul com as de Davi. Temos muitos *Saul* hoje, e poucos *Davi*.

Talvez Davi tenha cometido mais erros do que Saul, mas o segredo de Davi era a sua busca constante pela vontade, coração e perdão de Deus. Davi sempre quis que o povo desfrutasse do relacionamento com Deus!

No final, não só no livro de 1 Samuel, mas também em nossa vida, tudo se resume a uma pergunta: Aproximamos ou afastamos de Deus os que nos cercam? Somos egoístas ou ajudamos os outros?

LEITURA DE HOJE
Gênesis 30
Salmos 46-47
Marcos 2

ORAÇÃO
Senhor, quero ser a pessoa que Tu queres que eu seja. Quero desfrutar contigo e amar-te mais que tudo na vida.

A obediência é mais importante do que sacrifícios.

Lutar bravamente

31 de janeiro

Tyrone Ellis, americano, jogador de basquete, chegou ao clube *Lucentum Alicante* na temporada 2011–12. Earl Calloway, americano com passaporte búlgaro, joga no *Cajasol de Sevilla*. Marcus Slaugther é um dos pivôs mais decisivos da Liga. Os três são admirados pelos espectadores, porém o mais importante; creem e compartilham sua fé em Jesus. Ellis e sua esposa têm o blog *thinklovesmart* sobre relacionamentos familiares e como Deus pode nos ajudar se estivermos ao Seu lado.

O desejo de estar perto de Deus é visto nos protagonistas do livro de 1 Samuel.

"...e notou que os seus lábios se mexiam, porém não saía nenhum som. Ana estava orando em silêncio..." (1:13).

"...Ela disse ao marido: — Assim que o menino for desmamado, eu o levarei ao santuário de Deus, o Senhor, para que ele fique lá toda a sua vida" (1:22).

"Deus levanta os pobres do pó e tira da miséria os necessitados [...] e os põe em lugares de honra. Os alicerces da terra são de Deus, o Senhor; ele construiu o mundo sobre eles" (2:8).

"Então o Senhor veio e ficou ali. E, como havia feito antes, disse: — Samuel, Samuel! — Fala, pois o teu servo está escutando! — respondeu Samuel" (3:10).

"...Vocês pediram, e o Senhor Deus deu esse rei. Tudo correrá bem para vocês se temerem o Senhor, nosso Deus, se o adorarem, se o ouvirem, se obedecerem às suas ordens, e se vocês e o seu rei o seguirem" (12:13,14).

"...O que é que o Senhor Deus prefere? Obediência ou oferta de sacrifícios? É melhor obedecer a Deus do que oferecer-lhe em sacrifício as melhores ovelhas [...] O Senhor o rejeitou como rei porque você rejeitou as ordens dele" (15:22,23).

"...Você vem contra mim com espada, lança e dardo. Mas eu vou contra você em nome do Senhor Todo-Poderoso, o Deus dos exércitos israelitas, que você desafiou" (17:45).

"E Saul não gostou disso. Ficou muito zangado e disse: — Para mim as mulheres deram mil, mas para Davi deram dez mil. A única coisa que está faltando agora é ele ser rei!" (18:8).

"Davi fugiu da cidade de Gate [...]. E todos os homens que estavam em dificuldades, ou com dívidas, ou insatisfeitos também foram, e Davi se tornou o chefe deles. Havia com ele mais ou menos quatrocentos homens" (22:1,2).

LEITURA DE HOJE
Gênesis 31
Salmos 48–49
Mateus 3

ORAÇÃO
Pai celestial, às vezes, minha vida é muito complicada. Sei que estás comigo, mas preciso de ti cada dia mais para seguir e honrar-te em tudo.

"Mas eu vou contra você em nome do Senhor Todo-Poderoso..."

1 de fevereiro

Honrar a Deus

Muitos atletas sonham em chegar longe, mas às vezes, esse sonho não se cumpre. Circunstâncias, lesões e motivações interferem de tal forma, que para alguns é impossível dar tudo de si. No entanto, quando alguém ama a Deus, sabe que o melhor está por vir e que nem tudo se mede por vitórias ou títulos.

Leandro Grech, conhecido jogador argentino, tem uma história que impressiona. "Nasci numa família cristã, desde pequeno fui à igreja e sempre encontrei na Bíblia os ensinamentos de Deus. Aos 12 anos, ouvi uma mensagem que me tocou, pois sabia que era diferente dos meus amigos — por quê? Eu tinha Jesus. Mas, com eles eu não falava de Deus e parecia um deles, sem Jesus. Não que eu tenha feito algo absurdo, mas com o passar do tempo, Jesus não ocupava mais o primeiro lugar em minha vida. Joguei na primeira divisão aos 21 anos. Tudo era perfeito, mas Deus tinha planos que eu não conhecia, pois há muito tempo já seguia meu próprio caminho. Chegou o momento crucial, e que agradeço por já ter passado, em que Deus me disse: Chega!, e tirou de mim o que mais amava: o futebol. Saí do time em que jogava, acreditando que conseguiria um novo clube logo, pela minha idade, meu currículo etc. Mas não foi assim. Fiquei quase seis meses sem clube, até chegar o momento em que, verdadeiramente, decidi seguir a Jesus Cristo."

Grech, desde 2011 joga na Alemanha e vive com a família que Deus lhe deu. Apesar da dificuldade do idioma, ele reúne jogadores do time em sua casa para compartilhar o evangelho.

Apenas o amor do Senhor dá sentido a nossa vida e nos livra do desespero. Só quando nos sentimos amados por Ele, percebemos que não existe um sonho melhor do que honrá-lo, pois Ele nos honra. Jamais se esqueça: "Eu, o Senhor, o Deus de Israel, prometi [...]. Pois respeitarei os que me respeitam, mas desprezarei os que me desprezam" (1 Samuel 2:30).

Não devemos nos esquecer que Jesus faz a diferença em nós. O nosso valor não está em nossa fama. Deus é o nosso Criador, Seu Espírito molda o nosso coração e Seu Filho vive sempre em nós. A vida que Deus dá é radicalmente diferente e é eterna. Ninguém pode roubá-la.

Deus permanece conosco, independente das circunstâncias e nos honra quando o honramos e obedecemos verdadeiramente.

LEITURA DE HOJE
Gênesis 32
Salmo 50
Marcos 4

ORAÇÃO
Querido Pai, quero te honrar sempre, em tudo o que fizer e disser. Ajuda-me a mostrar ao próximo algo de ti.

Deus nos honra quando o obedecemos verdadeiramente.

Eu sou o presidente!

2 de fevereiro

Li uma história sobre a Guerra Civil Americana, na qual um sargento repreendeu os soldados porque não podiam desatolar uma carreta. De repente, um senhor que via a situação perguntou-lhe a razão de gritar ao invés de ajudá-los.

"Grito porque sou o sargento", disse com arrogância.

Sem perder tempo, aquele homem os ajudou naquela tarefa, sujando-se de barro. Ao final, lavou as mãos e disse ao sargento: — Se precisar de mais ajuda, me chame. — Quem é você? Perguntou-lhe o sargento, e ouviu: "— Sou Abraham Lincoln, o presidente da nação."

No livro de 2 Samuel lemos sobre o reinado de Davi, rei de Israel. A Bíblia relata que ele era "segundo o coração de Deus". Não significa que tudo o que ele fez, foi bom. Sua motivação era buscar a vontade de Deus e viver como Ele queria. Davi estava disposto a agradar a Deus.

Davi foi um rei presente, sensível, humilde, adorador etc. O povo o amou, e o Senhor Jesus é apresentado na Bíblia como sendo da linhagem de Davi, "Filho de Davi". O desejo de Davi, de estar na presença de Deus em todo o tempo, fez o povo perceber a importância do louvor e da alegria transbordante. A Bíblia diz que "Davi, [...], dançou com todo o entusiasmo em louvor a Deus, o S ENHOR" (2 Samuel 6:14). O povo de Israel nunca esteve tão próximo de Deus, como durante os anos do reinado de Davi.

Deus não ocultou as quedas deste rei, e ele teve muitos problemas com a família, pois não ensinou seus filhos a viver na presença do Criador. Trabalhar para o Senhor não é uma proteção para que a nossa família fique bem. Davi dedicou muito tempo ao seu reinado, porém pouco aos seus filhos. Nenhum deles seguiu fielmente ao Senhor, nem Salomão, o mais sábio da época, que o sucedeu no trono e terminou os seus dias afastado de Deus.

Às vezes, pensamos que muitos atos não geram consequências. Quando estamos bem, acreditamos ter o direito de decidir ou agir, e não percebemos que além de nós, os que nos rodeiam também sofrem por nossa culpa.

Precisamos ler com muita calma o livro de Samuel 2: Se tivermos a responsabilidade de orientar alguém, as lições encontradas nesse livro são atuais e imprescindíveis.

Não importa quem nós somos, o segredo para vivermos bem é aprender a apreciar o Senhor, como Davi.

LEITURA DE HOJE
Gênesis 33
Salmos 51–52
Marcos 5

ORAÇÃO
Senhor, ensina-me a tomar as decisões corretas e a sempre ajudar o próximo.

Como o rei Davi, aprenda a apreciar o Senhor.

3 de fevereiro

Não vou abandonar

Javier Villarreal, jogador bem conhecido do time de futebol *Boca Juniors*, tinha tudo a seu favor na área profissional, mas a vida pessoal e familiar estava acabada, até reconhecer o Senhor Jesus como seu Salvador. Pouco tempo depois, antes de uma partida, pediu ao árbitro a permissão para mostrar a camiseta que vestia por baixo na hora do gol. Nela se lia: "Jesus é o meu Salvador." O árbitro concordou e aos dez minutos, ele marcou o primeiro gol. O árbitro lhe perguntou como sabia que marcaria, e Villarreal lhe disse: "Oro todos os dias e sabia que hoje, Deus me honraria."

Veja no livro de Samuel 2, os textos-chave sobre o que Deus faz quando nos comprometemos com Ele.

"Você sempre terá descendentes, e eu farei com que o seu reino dure para sempre. E a sua descendência real nunca terminará" (2 Samuel 7:16).

"— Não fique com medo! [...] Eu serei bondoso com você por causa de Jônatas, o seu pai. Eu lhe darei de volta todas as terras que pertenciam ao seu avô Saul e você será sempre bem-vindo à minha mesa" (2 Samuel 9:7).

"Seja corajoso! [...]. E que seja feita a vontade de Deus, o Senhor!" (2 Samuel 10:12).

"...Davi consultou a Deus, o Senhor, e ele respondeu..." (2 Samuel 21:1).

"O Senhor é a minha rocha, a minha fortaleza e o meu libertador. O meu Deus é uma rocha em que me escondo. Ele me protege como um escudo; ele é o meu abrigo, e com ele estou seguro. Deus é o meu Salvador; ele me protege e me livra da violência" (2 Samuel 22:2-3).

"Mas o rei respondeu: — Obrigado, não aceito. Eu vou pagar tudo isso. Eu não vou oferecer ao Senhor, meu Deus, sacrifícios que não me custaram nada. Então Davi comprou o terreiro de malhar cereais e os bois por cinquenta barras de prata. Ele construiu ali um altar para Deus, o Senhor, e apresentou ofertas que foram completamente queimadas e ofertas de paz. O Senhor respondeu à oração dele, e a peste acabou em Israel" (2 Samuel 24:24-25).

LEITURA DE HOJE
Gênesis 34
Salmos 53-54
Marcos 6

ORAÇÃO
Pai, quero viver sempre comprometido com o Senhor e jamais me afastar da Sua presença. Ajuda-me a viver de maneira sobremodo excelente.

Sejamos corajosos por amor ao nosso povo, e ao nosso Deus.

Ganhar sempre

Ouvi sobre a polêmica ocorrida no jogo Brasil e Argentina, na Itália, 1990. Enquanto um jogador era atendido, outros bebiam água. Nas imagens vê-se um jogador argentino dar água ao brasileiro Branco. Ele recebeu uma garrafa com tampa amarela, os outros do time receberam com tampa azul. Alguns jogadores argentinos disseram anos depois, que as garrafas deles tinham água, e a que fora entregue ao jogador Branco, uma mistura de água e sonífero, para tranquilizar o rival. Parece que o treinador argentino queria praticar a artimanha na Copa anterior, mas os jogadores se negaram a ajudá-lo. A Argentina venceu por 1 a 0, e a verdade somente os jogadores a conhecem. Estas artimanhas e mentiras acontecem. O problema é quando a vida passa a ser uma grande mentira.

O livro de 1 Reis engloba um período de mais de 100 anos, e a maioria dos capítulos são dedicados ao reinado de Salomão. Sua vida não foi de mentiras, mas podemos dizer que começou bem, e não acabou assim. Podemos ver as consequências de viver afastado de Deus.

Salomão pôde pedir a Deus o que ele quis: "Portanto, dá-me sabedoria para que eu possa governar o teu povo com justiça e saber a diferença entre o bem e o mal. Se não for assim, como é que eu poderei governar este teu grande povo?" (1 Reis 3:9). Deus concedeu, riquezas, fama, poder etc. Salomão teve tudo, e ao ler sua história, parece-nos que ele viveu mais próximo de Deus, até mesmo, mais que o seu pai Davi! Ele construiu o templo em Jerusalém, ajudou o povo a adorar a Deus e praticou a justiça.

Falamos sobre a fidelidade a Deus; construir templos, mas isso não significa servi-lo bem. Então, algo está errado, pois o nosso relacionamento com Deus deve envolver a emoção e a mente. As boas decisões exigem a sabedoria divina, e fidelidade à família. Não nos adianta sermos sábios e poderosos; o importante é conhecermos a Deus, e amá-lo!

Salomão enfrentou os mesmos problemas dos reis que lhe sucederam: idolatria, inimizade com Deus, coração desviado, traições, mentiras etc. Os reis e o povo se desviaram e seguiram ídolos de madeira e cobre. Elias, o profeta de Deus, anunciou que estes deveriam voltar-se para o Senhor, mas o povo não quis ouvi-lo. Podemos acreditar que somos sábios, mas se não formos fiéis a Deus e aos que estão ao nosso lado, enganaremos a nós mesmos.

4 de fevereiro

LEITURA DE HOJE
Gênesis 35
Salmo 55
Marcos 7

ORAÇÃO
Pai celeste, quero ser fiel a ti e a minha família sempre. Dá-me somente aquilo que me aproxima de ti. Quero amar-te de coração.

O importante não é apenas conhecermos a Deus, mas sim, amá-lo!

5 de fevereiro

Apesar dos problemas

Tommy Docherty, treinador da Seleção Escocesa, em 1990, ao deixar o cargo, conhecia bem os problemas técnicos e disciplinares de alguns jogadores, e quando o time viajou para a Copa da França em 1998, vaticinou: "Voltarão para casa, antes dos cartões postais."

Os problemas existirão sempre e o livro de 1 Reis nos ajuda a compreender as razões:

"Quando estava chegando o dia da morte de Davi, ele deu conselhos ao seu filho Salomão. Davi disse: — Está chegando o dia da minha morte. Portanto, seja corajoso e seja homem! E faça aquilo que o Senhor, seu Deus, manda. Obedeça a todas as suas leis e mandamentos, como estão escritos na Lei de Moisés. Assim você será bem-sucedido aonde quer que for e em tudo o que fizer" (2:1-3).

"Portanto, dá-me sabedoria para que eu possa governar o teu povo com justiça e saber a diferença entre o bem e o mal…" (3:9).

"Escuta as minhas orações e as orações do teu povo […]. Sim, da tua casa no céu, ouve-nos e perdoa-nos" (1 Reis 8:30).

"…Ele não foi fiel ao Senhor, seu Deus, como Davi, o seu pai, havia sido" (11:4).

"O Senhor vai castigar o povo de Israel, que vai tremer de medo como varas verdes. Deus vai arrancar o povo de Israel desta terra boa […]. Deus vai abandonar Israel porque Jeroboão pecou e fez com que o povo de Israel pecasse" (14:15-16).

"…Em nome do Senhor, o Deus vivo de Israel, de quem sou servo, digo ao senhor que não vai cair orvalho nem chuva durante os próximos anos, até que eu diga para cair orvalho e chuva de novo" (17:1).

"Então Elias disse ao povo: — Cheguem para mais perto de mim. Todos chegaram mais perto de Elias, e ele começou a consertar o altar do Senhor Deus, que estava derrubado…" (18:30).

"Depois do terremoto veio um fogo, mas o Senhor não estava no fogo. E depois do fogo veio uma voz calma e suave. Quando Elias ouviu a voz, cobriu o rosto com a capa. Então saiu e ficou na entrada da caverna…" (19:12-13).

"Mas eu deixarei sete mil pessoas vivas em Israel, isto é, todos aqueles que não adoraram o deus Baal e não beijaram a sua imagem" (19:18).

"No entanto, um soldado sírio atirou uma flecha que por acaso atingiu o rei Acabe entre as juntas da sua armadura…" (22:34).

LEITURA DE HOJE
Gênesis 36
Salmos 56-57
Marcos 8

ORAÇÃO
Sabemos Senhor que conheces os problemas que temos todos os dias. Ensina-nos a ter sabedoria e a olhar para ti, para que nada nos separe do Teu amor.

Escuta as minhas orações e as orações do teu povo… —1 Reis 8:30

Coração sem limites

6 de fevereiro

Sir Alex Ferguson treina o *Manchester United* há mais de 25 anos, o que o torna um caso excepcional na Europa. Foi campeão da Inglaterra e da Europa e fez o seu clube ser um dos mais admirados do mundo. Quando ele chegou, o *Manchester* não ganhava a Liga Inglesa há quase 20 anos. A imprensa dizia que os jogadores passavam mais tempo nos bares do que nos treinos. Ele devolveu-lhes o gosto pelo futebol. Ao ganharem a *Copa da Europa* em Barcelona 1999, com dois gols nos últimos três minutos de jogo contra o *Bayer de Munique*, Sir Ferguson gritava: "Futebol é isso!"

Todos buscam o sobrenatural em suas vidas, relacionamentos ou situações que os façam ver quem são. Para uns, o importante pode ser a vitória num campeonato, um bom negócio, um prêmio no trabalho. Para outros, as drogas, o álcool, o sexo, as noitadas. As pessoas não conseguem viver sem ter bons relacionamentos, por isso se não os encontram, buscam um substituto.

"Deus deu a Salomão sabedoria, entendimento fora do comum e conhecimentos tão grandes, que não podiam ser medidos" (1 Reis 4:29). Deu-lhe uma mente sábia e um coração disposto, e a nós o desejo da imortalidade e do sobrenatural. Às vezes, dizemos: "Temos no coração um lugar específico para Deus", e não está totalmente correto, pois Deus é infinito. Portanto o que realmente há em nosso coração é a infinita necessidade de Deus. Esse lugar não tem limites, porque só o Senhor pode preenchê-lo com a eternidade.

Quando Deus vive em nosso coração, este se torna ilimitado, infinito e eterno, porque Deus é assim. Ao buscarmos o sobrenatural em coisas, pessoas ou situações limitadas e finitas, nos tornamos limitados, temporais, finitos e aprisionados. Se você preencher sua vida com os substitutos daquilo que é eterno, o seu coração jamais viverá a liberdade. Estará preso ao que ama, por mais valioso que possa parecer. O eterno não pode ser concedido em medidas temporais. O infinito não se mede.

O mais grave é sofrer por uma vida sem sentido. Todos precisam relacionar-se com o Deus eterno, pois só quando temos um coração disponível para o Pai encontramos o nosso lugar. Só quando o Espírito Santo governar nossas vidas, trazendo amor, paz, alegria, descanso, liberdade, confiança, honra e coragem, tudo fará sentido.

Deus criou nosso coração ilimitado para que tivesse espaço suficiente para Ele e Suas bênçãos. Nunca limite o seu coração.

Jamais coloque limites em seu coração e permita que Deus o preencha.

LEITURA DE HOJE
Gênesis 37
Salmos 58-59
Marcos 9

ORAÇÃO
Pai nosso que estás nos céus, quero entregar meu coração em Tuas mãos, para que possas preenchê-lo. Faz de minha vida o que quiseres.

7 de fevereiro

Deus, por quê?

Logo após uma catástrofe natural ou um acidente inevitável, alguém poderia dizer que não entende o motivo de Deus permitir a morte de alguém em meio a tais acontecimentos. Apesar de Deus não andar por aí consertando todos os nossos estragos, podemos entender alguém que pense dessa forma. Surpreendi-me ao ouvir isso numa coletiva de imprensa, do boxeador Ray Mancini, após ter matado o seu adversário coreano com seus golpes, numa luta!

Muitas vezes, a liberdade humana é terrível e cega, pois não apenas age contra Deus, mas o culpa pelos erros que cometemos em nome dessa mesma liberdade. No livro de 2 Reis temos uma descrição da rebeldia do povo contra Deus. No entanto, alguns reis foram excepcionais, pois tentaram fazer o povo escolhido voltar a Deus, conforme Ezequias e Josias. Com o passar dos anos, a cada rei sucedia outro ainda pior. A cada dia que passava o povo se revoltava ainda mais contra o Senhor que os amava.

A paciência de Deus também tem limites. Ele derrama graça a todos, e não suporta o orgulho dos Seus filhos. Deus perdoou Israel muitas vezes, em centenas de anos, mas a desobediência do povo os afastou do Criador. E quando alguém se afasta de Deus, cai nas mãos dos inimigos.

Dessa forma, o livro termina com o povo no exílio, sem a terra que Deus lhes dera. Não quiseram ser fiéis ao Todo-Poderoso e preferiram adorar estátuas feitas por eles.

Deus não deixou profetas ao Seu povo. Enviou Elias, e em seguida Eliseu para falar ao povo. Elias subiu ao céu numa carruagem de fogo. Eliseu pediu e recebeu de Deus a porção redobrada do espírito de seu antecessor (2 Reis 2:9). No entanto, mesmo vendo os milagres, nem os reis nem o povo se voltaram a Deus.

É impossível entender as maldades de alguns reis. Ao ler esse livro, você percebe que o que foi dito sobre a realidade superar a ficção, é verdadeiro. Mesmo assim, Eliseu nos ensina a ver as situações como Deus as vê. Nem tudo é como parece ser. Deus está ciente de todos os acontecimentos. "Então orou assim: — Ó Senhor Deus, abre os olhos do meu empregado e deixa que ele veja!..." (2 Reis 6:17).

A última palavra é do Senhor. Por mais difícil que a situação possa parecer, ou por mais que as pessoas ao redor pareçam desequilibradas, Deus está presente. Precisamos abrir os olhos, vê-lo e confiar nele. A vida será muito diferente.

LEITURA DE HOJE
Gênesis 38
Salmos 60–61
Marcos 10

ORAÇÃO
Abre os meus olhos Senhor, ajuda-me a descobrir a Tua verdade. Ensina-me a entender que estás comigo e que não deixarás que eu caia.

Em Deus está a esperança!

Situações incompreensíveis

8 de fevereiro

Situações difíceis, incompreensíveis, às vezes dramáticas. Todos nós já passamos por momentos assim. Alguns sabem que Deus está ao seu lado apesar de tudo. Outros não se dão conta. O jogador brasileiro Edu, mesmo sendo campeão da *Copa do Rei*, viveu momentos bem complicados na época em que jogou na Espanha. Ele passou por algumas situações injustas, porém nunca deixou de confiar em Deus e de falar dele a todos enquanto jogava no *Celta* e no *Betis*. O argentino Acosta, teve que operar o tornozelo em várias ocasiões, e passou meses sem jogar com seu time, o *Sevilha*, mas sempre confiou em Deus para seguir em frente.

Não é difícil confiar em Deus! No entanto, o povo escolhido não confiava, mesmo presenciando as centenas de milagres! Estes são os versículos-chave do livro de 2 Reis:

"...Por acaso, pensam que não há Deus em Israel?" (1:3).

"Então bateu na água com a capa de Elias e disse: — Onde está o Senhor, o Deus de Elias? Aí bateu de novo na água, e ela se abriu, e ele passou para o outro lado" (2:14).

"Então Naamã desceu até o rio Jordão e mergulhou sete vezes, como Eliseu tinha dito. E ficou completamente curado..." (5:14).

"...Temos boas notícias e não devíamos ficar calados. Se esperarmos até amanhã para contar, certamente seremos castigados. Vamos agora mesmo contar isso lá no palácio" (7:9).

"Então eles voltaram, contaram a Jeú, e este disse: — Foi isto o que o Senhor Deus disse que ia acontecer quando falou por meio do seu servo Elias..." (9:36).

"Mas Jeú não obedeceu de todo o seu coração à Lei do Senhor, o Deus de Israel..." (10:31).

"O profeta Eliseu foi atacado por uma doença sem cura..." (13:14).

"Ezequias confiou no Senhor, o Deus de Israel; [...]. Ezequias ficou ligado com o Senhor e nunca desobedeceu a ele, mas guardou cuidadosamente todos os mandamentos que o Senhor Deus tinha dado a Moisés" (18:5-6).

"O rei Ezequias recebeu a carta das mãos dos mensageiros e a leu. Então foi até o Templo, pôs a carta ali, na presença de Deus, o Senhor" (19:14).

"Vou deixar que você viva mais quinze anos. Livrarei você e esta cidade de Jerusalém do rei da Assíria. Defenderei esta cidade por causa da minha honra e por causa da promessa que fiz ao meu servo Davi" (20:6).

LEITURA DE HOJE
Gênesis 39
Salmos 62–63
Marcos 11

ORAÇÃO
Pai, quero confiar sempre em ti. Que nada ou ninguém me afaste da Tua presença. Ensina-me a descansar no Teu amor em cada momento da minha vida.

...Temos boas notícias e não devíamos ficar calados... —2 Reis 7:9

9 de fevereiro

Do nada a herói

Gilbert Arenas, jogador da *NBA* marcou mais de 60 pontos num só jogo. Escolheu jogar com o número zero, porque não foi selecionado num primeiro momento. Em recente entrevista, disse que o lema da sua vida é: do nada a herói. Com caráter forte, protagonizou várias histórias engraçadas. Certa vez tomou banho no intervalo da partida, com o uniforme, e voltou a jogar molhado, pois frustrava-se ao ver seu time jogar mal.

No time todos ganham ou perdem e o resultando depende de todos. Cada pessoa é importante. O livro de 1 Crônicas, talvez escrito por Esdras, nos lembra o sobrenatural. Ao lê-lo, costumamos fazer piadas sobre os nomes que aparecem no início. Normalmente pulamos essa parte, pois parece tedioso ler as genealogias.

Pense diferente! Você é importante para Deus. Seu nome está escrito em Seu livro. Você é amado pelo Criador. Não somos números! Ele nos conhece pelo nome, sobrenome e particularidades. Deus nos ama! Podemos fazer parte do povo escolhido. Ele ama a cada um de modo particular.

O livro foi escrito anos após o povo ter sido levado cativo à Babilônia. Esdras queria que os que voltassem da escravidão conhecessem a história do povo e da fidelidade divina. Por isso os nomes são citados. Cada um poderia encontrar seu lugar, família, cidade etc. A outra razão seria para o povo voltar-se a Deus e não repetir os erros do passado. Apesar da rebeldia, Deus os tinha protegido. O livro relata sobre a lealdade de Deus para um povo infiel.

A quem nós admiramos? Quem são os nossos heróis? Alguns reis de Israel foram fiéis a Deus, mas a maioria deu mau exemplo. Talvez muitos dos que admiramos nos meios de comunicação, esportes, empresas, universidades, política etc., vivam só de aparências. Talvez ostentem boas posições, mas não sabemos se tratam bem suas famílias, se roubam ou mentem. Simplesmente os admiramos e fazemos o que nos pedem para fazer, mesmo que o exemplo deles seja lamentável.

Esse devocional é sobre seguir a Deus, confiar nele e não nas pessoas que nos afastam dele. Os indivíduos podem nos decepcionar, Deus jamais! Ele é fiel! Nossa história tem erros, mas temos que reconhecer que Deus permanece fiel. "Alegre-se a terra, e fique contente o céu. Digam em todas as nações: "O Senhor é Rei!" (1 Crônicas 16:31). Essa é uma das muitas razões que dão sentido às nossas vidas!

LEITURA DE HOJE
Gênesis 40
Salmos 64–65
Marcos 12

ORAÇÃO
Senhor Jesus, quero te seguir de maneira incondicional. Não quero me enganar, pois para mim tu és a Pessoa mais importante, e quero te obedecer em tudo.

Quem são os nossos heróis?

Preparados para tudo

Javier Hernández, *Chicharito*, artilheiro do *Manchester United* e da Seleção do México, participou da Copa da África do Sul, 2010. É um caso único, já que seu avô Tomás jogou na seleção nacional na Copa da Suíça, 1954, e seu pai Javier, na Copa do México em 1986.

O autor do livro de 1 Crônicas menciona detalhes da vida de Davi, e descreve os seus amigos; homens fortes que o acompanhavam em batalhas, com características geniais para qualquer esportista:

1. homens fortes e valentes,
2. treinados para a batalha,
3. hábeis no escudo e na lança,
4. ferozes como os leões, com a mente de vencedores,
5. rápidos como as gazelas do monte, em boa forma física (1 Crônicas 12:8).

Impressionante! Qualquer treinador daria tudo para ter atletas assim. E os demais? Como ficamos nós que temos um trabalho comum?

Continue lendo! Deus também pensava em você, quando descreveu essas qualidades!

1. Deus espera que sejamos fortes e valentes em qualquer situação da vida. Não se deixe vencer antes de lutar. Sua força não depende do seu exterior, mas do que há em seu interior. Deus está contigo!

2. Temos que aprender a ser treinados para a vida. Não importa a batalha adiante, Deus nos ensinará por meio de Sua Palavra e Espírito como viver de maneira diferente.

3. Cada um de nós tem qualidades que Deus nos concedeu. Você não é inferior a ninguém, porque Deus o fez. O Senhor lhe deu o necessário e ninguém pode ocupar o seu lugar.

4. Seu rosto espelha o que há em seu coração. O Senhor Jesus é apresentado em várias ocasiões como o "Leão da tribo de Judá", por isso Ele toca o seu coração para que você viva dessa maneira. Ninguém tem o direito de desanimá-lo ou amargar sua vida. Deus cuida de você!

5. Ele concede as forças necessárias. Não descanse em sua capacidade, mas no poder de Deus. Quando estiver sem forças para seguir, lembre-se de que: "Com a força que Cristo me dá, posso enfrentar qualquer situação" (Filipenses 4:13).

Não pare de sonhar! Não renuncie ao que Deus pôs em seu coração. Você é especial para Ele. Deus quer continuar fortalecendo a sua vida. Para Ele, você é um dos mais valentes!

10 de fevereiro

LEITURA DE HOJE
Gênesis 41
Salmos 66–67
Marcos 13

ORAÇÃO
Pai eterno, entrego-te os meus sonhos. Vê o que há em meu coração e dá-me forças para chegar aonde o Senhor quer. Agradeço-te por me ajudar a realizar meus sonhos.

Com a força que Cristo me dá, posso enfrentar qualquer situação. —Filipenses 4:13

11 de fevereiro

Perdidos

Todos os times têm torcedores, e muitos estão atentos aos resultados das partidas. Se o time perde, sentem-se perdidos também. Se ele vence, parecem viver no céu nos dias seguintes.

O *Barcelona* ganhou muitos torcedores nos últimos anos. Maxwell, brasileiro, jogador muito querido pelo bom comportamento dentro e fora de campo, recentemente declarou: "Em minha vida, como jogador de futebol profissional, pai, marido, filho e irmão, tento viver de maneira íntegra e correta. A Bíblia me ensina a viver de maneira positiva, tentando ajudar as pessoas, amando e sendo amado, porque viver com Jesus é uma experiência única."

O livro de 2 Crônicas é sobre os reis de Israel e de Judá, e seus seguidores. Pode ser que Esdras tenha escrito o livro para nos lembrar, da parte de Deus, que o povo nunca foi espiritualmente superior aos seus reis. Se um rei se voltasse a Deus de todo o coração, as pessoas o seguiriam. Quando os reis viveram em idolatria, o povo viveu também, como torcedores fanáticos.

São duas as lições: os responsáveis por uma missão, igreja, time etc., devem viver perto de Deus. A desonra ao Senhor os levará ao fracasso. A segunda lição é para os que seguem alguém, e dependem do que este faz. Os que vivem assim serão culpados do que fizerem se forem enganados. Não adianta dizer: "O rei me enganou", "O treinador me obrigou" ou "Vi que tal pessoa fez…". Alguns agem assim na vida espiritual: "Meu pastor disse…". Somos responsáveis por nossas ações!

No final, ao lermos o livro de 2 Crônicas, compreendemos os perigos da idolatria e da desobediência a Deus. Não podemos enganar a Deus: não importa se formos reis ou súditos. Se o desobedecermos, cedo ou tarde pagaremos as consequências. E a culpa será só nossa, onde estivermos.

Há uma maneira diferente de viver! "O povo de Judá ficou alegre por causa desse juramento, que tinha feito com todo o coração. E, por terem procurado o Senhor com toda a boa vontade, ele deixou que o achassem e permitiu que vivessem em paz com todos os povos vizinhos" (2 Crônicas 15:15). Hoje é o momento de tomar a melhor decisão de nossa vida: não permitir que pessoas ou circunstâncias nos controlem, e buscar ao Senhor para honrá-lo.

Ele permite que o encontremos, pois em Sua própria essência Ele nos ama e quer nos encher da Sua graça. Como somos!

LEITURA DE HOJE
Gênesis 42
Salmos 68–69
Marcos 14

ORAÇÃO
Senhor, quero viver todos os dias da minha vida contigo. Não quero seguir a outro, senão a ti. Quero estar contigo sempre.

Somos responsáveis por nossas ações.

Estudar, praticar e ensinar

12 de fevereiro

Às vezes, o que um atleta diz pode ajudar a todos, não só aos que amam o esporte. Ruthie Bolton-Holifiel, do basquete dos EUA, ganhou a medalha de ouro nos Jogos Olímpicos de Atlanta, 1996 e Sidney 2000. Enquanto falava sobre a importância de Deus em sua vida, comentou sobre a dificuldade do atleta em frequentar o culto da igreja. "Estamos longe de casa, sem poder ir à igreja; aprendi que ela deve estar em nosso interior, pois isso nos fortalece."

O livro de Esdras, escrivão e sacerdote, mostra a importância de fazer parte do povo de Deus, mesmo nos momentos mais difíceis. Ele o escreveu quando o povo voltava à Terra Prometida após 70 anos de cativeiro na Babilônia, anos que haviam sido roubados de Deus, pois durante essa época não celebraram os anos de repouso que Deus havia estabelecido.

Deus os havia ensinado que a cada sete anos, a terra e o povo deveriam descansar por um ano, mas ao cair em idolatria e rebelar-se contra Deus, o povo escolhido passou os 490 anos seguintes sem descansar. Esqueceram e menosprezaram os anos sabáticos.

Deus é justo e amoroso. Poderia ter esquecido o Seu povo, porque tinham pecado, mas os restaurou e os fez voltar à Terra Prometida, ao completarem os 70 anos de cativeiro. O mais importante era voltar-se para Deus e Sua Palavra. Isso moveu o coração de Esdras.

Esdras leu a lei de Deus para eles, para que a escutassem e vivessem em santidade. Ele foi peça-chave também na reconstrução do templo e na renovação espiritual de cada família de Israel. Deus o usou para cumprir as Suas promessas, pois Ele havia dito que voltaria a trazer os Seus para a sua terra, e cumpriu. Deus é fiel. Agora é a nossa vez de corresponder.

Esdras queria que o povo aprendesse a viver na presença de Deus: "Esdras havia dedicado a sua vida a estudar, e a praticar a Lei do Senhor e a ensinar todos os seus mandamentos ao povo de Israel" (Esdras 7:10).

Esdras nos mostra como devemos nos aproximar da Palavra de Deus. Cada vez que ele lia, o povo tomava decisões. Observe a ordem:
1. Estudar   2. Praticar   3. Ensinar

Os problemas de muitas pessoas, igrejas e líderes começam ao estudar e ensinar o que Deus diz, sem, no entanto, praticar! Esse é um dos maiores perigos! Não devemos esquecer essa ordem, porque qualquer outra nos trará problemas.

Quando Deus fala, obedecemos. Juntos e individualmente. Esse é o nosso viver!

Não se pode ensinar sem ter praticado aquilo que se ensina.

LEITURA DE HOJE
Gênesis 43
Salmos 70–71
Marcos 15

ORAÇÃO
Santo Pai, quero conhecer cada dia mais de ti, para que minha vida seja diferente. Quero viver como o Senhor quer e ensinar aos outros a fazer o mesmo.

13 de fevereiro

Para destruir, basta um martelo

Alfredo Di Stéfano recebeu a bola de ouro de melhor jogador do século 20, e vale a pena ouvi-lo. Numa entrevista, ele explicou a importância da preparação técnica para o ataque e defesa: "Para construir uma casa é preciso planejamento e construtores. Para destruí-la, basta um martelo."

Neemias escreveu seu livro na mesma época em que Esdras. Provavelmente o último livro do Antigo Testamento, escrito há uns 400 anos antes da vinda de Jesus. Deus chamou Neemias quando este era copeiro do rei Artaxerxes no exílio. Neemias ouviu sobre os israelitas que voltaram para sua terra e se identificou com eles. Orou e Deus lhe abriu as portas para voltar a Jerusalém reconstruir as muralhas da cidade e fortalecer a vida espiritual de seu povo, começando pela reconstrução do templo.

Neste livro, o próprio Deus ata os fios da história, e põe no coração do rei Artaxerxes a decisão de deixar Neemias voltar, e o desejo de ajudá-lo nisso. Deus trabalha na vida do povo para que se esforcem em reconstruir a cidade juntos e livra Neemias dos inimigos internos e externos que queriam atrapalhar o seu trabalho.

Os desejos de Deus são claros. Ele faz o impossível e espera que tenhamos coragem e confiança nele. Deus deseja que demos os primeiros passos para cumprir a Sua obra. E esses são sempre os mesmos: Primeiro orar, colocar-se nas mãos de Deus e descansar nele. Em segundo, pedir-lhe sabedoria e proteção. Em terceiro, dispor-se a não temer os outros. Em quarto, aprender a trabalhar em equipe. Neemias não pôde fazer a obra sozinho, nem apenas com seus amigos. Precisava de todos, como cada um de nós.

As circunstâncias podem ser difíceis. Mesmo descansando no Senhor, precisamos nos preparar para tudo. "E todos os que trabalhavam levavam uma espada na cintura. O vigia, que devia tocar a corneta para dar o alarme, ficava perto de mim" (Neemias 4:18). A coragem é sempre necessária, o reino dos céus não foi feito para preguiçosos ou covardes.

Mesmo em circunstâncias difíceis, vale a pena edificar. Pode ser que muitos prefiram levar o martelo em mãos, para destruir o que os outros já fizeram. Não importa! A lição no livro de Neemias é a de que Deus ajuda, protege e premia os que edificam juntos. No final, ninguém se lembrará das ameaças dos trapaceiros. O que fica em sua mente, permanece. Pode parecer simples, mas é assim.

LEITURA DE HOJE
Gênesis 44
Salmo 72
Marcos 16

ORAÇÃO
Pai que estás nos céus, olha para os meus problemas. Descanso em ti, porque sei que me ajudarás. Tu és o vencedor e ninguém me pode ferir.

No final, ninguém se lembra das ameaças dos trapaceiros.

Orar antes de qualquer coisa

14 de fevereiro

Kerri Strug, ginasta feminina norte-americana, tinha dois saltos para ganhar o ouro, nos Jogos Olímpicos em Atlanta, 1996. Era a menos conhecida, e alguns acreditavam que seu nível técnico era inferior. No primeiro salto deslocou uma perna e não podia suportar a dor, nem manter-se em pé ou andar. Outra teria desistido, mesmo sabendo que deixaria a equipe sem possibilidade de ganhar. Ela não. Fez seu segundo salto, caiu sobre os dois pés, quase com perfeição, e pontuou 9.721, o que lhe deu a medalha de ouro e após o salto, saiu na maca e foi engessada por não suportar a dor. Recebeu a medalha com a perna engessada.

A história de Neemias começa num dia normal. Hanani e alguns homens vêm contar ao copeiro do rei o que acontecia com o povo. Qualquer um de nós ao ouvi-los teria ido falar com o rei, pedir ajuda para ir à Jerusalém, com as comitivas.

A história é diferente: "Quando ouvi isso, eu me sentei e chorei. Durante alguns dias, eu fiquei chorando e não comi nada..." (Neemias 1:4). O segredo? Chorar, jejuar e orar durante dias. Se compararmos o versículo 1:4 com o 2:1, vemos que três meses de oração e jejum se passaram. Hanani e seus amigos convenceram-se de que tinham errado ao falar com Neemias, porque nada acontecia. Esquecemos que as obras de Deus começam com pessoas orando e descansando nele. As nossas começam com pessoas buscando ajuda em todos os lugares, comitivas e grupos, de maneira desesperada.

Essa é a lição: Primeiro orar, derramar nosso coração diante de Deus e esperar nele. Depois haverá tempo para o restante.

Precisamos ajoelhar e esperar o que Deus quer de cada situação. Esse é o segredo do êxito, não as atividades programadas. Precisamos viver na presença de Deus e pedir-lhe ajuda: Ele é a fonte do nosso poder.

Talvez muitos ministérios controlem demais: planejamo-nos, pedimos dinheiro, decidimos quem pode ajudar, ajustamo-nos aos programas, horários e equipes. Resolvemos tudo e depois oramos dizendo a Deus: "Abençoa a Tua obra."

É difícil entender como Esdras e Neemias conseguiram resolver algo impossível, do ponto de vista humano? Eles começaram orando. Trabalharam orando. Desfrutaram orando. Adoraram e comprometeram-se com as palavras que Deus dizia.

Qualquer coisa que façamos, pode ser espetacular, mas não é a obra de Deus. Honre a Deus no que fizer, ore.

Nada é mais importante do que falar com Deus e ouvi-lo.

LEITURA DE HOJE
Gênesis 45
Salmo 73
Lucas 1

ORAÇÃO
Pai querido, quero estar contigo, quero falar-te de...

15 de fevereiro

Arriscar nossa vida

George Lucas chegou ao *Celta de Vigo* em 2006. Sofreu lesões graves, mas provou suas qualidades. No Brasil, Lucas quase morreu num assalto, em que os ladrões armados o roubaram e ameaçaram, mas Deus o protegeu. Lucas afirmou que o mais importante é orar e confiar em Deus em toda e qualquer situação, por mais desesperadora que pareça.

O livro de Ester foi escrito uns 480 anos antes do nascimento de Jesus. Narra como Deus salvou o Seu povo da destruição quando foram deportados à Pérsia. Deus cuidou dos judeus, de maneira milagrosa. Cada detalhe é admirável e se encaixa como um quebra-cabeça perfeito. Deus usa Ester e seu tio Mordecai para o povo de Israel não ser destruído.

A história é impressionante, leia-a de uma só vez, senão será difícil compreender o que aconteceu. A garota judia mudou o destino de um povo e o ajudou a sobreviver. Nenhum detalhe escapa do conhecimento e controle de Deus; desde a rebeldia da rainha do império, Vasti, às intrigas do palácio, a insônia do rei, os eunucos, e os conselhos que a família e os amigos deram a Hamã; o maior inimigo do povo. Deus age por meio das circunstâncias e decisões. Nada lhe surpreende.

Isso ocorreu porque uma garota colocou sua vida nas mãos de Deus, e arriscou-se por amor ao seu povo! O profeta Zacarias escreveu: "...Não será por meio de um poderoso exército nem pela sua própria força que você fará o que tem de fazer, mas pelo poder do meu Espírito..." (Zacarias 4:6). Esse é o segredo. Nós teríamos formulado um plano para salvar o povo, mas Deus age diferente e não patrocina os fracassos. Ele não precisa dos poderosos, e nem busca grandes exércitos.

Deus busca pessoas dispostas a se colocar em Suas mãos e confiar nele.

Lembremo-nos sempre: quando vivemos para honrar a Deus, não importa se os demais nos desonrem, nem o que dizem ou se acreditam que não temos valor. Quando honramos a Deus, Ele nos honra.

Mas se não confiamos em Deus, pouco importa a honra que outros nos dão. Não adianta sermos queridos, admirados e até idolatrados, material ou espiritualmente. Se Deus nos honra, os outros, não importam.

Como Ester, precisamos estar preparados para o momento da história em que teremos que agir. Mesmo que pensemos que não somos tão importantes, Deus nos prepara para os momentos especiais da vida. Tudo depende de nossa disposição, e decisão de honrá-lo sempre.

LEITURA DE HOJE
Gênesis 46
Salmos 74-75
Lucas 2

ORAÇÃO
Senhor, sei que tens me preparado para este momento. Quero te seguir e transformar a situação em que estou. Em Teu nome...

Precisamos estar preparados para o momento da história em que teremos que agir.

Lutando contra o desespero

Payne Stewart, americano, jogador de golfe, comprometido com Deus, levou muitos a conhecerem o Senhor Jesus. Sua morte quando o avião em que estava se despedaçou pareceu incompreensível. Aos 42 anos, já tinha vencido 18 torneios e participado na *Ryder Cup*. Ele tinha muitos amigos.

Sua mulher declarou após o funeral: "Sei que muitas pessoas repensaram suas vidas e se encontraram com Deus, tocados pela morte de meu marido, mas não compreendo por que essa tragédia aconteceu, quando nossa vida estava no auge. Luto com o meu desespero quando penso em milhões de pessoas que têm casamentos horríveis e continuam juntos, e Stewart era maravilhoso e eu o perdi para sempre. Reconheço que nos 18 anos que vivemos juntos aproveitei mais do que muitos casais a vida toda. Mesmo assim reconheço que Deus atuou de maneira incrível neste acidente horrível."

Jó questionou também a respeito da vida, sofrimento, maldade, justiça, morte etc. Perguntas que todos nós fazemos. Quando pensamos em Jó, pensamos em sofrimento, mas o livro é muito mais profundo do que isso. Nele encontramos verdades sobre a amizade, restauração, conselho, amor, tristeza, solidão, confiança, ansiedade, depressão, enfermidade, lágrimas etc.

É impossível resumir os ensinamentos deste livro. Quero mencionar alguns detalhes sobrenaturais: Primeiro, Deus não se decepciona conosco, Ele está ao nosso lado e conhece nossas lágrimas e palavras! Ele quer que derramemos nosso coração e sofrimento diante dele.

Segundo, nada escapa ao Seu conhecimento e controle. Se uma situação for injusta, Ele terá a palavra final. Nada que nos acontece o surpreende.

Terceiro, Ele está sempre conosco. Até nos momentos difíceis, Jó pôde dizer:"Pois eu sei que o meu defensor vive; no fim, ele virá me defender aqui na terra" (Jó 19:25). Deus não espera heroísmo de nós. Simplesmente quer que estejamos com Ele e que descansemos nele, mesmo que por vezes não entendamos nada.

Por último, às vezes Deus não responde às nossas perguntas, pois o Seu consolo não está nas respostas, mas em Sua presença. Quando Jó viu e ouviu a Deus, o sofrimento desapareceu. Ele continuava sem entender nada, mas sabia que Deus estava presente. Quando sofremos precisamos sentir ao nosso lado a presença de quem nos ama. E Deus sempre está ali.

Quando sofremos, precisamos sentir que quem mais nos ama está ao nosso lado.

16 de fevereiro

LEITURA DE HOJE
Gênesis 47
Salmos 76-77
Lucas 3

ORAÇÃO
Pai amado, sabes o que estou passando em minha vida...

Integridade

17 de fevereiro

Ontem a meditação foi sobre os momentos difíceis da vida. Todos nós passamos por isso. Não é diferente na vida esportiva. Lembro que conheci Fabio Gimenez, na Argentina, jogador de futebol do *Colón de Santa Fé*, 2011. Ele terminou sua carreira esportiva na Bolívia. Os últimos anos dos jogadores costumam ser difíceis: lesões, times de categoria inferior, cansaço, times que às vezes não pagam etc. Gimenez podia se identificar com as palavras de Jó:" Tu, ó Deus, me deixaste sem forças e destruíste toda a minha família" (Jó 16:7), pois sempre compartilhou do poder de Jesus em sua vida pessoal, dando testemunho de fé.

Aqui estão versículos bem conhecidos do livro de Jó:

"Aí o Senhor disse: [...] Ele me teme e procura não fazer nada que seja errado" (1:8).

"O Senhor disse a Satanás: [...] Faça o que quiser com tudo o que Jó tem, mas não faça nenhum mal a ele mesmo..." (1:12).

"Então Jó se levantou e, em sinal de tristeza, rasgou as suas roupas e rapou a cabeça. Depois ajoelhou-se, encostou o rosto no chão e adorou a Deus. Aí disse assim: — Nasci nu, sem nada, e sem nada vou morrer. O Senhor deu, o Senhor tirou; louvado seja o seu nome!" (1:20,21).

"Por que não nasci morto? Por que não morri ao nascer?" (3:11).

"Deus fez com que os meus irmãos me abandonassem; os meus conhecidos me tratam como se eu fosse um estranho. Os meus parentes se afastaram; os meus amigos não lembram mais de mim" (19:13,14).

"Pois eu sei que o meu defensor vive..." (19:25-26).

"...é o Deus Todo-Poderoso quem me põe medo, e não a escuridão" (23:16).

"Depois disso, do meio da tempestade o Senhor deu a Jó a seguinte resposta: [...] quem é você para pôr em dúvida a minha sabedoria?" (38:1-2).

"Onde é que você estava quando criei o mundo? Se você é tão inteligente, explique isso" (38:4).

"Antes eu te conhecia só por ouvir falar, mas agora eu te vejo com os meus próprios olhos..." (42:5-6).

"... —Estou muito irado com você e com os seus dois amigos, pois vocês não falaram a verdade a meu respeito, como o meu servo Jó falou" (42:7).

"...Depois disso, Jó ainda viveu cento e quarenta anos, o bastante para ver netos e bisnetos. E morreu bem velho" (42:16-17).

LEITURA DE HOJE
Gênesis 48
Salmo 78
Lucas 4

ORAÇÃO
Santo Pai, sei que minha situação é difícil, mas quero ser fiel a ti. Dai-me força para seguir adiante...

"Eu sei que o meu Redentor vive..."

Rir é o melhor remédio

18 de fevereiro

O futebolista hispano-brasileiro Donato é um dos mais queridos da Liga Espanhola. Jogou no *Deportivo de La Coruña* e na Seleção Espanhola. Foi campeão da Liga, Copa e Supercopa, e participou na primeira divisão até os 42 anos. O seu treinador Arsenio Iglesias, falou do seu humor numa entrevista, e contou que após um treino Donato continuou na ducha. Ele achou estranho a demora e perguntou: O que você faz aí? E ouviu: "Estou vendo se me desboto", brincando com sua raça negra.

Deus deu o humor, não só a ele, mas a todos nós. Às vezes nos preocupamos demais, com o que já passou, ou vai passar, o que falam ou não, com o bem que fazemos ou não, se erramos e se não nos entendem. Preocupamo-nos com centenas de coisas! Deus quer que descansemos nele e apreciemos tudo o que Ele nos dá. Que não levemos tudo tão a sério.

O bom humor é isso: viver tranquilo, rir, alegrar-se, descansar sem esperar que tudo seja perfeito para justificar a nossa alegria. Podemos apreciar o agora neste momento, vendo tudo de forma diferente. Podemos encontrar motivos para rir dentro de nós. O bom humor é um presente de Deus.

Poucas coisas me impressionam mais do que ler: "Assim acontece com os que esquecem de Deus; assim dá em nada a esperança dos maus" (Jó 8:13). Essa é uma promessa que não devemos esquecer. Quando estamos sofrendo, sabemos que o sofrimento não será eterno. Deus nos encherá de riso, porque a alegria de Deus é eterna. Suas promessas nunca falham.

Sabemos que confiamos em Deus, quando vivemos de bom humor. Não quer dizer que estejamos sempre rindo, mas sim, que compreendemos o que nos acontece e a temporalidade do que nos assusta.

Ninguém tem mais direito de apreciar do que aquele que ama a Deus. E mais, Deus diz que: "O Senhor lhes dará tudo o que é bom; mas, se vocês não o servirem com alegria e gratidão…" (Deuteronômio 28:47), a consequência será servir os inimigos. Se não aprendermos a viver, apreciando a Deus e tudo o que Ele nos dá, os ladrões virão para nos escravizar e roubarão a alegria. E o pior de tudo, cedo ou tarde procuraremos essa alegria em situações e elementos que podem nos destruir.

Lembre-se de que a alegria é parte do fruto do Espírito de Deus. Percebemos Deus na vida de alguém quando este aproveita bem a sua vida. Muitos saberão que você ama a Deus ao verem a sua alegria.

Poucas coisas são tão importantes na vida cristã como a alegria.

LEITURA DE HOJE

Gênesis 49
Salmo 79
Lucas 5

ORAÇÃO

Senhor, agradeço-te pela alegria. Quero viver sempre desfrutando da Tua vontade e de tudo o que me dás. Não quero ser vítima da tristeza nem do desânimo.

19 de fevereiro

Os dias correm

O momento mais difícil do atleta é a decisão de parar de competir. Quando as forças acabam e a técnica não é suficiente, encerrar nem sempre é fácil. O lutador Rudolf Gardner, bronze nas Olimpíadas de Atenas em 2004, o fez de maneira original: deixou seus calçados de competição no meio do tatame, e saiu chorando.

O nosso momento mais difícil é o fim da vida. Quase ninguém espera por esse dia, mas os sinais nos alertam quando este se aproxima. Perdemos as forças, adoecemos com frequência, surgem os cabelos brancos, não enxergamos bem, nos cansamos mais e tudo parece andar mais rápido. Jó descreveu assim: "Os meus dias correm mais depressa do que um atleta; eles fogem sem ter visto a felicidade" (Jó 9:25).

A semelhança com os corredores é formidável. Com os anos, já não contamos os dias que escapam de nossas mãos. Olhamos para trás e revivemos situações que acreditamos ser recentes e reconhecemos que o tempo já passou.

Precisamos aprender a viver. Ao ler frases assim, temos que olhar para o presente e futuro e também devemos olhar para o passado e aprender a perdoar.

Uma das maiores amarguras para muitas pessoas é não saber perdoar. Olham para o passado e lembram-se de quem as fez sofrer. Aprender a viver, significa deixar no passado o que já aconteceu. Ninguém pode amargar nossa vida para sempre. Se você já sofreu, a dor não diminuirá com a lembrança permanente.

Perdoar o passado é também nos perdoarmos. Deixar de lado as decisões erradas, endireitar o que pudermos, e esquecer o impossível de resolver. Perdoar-nos não é repetir na mente o que deveria ter acontecido se não tivéssemos feito o que fizemos. Ninguém sabe o que aconteceria e a vida passa muito rápido, por isso não perca tempo com o que não tiver solução.

Deus restaura o passado e é o único capaz de nos fazer esquecer os erros, pois Ele os esquece. Deus não se lembra do nosso mal, pois quer nos restaurar. Por que lembrarmos? Olhe para trás, somente para agradecer e aprender. Não viva obcecado com isso. Mesmo com os nossos erros, Deus é capaz de construir dias cheios de graça. Se você não tivessem vivido o que viveu, não seria quem é hoje. Tudo valeu a pena, mesmo que por enquanto você não entenda.

Descanse em Deus. Peça sabedoria para aprender com os seus erros, e esqueça-os. Aprender a viver é também saber perdoar como Deus nos perdoa.

LEITURA DE HOJE
Gênesis 50
Salmo 80
Lucas 6

ORAÇÃO
Pai celestial, entrego em Tuas mãos o que aconteceu em... Sei que podes restaurar minha vida. Descansarei em ti.

Precisamos aprender a viver, e isso inclui aprender a perdoar.

A razão de um homem

20 de fevereiro

Bojan, do *Barcelona F.C.*, foi o jogador mais jovem a marcar um gol na Liga dos Campeões. Com 17 anos fez a melhor média de gols do futebol europeu. Super capaz, apesar da pouca idade!

Em nossa sociedade, muitos defendem a ideia de que o ser humano é o centro de tudo, Recusam a centralidade de Deus, e sustentam que Ele não existe. Para tais, o ser humano é produto do acaso. Não aceitam a criação de Deus.

Creem que o homem está em evolução, mudando para melhor, e que a força e a vontade humana são a solução para todos os problemas. O universo gira ao nosso redor, e não é ruim acreditar em Deus, desde que seja de acordo com as nossas necessidades. Assim as decisões e valores morais que defendemos, relacionam-se à nossa experiência. Somos os donos do nosso destino, e não um ser sobrenatural.

Com certeza você ouviu que o homem é a razão de tudo. Essa frase talvez soe bem, mas pergunto: Quem? Hitler, Martin Luther King, Madre Teresa de Calcutá? Suponho que qualquer um perceba a diferença entre eles. Não sei se alguém escolheria o primeiro, mas ao escolhermos Luther King ou Madre Teresa temos conceito moral elevado, vindo de alguém maior que nós.

Para a maioria, se não houver nenhum ser superior, nada espiritual e o futuro não existir; a única coisa válida será o desespero. De fato, alguns filósofos defendem essa teoria. Se dermos as costas para Deus, nossa vida precisará de significado, porque negligenciamos o lado espiritual, e afastamos o nosso Criador.

Se formos o centro o tudo, cedo ou tarde nos sentiremos sós. Podemos nos considerar inteligentes, pelo que já alcançamos. No entanto, apenas descobrimos o que há na natureza; nada criamos. "Você pensa que pode descobrir os segredos de Deus e conhecer completamente o Todo-Poderoso?" (Jó 11:7). Nossas limitações nos colocam imediatamente em nosso lugar.

Demoramos centenas de anos para entender o funcionamento dos organismos mais simples, que Deus criou, e por mais que pensemos que somos a primeira maravilha do mundo, esse orgulho nos levará à solidão.

Finalmente, a vida se reduz a nossa necessidade de adorar a alguém maior do que nós mesmos. Alguém que nos dê significado como seres humanos, pois se olharmos para nós mesmos, nos perderemos para sempre!

Se olharmos para o céu para encontrar a Deus, encontraremos o nosso lugar.

Devemos adorar somente a Deus, Ele é maior do que nós.

LEITURA DE HOJE
Êxodo 1
Salmos 81–82
Lucas 7

ORAÇÃO
Senhor Jesus, te adoro. Não há nada mais importante em minha vida do que o Senhor. Quero entregar meu coração e minha vida em Tuas mãos, para sempre!

Uma casa no céu

21 de fevereiro

Na prova de atletismo dos 100 m, Atenas, 2004, Francis Obikwelu, nigeriano nato e português por adoção foi vice-campeão olímpico. Ele ficou morando em Lisboa aos 16 anos, após disputar os campeonatos mundiais juvenis. Morou com um amigo, e às vezes quase dormiam na rua. Em 2004, ele foi considerado um dos melhores corredores do mundo. Quando lhe perguntavam sobre as dificuldades pelas quais passara, respondia: "Não me interessa o dinheiro, tenho um lar nos céus, pois sou cristão."

A promessa de vida eterna é a esperança mais forte de quem confia em Deus. A vida não termina aqui e vemos as situações com outra perspectiva. Sabemos que Jesus nos preparou a morada perfeita, pois a Bíblia nos fala de novos céus e nova terra.

A moeda e a verdade têm dois lados. Temos que aprender a não viver angustiados, o dinheiro não é nosso rei, e não deve nos preocupar. Não precisamos trabalhar de graça, nem jogar fora o que é justo, nem depender do dinheiro. A Bíblia diz que a raiz de todo o mal é o amor ao dinheiro.

O outro lado relaciona-se à nossa responsabilidade de fazer o possível para melhorar o mundo. Se amarmos a Deus, mais lutaremos pelos outros e mais forças teremos para ajudá-los. Deus nos diz para amarmos ao próximo como a nós mesmos. São incontáveis os exemplos de cristãos que assim fizeram: Martin Luther King, William Willberforce, John Newton, Durant, George Muller, Charlotte Elliot, Amy Charmichel etc. Ajudar os outros não é opção, é parte integral do evangelho. Ser cristão é viver como Jesus viveu.

Apesar do sofrimento, Jó afirmou: "No entanto, nunca fui violento, e as minhas orações sempre foram sinceras" (Jó 16:17). Se formos capazes de viver assim, o mundo será bem diferente. Parece simples, precisamos olhar mais para nós mesmos, porque os culpados da maldade do mundo, não são as grandes nações, mas cada um de nós. Deus repete várias vezes, que se lhe dermos as costas, negligenciamos os outros. E isso é pecado. Simples e claro.

Se quisermos que o mundo seja diferente, devemos lembrar que nossas palavras e atos têm mais valor do que acreditamos. Devemos abandonar toda a violência e ajudar os menos favorecidos. Isso está ao nosso alcance. Saber que temos um lugar reservado no céu implica em trabalhar para que esse mundo seja melhor.

A maneira mais simples de se começar a amar a Deus é ajudar aos que nos rodeiam.

LEITURA DE HOJE
Êxodo 2
Salmos 83–84
Lucas 8

ORAÇÃO
Pai nosso, ajuda-me a viver de maneira diferente. Quero ajudar a todos, e lutar para que esse mundo seja melhor, para que o Teu nome seja glorificado.

Já que temos uma casa nos céus, precisamos fazer o possível para que este mundo seja melhor.

Conte comigo!

22 de fevereiro

Um artilheiro da Liga Espanhola e da Seleção da Espanha me disse: "Recebo ligações quando marco gols. Todos cumprimentam e me param na rua. Estou há quatro semanas lesionado, e recebi apenas três ligações dos meus verdadeiros amigos, com os quais posso contar." Se isso acontece com alguém conhecido, imagine com os que não são estrelas. Valdo é um dos jogadores mais queridos no time do *Levante*.

Precisamos contar com alguém, saber que independente do que acontecer, um amigo estará ao nosso lado. Mesmo o ser mais insensível precisa ser compreendido e aceito.

O livro de Salmos? Muito fácil, trata de: contar com Deus, derramar o seu coração diante dele. É o livro de cânticos do povo de Israel, é o maior da Bíblia e foi escrito por autores diferentes: Davi, Moisés, Asafe etc. É o livro mais usado por Jesus em Seus ensinos, e traz mais referências dos escritores do Novo Testamento.

A vida se apresenta como é, ninguém esconde nada: nem situações, nem atitudes, nem motivações. Algumas frases de Salmos nos estremecem! Ninguém diria que a inspiração é divina, mas esse é o segredo. Deus quer que vivamos diante dele, sem escondermos nada.

Por que são louvores? Porque Deus sabe que a música é importante em nossa vida. É um presente dele! E só cantamos quando amamos, talvez por isso a última frase do livro seja uma ordem: "Todos os seres vivos, louvem o Senhor! Aleluia!" (Salmo 150:6).

Quer saber? Muitas pessoas levam vidas distantes de Deus. Buscam a glória em suas vidas, sem reconhecer que Deus a merece. Ao buscarmos ou recebermos honras, nos orgulhamos, somos arrogantes, invejosos, malvados etc. Por quê? Adoramo-nos a nós mesmos, esperando que os outros também nos adorem. E não somos importantes assim!

Ao adorarmos a Deus, encontramos significado para a nossa vida, porque nos colocamos frente ao nosso Criador, que nos ama, e nos concede graças. A Bíblia nos diz que todo aquele que respira deve louvar ao Senhor. Se você respira, é um presente de Deus. Louve-o. Cante. Adore. Ame. Não há nada mais importante a fazer.

O livro de Salmos é sobre isso. Invista o seu tempo para ler com atenção. Encontre e sublinhe as características de Deus. Conte ao Seu Pai que está nos céus, tudo o que há em seu coração. Dedique-lhe as melodias que surgirão como fruto do seu amor. Deus se agrada dos seus louvores.

LEITURA DE HOJE
Êxodo 3
Salmo 85
Lucas 9

ORAÇÃO
Pai, quero cantar e adorar a ti. Não quero viver um só dia sem cantar, sem que meu coração se entusiasme contigo!

Deus se agrada dos seus louvores.

23 de fevereiro

Feliz aniversário

O clube de futebol *Deportivo La Coruña* foi campeão da *Copa do Rei* em várias ocasiões. A mais famosa, sem dúvida nenhuma, foi disputada no Estádio Santiago Bernabeu, porque o time rival era o *Real Madrid*, que comemorava o seu centenário! Durante essa competição muitos jogadores tinham se destacado marcando gols: Donato, Valerón, Fran, Capdevila, Molina, Manuel Pablo, Sérgio e Tristán. Todos pensavam que o *Real Madrid* seria o campeão, pois era o melhor time do mundo naquele momento, e, além disso, jogava no próprio estádio, mas o *Deportivo* ganhou de 2 a 1.

A aflição terminou! Ouviu-se o *parabéns para você* no estádio em comemoração a vitória.

Leia alguns dos cânticos de Salmos:

"Felizes são aqueles que não se deixam levar pelos conselhos dos maus, que não seguem o exemplo dos que não querem saber de Deus e que não se juntam com os que zombam de tudo o que é sagrado!" (1:1).

"Ó Senhor, Senhor nosso, a tua grandeza é vista no mundo inteiro. O louvor dado a ti chega até o céu" (8:1).

"Tu me mostras o caminho que leva à vida. A tua presença me enche de alegria e me traz felicidade para sempre" (16:11).

"O Senhor é o meu pastor: nada me faltará" (23:1).

"Preparas um banquete para mim [...] Tu me recebes como convidado de honra e enches o meu copo até derramar" (23:5).

"A Deus, o Senhor, pedi uma coisa, e o que eu quero é só isto: que ele me deixe viver na sua casa todos os dias da minha vida, para sentir, maravilhado, a sua bondade e pedir a sua orientação" (27:4).

"...o Senhor me ouviu e me livrou das minhas aflições" (34:6).

"Que a sua felicidade esteja no Senhor! Ele lhe dará o que o seu coração deseja" (37:4).

"Esperei com paciência pela ajuda de Deus, o Senhor. Ele me escutou e ouviu o meu pedido de socorro" (40:1).

"Assim como o corço deseja as águas do ribeirão [...] quero estar na tua presença, ó Deus!" (42:1).

"Deus é o nosso refúgio e a nossa força, socorro que não falta em tempos de aflição" (46:1).

"O Senhor Deus é grande e merece ser louvado..." (48:1).

"Por causa do teu amor, ó Deus, tem misericórdia de mim. Por causa da tua grande compaixão apaga os meus pecados" (51:1).

"Entregue os seus problemas ao Senhor, e ele o ajudará; ele nunca deixa que fracasse a pessoa que lhe obedece" (55:22).

LEITURA DE HOJE
Êxodo 4
Salmos 86–87
Lucas 10

ORAÇÃO
Pai que estás nos céus, quero te agradecer por... Estes são alguns dos cânticos que eu gosto mais...

O Senhor me cuida, nada me falta.

Deus existe!

A Seleção Espanhola de futebol viveu grande parte de sua história sendo derrotada nas quartas de final. Quando Cesc Fábregas marcou o último pênalti contra a Itália no Europeu de 2008, e classificou a Espanha para as semifinais, a reação do comentarista de televisão, Manu Carreño foi: "Gol da Espanha! Deus existe! Espanha classificada para as semifinais!"

Todos cantamos quando estamos felizes e quando amamos. Lembramo-nos de algumas das canções mais conhecidas do livro de Salmos:

"Somente em Deus eu encontro paz; é dele que vem a minha salvação" (62:1).

"Tu me guias com os teus conselhos e no fim me receberás com honras. No céu, eu só tenho a ti. E, se tenho a ti, que mais poderia querer na terra?" (73:24,25).

"O amor e a fidelidade se encontrarão; a justiça e a paz se abraçarão" (85:10).

"Senhor, tu tens sido o nosso refúgio" (90:1).

"Venham, fiquemos de joelhos e adoremos o Senhor. Vamos nos ajoelhar diante do nosso Criador" (95:6).

"Cantem hinos a Deus, o Senhor, todos os moradores da terra! Adorem o Senhor com alegria e venham cantando até a sua presença" (100:1,2).

"Ó Senhor Deus, que todo o meu ser te louve! Que eu louve o Santo Deus com todas as minhas forças!" (103:1).

"Deem graças a Deus, o Senhor, porque ele é bom, e porque o seu amor dura para sempre" (Salmo 107:1).

"A tua palavra é lâmpada para guiar os meus passos, é luz que ilumina o meu caminho" (119:105).

"Olho para os montes e pergunto: 'De onde virá o meu socorro?' O meu socorro vem do Senhor Deus, que fez o céu e a terra" (121:1,2).

"Como é bom e agradável que o povo de Deus viva unido como se todos fossem irmãos!" (133:1).

"Ele está perto de todos os que pedem a sua ajuda, dos que pedem com sinceridade" (145:18).

"O Senhor será Rei para sempre. Ó Jerusalém, o seu Deus reinará eternamente. Aleluia!" (146:10).

"Ele cura os que têm o coração partido e trata dos seus ferimentos" (147:3).

"Todos os seres vivos, louvem o Senhor! Aleluia!" (150:6).

24 de fevereiro

LEITURA DE HOJE
Êxodo 5
Salmo 88
Lucas 11

ORAÇÃO
Pai que estás nos céus, agradeço por fazer-me tão feliz. Quero te adorar sempre, independente das circunstâncias da minha vida.

Todos nós cantamos quando estamos felizes.

25 de fevereiro

Já imaginou?

Guille Franco, argentino, disputou dois mundiais com a Seleção do México, e o auge de sua carreira foi no *Villarreal F.C.* É um jogador querido e sempre testemunhou que sua vida é um milagre de Deus. Nasceu apesar dos médicos afirmarem que estava clinicamente morto. Aos 9 anos se eletrocutou com uma geladeira; seus pais se separaram quando ele era pequeno. Deus tinha um propósito em sua vida e Franco a entregou por completo a Ele. As manchetes diziam: "A grande fé do jogador Franco...", após um gol de último minuto. Sempre testificou de Deus e da necessidade de viver em Sua presença. Com sua família, deu exemplos de confiança no Senhor. "Mas tu, ó Senhor, me proteges como um escudo. Tu me dás a vitória e renovas a minha coragem" (Salmo 3:3).

• Imagine poder falar com quem ama em qualquer momento da sua vida e em qualquer lugar, haja o que houver! (Salmo 145:18).
• Imagine influenciar o pensamento de Deus! (Êxodo 32:11-13).
• Imagine ser apresentado pelo Senhor Deus como Seu amigo! (Êxodo 33:11).
• Imagine saber que independente do que você sentir ou acontecer, alguém sofrerá voluntariamente para não deixá-lo só! (Isaías 63:9).
• Imagine descobrir não só o melhor do nosso Pai, mas perceber que os que o rodeiam vibram quando você fala com Ele! (Jeremias 33:3; Atos 2).
• Imagine contar tudo ao Senhor! (1 Tessalonicenses 5:17).
• Imagine o Criador dando-lhe a capacidade de ter uma vida indestrutível! (Amós 5:43; Hebreus 7:16).

Já imaginou antes de fazer algo para Jesus, sempre orar para pedir bênçãos e direção?

Pare de imaginar! Tudo isso é mais verdadeiro do que você pensa.

A igreja primitiva dependeu do Espírito Santo, em oração e em tudo o que fazia, inclusive quando Deus os impedia de pregar em algum lugar! Essa é a razão pela qual nunca se escreveu nada sobre as decisões, os comitês ou as missões dos apóstolos. A história nos fala dos atos dos apóstolos.

Esse é o futuro radiante de qualquer país que se coloque nas mãos de Deus em oração. Desde que o corpo de Cristo, as autoridades, invistam tempo com o seu Criador em oração e adoração. Já imaginou?

Lembre-se de que quando não souber o que dizer, ou seu coração não encontrar palavras para expressar o que sente, o Espírito de Deus traduzirá o que estiver em seu coração (Romanos 8:26).

LEITURA DE HOJE
Êxodo 6
Salmo 89
Lucas 12

ORAÇÃO
Pai, quero estar em Tua presença e conversar contigo, quero te dizer...

Deus está muito perto; à distância de uma oração.

Descansar

26 de fevereiro

Há anos conhecemos Juan Sara e sua mulher. Ele jogava futebol na Itália, e já passou por vários países, inclusive Espanha. Teve uma lesão num braço, que quase o fez abandonar a carreira, mas Deus o curou. Sua esposa Karina tem uma página sobre adoções na web, que ajuda muitas famílias ao redor do mundo. Mesmo em situações difíceis, Deus nos ensina a confiar e a descansar nele. Essa continua sendo a realidade na vida de Juan e sua família.

Amar a Deus e saber que Ele está conosco, ouvi-lo e falar com Ele é especial. Não podemos parar, temos que confiar nele! Em Sua presença, aprendemos a orar, adorar e descansar nele em todo o tempo! Ao orarmos, deixamos tudo em Suas mãos, o melhor lugar onde se pode estar.

"Eu chamo o Senhor para me ajudar, e lá do seu monte santo ele me responde. Eu me deito, e durmo tranquilo, e depois acordo porque o Senhor me protege…" (Salmo 3:4-6).

Clamar, confiar, descansar, abandonar o medo e a preocupação era importante na vida do salmista, e deve ser a nossa maneira de viver. Devemos permitir quer Deus tenha sempre a última palavra. Não devemos dar voltas em nossa mente, com situações que não podemos controlar, nem querer fazer tudo à nossa maneira, mas buscar ao Senhor.

Mas para descansar precisamos dar passos muito precisos:

Separe um dia na semana para estar com o Senhor e descansar fisicamente. Deus o espera e você precisa disso.

De tempos em tempos fique sozinho, para pensar, meditar sobre sua vida. Lembre-se do que Deus já fez em sua vida, agradeça-lhe e peça sabedoria sobre os passos a dar.

Busque momentos a sós com as pessoas que você ama, para conversar e passear.

Aproxime-se da natureza para orar, contemplar e apreciar. Leve sua Bíblia e leia-a, no campo, na praia ou num lugar tranquilo.

Não deixe passar muito tempo, sem encontrar alguns dias para dedicar-se a orar e ler a Bíblia. Aproveite os dias de folga do trabalho e dedique-se somente a investir o seu tempo com a pessoa que mais o ama: o próprio Deus.

Às vezes vivemos rápido demais e as angústias do dia a dia e o medo do que possa vir a acontecer, nos vencem. Com o tempo, acreditamos que isso é fruto do nosso pecado, e que já não há remédio. Não é verdade. O que você precisa é voltar a investir tempo com o Senhor. Ele restaurará toda a sua vida. Você precisa descansar nele.

LEITURA DE HOJE
Êxodo 7
Salmo 90
Lucas 13

ORAÇÃO
Pai querido, estou cansado e preciso estar contigo. Estas são as minhas cargas…

Precisamos investir tempo com o Senhor.

27 de fevereiro

Uma postura inteligente

Já mencionamos Alfredo Di Stéfano, vamos recordar algumas de suas histórias. Quando ele jogou no *Real Madrid* e enfrentou o *Barcelona*, tinha diante de si Ramallets, um dos melhores goleiros do qual me lembro. Às vezes não era tão simples marcar gols. Ramallets contou numa entrevista que na metade do jogo, Alfredo lhe disse: "Cara, se você pensa em defender todas, me avise." Isso o desarticulou completamente.

Conheço alguém que sempre diz que jamais quer viajar para as Américas, por nada no mundo. Assistiu muitos filmes, e preconceituosamente, falou um monte de bobagens. Cada vez que vê notícias de alguma revolta ou assassinato, já começa a achar que tem razão. Não existe maneira de fazê-lo entender que isso não é a verdade, que são as exceções, e que a maioria das pessoas são boas como em qualquer outro continente. Talvez você pense que esta postura é preconceituosa, pois não se pode usar o que se vê na mídia para julgar um povo inteiro.

Cada vez encontro mais pessoas fazendo o mesmo com Deus. Viram barbaridades serem cometidas por quem diz crer em Deus, e os maus exemplos os fizeram decidir tirar Deus de suas vidas, por culpa deles. Você acha que essa é uma postura inteligente?

A Bíblia nos ensina que Deus detesta: a vaidade, a mentira, a violência e a traição, pois contraria o Seu caráter: de amor, justiça e paz.

Os que dizem que o seguem, e não o amam desonram a Deus. Não amam o que Ele é, nem vivem como Ele, independente do que dizem ser. Na verdade, querem seguir a Deus, mas com suas próprias motivações e princípios. Falam sempre do Senhor, mas vivem de maneira contrária a dele, e o desonram com seus atos. "Homens poderosos, até quando vocês vão me insultar? Até quando amarão o que não tem valor e andarão atrás de falsidades?" (Salmo 4:2). Deus é muito claro!

Se você disser que acredita em Deus, ame-o, desfrute da Sua presença e faça o bem em tudo que puder, pois assim age aquele que crê. Se assim não for, examine detalhadamente sua vida e mantenha-se calado por alguns dias.

Se você deixou de acreditar em Deus, por maus exemplos, tal atitude não é sábia. Além disso, você está perdendo o melhor da vida! Volte-se ao Criador e comprove como o Seu amor e o Seu caráter valem a pena. Conheça-o intimamente e vá além dos outros.

LEITURA DE HOJE
Êxodo 8
Salmos 91–92
Lucas 14

ORAÇÃO
Senhor Jesus, reconheço que vivi longe de ti. Quero voltar a ti, toma a minha vida...

Se você deixou de acreditar em Deus, por maus exemplos, tal atitude não é sábia.

Cristãos de todos os tipos

28 de fevereiro

Steve Jones ganhou o Aberto de Golfe dos EUA em 1996, e ao receber o prêmio falou à multidão: "Quero agradecer a Jesus, mesmo que com a Sua presença eu ainda estava muito nervoso."

Um dos meus salmos favoritos diz: "Lembrem que o SENHOR Deus trata com cuidado especial aqueles que são fiéis..." (4:3). Isso não quer dizer que se crermos em Deus, ganharemos sempre. Mesmo com a Sua ajuda, ficaremos nervosos em muitas ocasiões.

Nem todos que creem em Deus vivem da mesma forma. Às vezes, os cristãos se comportam como:

1. Carrinhos: Sempre precisam que alguém os empurre, dependem dos líderes, livros que leem, o que outros dizem. Não são capazes de se mover sozinhos.

2. Bolas: Jamais se sabe onde vão rebater ou cair. O vento os leva de um lugar a outro. Estão sempre no limite, mas nunca sabem onde estão ou quem soprará para que apareçam ou desapareçam.

3. Balões: Cheios de ar, incham tanto, e cedo ou tarde se estouram. Há pouca essência neles; por muito pouco, voam. São membros em diferentes igrejas.

4. Papagaios: Repetem o que os outros dizem. Não falam da Bíblia, a não ser o que já foi mencionado por um líder espiritual.

5. Pisca-pisca: Acendem-se e apagam. Tudo depende do seu estado de ânimo, podem brilhar ou apagar em questão de segundos.

Infelizmente, também temos muitas maneiras diferentes de atuar:

1. O tradicional é incapaz de dar um passo adiante. Defende sempre, o de sempre.

2. O que ataca os outros. A vida só tem sentido ao falar de erros alheios.

3. O que só conhece um edifício; sua própria igreja. É impossível tirá-lo dali.

4. O que olha sempre para si. Tudo o que acontece é com ele.

5. O que quer controlar os demais, pois sua própria vida não lhe é suficiente. Sua vida costuma estar bem descontrolada.

Esta lista poderia aumentar sem problema algum. Às vezes estamos tão imersos em nossas atividades e vida religiosa, que não percebemos que podemos ser assim.

Deus honra a quem é fiel. Ele busca os Seus filhos, para estar com eles, e para que desfrutem de Sua presença. Deus quer que cresçamos em maturidade, para cada dia parecermos mais com Jesus, pelo poder do Espírito Santo. Já é tempo de permitir que Deus faça mudanças em nós. É o momento de sermos fiéis a Ele.

LEITURA DE HOJE

Êxodo 9-10
Salmos 93-94
Lucas 15-16

ORAÇÃO

Pai nosso que estás nos céus, examina-me e se algo em mim te desagradar, muda-o. Faz-me a pessoa que queres que eu seja.

Deus honra a quem lhe é fiel.

1 de março

Saber o que fazer

Alfredo Di Stéfano afirmou: "As táticas não transformam nada, a única necessidade são três jogadores no campo que saibam exatamente o que quer dizer: ser um time." A chave do segredo é estar nas mãos daqueles que o conhecem.

Simples e prático: Todos nós sabemos de tudo e acreditamos que ninguém nos ensina nada. Assim caminhamos em direção ao caos, pois não reconhecemos que somos um desastre. Não é uma história apocalíptica, digo apenas que se não reconhecermos e consertarmos os erros, jamais chegaremos a lugar algum.

O lixo nos atrai: cultura, comida, programas televisivos, relacionamentos, ensino, política e tantas outras coisas mais.

Fisicamente falando — temos muitos problemas ecológicos! Não sabemos o que fazer com tanto lixo. Geramos substâncias, que ocupam nosso espaço. O espaço externo está sendo destruído com este acúmulo de lixo: o ar, a camada de ozônio.

Espiritualmente falando — acreditamos que somos muito inteligentes e enchemos o mundo de lixo. Não reconhecemos que nossas ações geram o desastre.

Socialmente falando — maquiamos nossa consciência enviando pequenas ajudas aos necessitados, dando sobras aos que nada têm. Pensamos que fazemos o suficiente, sem perceber que condenamos os outros ao sofrimento e à miséria. Não reconhecemos que parte da humanidade não tem o suficiente para viver, porque alguns poucos gastam milhões inutilmente. Mas, de vez em quando, damos alguns centavos para mostrar que somos boas pessoas.

Vivendo assim, somos maus. A Bíblia diz: "Ele pensa assim: 'Nunca fracassarei; nunca terei dificuldades'" (Salmo 10:6). Ainda que não queiramos reconhecer agora, neste momento, somos participantes de um autêntico desastre.

Tudo o que Deus faz ocupa um espaço, e pode ser transformado. Cada pessoa é um poema de Deus (Efésios 2:10); cada ser um presente de Sua imaginação. Cada lugar que contemplamos foi perfeitamente planejado para demonstrar a glória do Criador! Deus restaura e renova todas as coisas, e Ele tem poder para restaurar e renovar todas as pessoas.

Não sei você, mas eu prefiro me colocar nas mãos de Deus, pois Ele sabe o que faz. E devemos reconhecer que não podemos cuidar de nossa vida sozinhos. Que as nossas ações sejam um reflexo da glória do nosso Criador. Permaneçamos em Suas mãos!

LEITURA DE HOJE
Êxodo 11
Salmo 95-96
Lucas 17

ORAÇÃO
Senhor Jesus, eu quero colocar minha vida em Tuas mãos, e não quero viver longe de ti.

Lembremo-nos de que somos feitos à imagem e semelhança de Deus.

Afundar-se com o time

2 de março

Yusuf Ismael, lutador turco, fez uma turnê em 1879 por algumas cidades dos EUA. Foi um excelente lutador e ganhou todos os combates. Ao retornar ao seu país, o barco naufragou e ele morreu. Na verdade, ele desistiu de se salvar, e afundou levando os cinturões de ouro que ganhara.

Não podemos julgá-lo: muitos se afundaram por não deixar para trás o que achavam ser importante, de maneiras diferentes. A ambição e a necessidade humana não têm limites!

Na Bíblia, Deus não chama o descrente de ignorante, incrédulo, pecador ou malvado! A definição de quem se afasta de Deus é interessante: "Os tolos pensam assim: 'Para mim, Deus não tem importância…'" (Salmo 14:1). Ninguém gosta de ser chamado de tolo.

Mas a definição é perfeita! E perdão aos leitores que não acreditam na existência de Deus! É perfeita, pois afastar-se de Deus é a maior tolice que alguém faz na vida. Ele é o Criador e a fonte de todo o bem. Se o renunciarmos, negaremos tudo, perderemos o amor, amizade, alegria, força, bondade, luz, graça, paz, jogo, natureza e as demais pessoas.

Não há outra maneira de explicar! Damos as costas à vida, porque Ele é a fonte da vida. Afundamo-nos e afogamos com medo de perder o ouro, sem perceber que sem a vida nada terá valor. Dizer não a Deus significa viver com o que não tem valor e esquecer o que é valioso. Por essa razão quase ninguém é ateu na hora de morrer. Quando a vida se vai, nossos tesouros não servem mais.

A Palavra de Deus é sempre direta. Às vezes, nos fere, mas sempre cura. É a grande contradição de Deus, dizer-nos a verdade, mesmo que doa, para podermos viver na verdade que a vida nos dá. Aquele que diz que Deus não existe, não é malvado, nem doente. É simplesmente, tolo.

Imagine por um momento se a pessoa que você mais admira (atleta, cantor, escritor, cientista, ou alguém da família) oferecesse amizade incondicional para sempre, e, além disso, uma vida cheia de tudo que desejasse. Imagine se, além disso, lhe assegurasse que você nunca morreria, nem jamais lhe faltaria algo. Se você recusasse, como os outros o definiriam? Não diriam que você é tolo?

Deus oferece muito mais. O Senhor Jesus deu Sua própria vida por você. Como você vai viver? Sendo tolo? Eu não gostaria de viver assim.

LEITURA DE HOJE
Levítico 1
Salmos 97-98
Lucas 18

ORAÇÃO
Pai nosso que estás nos céus, não quero ser um tolo e viver longe de ti. Entrego toda a minha vida em Tuas mãos. Quero te amar sempre!

Quem diz que Deus não existe é tolo.

3 de março

Canso-me!

A final do polo aquático das Olimpíadas de Barcelona, 1992, será lembrada como a mais apaixonante da história. Nunca uma equipe havia disputado seis prorrogações para se conhecer o vencedor final. Cada equipe merecia uma medalha de ouro. Depois de tanto tempo jogando e com as equipes exaustas, a Itália venceu a Espanha por 9 a 8.

Mas a vida e Deus não são cansativos. Nos últimos anos, algumas pessoas falam que ao seguir a Deus, perde-se o mais emocionante da vida. Mentira. Lembra-se da meditação de ontem? Deixe-me perguntá-lo: O que você mais aprecia na vida? Liste-os.

Mesmo que você não possa responder agora, estou convencido de que os seus pensamentos são criados por Deus. Tudo que desfrutamos é um presente de Deus. Atenção: se você listou alguma substância que o destrói ou situação que seja prejudicial aos outros, tome juízo, como dizem alguns dos meus amigos.

Deus não é cansativo, a vida cristã é apaixonante. Se alguém pensa diferente é porque sua vida não está bem. Aprecie o seu relacionamento com Deus, Ele é um Deus de amor. Se você listou uma atividade, considere-a um presente de Deus. A natureza, o amor, a amizade são presentes de Deus. A capacidade para jogar e apreciar qualquer esporte, a beleza, a música, o alimento são presentes de Deus. Quer que eu continue?

Conheça este segredo: o calendário que Deus estabeleceu na antiguidade, para Seu povo Israel, orientava-se pelas festas. Cada mês tinha uma festa, e em certas ocasiões, mais de uma. A cada sete anos, um ano de descanso, e a cada 49 anos, um ano inteiro de festas! Ninguém trabalhava nos dias de celebração. Deus os fez para o descanso e para se alegrarem nele. A Bíblia diz que primeiro contemplaremos o novo céu e a nova terra, na comemoração das bodas do Senhor com a Igreja; com todos os que creem nele. Como será a vida eterna, que já começa como uma festa? Deus vai derramar poder para sermos felizes por toda a eternidade.

Deus não é tedioso. Quem pensa assim, não o conhece, ou talvez dê mais valor ao que Ele criou, do que a Ele mesmo. É como se alguém julgasse mais importante a bola, do que o jogo em que participam. A Bíblia diz que há uma festa no céu, cada vez que alguém toma a decisão de viver permanentemente ao lado de Deus!

"Como são boas as bênçãos que me dás! Como são maravilhosas!" (Salmo 16:6). Se quiser viver, conheça Deus. Você nem imagina o que o espera!

LEITURA DE HOJE
Levítico 2
Salmos 99–100
Lucas 19

ORAÇÃO
Pai amado, eu te agradeço por todos os presentes que tens me dado. Obrigado por ser tão bom, e ensinar-me a apreciar o que realmente vale a pena!

Os que pensam que Deus é cansativo, não o conhecem realmente.

Nada que envergonhe

4 de março

Concordo com Grant Hill, convocado na lista da *NBA* em 1994, pelo *Detroit Pistons*. Ele encanta seus fãs e sempre admirou Julius Erving que disse: "Sempre gostei dele, pois nunca envergonhou ninguém."

As pessoas seguem modelos, e às vezes, parece que quanto mais arrogantes estes forem, mais serão admirados. O que vale é a honra, lealdade, vontade de ajudar e educação.

Só se conhece alguém, quando lhe é dado poder e ou dinheiro. Pode-se ver o que há em alguém, quando este está em posição de autoridade. Quando isso acontece, todos costumam tirar as máscaras. Se for alguém que ama, tenta fazer o correto e é humilde; você pensa em pessoas da Bíblia como Moisés, Débora, Paulo etc. Mas se a cada dia orgulhar-se mais, querendo satisfazer todos os seus desejos; você pensa em Saul, Sansão, Jezabel, etc.

Acontece o mesmo conosco. Quando se chega ao topo numa equipe, organização, família ou igreja; mostramos o que somos. Quanto mais fama ou dinheiro se tiver, mais íntegra a pessoa deve ser, por ser responsável diante de Deus e dos outros. Lembre-se: "É preciso ter mãos firmes para erguer um copo cheio." Dê poder a alguém, e sozinho ele se revelará.

Não nos enganemos, o orgulho nos mantêm as mãos atadas. Queremos estar sempre em primeiro lugar, ou no lugar de poder, se este não for o lugar de Deus, ou à direita, ou à esquerda, ou numa posição em que fiquemos bem. Alguns dos discípulos pediram isso e outros personagens da Bíblia também. A maioria das pessoas quer o mesmo, ser admiradas, queridas e bajuladas.

Deus derrama Sua graça buscando servos que sabem que nada merecem e, portanto, podem apreciar tudo, que fazem bem o seu trabalho, que não precisam das adulações para se sentir bem, nem sobrepor-se a todos para encontrar a razão de sua própria existência. Gente que não quer envergonhar ninguém.

Deus busca pessoas que desejam amar e servir, e não controlar e dar broncas. Gente satisfeita e feliz com o Senhor que pode conceder satisfação e felicidade: "...quando acordar, a tua presença me encherá de alegria" (Salmo 17:15). O salmista não precisava de mais nada, nem nós. Podemos ser quem somos e fazer o que sabemos fazer, independente de onde estivermos. Não precisamos de mais nada. Basta-nos ver o Senhor todos os dias, e apreciá-lo, com humildade.

LEITURA DE HOJE
Levítico 3
Salmos 101–102
Lucas 20

ORAÇÃO
Senhor Jesus, quero ser um servo como o Senhor foi e fazer o bem e ajudar ao próximo, em tudo que for possível. Dá-me forças para viver como o Senhor.

Dê poder a alguém e descobrirá seu verdadeiro caráter.

5 de março

Imagine!

Pepe Reina é o goleiro do *Liverpool F.C.* e um dos três goleiros da Seleção Espanhola. Além das qualidades esportivas, ele é conhecido por seu bom humor. Nas comemorações ele imita os seus colegas e diverte a todos com sua imaginação.

A imaginação é um presente de Deus. Quando Ele nos permite descobrir algo novo ou imaginar um acontecimento qualquer, criamos uma situação fantasiosa e o compreendemos melhor. Não que precisemos passar o dia nas nuvens, nos esquecendo da realidade, mas sim, devemos dar importância à beleza da criação sem vivermos angustiados pelos problemas.

Ao ler a Bíblia, podemos pedir a Deus orientação ao apreciarmos algo novo e diferente em Suas palavras e ao aplicarmos em nossa vida. Temos liberdade em nossa imaginação para descobrir a beleza da Palavra de Deus, desde que não cheguemos às conclusões contrárias à Sua Palavra e vontade.

Ao meditar no Salmo 18, percebi que posso lê-lo pensando em esportes:

"Porque fazes resplandecer a minha lâmpada; o Senhor, meu Deus, derrama luz nas minhas trevas" (v.28 ARA). A lâmpada lembra a tocha olímpica no estádio.

"Pois contigo desbarato exércitos, com o meu Deus salto muralhas" (v.29 ARA). Escalar muralhas lembra o alpinismo.

"O Deus que me revestiu de força e aperfeiçoou o meu caminho" (v.32 ARA). O caminho lembra uma maratona ou um passeio de bicicleta.

"…ele deu a meus pés a ligeireza das corças e me firmou nas minhas alturas" (v.33 ARA). Permanecer suspenso no ar por um momento, como no vôlei ou salto em altura.

"Ele adestrou as minhas mãos para o combate, de sorte que os meus braços vergaram um arco de bronze" (v.34 ARA). As minhas mãos para defender ou meus braços para fazer o rebote e bloquear, no handebol ou basquete; e vergar o arco lembra o tiro com arco.

"Alargaste sob meus passos o caminho, e os meus pés não vacilaram" (v.36 ARA). Lembrar que nossos pés não vacilam e nossos passos são mais largos traz à memória os esportes sobre a grama: futebol, hóquei, rúgbi…

Talvez você encontre outro versículo! Perdoe-me se minha imaginação voou alto, pois creio que tudo que nos aproxima de Deus e da Sua vontade é bom. A Sua Palavra é a melhor leitura para conhecer Deus melhor.

LEITURA DE HOJE
Levítico 4
Salmo 103
Lucas 21

ORAÇÃO
Pai, quero viver sempre perto de ti para apreciar a Tua criação e conhecer-te profundamente.

Permita que Deus desperte a sua imaginação.

Fizemos o possível

6 de março

O canadense James Naismith inventou o basquete quando seus alunos estavam entediados e a chuva os impedia de sair do colégio. Ocorreu-lhe colocar uma cesta no alto para os alunos introduzirem uma bola nela. Ele não imaginava o alcance que o esporte teria. Naismith presenciou a estreia olímpica do basquete em 1936 e a final em que a Seleção dos EUA venceu o Canadá por 19 a 8! A quadra estava encharcada pela chuva. Mais tarde o jogo passou a ser em quadra coberta e o tempo de posse de bola foi limitado.

Quase tudo pode ser melhorado. Se a motivação for correta, o desejo de melhorar será bom, mas às vezes, por trás está somente o orgulho de ser reconhecido. Ser reconhecido não é ruim, mas será se quisermos veneração.

A diferença entre o bem e o mal está em nossa motivação. É correta se quisermos melhorar para ajudar os outros e glorificar o Criador. Concluir bem o que fazemos reflete o caráter de Deus, pois Ele gosta do que é certo. Quando vivemos assim, as consequências de nossas ações não nos preocupam, podemos ganhar ou perder, pois fizemos o possível.

Mas quando somos a nossa própria motivação, nos irritamos com a derrota, não aceitamos críticas e nem temos paz com os acontecimentos. A lembrança da derrota nos acompanha, pois é a nossa própria reputação em jogo. Agimos assim, não só com esportes, mas queremos vencer outras situações a qualquer custo.

Ao nos preocuparmos com o que somos e o que fazemos, aproveitar a vida se torna impossível. Talvez tentemos dar o melhor, mas com motivos egoístas, que nos fazem viver cansados e sobrecarregados. E esse desejo de ganhar nos destruirá, pois não saberemos o que fazer quando não formos tão bons e a derrota nos alcançar.

Quando nos dedicamos a algo, encontramos o nosso lugar. "Deus armou no céu uma barraca para o sol. O sol sai dali todo alegre como um noivo, como um atleta ansioso para entrar numa corrida" (Salmo 19:4-5). O sol se alegra porque brilha como um atleta, que corre sem se preocupar em ganhar. Sente-se feliz brilhando todo o dia, pois Deus lhe deu esta missão. Se essa for a nossa motivação, seremos invencíveis. Não me refiro a vitórias concretas, mas à vitória final — aproveitar os dias que Deus nos deu, e fazê-lo bem.

Glorificamos a Deus ao fazermos o que sabemos. E isso não pode ser destruído por derrotas temporais e passageiras.

LEITURA DE HOJE
Levítico 5
Salmo 104
Lucas 22

ORAÇÃO
Nosso Deus e Pai celestial, agradeço-te pela força que me dás todos os dias. Ajuda-me a fazer bem o que deve ser feito e a honrar-te em tudo o que faço.

Quando fazemos bem o que sabemos fazer, honramos e glorificamos a Deus.

7 de março

Os dias começam cedo

O inglês John Gregory, técnico de futebol disse: "O ataque ganha partidas, a defesa; campeonatos." Ele não se referia ao estilo de jogo ou a renúncia à conquista, mas ao fato de desde o primeiro momento o time se fortalecer, se afirmar, defender-se e ter coragem.

Já lhe aconteceu alguma vez ler muitas vezes a mesma história, e de repente se ater a um detalhe que parece esclarecedor? Li o livro de 2 Samuel 11, que retrata a história de Davi e Bate-Seba, o adultério e o assassinato, e então percebi o início, quando o rei deixou de lado suas responsabilidades e contemplou a vista diante dele. De repente, li uma frase que Deus quis que ficasse escrita e me chamou a atenção: "Uma tarde Davi se levantou…" (v.2).

Percebi na hora; à tarde não é o melhor momento para se começar o dia! Se estivermos bem, trabalhando, não há motivos para se acomodar na cama o dia todo. Mesmo para um rei.

Às vezes não percebemos o perigo de deixar que os dias passem aleatoriamente. Não reconhecemos o problema de passarem vazios, tediosos, apáticos e preguiçosos. As horas passam sem nada criarmos, sem amarmos e aproveitarmos. Pensamos que parados estaremos bem e decidimos nos esconder algumas horas mais, porém, esse comodismo nos destruirá.

Cada dia é um presente de Deus. Ouça; leia a Sua Palavra; ore; trabalhe; ajude alguém; passeie; converse com amigos; divirta-se com a sua família; pratique esportes. Levante-se e viva! Não seja preguiçoso! Os dias não começam ao entardecer!

Talvez estejamos em dificuldade, sem trabalho e nem sejamos reis, mas podemos levantar e andar; pois é preciso! Mesmo enfermos podemos falar com Deus, com as pessoas ao nosso redor, ler, escutar, imaginar e viver nas mãos do Pai.

Davi se arrependeu do dia em que permitiu que o desânimo e os sentidos governassem sua vida. Ele não queria se levantar da cama e quando o fez, foi para permitir que os seus sentidos o dominassem. Não lutou: interna ou externamente. Quando nos abandonamos, aos poucos perdemos tudo. Desonramos a nós e aos outros.

Ao decidirmos lutar, podemos perder batalhas, mas temos a honra de viver. "Eles tropeçarão e cairão, mas nós nos levantaremos e ficaremos firmes" (Salmo 20:8). Depende de nós, vivermos prostrados ou preparados.

LEITURA DE HOJE
Levítico 6
Salmo 105
Lucas 23

ORAÇÃO
Senhor, ajuda-me a não ser acomodado. Não quero me deixar levar e passar meus dias sem ação. Quero lutar por ti!

Ao decidirmos lutar, podemos perder batalhas, mas com dignidade.

Alguém realmente grande

8 de março

Muitos atletas que marcaram época são esquecidos pelos fãs com o passar do tempo. George Mikan foi um dos melhores jogadores de basquete. Campeão da NBA pelo Minneapolis Lakers, em 1949, 50, 52, 53 e 54, com seu time, ele era quase invencível. Várias regras da NBA foram mudadas porque ele dominava as partidas. Os arremessos, a distância das zonas, foram algumas das normas alteradas. Sob as cestas, Mikan era um autêntico líder, e a zona passou de 1,82 m para 3,65 m de comprimento.

Quando surge alguém maior, deixa marcas. Ao ler o Salmo 24, pensei na pessoa que mais impactou a história da humanidade, Jesus. "Levantai, ó portas, as vossas cabeças; levantai-vos, ó portais eternos, para que entre o Rei da Glória" (v.9 ARA). O Rei da Glória é tão grande que até as portas precisam levantar suas soleiras para Ele entrar.

Admiramos muitas pessoas pelo que fazem, dizem ou são e amamos outras pelo que significam para nós. Mas devemos reconhecer que ninguém é como Jesus ou pode se comparar a Ele. As portas levantam suas cabeças para Ele entrar e, em oposição, muitos inclinarão as suas cabeças em vergonha por não o admirarem.

Muitos cristãos confiam num Deus pequeno e o brilho aparente das coisas os impede de ver o seu Rei: Incomparável, Todo-Poderoso, invencível e irredutível; que precisa de toda a grandeza do lugar para entrar.

Alguns, hoje, perderam a beleza do Salvador. Os dias passam e temos a impressão de não o conhecermos! Não temos tempo para ler a Bíblia, não admiramos ou nos entusiasmamos com Suas palavras. Vivemos sem perceber que Ele nos ama e cuida de nós. Não mergulhamos em Sua graça eterna, por estarmos satisfeitos com Sua lealdade. Estendemos nossas mãos para o céu e descansamos nele!

Nós o deixamos de lado dia a dia, sem perceber a Sua presença em todas as circunstâncias; como Ele fala e se revela a nós, enquanto não compreendemos que Ele é o Deus de cada momento, da mais simples situação à mais extraordinária. Deus de perto e de longe.

Precisamos pedir ajuda ao Espírito Santo para reconhecer o Senhor no extraordinário. Como os dois discípulos que iam para Emaús, precisamos que Ele abra os nossos olhos para vê-lo, para sabermos que está ali, antes que seja tarde demais. Precisamos que Ele nos ajude a compreendê-lo, e que encha o nosso coração, para admirarmos Sua grandeza.

LEITURA DE HOJE
Levítico 7
Salmo 106
Lucas 24

ORAÇÃO
Santo Pai, obrigado por Tua grandeza e cuidado. Ensina-me a compreender como és e a descansar em ti todos os dias.

Precisamos da grandeza de Deus para encher o nosso coração.

9 de março

Feliz o que confia

Edson Cavani, artilheiro do *Nápoles* disse: "Quando ouvi sobre o amor de Deus, me alegrei ao saber o que Ele fez por mim e comecei a estudar a Bíblia. Compreendi o que significa viver junto ao Deus verdadeiro, sempre presente, nos momentos difíceis e alegres. Recebi do Pai o talento de jogar futebol e quero usá-lo ao máximo para chegar mais longe. Preciso me esforçar em tudo, mas sei que com Jesus nada é impossível." Cavani jogou pela Seleção Uruguaia na Copa do Mundo de 2010 que ficou em quarto lugar.

"O Senhor é a minha força e o meu escudo; com todo o coração eu confio nele. O Senhor me ajuda; por isso, o meu coração está feliz, e eu canto hinos em seu louvor" (Salmo 28:7). O livro de Salmos transborda felicidade. Ao lermos, pode parecer incompreensível; os autores citam situações difíceis, momentos de temor e o desprezo de amigos. Mesmo assim, nos lembram várias vezes, que é feliz quem tem Deus em sua vida.

Talvez devêssemos rever o nosso conceito de felicidade, pois ele pode não estar relacionado aos acontecimentos externos, mas ao nosso interior. Somos felizes ao saber que Deus nos ajuda. Não falamos do nosso poder, mas do Seu e não declaramos que tudo será perfeito, mas sabemos que Deus pode solucionar situações que para nós são impossíveis. A confiança de nosso coração está nele — a nossa força e felicidade.

Muitas vezes, as canções da Bíblia nos lembram de que Deus é nosso escudo: os ataques não importam. Ele nos protege independente do que os outros fizerem. Se o mal nos cercar, a Bíblia nos lembra muitas vezes que Deus é o escudo ao nosso redor, ninguém pode se aproximar para nos ferir; ainda que às vezes não percebamos a Sua presença, Deus está sempre perto, nos ajudando.

Somos, porém, nossos maiores inimigos! Deus é o nosso escudo contra o desânimo, amargura, tristeza, solidão e maus pensamentos, pois às vezes, somos cruéis. Deus nos encontra, e nos lembra do Seu amor, e que não nos abandonará.

Lembre-se, a felicidade não está relacionada às circunstâncias. O contentamento vem do coração, independente do que acontecer. Às vezes, somos mais alegres do que outras pessoas, pois Deus está conosco. Feliz aquele que tem Deus como escudo e refúgio e um novo cântico em seu coração.

LEITURA DE HOJE
Levítico 8
Salmo 107
João 1

ORAÇÃO
Senhor Jesus, agradeço-te por seres tudo para mim. Quero entregar todas as circunstâncias da minha vida em Tuas mãos. Confio em ti. Faz de mim a pessoa que queres que eu seja.

Feliz aquele que tem Deus como refúgio e tem um novo cântico em seu coração.

Pecados secretos

O atacante Pato foi contratado pelo *Milan* quando tinha 17 anos e evolui em seu futebol. É convocado para a Seleção Brasileira com frequência. Quando tinha 10 anos, quebrou um braço e os médicos descobriram uma doença que poderia ser grave, e Pato foi operado. Engessado por três meses, não pôde jogar futebol; mas às vezes com uma camiseta de manga comprida para esconder o gesso, jogava com os amigos. Mesmo com a saúde sob risco, essa travessura nos faz rir.

Às vezes, também queremos esconder as coisas, mas os erros graves que escondemos, tornam-se grandes problemas.

Todos sabem o que é o pecado: mesmo querendo esconder ou descrevê-lo com outro nome. Não precisamos explicar que tudo que é ruim, que destrói o nosso relacionamento com Deus, nos confronta ou nos mata interiormente, é pecado. E este mesmo escondido, traz consequências.

As situações mais perigosas são aquelas que ignoramos e silenciamos. O pecado secreto é um grande problema, pois ele nos derrota. Nada é tão terrível como um câncer silencioso que aos poucos destrói nossa saúde. Acontece o mesmo com a vida espiritual: quando não prestamos atenção aos nossos vícios secretos e os escondemos, somos vencidos por eles.

Na Bíblia, lemos sobre homens e mulheres que foram destruídos por pecados secretos. Sabemos que alguns desses pecados nos vencem, mesmo ao aparentarmos estar tudo bem. O orgulho, arrogância, inveja, mesquinharia, fofocas, um pequeno vício; coisas aparentemente pequenas e que não chamam a atenção, sempre nos ferem. Algumas pessoas pensam que não prejudicam os outros, e não percebem que são as principais prejudicadas.

Talvez ninguém saiba sobre as substâncias que consumimos e que podem ser pecado secreto; ou resultado de nossa solidão. Mas devemos ser corajosos, enfrentar esses hábitos e nos colocarmos nas mãos de Deus para Ele cumprir Sua vontade e restaurar a nossa vida. Se assim não fizermos, a vida nos escapará aos poucos, como aconteceu com o salmista: "A tristeza acabou com as minhas forças; as lágrimas encurtam a minha vida. Estou fraco por causa das minhas aflições; até os meus ossos estão se gastando" (Salmo 31:10).

Se não reagirmos, independente de quem somos ou da força que acreditamos ter, nosso corpo será consumido. Os pecados secretos desgastam a nossa vida.

Nada é tão terrível como aquilo que nos destrói por dentro sem percebermos.

10 de março

LEITURA DE HOJE
Levítico 9
Salmo 108
João 2

ORAÇÃO
Pai que estás nos céus, quero te falar de... Examina minha vida, e dá-me forças para vencer tudo o que te desagrada e me destrói!

11 de março

Perdoe-me!

Darius e Ksistof Lavrinovic são irmãos gêmeos e jogadores da Seleção Lituana de basquete e aos 18 anos foram condenados por estupro. Um ano depois, a jovem violentada testemunhou a favor de Darius e casou-se com ele. Ainda assim, os irmãos continuaram presos. Com o perdão da jovem, a pena foi reduzida e eles jogaram basquete na cadeia até chegarem a diferentes times europeus e à seleção.

"Ó SENHOR Deus, em ti eu busco proteção; livra-me da vergonha de ser derrotado. Tu és justo; eu te peço que me ajudes. Ouve-me e salva-me agora..." (Salmo 31:1-2). O perdão liberta. A felicidade está em olhar para o passado sem remorso ou amargura. Não importa o que temos agora, se o coração não estiver em paz, não seremos felizes.

Muitos não precisaram passar por uma situação difícil como ser presos, mas isso não significa que não existam situações do nosso passado que gostaríamos de apagar. Se não nos sentimos perdoados, não podemos ser felizes.

Deus conhece tudo, e fez um plano perfeito para nos perdoar. Ninguém pediu, Ele o fez por Seu amor. O custo desse plano foi sublime, o sofrimento e morte de alguém sem culpa: Jesus; Seu próprio Filho!

A Bíblia afirma que o sangue de Jesus nos limpa do pecado, não só dos conhecidos: matar, roubar etc., mas de tudo que nos afasta de Deus, por menor que pareça; como orgulho, inveja, amarguras, mentiras... Jesus derramou o Seu sangue na cruz para que fôssemos perdoados. Ele, que é perfeito, fez uma transfusão do Seu sangue perfeito e limpo para nos purificar. Nada há que não possa ser perdoado, ou que possa nos derrotar, pois Ele é vencedor (João 16:33). Seu sangue possui todos os anticorpos contra qualquer maldade e a própria morte!

Mesmo que confiemos nele, precisamos ser purificados todos os dias; como o sangue faz em nosso organismo. Um exemplo simples — aperte por alguns segundos o seu punho. Você sentirá que a mão apertada vai paralisando, pois o sangue não chegará aos dedos. Ao soltar, você sentirá um alívio, pois o sangue inundará a sua mão e limpará as toxinas. Assim, precisamos orar e viver diante de Deus todos os dias, pois quando pedimos perdão, Ele nos limpa e nosso coração se enche de paz. Deste modo, aprendemos a não ser derrotados com tanta frequência.

LEITURA DE HOJE
Levítico 10
Salmo 109
João 3

ORAÇÃO
Senhor, purifica a minha vida. Tira de mim tudo o que te desagrada, e ajuda-me a não ser derrotado pelo inimigo.

O sangue de Jesus nos purifica de todo o pecado!

Prioridades

12 de março

O golfista Tiger Woods foi um dos melhores e o mais bem pago da história, no início deste século. Mas sua carreira desmoronou por problemas extraconjugais. Woods decidiu se afastar do esporte por um tempo e disse na coletiva de imprensa: "Preciso dedicar tempo ao que é importante, e reconquistar minha mulher e meus filhos."

Falamos nos últimos dias sobre pecado e perdão. O mais difícil em muitas ocasiões é praticar o perdão, pois há momentos em que nos enganamos e tentamos enganar os outros. Acreditamos ser melhores do que somos, e somos incapazes de reconhecer nossos erros.

Por isso, mesmo que seja muito difícil este é o momento de reconhecer a culpa. Saber se recuperar, não ficar calado, reconhecer as falhas sem escondê-las. Pode parecer muito simples quando aconselhamos os outros, mas quando se trata de nós é complicado!

A raiz do problema costuma ser o orgulho. Ninguém gosta de admitir: "Cometi um engano", ou: "Foi minha culpa." Desde pequenos, fugimos de nossa responsabilidade e atribuímos culpa aos outros. Sempre encontramos um culpado para nossas ações. E enquanto não reconhecermos a nossa culpa, não poderemos nos recuperar ou vencer. E muito menos ser restaurados!

O salmista expressou-se de maneira perfeita: "Enquanto não confessei o meu pecado, eu me cansava, chorando o dia inteiro" (32:3). A amargura, a dor, a ansiedade, o desespero; todos são inimigos que destroem aos poucos o nosso coração e corpo. Quando não somos capazes de confessar os nossos erros, nosso corpo se consome. Por que ser orgulhoso e não confessar o erro, se isto nos leva à morte?

O orgulho de não reconhecermos nossos erros precisa ser vencido. Precisamos reconhecer os nossos pecados, atitude que a Bíblia chama de 'ser sábio em seu próprio entendimento'. Se nos acharmos sábios não aceitando os conselhos dos outros, sempre afastaremos aqueles que nos amam. Poucas pessoas são tão desagradáveis como as que sabem tudo. Não importa o que se diga ou faça para ajudar, elas não precisam disso. Seu orgulho ultrapassa a sua ignorância.

Enquanto vivermos assim, seremos consumidos aos poucos, padeceremos sem descanso, mesmo que pareçamos fortes, mas questionaremos a razão da nossa desgraça. É melhor reconhecer os nossos erros, antes que seja tarde.

LEITURA DE HOJE
Levítico 11
Salmos 110–111
João 4

ORAÇÃO
Pai amado, quero entregar em Tuas mãos os meus erros. Ensina-me a fazer a Tua vontade, e a reconhecer minhas falhas.

Para que ser orgulhoso e não reconhecer os próprios erros, se o orgulho nos destrói?

13 de março

Pequenas decisões

Na partida de volta da semifinal da Copa UEFA 2008–09 disputada entre *Hamburgo* e *Werder Bremen*, um torcedor jogou uma bola de papel-alumínio no campo e ela caiu na área de defesa do seu time. Numa das últimas jogadas, a bola de futebol bateu naquela bola de papel e desviou-se e o zagueiro a mandou para escanteio. No escanteio, o *Bremen* marcou o gol que definiu o resultado final. O torcedor que jogou a bola de papel prejudicou o seu clube. O time *Hamburgo* poderia denunciá-lo?

É surpreendente uma bola de papel-alumínio ter decidido a eliminatória de um campeonato, com os milhões de euros em jogo: arrecadações, direitos televisivos, viagens, hotéis etc. Mas aconteceu! Os detalhes podem ser decisivos, mesmo que pareçam sem importância. As pequenas decisões dão lugar a grandes mudanças!

Reflita sobre as nossas más decisões que não nos preocupam: pequenas mentiras, traições sem importância, irritações momentâneas. Há momentos em que deveríamos dizer não e nos calamos. Ao dizermos algo desagradável que fere alguém, queremos mostrar que temos razão. Caímos em pequenas tentações ao não lhes dar a devida importância, mesmo sabendo que estas podem nos destruir.

Agimos sem nos preocupar com as consequências. Sem perceber, passamos de decisões pouco éticas às condutas imorais: talvez tenhamos jogado apenas uma bola de papel-alumínio, mas nunca saberemos onde esta cairá.

Ao reconhecer o que aconteceu e nos sentirmos culpados, a mão de Deus já não parecerá uma benção, mas um peso que nos oprime. Deus continua nos amando, mas nós nos escondemos. Sem que Ele faça nada, nós o consideramos inimigo, pois o afastamos de nós e renunciamos a Sua restauração e perdão. "De dia e de noite, tu me castigaste, ó Deus, e as minhas forças se acabaram como o sereno que seca no calor do verão" (Salmo 32:4).

Mas ao voltarmos para Ele, sabemos que Sua mão está sobre nós para corrigir nossos erros, e ficamos felizes! Reconhecemos que é melhor sermos corrigidos, pois isso nos aproxima de quem mais nos ama.

Nenhum de nós é tão inteligente para nunca se enganar. Todos nós cometemos erros pequenos e grandes. E é maravilhoso ter alguém ao nosso lado para nos ajudar a reconhecê-los, e para nos restaurar. Desejo que a mão do Senhor sobre você seja sempre motivo de consolo e não de temor.

LEITURA DE HOJE
Levítico 12
Salmos 112–114
João 5

ORAÇÃO
Senhor, venho a Tua presença para falar-te de... Afasta da minha vida, tudo o que te desagrada e ensina-me a ser como Jesus.

Porque o S‌ENHOR corrige quem ele ama...
—Provérbios 3:12

Comemorações

Algo que sempre me espantou é a celebração de alguns fãs. A Seleção Italiana ganhou a Copa do Mundo em 2006, e as comemorações resultaram em mortes por armas de fogo; crianças e adultos feridos por garrafas, vidros quebrados e carros destruídos. Ao ouvirmos notícias assim, perguntamos: "O que aconteceria se tivessem perdido?"

Existem pessoas que não somente se alegram ao comemorar, mas disparam a sua adrenalina como se o mundo fosse acabar. Vidas sem sentido geram comemorações de igual valor. O coração insatisfeito e infeliz gera a violência na comemoração e explode de qualquer maneira, ferindo a si mesmo e aos outros.

As pessoas que se alegram com o que Deus faz celebram diferente. A alegria que surge do bom, reto e amável é genial, pois ela transborda em cânticos, prazer, dança, sinceridade e vida. Quem vive perto de Deus é feliz: "Todos vocês que são corretos, alegrem-se e fiquem contentes por causa daquilo que o Senhor tem feito! Cantem de alegria, todos vocês que são obedientes a ele!" (Salmo 32:11). "Mas os que buscam abrigo em ti ficarão contentes e sempre cantarão de alegria porque tu os defendes. Os que te amam encontram a felicidade em ti" (5:11).

Deus criou a alegria e quem se aproxima dele, aprende a apreciar a vida. Alegramo-nos quando Deus está conosco porque reconhecemos o Criador. Celebramos na presença do Senhor, pois Ele resplandece sobre nós e enche o nosso espírito de paz. Isto não depende das circunstâncias, mas flui dele e nos preenche. É como se fôssemos permanentemente campeões do mundo.

Às vezes a vida se tinge de tristeza. Jesus chorou e em alguns momentos Sua alma derramou lágrimas. No entanto, esses momentos não puderam apagar a celebração da eternidade. Essa é a diferença em nossas vidas, pois a alegria não é temporal, mas eterna. Comemoramos tudo o que é bom, mas sabemos que tudo passa, celebramos a vida eterna que somente Jesus pode conceder.

Celebre as coisas boas em sua vida, transborde de alegria, cante, aprecie; sem violência! Mesmo se o dia amanheceu cinza, a sua alegria não depende das cores, mas de quem as criou para você, até mesmo se nesse momento, o arco-íris estiver escondido.

Alegre-se nele! Faça bom uso de tudo o que Deus criou! Ele também se alegra com essa atitude!

14 de março

LEITURA DE HOJE
Levítico 13
Salmo 115
João 6

ORAÇÃO
Pai que está nos céus, quero sempre me alegrar em ti, ensina-me a apreciar a vida ao Teu lado e viver feliz em Tua presença!

A presença do Senhor nos enche de paz.

15 de março

Não se preocupe!

Jason Read foi um dos atletas de provas de remo, nas Olimpíadas de Atenas, 2004. Participar dos jogos foi um desafio, mas sem dúvida não foi tão importante como ser um dos chefes dos bombeiros voluntários, no dia 11 de setembro de 2001, logo depois do atentado terrorista. "Deus me deu forças para ajudar as pessoas", disse numa entrevista. Ele não ia à igreja, nem era cristão, mas após o ataque terrorista, foi batizado. Naquele dia, lhe deram um cartão com um texto bíblico e seu novo apelido: Curador.

Quem sabe você também já pensou que a sua vida não tem sentido. Às vezes temos a impressão de que sobramos em alguns lugares e para algumas pessoas. Não é verdade.

Ninguém está aqui por acaso, Deus tem um propósito para nossa vida, uma benção para derramar sobre nós e por meio de nós. Ele sempre está ao nosso lado para nos fortalecer e dar esperança.

Não, não é verdade que nossa vida não tem sentido. Todos são valiosos para Deus, e encontramos o nosso lugar quando podemos ajudar os outros. Às vezes nos sentimos mal porque olhamos demais para nós mesmos.

Temos muitas pessoas sozinhas ao redor; gente sem lar, ou que perderam tudo, passam fome e precisam de nossa ajuda. Quando os ajudamos, encontramos as forças em Deus. Ele nos cura quando nos preocupamos em ajudar os que nos cercam. "Procure descobrir, por você mesmo, como o Senhor Deus é bom. Feliz aquele que encontra segurança nele!" (Salmo 34:8).

Nossa vida vale a pena, quando descobrimos que Deus cuida de nós e é o nosso refúgio. Se descansarmos nele, o nosso medo desaparecerá e aprenderemos a ajudar.

O medo de falhar e o temor do futuro desaparecem. A crescente desconfiança se desfaz quando os dias se passam. Quando descansamos no Senhor, deixamos de nos preocupar com o que os outros dizem, ou fazem contra nós; aprendemos a acreditar que Deus atuará em nossa vida, no momento mais oportuno, e Ele é fiel!

Quando nos refugiamos em Deus, Ele coloca em nós o Seu caráter, e ao invés de pensarmos que nossa vida não tem sentido, vemo-nos como curadores. Somos parecidos com Ele! Olhamos para nós mesmos, sem preocupação, com admiração pela maneira como Deus nos ajuda.

Sabemos que Deus continua sendo bom, imensamente bom, com todos nós.

LEITURA DE HOJE
Levítico 14
Salmos 116-117
João 7

ORAÇÃO
Abre os meus olhos para que eu veja o valor que tenho para ti, e como posso ajudar aos outros. Obrigado por me fazer como sou! Quero viver sempre contigo.

Quando descansamos no Senhor, deixamos de nos preocupar com o que os outros dizem ou fazem.

A bênção do sofrimento

16 de março

Alguém que foi campeão da Liga, da Copa da Espanha e campeão da Europa com o *Liverpool* é um vencedor; mas se dissermos que passou meses com lesões sem poder jogar, remando contra a maré tudo parece ser diferente. Fábio Aurélio, o zagueiro brasileiro que jogou pelo *Liverpool* disse: "Um dos meus versículos preferidos é o Salmo 34:19; 'Os bons passam por muitas aflições, mas o Senhor os livra de todas elas.' Sempre recordo deste versículo ao lembrar os momentos difíceis como jogador. Após um ano e meio lesionado e duas operações no joelho, pensei que seria difícil voltar a jogar, mas minha família orou por mim, fui ungido com óleo e Deus me curou. O Senhor me ensinou a confiar nele e, o que naquele momento parecia ser o maior sofrimento, Deus transformou em vitória. Em minha vida, aprendi que o inimigo usa o sofrimento para nos afastar do Senhor, mas Deus nos dá a vitória. Sem o sofrimento, creio que não poderia confiar tanto em Deus, e não o teria deixado atuar em minha vida, todos os dias, em cada circunstância. O Senhor não nos livra das aflições, mas nos faz superá-las; e as palavras de Jesus: 'No mundo tereis aflições, mas tende bom ânimo, eu venci o mundo', são verdades em nossas vidas."

Sacrifício e disciplina são imprescindíveis. O sacrifício é um meio para se obter o que se quer. Sem sofrimento a vida não tem sentido. Miguel Indurain, ciclista, dizia: "Acostumei-me ao sofrimento; pois entendi que ele tem valor." É impossível alcançar a meta, sem disciplina e sofrimento.

Às vezes é difícil perceber que os obstáculos são presentes de Deus para nós. Da mesma maneira que um pai ensina ao filho um esporte, e o faz repetir para melhorar, Deus nos corrige para que a nossa vida tenha significado.

Os momentos a sós com Deus, podem ser os melhores das nossas vidas! Muitos acreditam que Deus está apenas ao lado dos vencedores e querem pensar em si e triunfar. Deus permite o sofrimento para aprendermos a compartilhar e a ajudar os necessitados. Deus vive conosco em meio às dificuldades e dor.

Jesus escolheu o caminho do sofrimento e dor, para redimir o mundo. Feliz o que o abraça na alegria ou sofrimento.

LEITURA DE HOJE
Levítico 15
Salmo 118
João 8

ORAÇÃO
Pai celestial, sabes que estou passando por um momento muito difícil. Coloca a Tua mão sobre mim, para que eu possa reconhecer o consolo da Tua presença e descansar em ti.

Deus está conosco em meio às dificuldades e dor.

17 de março

Não penso em abandonar

Hersey Hawkins foi o sétimo melhor marcador do basquete universitário americano. Era uma estrela, mas não queria se submeter à disciplina do trabalho do último ano do curso; levantar cedo, treinar e viajar muito etc. Quis abandonar o esporte, mas sua mãe não lhe permitiu. Disse-lhe para confiar em Deus, e ele entregou-se a Jesus. Ele entendeu que poderia ser feliz mesmo fazendo centenas de exercícios cansativos.

Às vezes pensamos em desistir. Ontem refletimos sobre a dificuldade de nos submetermos à disciplina, dor e sofrimento. Mas quando nos sentimos assim, os que estão ao nosso lado, amando e animando, nos ajudam. Para realizar um sonho precisamos acreditar nele, e nos cercar de pessoas que acreditem em nós.

É curioso, mas em muitas ocasiões quanto maiores são os sonhos, mais pessoas desanimadoras encontramos. De um lado estão os pessimistas com mil razões para que desistamos. Dizem-nos várias vezes: "Vai fracassar."

Do outro lado estão os que não querem que vençamos, pois significa que seremos superiores a eles. Nada entendem da vida e pensam que quanto melhor estiverem, mais felizes se tornarão, sem perceber que a felicidade é interior. Às vezes a inveja parece governar o mundo. Até mesmo alguns amigos se afastam quando algo vai mal! Ao invés de se alegrarem conosco, desaparecem e fazem o possível para desvalorizar nossas vitórias. Amigos assim, não valem a pena.

Quanto mais quisermos fazer tudo bem feito, mais oposições enfrentaremos. Outros farão o possível e o impossível para desistirmos. Se não os confrontarmos, jamais faremos algo. Se nos preocuparmos com o que os outros dizem, sempre nos desculparemos e justificaremos os nossos atos.

Perderemos nosso tempo em detalhes sem importância e passaremos os anos desperdiçando as forças em brigas infantis, sobre quem tem razão ou não.

Precisamos olhar fixamente para Deus e à nossa meta! Peça a Deus que lhe mostre os animadores autênticos, e que você também possa ajudar aos outros. Concentre-se no que você acredita ser importante e não discuta. Não desanime, independente do que acontecer, e seja capaz de recomeçar, quantas vezes for necessário.

Não esqueça que há um segredo que muitos conhecem, porém poucos o praticam: "Que a sua felicidade esteja no Senhor! Ele lhe dará o que o seu coração deseja" (Salmo 37:4).

LEITURA DE HOJE
Levítico 16
Salmo 119:1-64
João 9

ORAÇÃO
Senhor Jesus, quero olhar para ti. Não quero escutar a voz dos que me desanimam. Ensina-me a ser alguém e que eu ajude os outros sempre.

Não desanime. Recomece, quantas vezes for necessário.

Rir deles

"Na partida final do basquete das Olimpíadas na China, em 2008, a Espanha foi prejudicada no jogo com os EUA", disse a francesa Chantal Julien, árbitra da partida. Ela afirmou que recebeu instruções para não apitar contra os EUA como apitaria com outros times: "Para eles, só o mais óbvio", registrou a revista francesa *Basketnews*. Aparentemente, os árbitros tinham instruções de não apitar os passos dos jogadores da NBA, quando estes começavam a jogar. "A Espanha foi prejudicada na final, com os passos dos EUA, pois os árbitros não apitavam contra eles, e dois jogadores espanhóis receberam duas faltas técnicas." Os outros árbitros desta final foram Pablo Estévez, Romualdas Brazauskas e Carl Jungebrand. O jogador espanhol Rick Rubio ganhou uma falta técnica por reclamar, e Juan Carlos Navarro fez duas faltas propositais para mostrar aos árbitros que eles estavam apitando mal, mas isso não resolveu. Na verdade, o resultado foi terrivelmente combinado. A Espanha perdeu a partida e ficou com a medalha de prata.

Imagine a quantidade de injustiças que se cometem todos os dias no mundo! Pessoas que estão em posições de poder, e sabem que fazem o que é injusto, mas continuam fazendo. Talvez não sirva de consolo, mas é inegável que Deus tem a última palavra, e que fará justiça.

"Os maus fazem planos contra os bons e olham com ódio para eles. O Senhor ri dos maus porque sabe que o dia deles está chegando" (Salmo 37:12-13). Estas afirmações demonstram que há pessoas que vivem onde estão amparadas pelas injustiças que cometem. Não nos faltam exemplos, pois há países em que a liberdade e a violência imperam; milhões de pessoas morrem de fome anualmente, enquanto uns possuem todo o dinheiro do mundo; o tratamento é injusto aos que sofrem perseguições raciais e religiosas.

Impressiono-me, pois este é um dos poucos versículos em que Deus ri de alguém. Deus zomba dos que planejam maldades contra os justos. "O dia deles está chegando", diz Deus, e os malvados deveriam saber disso, antes de cometerem suas atrocidades! Deus ri da maldade de quem faz os outros sofrerem, porque um dia lhes dirá: "O que os espera é terrível."

Esta é a justiça: Deus conhece tudo o que fazemos, e teremos que prestar contas de nossos atos. Um dia Ele dirá: Basta! E então, nem tudo será tão simples.

18 de março

LEITURA DE HOJE
Levítico 17
Salmo 119:65-112
João 10

ORAÇÃO
Deus Santo e Justo, agradeço porque a última palavra é Tua. Quero confiar em ti sempre, e viver descansando nela.

O Senhor ri dos maus porque sabe que o dia deles está chegando. —Salmo 37:13

19 de março

Trabalhar a partir da verdade

Allyson Félix, em 2010, manteve o recorde mundial da corrida de 200 m. Foi medalha de prata nos Jogos Olímpicos, Atenas e Pequim, e campeã mundial nos anos 2005–07–09. Ela sempre falou de Jesus como sua fonte de força. Apesar do *doping* em outros atletas, Allyson seguiu sempre os conselhos paternos: "Se não trabalhamos honestamente, de nada servem as medalhas."

A honestidade é necessária dia a dia e devemos fazer o possível para que a vida seja um exemplo da verdade, e que a competição siga as regras e a honra, buscando sempre o melhor para todos. Cedo ou tarde a mentira é descoberta e a verdade ressurge.

Praticar a honestidade é uma das decisões mais importantes da nossa vida: "...não fiquei calado a respeito do teu amor e da tua fidelidade" (Salmo 40:10). Talvez isso pareça impossível, mas é simples, pois se trata de descansar em cinco características divinas. Ao praticá-las, compartilhamos com os que nos rodeiam:

1. Justiça: Imprescindível, parte essencial de Deus.
2. Fidelidade: Deus não nos abandona.
3. Salvação: Deus nos restaura.
4. Misericórdia: O Senhor nos trata melhor do que merecemos.
5. Verdade: Jamais nos engana, e nos ensina.

Alguns tentam viver de maneira justa, porém deixando Deus de lado. Mas se Deus não estiver em nossas vidas, quem nos garantirá que a verdade e a justiça triunfarão? Neste mundo, algumas vezes os enganadores e os falsos são os que acabam ganhando.

Precisamos de justiça, fidelidade, misericórdia, verdade etc. Precisamos ser salvos de nós mesmos, de nossas injustiças e infidelidades; de nossas mentiras e de nosso desejo de sempre nos sobrepor aos outros. Somente Deus pode nos dar o que precisamos, porque essas cinco características vivem dentro do Seu coração.

A escolha é: amar a Deus e desfrutar da Sua vontade, ou perder o melhor da vida. Não há meio-termo. Você pode se conformar com pequenas doses de justiça, verdade ou fidelidade, mas ao final um esperto o enganará. A tranquilidade virá apenas se você descansar em alguém superior, imensamente justo e misericordioso.

Se você já vive em Sua presença, não se cale. A mensagem do evangelho é para ser vivida, e compartilhada. Faz-me lembrar de certa canção, cujas palavras diziam que para que os outros conheçam a Deus é preciso demonstrar e proclamar a Sua presença no viver.

LEITURA DE HOJE
Levítico 18
Salmo 119:113-176
João 11

ORAÇÃO
Senhor Jesus, quero sempre anunciar Teu nome e falar do Teu amor. Que o Teu espírito me ajude a brilhar por ti. Não quero me calar.

A mensagem do evangelho é para ser vivida e compartilhada.

O dinheiro pode comprar tudo

20 de março

Anualmente, os times quebram recordes em valores, na compra de jogadores. Fernando Torres, atacante, foi contratado pelo *Chelsea* em 2011 por 60 milhões de euros. Na mesma temporada, o *Manchester United* contratou por muitos milhões o goleiro do *Atlético de Madrid* De Gea; e o *Chelsea* o Mata.

Antes, ninguém imaginaria valores tão altos, mas hoje os contratos milionários são comuns, além dos ganhos com publicidade. Aparentemente o dinheiro pode comprar tudo e muitos se dispõem a qualquer coisa por dinheiro.

Bruce Marshall disse: "A desvantagem de ser rico é conviver com ricos." Não devemos pensar que alguém é melhor ou pior pela quantia de dinheiro que possui. Os problemas começam ao se acreditar que o dinheiro nos torna melhores, e perduram se nos tornarmos insensíveis às necessidades do próximo. Tudo se agrava quando você se convence de que o seu dinheiro está a salvo de catástrofes, e que pode utilizá-lo como quiser.

Se pensarmos assim, nos tornaremos escravos dos nossos bens. E nossos bens se tornam mais importantes que atividades ou pessoas. Um conhecido provérbio chinês diz: "Nada falta nos funerais dos ricos, salvo alguém que sofra sua morte." Muitos esquecem que o dinheiro pode comprar quase tudo, mas não tem poder sobre a vida espiritual. Não adquire amor, tampouco amizade, não enche o nosso coração de paz, nem de satisfação; não pode nos abraçar, nem nos fazer sentir queridos. Não vence a solidão, nem ajuda a escapar da frustração.

"Feliz aquele que confia em Deus, o Senhor…" (Salmo 40:4). A confiança que Ele nos dá, impressiona, mas isso não quer dizer que os que não têm dinheiro sejam mais felizes. Devemos entender que as dádivas de Deus são para todos, independente das circunstâncias pessoais. A Bíblia nos diz, que os soberbos e arrogantes se tornam assim, ao acreditar que podem ter tudo o que querem, e fazer o que tiverem vontade. Os orgulhosos vivem assim, pois pensam que não precisam de ninguém, nem de Deus!

Na verdade, nós decidimos em quem confiar. Jesus disse que havia dois deuses, e que: ou confiamos em riquezas ou em Deus. Simples assim.

Todos os dias nós tomamos pequenas decisões que demonstram em quem está a nossa confiança. Se confiarmos no dinheiro, não estranharemos viver na infelicidade. Todos os dias, ou estendemos nossas mãos aos soberbos ou a Deus.

Feliz aquele que confia em Deus, o Senhor…
—Salmo 40:4

LEITURA DE HOJE
Levítico 19
Salmos 120–121
João 12

ORAÇÃO
Pai que estás nos céus, tira de mim todo o orgulho. Ensina-me a não confiar no dinheiro ou em qualquer outra coisa, a não ser em ti. Quero sempre ajudar os outros.

21 de março

Semeando sonhos

A Fundação Edmilson semeia sonhos. Edmilson é um jogador brasileiro, cristão, e a sua Fundação ajuda crianças e jovens sem recursos, em sua cidade natal, Taquaritinga, há muitos anos. Outros esportistas de elite também se envolvem em fundações similares para ajudar a combater: a pobreza, fome e desigualdades sociais de muitos países.

Qual o segredo da felicidade? Poucos de nós diríamos que alguém que ajuda os outros é feliz; no entanto, isso é muito claro na Bíblia: "Felizes são aqueles que ajudam os pobres, pois o Senhor Deus os ajudará quando estiverem em dificuldades!" (Salmo 41:1). Essa promessa é para todos, não só para os que possuem muito dinheiro. Deus não mede o que damos e sim a motivação e o amor que demonstramos.

O Senhor disse que sempre haveria pobres entre nós. Porém falava de uma situação de injustiça social, que depende mais de nós do que dele, pois Deus deseja que todos ajudem para haver menos necessitados. Se nós amamos a Deus, amamos o próximo. Como filhos de Deus é natural ajudar aos que estão ao redor.

O próprio Senhor Jesus se apresentou no templo lendo o capítulo 61 do livro do profeta Isaías, onde diz: "O Senhor me deu o seu Espírito. Ele me escolheu para levar boas notícias aos pobres…" (Lucas 4:18).

O dinheiro pode ser o melhor servo que existe, se o usarmos para ajudar e favorecer os que possuem menos. O dinheiro também pode ser nosso pior mestre, se pensamos que pertence somente a nós e a nossa maior preocupação for não perdê-lo, e se tentarmos ganhar mais a cada dia, simplesmente para ter mais. Se vivermos assim, não teremos o dinheiro, é ele que nos possuirá.

O dinheiro é o nosso mestre quando governa as nossas decisões. Ele nos escraviza quando perdemos amizades ou confrontamos a família por sua culpa. É o dinheiro que dirige nossa vida quando damos mais importância ao que temos, ou ao que podemos conseguir ao invés do que Deus nos diz.

Com o passar dos dias, perguntamo-nos por que não somos felizes, e nada parece nos satisfazer. Simplesmente não aprendemos a dar. A pessoa que tem tudo é a que mais deu, e segue dando sem imposições, ou seja, Deus. Seu amor é a motivação que o faz doar tudo por nós. E quando o faz, é imensamente feliz.

Muito mudaria na humanidade se fôssemos mais semelhantes a Deus. Muitas coisas mudarão se aprendermos a dar.

LEITURA DE HOJE
Levítico 20
Salmos 122–123
João 13

ORAÇÃO
Senhor Jesus, que o Teu Espírito me ajude a viver como o Senhor, dando minha vida, forças e o que tenho para ajudar os outros.

Felizes são aqueles que ajudam os pobres, pois o Senhor Deus os ajudará… —Salmo 41:1

Temos tudo

22 de março

Brian Clough, técnico de futebol, campeão da Copa da Europa com o *Nottingham Forrest*, um time que permaneceu na segunda divisão inglesa para ser campeão da Europa em duas ocasiões. O caso desse clube é curioso, porque foi o único que ganhou mais Copas da Europa do que campeonatos de seu país. Foi campeão da Inglaterra apenas uma vez. Clough havia vencido um campeonato com outro time em 1972. Certo dia disse numa entrevista: "Roma não foi construída em um dia, pois não contou com minha ajuda." Em 2004, ele morreu por problemas hepáticos causados pelo alcoolismo. Muitos o consideravam o melhor treinador da história do futebol inglês.

As histórias heroicas fascinam tanto quanto as surpresas inesperadas e a força dos mais jovens, que acreditam que podem conquistar o impossível. Não pode ser diferente, pois a juventude é cheia de alegria, apesar das circunstâncias, com momentos memoráveis, em centenas de situações diferentes, mesmo sem termos vencido algum campeonato.

Deus nos dá tempo para desfrutar de Suas dádivas. Poucas coisas me entristecem mais do que ver a desesperança de algumas pessoas, desilusões, relacionamentos problemáticos, pessoas feridas, frustrações, abusos de todo tipo, o suicídio etc.

Temos tudo, mas perdemos o mais importante, o essencial para o nosso espírito. Por isso, o Salmo 43:4 talvez pareça estranho: "…pois tu és a fonte da minha felicidade…". Para muitos, Deus e felicidade não podem andar juntos. Alguém se engana se disser isso, pois a fonte de alegria é Deus.

Essa alegria é uma sensação que vai além dos momentos de euforia ou diversão: trata-se de uma satisfação profunda não ligada às circunstâncias.

Devemos apreciá-lo constantemente; Deus se alegra com o nosso bem-estar, Ele quer que a nossa juventude valha a pena. Pode ser que às vezes tenhamos a sensação de que a vida é cruel, mas é apenas uma sensação, pois a nossa vida vale mais do que as tristezas de um dia amargo.

Falamos da confiança e do contentamento que dá a segurança de saber quem somos e o valor que temos para Deus. Não é a mesma coisa que o sorriso religioso forçado, de quem quer viver de aparência. O que Deus coloca em nosso coração, é uma alegria muito mais duradoura. É para sempre.

LEITURA DE HOJE
Levítico 21
Salmos 124–125
João 14

ORAÇÃO
Pai amado, entrego meus dias em Tuas mãos. As minhas forças, o meu amor e minha juventude te pertencem.

A alegria do Senhor é a nossa força.

23 de março

Tente o impossível

"O difícil se faz, o impossível tenta-se fazer." Treinadores, atletas, responsáveis de times etc. utilizam essa frase para tentar recuperar uma competição aparentemente perdida. Os jogadores do time de *Utah*, da *NBA*, deviam ouvir isso quando perdiam no intervalo para o *Denver*, por 70 a 34, por uma diferença de quase 40 pontos! No final recuperaram-se e venceram. Um dos jogadores ao final da partida disse: "Escutamos os gritos da torcida e decidimos: 'Vamos reverter essa partida.'" E venceram!

Os impossíveis nos fascinam. Alegramo-nos quando alguém quebra um recorde. Sentimos que também podemos superar qualquer desafio que nos propusermos. Isso é bom. Ninguém pode se superar se não tentar o aparentemente impossível.

A Bíblia nos diz: "Esses perversos confiam nas suas riquezas e se orgulham das suas grandes fortunas. Mas ninguém pode salvar a si mesmo, nem pagar a Deus o preço da sua vida, pois não há dinheiro que pague a vida de alguém. Por mais dinheiro que uma pessoa tenha" (Salmo 49:6-8). Não se trata de campeonato, recorde ou batalha importante, mas de nossa própria vida.

Ninguém pode comprar Deus nem possuir tanto a ponto de Deus o aceitar pela aparência. Ninguém pode ser tão famoso a ponto do Criador render-se a seus pés, nem fazer algo para ganhar sua própria vida ou a de alguém a quem ama.

Você acha que os que possuem dinheiro, poder, fama ou se consideram bons, receberam algum privilégio do Senhor? É impossível! A natureza de Deus impede, pois Ele é justo, por isso ninguém pode fazer um pacto para receber benefícios em Sua presença. Por mais que alguém possua, seja famoso ou honesto e bondoso, não é apenas isso que agrada a Deus.

Deus ama a todos, e dá a todos as mesmas chances. Não se trata do que podemos fazer, mas do que Ele faz. Alguém que esteja dormindo na rua e não tenha absolutamente nada, está tão perto de Deus quanto o mais rico do mundo. Talvez eu dissesse que está mais perto do Criador, porque normalmente quando temos muito, pensamos que não necessitamos dele.

Descanse em Deus e não busque o impossível. Jesus disse: "...e de modo nenhum, não jogarei fora aqueles que vierem a mim". Esse é o caminho. Fale com o Senhor e confie nele. A partir desse momento, o que parecia impossível deixará de ser.

LEITURA DE HOJE
Levítico 22
Salmos 126–127
João 15

ORAÇÃO
Senhor Jesus, estou aqui. Sei que não posso fazer nada por mim mesmo, mas tu tens feito tudo por mim. Põe Tua mão sobre a minha vida.

Alguém que dorme na rua e nada tem está mais perto de Deus do que a pessoa mais rica do mundo.

Minha confiança não mudou

24 de março

Nate Davis, americano, foi um dos melhores jogadores e ganhou cinco vezes o prêmio de melhor pivô. Ele foi sempre querido por todos, principalmente pelas crianças, por seu caráter e jogo espetacular. Cristão que sempre falou do significado de Deus para ele: "Deus é o mais importante em minha vida, nada pode se comparar a Ele; com Ele tudo é possível", dizia a todos. Ele acreditava que Deus o ajudava em tudo. Jogou uma partida com uma das mãos enfaixada e marcou 28 pontos com uma só mão.

No fim de sua carreira, tudo mudou: Uma lesão de clavícula o tirou do esporte aos 33 anos e sua mulher adoeceu após dar à luz ao segundo filho. Tragicamente, nenhum médico conseguiu descobrir a causa da doença dela. Os meses se passaram sem melhoras. Davis perdeu todo o dinheiro que tinha levando-a em vários médicos nos EUA. Enfim, descobriu-se o que ela tinha; Síndrome de Imunodeficiência Adquirida (AIDS); na época, uma doença nova e mortal. Anne se infectou numa transfusão de sangue, no hospital em que teve o filho.

Pouco tempo depois, Annie faleceu, e Davis se viu sozinho com dois filhos e sem dinheiro. Tentou fazer algo relacionado ao basquete, mas um de seus amigos que se comprometera em levar seus pertences para sua casa no estado da Geórgia, sumiu com o que ele tinha. Davis perdeu seus troféus, camisetas e fotos. Seus filhos não tiveram a lembrança do que o pai havia sido, e ele teve que recomeçar como trabalhador numa empresa de segurança.

Quando o encontramos em 1996, recordamos os momentos que passamos na Espanha. Não sabíamos nada dele por dez anos. Conversamos, passeamos, levei algumas fotos, nas quais ele estava jogando basquete; e ele as mostrava para seus filhos mais velhos, para que vissem quem tinha sido seu pai. Quando falamos de Deus, me olhou e me disse, sem duvidar um só momento: "Minha confiança nele, não mudou, Deus é sempre bom, nada pode ser comparado a Ele." As circunstâncias da vida haviam quebrado o seu coração, mas ele havia entregado nas mãos de Deus, e Deus lhe devolvera a confiança.

"Entregue os seus problemas ao Senhor, e ele o ajudará..." (Salmo 55:22). É mais do que uma frase ou um versículo para ser enviado a quem amamos quando algo está mal. É um estilo de vida. Nossa confiança em Deus não deve mudar, precisamos descansar nele.

LEITURA DE HOJE
Levítico 23
Salmos 128-129
João 16

ORAÇÃO
Senhor Deus; quero deixar em Tuas mãos esta situação...

Confiar em Deus é nosso estilo de vida.

Ninguém é inútil

25 de março

Raul Lopez foi convocado pelo *Utah Jazz*, *NBA*, mas pouco antes de ingressar no time, rompeu os ligamentos do joelho. A primeira reação dos dirigentes foi duvidar da contratação. Lopez disse numa entrevista: "Nenhum time do mundo contrata jogadores lesionados." No final, o jogador pôde fazer a reabilitação nos EUA e cumprir seu sonho de jogar na *NBA*.

A frase dele me impactou, pois jogadores ou funcionários lesionados não são contratados. Ninguém pensa em incorporar ao time pessoas aparentemente inúteis. Ninguém?

Deus sim! Para Ele não há pessoas lesionadas, doentes ou inúteis. Para Ele todos têm valor. Há lugar para todos no Seu coração, não importa quem somos ou os acontecimentos em nossa vida.

Deus nos aceita independente do que somos. Seu amor é grande e Ele deu Seu próprio Filho por nós. Ninguém sobra nessa vida, ninguém pode se considerar tão inútil e acreditar que a vida não tem valor. Deus tem um propósito para nós e escolheu sua condição, seus pais, o lugar do seu nascimento. Deus o fez como você é, e tem um propósito para sua vida, a qual é diferente de qualquer outra pessoa. Você é único porque Ele o fez assim.

Deus é nosso Pai, e fomos feitos para viver de maneira diferente. Ninguém pode tirar o nosso valor, nem nos insultar ou dizer que não entendemos o que acontece. Deus nos fez herdeiros da eternidade, Ele nos ama e nos perdoa; nosso presente está em Suas mãos. Nosso futuro é glorioso. Podemos passar por momentos difíceis na vida, mas jamais sós.

Não se sinta mal. Se alguém conhecesse o que há em nós, nos sentiríamos descobertos e fugiríamos de vergonha. Deus conhece o nosso coração e pensamentos, Ele pode ver o mais sombrio em cada um de nós. E ainda nos ama.

Quando vivemos no Seu amor, não há crise que possa nos vencer. "O teu amor é melhor do que a própria vida..." (Salmo 63:3), disse o salmista, e esse é o motivo da nossa existência, "...a tua graça é melhor do que a vida..." (ARA), numa versão diferente. Se aprendermos a apreciar o amor de Deus, perceberemos que tem mais valor que a própria vida. Não cairemos na melancolia de dizer hoje não me sinto bem. Vivemos no poder de Deus que nos concede vida abundante.

Nosso Criador nos ama incondicionalmente, mesmo quando estamos lesionados, tristes ou nos sentimos inúteis. Seu amor é mais precioso do que a vida.

LEITURA DE HOJE
Levítico 24
Salmos 130-131
João 17

ORAÇÃO
Pai que estás nos céus. Agradeço-te por ter me feito tal como sou. Obrigado por Teu amor, e por sempre cuidar de mim. Quero sempre te amar!

...a tua graça é melhor do que a vida...
—Salmo 63:3

A vitória do crucificado

26 de março

O jamaicano Usain Bolt foi o atleta mais rápido do mundo nas Olimpíadas de Pequim. Venceu as corridas dos 100 e 200 m com recordes nas duas provas. Chamam-no de o melhor do século, pois fez conquistas marcantes.

A cruz de Cristo é um marco histórico; para muitos, a Sua crucificação representou a humilhação, mas é a vitória eterna. A aparente derrota foi uma vitória. Ninguém acreditaria que o próprio Filho de Deus fosse cravado e condenado no lugar em que Seus inimigos mereciam, o seu lugar e o meu.

Espantamo-nos ao ver a cruz, pois nenhum de nós a suportaria para dar a vida a quem não nos ama. O amor de Jesus é grande demais para ser compreendido.

Nós o adoramos mesmo sem compreender tamanho amor. Não podemos pagar-lhe, pois o amor nunca se compra ou vende, simplesmente, se recebe e se dá.

Em nenhum relacionamento, as duas pessoas amam da mesma forma ou intensidade. Em nosso pacto com Deus, Seu amor é imenso, infinito, inacabável, impressionante, puro, emocionante; qualquer resposta nossa torna-se menor.

Porém, Deus aceita nossa gratidão com agrado, pois Seu amor é muito maior do que imaginamos. Esse amor recebe nossa adoração por mais insignificante que nos pareça em comparação a Ele.

Se acaso isso for pouco, aquele que deu tudo por nós, nos tem em Suas mãos. Nessas mãos feridas. Somos parte de Suas cicatrizes para sempre. Deus nos ama. "A tua mão direita me segura bem firme, e eu me apego a ti" (Salmo 63:8). O Senhor disse que vivemos em Suas mãos, transpassadas por nossa culpa, mas das quais, ninguém pode nos retirar.

No céu, nos prostraremos diante de Jesus. Teremos um corpo transformado e perfeito como o dele. Mas a perfeição de Seu corpo conta com algo que ninguém esperava: cicatrizes. É impressionante o fato de que não tenhamos nenhuma sequela do nosso pecado, nem consequência física da nossa rebeldia contra Deus, mas sim o Filho de Deus, possuir em Seu corpo, sinais da dor sofrida por nós. As cicatrizes causadas pelas feridas que nós deveríamos ter sofrido. As cicatrizes do amor.

Isso o faz ainda mais perfeito, mesmo que seja uma maneira de falar, pois para Ele nada faltou. Não tente entendê-lo, é impossível. Aceite apenas que as feridas são a expressão do amor de Deus. Maravilhe-se e adore-o, pois esta é a mensagem da cruz.

LEITURA DE HOJE
Levítico 25
Salmo 132-133
João 18

ORAÇÃO
Senhor Jesus, quero te adorar e começar a cantar em Tua presença.

Nos céus não teremos sequelas do nosso pecado, mas o Senhor, sim, terá as cicatrizes da cruz.

27 de março

Do meu jeito

James Hunt, campeão de *Fórmula 1*, teve sua maior torcida nos anos 70. Com habilidades impressionantes, infelizmente não continuou por muitos anos agradando os fãs. Viveu divertindo-se com o álcool, e afirmou em ocasiões diferentes: "Não morrerei de velho como a maioria." Em 1993, ele morreu aos 45 anos.

Pergunto-me por que gostamos do que é proibido. Desde pequenos, alimentamos o coração com pensamentos e desejos de coisas que não são boas. Muitas vezes nos enganamos, pois dificilmente vemos alguém incentivando outros a praticar o bem. Encontramos muitos que incentivam o que é proibido.

Damos pouca importância à pressão do grupo, quando se trata de ajudar os outros, praticar o bem ou lutar por um mundo melhor. Mas cedemos quando nos convencem a provarmos o que nossos pares fazem. Não importa sabermos que o proibido nos destrói: Queremos experimentar, mesmo nos destruindo na tentativa.

Acredito que cedemos à pressão por não nos sentirmos amados, por Deus e pelos outros. A busca pelo proibido esconde a necessidade desesperada de aceitação, que muitos possuem desde crianças e adolescentes: Só recebem atenção quando se portam mal. Essa necessidade demonstra que não nos sentimos aceitos e não sabemos qual é o nosso lugar, nem a razão de viver.

Nada é novo. Desde o princípio, muitos querem viver do seu jeito, mesmo sabendo que esse estilo de vida os leva à morte. "Eles se animam uns aos outros para fazer o mal [...]. O coração e a mente do ser humano são um mistério. Porém Deus atirará as suas flechas contra eles, e, de repente, ficarão feridos" (Salmo 64:5-7).

Nossas más decisões nos trazem consequências e acabamos destruindo os outros, nos afastam de Deus, muitas vezes definitivamente.

À primeira vista, tudo pode parecer bem. Fazemos o que não é certo e deixamos transparecer que esse é o nosso estilo de vida, não importando o que Deus pensa de nós! Para alguns, desfrutar a liberdade é levá-la às últimas consequências, mesmo que percam tudo, até a própria vida.

Afortunadamente, Deus nos deixou infinitas formas de nos divertirmos e nos sentirmos aceitos, sem sermos destruídos. Podemos viver de maneira diferente, definitiva e radical. Podemos nos livrar das feridas da morte eterna e dizer não a qualquer tipo de armadilha, e apreciar a vida plenamente.

LEITURA DE HOJE
Levítico 26
Salmo 134–135
João 19

ORAÇÃO
Pai nosso que estás nos céus, quero ser semelhante a ti e que somente o Senhor governe a minha vida.

Apreciar a liberdade ao lado de Deus é apreciar a vida plenamente.

Escolhidos

O brasileiro Kaká, melhor futebolista do mundo em 2007, é uma referência para os jovens, não só como atleta, mas como cristão. Sempre disse que o futebol é seu ministério, a dádiva que Deus lhe deu para proclamar o evangelho. No ano em que foi campeão da Europa, marcou dez gols na *Liga dos Campeões*, mas confessou publicamente: "Ganhei por jogar no *Milan*, e porque sem dúvida, Deus me deu um talento". Ricardo Leite (Kaká), sempre proclamou que tudo o que nós cristãos fazemos, é um serviço a Deus, independente de quem somos ou de onde estamos.

"Como são felizes aqueles que tu escolhes, aqueles que trazes para viverem no teu Templo!..." (Salmo 65:4). Quando lemos algumas histórias, pensamos que Deus chamou pessoas para algo realmente grande, e que isso não acontece conosco. Não é verdade. Todo aquele, a quem Deus escolhe para servi-lo é feliz, independente do que esteja fazendo. E Deus escolhe a todos!

No lugar em que você estiver, aproxime-se do Senhor e faça a Sua vontade. Sirva-o sempre! Tereza de Ávila dizia: "Deus está entre os pratos de sopas." Tudo o que fazemos vale a pena e é nosso presente a Deus. Quando fazemos a comida ou lavamos os pratos, também o fazemos para Deus.

Cada detalhe de nossa vida tem valor eterno, se compreendermos a sua dignidade. Deus não busca grandeza das ações extraordinárias, mas sim a fidelidade do que é bem feito em cada momento. Às vezes, temos a impressão de que o mundo se transforma com grandes palavras e feitos, mas os pequenos detalhes fazem a vida valer a pena.

Todas as qualidades que você possui são um presente de Deus. Quando você faz bem o que sabe fazer, esse é o seu presente para Deus. Ele não só o capacitou, mas também lhe deu vida e forças para desfrutar do que você faz. Tudo o que Deus faz é útil.

Mas, além de tudo o que você faz, Deus quer você incondicionalmente. Deus quer estar ao seu lado. Esse é o segredo. O que fazemos nos dignifica e serve para ajudar aos outros, pois Ele nos ama muito e isso vem da Sua própria natureza.

Por isso somos imensamente felizes quando nos aproximamos dele! Se nos sentimos bem com a presença das pessoas que amamos, mais ainda nos sentiremos diante de alguém que é o amor! O autor do salmo, que lemos hoje, fala da sensação de se saciar na presença de Deus. E não é para menos!

28 de março

LEITURA DE HOJE
Levítico 27
Salmo 136
João 20

ORAÇÃO
Amado Pai, agradeço por tudo que tens dado na minha vida. Entrego-te o que sou, para te servir e honrar. Quero sempre viver contigo!

Deus não busca grandeza nas ações extraordinárias, mas sim na fidelidade do que é bem feito.

29 de março

Correr para viver

Samuel Eto'o era um dos melhores atacantes da Liga Espanhola de futebol quando foi contratado pelo *Barcelona*. Na primeira coletiva de imprensa foi muito sincero e direto ao dizer: "Não prometo gols, somente que possa correr como um negro para viver como um branco."

Menos mal que tenha sido Eto'o a dizer isso, pois se tivesse sido dito por alguém da raça branca, soaria como um insulto. Infelizmente, esta afirmação contém algo verdadeiro, pois ainda hoje há muita discriminação motivada pela cor da pele.

Seja como for, ninguém tem o direito de insultar o outro. Em primeiro lugar porque Deus nos fez iguais, e ninguém deve se sentir superior. Sempre que dizemos algo desagradável ao outro, o ferimos. O Salmo 69:20 afirma: "Os insultos partiram o meu coração…". Talvez para uns seja divertido dizer palavras cruéis, porém isso jamais deve ser feito, muito menos consentido que o façam.

Jamais devemos ferir alguém, seja qual for a situação, é crueldade. As maldições se infiltram na alma, e após um tempo, continuam a prejudicar. Antes de dizer algo inconveniente sobre alguém, pense muito. Mesmo em nome da justiça, devemos ser cuidadosos com as feridas que causamos. As bênçãos trazem vida, as maldições as tiram. Quando o Senhor nos disse para abençoarmos os inimigos, nos ensinou a viver de modo diferente. "Ame a teu próximo, como a ti mesmo" simples e absoluto, sem maiores explicações.

Vemos o problema por outro lado quando somos os insultados, separados, amaldiçoados, quando os outros quebram o nosso coração; talvez por nossa raça, suposta incapacidade ou simplesmente para chatear.

Jesus passou pelo mesmo, foi insultado, cuspiram nele, acusaram-no de ser o próprio diabo; Sua família o recusou, Seu povo não quis saber dele e os mestres da religião e responsáveis do povo o cravaram numa cruz, após idealizar a mais cruel das mortes. Há muitos que não podem aceitar a luz, pois lhes incomoda.

Se estiver sofrendo pelo que os outros fizeram, não se preocupe mais. Ele sabe o que você sente e está ao seu lado, para suportar contigo todas as dificuldades. Não importa o que os outros digam, Ele está disposto a encher seu coração de paz, mesmo nos momentos mais incompreensíveis. É uma de Suas especialidades.

Independente do que façam ou digam, nada pode destruí-lo. Ele é maior do que tudo.

LEITURA DE HOJE
Números 3
Salmos 137–138
João 21

ORAÇÃO
Espírito Santo; ensina-me a ser sensível para não ferir ninguém. Enche minha vida, para que eu possa sempre abençoar aos outros.

"Ame ao teu próximo como a ti mesmo" é um verso que não precisa de explicações.

Um toque especial

30 de março

Luciano Mineiro era um dos centroavantes da Seleção Brasileira quando o *Herta de Berlim* o contratou; e mais tarde seguiu sua carreira na Inglaterra. Sua vida no futebol é muito conhecida, porém para ele, o mais importante foi tornar a sua confiança em Deus conhecida por todos: "Venho de família humilde, com poucos recursos. Meu pai era alcoólatra, e minha mãe trabalhava para poder nos alimentar. Minhas expectativas de vida não eram promissoras, e não tinha muitos incentivos para seguir em frente. Queria jogar futebol, mas com 17 anos fui comunicado de que não faria parte do grupo que iria se profissionalizar, devido a minha baixa estatura.

Essa foi uma das minhas maiores decepções, pois ao receber essa notícia, estava prestes a alcançar meu grande sonho. Após muitas tentativas sem resultado, estava desanimado. No entanto, numa das últimas tentativas, Deus abriu as portas no time do Rio Branco, Americana, SP. Fui muito abençoado, ali assinei meu primeiro contrato profissional. O começo foi difícil, escolhi servir a Jesus, e em tudo percebi um toque especial do Senhor!"

Sabemos que Deus nos ama e protege. Deus já o conhecia e amava desde antes de nascer. "Toda a minha vida tenho me apoiado em ti; desde o meu nascimento tu tens me protegido. Eu sempre te louvarei" (Salmo 71:6). Certamente você não se lembra, mas desde o ventre de sua mãe, já estava descansando em Deus, e Ele conhecia todos os seus desejos e seus sonhos.

Essa simples afirmação pode mudar nossa maneira de ver a vida. Deus se preocupa conosco, descanse nele, como uma criança! Lute por seus sonhos, não dependa das circunstâncias. Viva na presença de Deus. Dessa forma, você aprenderá a sentir o toque do Senhor em tudo o que fizer e o reconhecerá em cada circunstância.

Ele é quem o apoia e anima, diretamente, por meio da família, das pessoas que o amam. Eles são um presente de Deus para você.

Viva e recupere o seu valor na presença de Deus. Adore-o! Ao adorá-lo você sentirá envolto por Sua presença. Porque quando nos aproximamos dele, enchemo-nos de Sua majestade e glória.

Qualquer outro tipo de adoração nos destruirá, pois nos afastará do eterno. Nosso coração foi criado para experimentar o espiritual, o eterno e para sermos amados plenamente.

LEITURA DE HOJE
Números 4
Salmo 139
Atos 1

ORAÇÃO
Pai que está nos céus, quero viver te adorando. Enche meu coração com a Tua vontade para que eu possa viver plenamente em Tua presença.

Fomos criados para sermos amados e viver no amor de Deus.

31 de março

Sozinho

Alfredo Di Stéfano afirmou: "Nenhum jogador é tão bom como todos juntos." Isso deveria ser lembrado em todos os esportes com times. A Seleção Espanhola de futebol venceu a Copa do Mundo de 2010 sem ter um jogador estrela, mas seis de seus jogadores foram escolhidos para compor o time ideal daquele ano. Ao menos nove de seus jogadores estavam entre os 22 melhores jogadores do mundo.

Algumas pessoas pensam que podem viver sós, sem precisar dos outros, e ser únicas no que fazem. Ainda não aprenderam que ninguém é tão bom como todos juntos. Por isso, a solidão se tornou um dos problemas mais urgentes. Muitos não querem se aproximar do outro; a maioria das famílias vive na mesma casa, mas cada um em sua própria solidão, em seu quarto. Cada um tem seus meios de comunicação. Sozinhos.

A família e a sociedade sofrem com a solidão. Aos poucos se perde a amizade, a fidelidade e a confiança, as quais parecem qualidades do passado. Deus nos ama e se preocupa conosco, por essa razão nos deu amigos para que apreciemos as pessoas que amamos. Se nosso maior prazer é estar sozinhos, destruímo-nos, pois não fomos criados para viver assim.

Às vezes precisamos da solitude para pensar, refletir em nossa vida, descansar. Isso é perfeito! Nossos problemas começam quando não queremos ter outros ao redor, quando nos achamos autossuficientes, e pensamos, inconscientemente, que qualquer máquina poderia substituir um bom amigo. Cedo ou tarde nos sentiremos completamente vazios!

Muitas pessoas buscam intimidade de qualquer maneira e em qualquer situação e acabam exaltando o sexo. Indispostas a pagar o preço pelo tempo, forças, fidelidade etc., acreditam ser possível ocultar as suas necessidades de intimidade, o que os deixam mais frios e ainda mais solitários.

Deus quer nos restaurar. Seu amor é imenso, e Ele tem tempo suficiente para dedicar a cada pessoa com alegria: "Tu me tens feito passar por aflições e sofrimentos, mas me darás forças novamente e me livrarás da sepultura. Tu me tornarás cada vez mais famoso e sempre me consolarás" (Salmo 71:20-21).

Você jamais se sentirá tão honrado do que no momento em que Deus colocar a mão sobre você. O Seu toque o levantará mesmo no deserto ou solidão. E virá consolá-lo e jamais o negligenciará.

LEITURA DE HOJE
Números 5
Salmo 140
Atos 2

ORAÇÃO
Pai amado, preciso de uns momentos a sós contigo, para te contar...

Deus tem tempo suficiente para dedicar a cada um de Seus filhos, com alegria.

Limitando Deus

1 de abril

Maradona, técnico argentino em 2009, tinha Messi, o melhor jogador do mundo, em seu time. Após um gol de Messi contra a França, diz-se que Maradona comentou: "Vejamos se ele é melhor do que eu." Se disse isso, estamos diante de um treinador que limita o seu jogador ao invés de admirá-lo.

Ao limitar alguém, impedimos essa pessoa de nos ajudar, e não vemos suas qualidades. Muitos agem assim com Deus. A Bíblia relata que o povo de Deus deixou de acreditar nele! "De propósito, puseram Deus à prova, pedindo a comida que queriam. Falaram contra ele, dizendo: 'Será que Deus pode nos dar comida no deserto?...'" (Salmo 78:18-19). Poucas perguntas são mais tristes: "Será que Deus pode?" Se a incredulidade nos governa, limitamos o poder de Deus.

Não duvide do poder divino. Deus agiu em favor do Seu povo: abriu o mar; subjugou o Egito, protegeu e alimentou o povo, mesmo Israel desconfiando do Seu poder.

No livro de Mateus 13:58, a Bíblia diz que Jesus não fez mais milagres porque as pessoas não criam, limitando o poder de Deus ao tamanho da fé. Deus não é um milagreiro que tenta convencer os outros. É crer para ver, não o oposto.

Limitamos Deus com a nossa desobediência, quando pecamos em secreto, ou não lhe entregamos áreas de nossa vida, agindo com nossas próprias forças e orgulho.

Moisés, aos 40 anos, acreditou que podia libertar o povo de Deus matando os egípcios, até aprender a descansar no Senhor e ser guiado por Ele.

Deus recusa os soberbos e dá graça aos humildes. Nós o limitamos ao dar mais importância a nossas ideias, costumes, tradições e preconceitos do que à Sua Palavra, ao argumentar sobre o Seu poder em vez de descansar em Sua graça. Limitamos também ao não amar os outros, sendo insensíveis e não nos preocupando com os que sofrem; ao não orar e crer que somos autossuficientes, e com nosso falar, pois passamos a vida criticando os outros sem saber abençoar ou agradecer.

Quando o Senhor não está presente em nosso lar, perdemos a excelência do Seu poder em nossa vida. Nossos problemas pessoais se sobrepõem a tudo. Se não orarmos e esperarmos no Senhor, eles não se resolverão e a nossa família sofrerá. É o momento de tomar decisões. Creia em Deus incondicionalmente, entregue a sua vida nas mãos dele, sem exceções ou limites, e Ele mostrará o Seu poder.

LEITURA DE HOJE
Números 6
Salmos 141–142
Atos 3

ORAÇÃO
Pai celestial, queremos confiar sempre em ti e não limitar o Teu poder. Creio em Tua Palavra e confio nela!

A nossa incredulidade desagrada a Deus.

Não gosto de futebol

2 de abril

O Barcelona F.C. da temporada 2008–09 venceu seis campeonatos consecutivos: *Liga*, *Campeões*, *Supercopa Espanhola*, *Supercopa Europeia* e *Mundial de Clubes*. Num jogo, o goleiro do time rival se aproximou do capitão do time e perguntou: "Para que lado o Messi costuma chutar?" e ele respondeu: "Para dentro."

Leia isso: "Não gosto de futebol. É horrível, e ninguém em pleno juízo deveria gostar. Não serve para nada. Estou farto de conhecer pessoas que querem ganhar dinheiro à custa dos atletas. São árbitros que erram; lesões, cartolas aproveitadores, egoísmo de técnicos que querem salvar a honra à custa dos outros, atletas orgulhosos que se acham superiores, torcedores que vivem a vida dos outros e não as suas, capazes de matar por seu clube! Sim, o futebol é terrível, e ninguém minimamente inteligente pode afirmar que gosta ou que tenha serventia."

Entende o que digo? Reconheço que a comparação é irreverente, mas a cada dia encontro mais pessoas que dizem o mesmo sobre o cristianismo. Defendem que não acreditam em Deus, pelos maus exemplos que viram, e porque alguns dirigentes sempre pedem dinheiro. Não querem saber da Bíblia, porque há pessoas que são cristãs e usam da violência, ou porque os líderes religiosos que conhecem, parecem se preocupar por seus próprios interesses, ou seguidores do cristianismo aparentemente não pensam por si próprios, ou coloque a desculpa que quiser. Talvez agora você perceba a irreverência da comparação e a realidade da nossa estupidez, desculpe-me o vocabulário.

Nenhum torcedor esquece o seu esporte preferido, por piores que sejam as circunstâncias. Ninguém minimamente inteligente deixa de desfrutar de tudo o que Deus é e faz, por conta dos erros que alguns que se dizem seus seguidores possam cometer. Aconteceu muitas vezes, durante a história: "Eles lembravam que Deus era a sua rocha, lembravam que o Altíssimo era o seu Salvador. Mas todas as palavras deles eram mentiras, tudo o que diziam era apenas para enganar. O coração deles não era sincero para com Deus, e não foram fiéis à aliança que Deus havia feito com eles" (Salmo 78:35-37).

Deus está acima de tudo o que pensamos, dizemos ou fazemos. Conhecê-lo é ter vida para sempre. É tudo. Não se engane e não permita que o enganem. Volte-se a Ele. Será a melhor decisão da sua vida.

LEITURA DE HOJE
Números 7–8
Salmos 143–144
Atos 4

ORAÇÃO
Pai amado, andar com o Senhor é a melhor decisão da minha vida!

Ninguém minimamente inteligente deixa de desfrutar de tudo o que Deus é...

Competir com fantasmas

3 de abril

Bill Russell foi o maior campeão da *NBA*. Se alguém é comparado a ele, cedo ou tarde se diz: "Vejamos se fará igual ao Russel." Recentemente ele declarou: "Não se deve pedir a um jogador para competir com um fantasma do passado ou futuro, apenas com os contemporâneos." São palavras sábias, pois somos injustos ao comparar o incomparável.

Competir com fantasmas, lutar contra não se sabe quem, pode parecer algo distante, mas não é. Às vezes, sentimos que algo ruim está acontecendo, e temos vontade de abandonar tudo. Pensamos que só seríamos felizes com as férias, pelo menos uns quatro anos! Há dias em que, sem conhecermos os motivos, a derrota parece ser nossa companheira inseparável.

Nem sempre entendemos o que ocorre em nossas vidas. Os momentos de tensão parecem sobressair e é difícil vencermos as circunstâncias. Há dias em que é difícil encontrar forças para seguir lutando! E nos perguntamos: Por que tudo isso? Competimos com fantasmas ao não saber de onde vem o nosso desânimo. Culpamos Deus por nossos sentimentos.

Deus é absolutamente bom. Se Ele permite uma provação difícil é justamente para que o melhor de nós se torne visível. O diabo nos tenta para tirar o pior de nós. Essa é a grande diferença! Deus quer nos fortalecer, o diabo nos debilitar. Deus quer que sejamos aprovados, o diabo condenados e sua maior satisfação é nos ridicularizar.

Deus nos defende sempre: mesmo que às vezes o desonremos, Ele não se envergonha de nos chamar de filhos. O maligno é o nosso principal acusador, busca o mínimo detalhe para nos marcar. Essa é a tática do inimigo: quer nos intimidar, envergonhar, vencer, entristecer, desanimar. Quer que os "altos e baixos" nos façam duvidar de nós mesmos. Usa de astúcia legal ou ilegal, para nos destruir. Não desanime! Se estiver passando por uma situação assim, você já sabe de onde vem. Não enfrente os fantasmas!

A vida cristã não é fácil, mas é cheia de aventuras: "Felizes são aqueles que de ti recebem forças…" (Salmo 84:5). "Enquanto vão indo, a força deles vai aumentando…", "O Senhor Deus é a nossa luz e o nosso escudo. Ele ama e honra os que fazem o que é certo e lhes dá tudo o que é bom" (Salmo 84:7,11). Deus aumenta a nossa força e confiança, e nos honra diante dos outros; fortalece o nosso caráter mesmo que não entendamos o que está acontecendo.

LEITURA DE HOJE
Números 9
Salmos 145–146
Atos 5

ORAÇÃO
Pai, agradeço por me fortalecer e sempre buscar o melhor para mim. Ajuda-me a não desanimar e a seguir sempre em frente.

Deus é bom. Se Ele permite uma provação, é para que o melhor de nós se torne visível.

4 de abril

Má consciência

Ninguém esquece "o positivo" de Ben Johnson nos Jogos Olímpicos em Seul, 1988. O *doping* do corredor canadense delimitou o antes e o depois na memória dos fãs. Sempre me impressionou sua reação à vitória, antes de descobrir-se que era indevida. Após a final dos 100 m, o segundo lugar Carl Lewis, o cumprimentou, mas Johnson não quis aceitar, e o fez somente quando os fotógrafos os forçaram a tirar uma foto apertando as mãos. Mais tarde descobriu-se que Johnson havia demorado muito tempo para entregar as amostras para o exame que lhe condenaria por *doping*. Apesar da vitória, algo o incomodava na consciência.

Não podemos julgá-lo, pois agimos igual. Se algo não estiver bem, nos escondemos. Não queremos ser descobertos, nem corrigidos, e nem carregar a culpa por nossos atos. Nada é melhor do que corrigir os nossos erros!

A Bíblia nos diz: "...felizes são aqueles que tu ensinas, aqueles a quem ensinas a tua lei!" (Salmo 94:12). Ninguém gosta de ser lembrado por suas falhas, mas se as cometem, jamais serão felizes. Quem nunca erra, além de viver num mundo impossível, com o passar do tempo, receberá o castigo conforme a sua necessidade, e sua consciência sempre o acusará!

Às vezes, as circunstâncias nos fazem sofrer. Enganamo-nos e somos descobertos. Erramos e sofremos as consequências. Oramos dizendo a Deus que Ele é injusto e deveria nos cuidar, sem percebermos que Ele já cuida de nós, porém permite que situações difíceis aconteçam para nos ensinar, e não voltarmos a cair.

Como corrigimos nossos filhos por amá-los, Deus nos corrige e busca o melhor para nós. Na base de tudo, está o amor. Nas correções encontramos a nossa felicidade. Quando Deus nos disciplina, reconhecemos que Ele se importa conosco e cuida de nós. Aprendemos que Ele nos ama, não só com Seu amor universal (Deus é amor), mas com o carinho de Pai, que se preocupa com cada um de Seus filhos. Por isso somos felizes. Nada temos a esconder, nem precisamos viver de aparências, pois sabemos que Deus nos ama, e nos ensina.

Ninguém gosta de se equivocar; mesmo assim nos equivocamos. Ninguém é perfeito! Ninguém gosta de correção, mas se as circunstâncias nos ensinam a restaurar, valem a pena! Se nossos erros serviram para buscar perdão, sabedoria e chegar à presença do Pai, estamos aprendendo a ser felizes!

LEITURA DE HOJE
Números 10
Salmos 147-148
Atos 6

ORAÇÃO
Pai amado, agradeço por me ajudar a ser melhor. Toma a minha vida e corrige tudo aquilo que desagrada ao Senhor.

Deus permite algumas situações difíceis para nos ensinar a viver.

Natureza morta

5 de abril

Era 1988 e a primeira vez que eu vivia os Jogos Olímpicos. Ainda jovem tive a oportunidade de estar em Seul, e tudo me enchia de admiração: atletas de todos os países, a cidade enfeitada, milhares de visitantes, os estádios preparados, tudo parecia radiante. A beleza, iluminação e imaginação da cerimônia inaugural superou todas as expectativas. Chegou o momento mais esperado e o fogo encheu a pira olímpica. Milhares de pessoas aplaudiram no estádio e milhões em suas casas, assistindo pelo televisor. Impressionante!

Houve um problema! Soltaram-se centenas de pombas brancas, simbolizando a paz e a harmonia que os jogos querem incentivar, mas ao voarem por cima da pira; no momento em que foi acesa, muitas se queimaram vivas. Um erro de cálculo, fatal.

Cometemos barbaridades maiores que os erros de cálculo, destruímos o planeta, de todas as maneiras possíveis: lixo, contaminação, consumo desenfreado de energia, emissão de CO_2, desperdício de água, maltrato de animais. Deus deixou a natureza ao nosso cuidado, e demonstramos os motivos pelos quais não podemos ficar sozinhos.

O propósito do Criador para Suas obras é diferente: "Alegre-se a terra, e fique contente o céu. Ruja o mar e todas as criaturas que nele vivem. Alegrem-se os campos e tudo o que há neles. Então as árvores dos bosques gritarão de alegria diante de Deus, o S<small>ENHOR</small>" (Salmo 96:11-12). A natureza transborda felicidade. O plano original de Deus foi que ela jamais fosse destruída. Deus se alegra com, e nas Suas obras, e espera que façamos o mesmo.

Nada está mais longe do plano de Deus do que a destruição, o lixo, o maltrato e a contaminação. Deus nos deu um planeta alegre, e nós inventamos a tristeza e a dor ao nos afastarmos dele. Dia após dia, cumprimos rituais de destruição com o nosso comportamento contrário ao Criador e a Sua criação.

Não jogar lixo pode parecer um ato simples. Se centenas de milhares de pessoas se comprometerem em cuidar da natureza. ela ficará mais limpa. Imagine então se milhares o fizerem? Temos que cuidar bem da natureza, com atos simples, porém necessários, para quando sairmos daqui, deixarmos melhor do que a encontramos.

LEITURA DE HOJE
Números 11
Salmos 149-150
Atos 7

ORAÇÃO
Santo Pai, agradeço por todas as coisas que o Senhor criou. Ajuda-me a cuidar da natureza da melhor maneira possível.

Se dissermos que amamos a Deus, teremos que amar também tudo o que Ele fez.

6 de abril

Comprometido

Leyvinha foi um bom jogador do *Atlético de Madrid*. Hoje, seu sobrinho, Lucas Leyva joga no *Liverpool* e na Seleção Brasileira. Leyva é um jogador comprometido com seu time, sua família e com Jesus.

Compromisso e integridade são palavras que assustam. Em uma sociedade na qual tudo muda, a fidelidade e o compromisso não possui muitos adeptos. Para muitos não é fácil viver de acordo com os princípios que temos. O comportamento de alguns, que dizem crer em Deus deixa a desejar. É como se a sociedade quisesse esconder alguma coisa. Não gostamos da integridade e da transparência.

Imagine se ao comprar algo, você recebesse a embalagem vazia, e se ao comprar um DVD com o concerto de seu grupo preferido numa embalagem lindíssima, nada tivesse em seu interior? Você se conformaria? Pensaria: "Que legal, já conheço o concerto mesmo, e as fotos são maravilhosas" Não! Você iria querer assisti-lo!

Infelizmente, encontramos pessoas com bela aparência exterior, radiantes, educadas, mas de interior vazio. Estando com elas, você só consegue falsas promessas e informações inúteis, pois suas vidas são vazias. Não importa o que digam que são, nem o que fazem.

As pessoas precisam ver a integridade e o compromisso. Nosso interior deve refletir o nosso exterior. Deus espera que a alegria ilumine: "…os caminhos dos que obedecem a Deus" (Salmo 97:11). A pessoas íntegras têm paz e alegria em suas vidas. A perfeição é impossível, mas é preciso querer fazer as coisas bem, não enganar e viver sob a verdade. Estamos falando de não ter duas caras — de não ser vazios.

Quer saber? Esse segredo é para dividir com a família, que está mais próxima de nós, e nos conhece. Não podemos enganá-los, eles nos veem todos os dias, sabem se a nossa vida é só a embalagem ou se há algo dentro de nós que valha a pena.

Para viver de maneira íntegra, comece com a família, que depois do Senhor, ocupa o primeiro lugar em sua vida. Dedique-lhes amor, tempo, cuidado, entusiasmo, força, compreensão e carinho… Exatamente o que você precisa, eles darão a você. Não pense que o trabalho ou seus desejos são mais importantes do que eles, porque cedo ou tarde você estará só. Deus criou o relacionamento entre o homem e a mulher, antes de criar o trabalho, amizade, ministério ou qualquer coisa que possamos pensar. E Ele jamais se engana.

LEITURA DE HOJE
Números 12
Provérbios 1–2
Atos 8

ORAÇÃO
Senhor Jesus, quero me comprometer com o Senhor, para me parecer cada dia mais contigo. Ensina-me a amar e a ajudar a minha família sempre!

Nosso compromisso com Deus é visto pela forma como cuidamos da nossa família.

Um milagre

7 de abril

Gosto de jogar futebol e no colégio, quando os capitães escolhiam o seu time, eu sabia que me escolheriam por último por minha pouca habilidade como jogador.

Há anos visitei bons amigos no Brasil e hospedei-me na casa de Doriva. Durante a estadia, Doriva organizou uma partida com alguns amigos em férias, vários jogadores da Espanha, Brasil e outros times da região. Perguntou-me se eu queria jogar, e minha primeira reação foi dizer não. O ridículo que eu passaria no meio de tantos jogadores extraordinários, seria lembrado por anos!

Instantes depois, pensei no que dissera sobre o medo e me ofereci ao fracasso. No campo, as pessoas pareciam aviões ao meu lado. Voavam! Nessa hora, decidi nunca mais criticar uma só jogada que visse na TV. Não que eu jogasse mal; eu nem via a bola!

Doriva fez algo que nunca esquecerei. Ele passava a bola, eu errava os passes, os lançamentos, a marcação; mas na jogada seguinte ele me devolvia a bola. Aprendi o que significa alguém confiar em você, mesmo ao falhar muitas vezes. Descobri algo muito importante sobre a vontade de Deus; Ele age assim! Continua confiando em nós, pois sabe que em algum momento faremos algo de bom.

Impressionante! Ao final do jogo, todos sabiam que eu era péssimo jogador, e o jogo estava empatado, Doriva me viu do lado esquerdo, e passou-me a bola. Nosso atacante corria pelo campo, e decidi passar-lhe a bola para finalizar a jogada, mas o goleiro viu minha intenção e saiu à frente, para cortar o passe. Vi um buraco no gol e chutei com garra. A bola entrou e vencemos! Ninguém acreditava. Meus colegas gritavam: "Gol do pastor!" como se fosse um milagre; e não foi?

Nessa noite demos muita risada, todos juntos. A maioria dos jogadores era cristã e lembramo-nos do versículo: "Cantem hinos a Deus, o Senhor, todos os moradores da terra! Adorem o Senhor com alegria e venham cantando até a sua presença" (Salmo 100:1-2). Felizes os que vivem perto de Deus e o adoram, os que derramam alegria na presença do Pai, e os que são capazes de se alegrar com os que amam a Deus!

Felizes os que desfrutam de qualquer momento ou situação, e desejam passar a vida em companhia do Pai celestial! Vivem em Sua presença, com cânticos de alegria! Podemos falhar muitas vezes, mas Deus sempre nos reserva um momento de glória.

LEITURA DE HOJE
Números 13
Provérbios 3–4
Atos 10

ORAÇÃO
Pai nosso que está nos céus, ensina-me a desfrutar de tudo o que me dás, e a viver sempre alegre contigo.

Felizes os que desfrutam de qualquer momento ou situação.

8 de abril

O mais importante

Sepp Herberger treinou a Seleção Alemã de futebol e ficou o maior tempo no seu posto. Foi campeão do mundo e da Europa e, ainda se fala dele como um dos criadores do competitivo futebol alemão. Ele dizia: "A bola é redonda e a partida dura noventa minutos. O resto é pura teoria." Difícil dizer algo mais simples.

Comento, porque me impressionam as centenas de páginas dos jornais, e horas nos meios de comunicação, para discutir se uma jogada foi pênalti ou não, e como isso influenciou o resultado final do encontro. Muitas pessoas falam horas e discutem sobre a mesma jogada. Ao ouvi-los, parece que falam do sobrenatural ocorrido nos últimos meses.

Dedicamos horas em discussões inúteis, mas não temos tempo para nos preocupar com alguém da família que pode estar sofrendo, um amigo precisando de você, ou alguém ao seu lado clamando por ajuda de maneira desesperada.

O que é importante na vida? Duvido que saibamos, quando vejo certos comportamentos. Distraímo-nos em comentários inúteis, enquanto a vida nos escapa aos poucos. Queremos ganhar discussões banais e nos esquecemos de viver.

Há pouco tempo, na sala de urgências do hospital, Míriam e eu, esperávamos por atendimento, quando notei que a TV estava ligada. Olhei o noticiário e percebi que ninguém estava assistindo. Havia mais de trinta pessoas para serem atendidas, e ninguém percebera que estava ligada. Ninguém se importará com o que estiver acontecendo na TV, se tiver dor, preocupação, ou estiver acompanhando alguém querido. Nesse momento, o secundário não tem valor.

Não digo que não devemos dar importância aos meios de comunicação, mas damos muita importância. Eles nos distraem do que é importante, e sem perceber, perdemos momentos que não se repetirão com os nossos filhos, cônjuge, pais ou irmãos. Deixamos pelo caminho amigos que precisavam da nossa ajuda, ou desconhecidos cuja presença poderíamos ter apreciado. Confundimo-nos com teorias e discussões quando tudo é mais simples.

"E não deixarei que entre nela nenhum mal..." (Salmo 101:3), disse o salmista, não só pelo mal, mas pela perda de tempo em não fazer o bem. Vale apenas o que tem relevância na vida das pessoas. Se a história foi ou não foi, já passou, não tem remédio. Quem tem razão, não se importa tanto! O importante é o que poderemos fazer no futuro. Pense nisso!

LEITURA DE HOJE
Números 14
Provérbios 5–6
Atos 11

ORAÇÃO
Santo Pai, quero ajudar quem sofre. Ensina-me a não perder meu tempo com bobagens.

Perdemos muito tempo discutindo por bobagens.

Desencantados

9 de abril

Às vezes, os meios de comunicação brincam com as sensações dos espectadores. Com a cumplicidade liberada nos filmes e na TV ocorrem situações que todos sabem ser impossíveis. No filme *Rocky IV*, Sylvester Stallone recebe mais de 200 socos em menos de 13 minutos, na luta de boxe. Os médicos dizem que uma dezena desses golpes o colocaria no chão com sério risco de morte. É pura ficção!

Falaremos somente de ficção, do irreal, do absurdo, do *nonsense*, do engano puro. Os anos 70 já se foram, mas a ditadura do absurdo continua. A moda muitas vezes é *nonsense*, pois do tédio da vida nasce a passividade em todas as situações: arte abstrata (pintura, escultura, arquitetura, música), monotonia no trabalho, e comportamento ilógico. A pauta merece ser a distorção da realidade e de todos os conceitos. Dessa forma, a própria vida se torna sem sentido, abstrata, monótona e ilusória.

Ainda assim, ninguém defende o ilógico. A pintura abstrata segue regras. A escultura *nonsense* tem seus pontos de apoio. A arquitetura livre, sem colunas ou ordens preestabelecidas precisam das bases para suster o edifício. E da mesma forma, todos os que defendem os sem sentido, vivem da racionalidade de milhares de situações diferentes; edifícios que não caem, leis de trânsito, fármacos aprovados, aviões seguros e milhares de outros exemplos. Nem tudo pode ser *nonsense*, pois significaria a destruição do ser humano em segundos.

O desencanto é o fato do *sem sentido* viver dentro de cada um. A amargura nasce de nossas contradições e gera violência e incompreensão, não precisamos procurá-la. E dessas contradições se nutrem os que buscam notoriedade a qualquer preço. O homem vive com uma tempestade dentro do seu próprio coração, e com a sensação de que ninguém pode acalmá-la.

Já faz muitos anos que o compositor de salmos expressa a dificuldade de cada pessoa, para controlar o que ocorre: "...na sua angústia, gritavam por socorro, e o Senhor Deus os livrava das suas aflições. Ele acalmava as tempestades e as ondas ficavam quietas" (Salmo 107:28-29). Se as tempestades da vida podem causar destroços no coração, pior seria se essas ondas estivessem dentro de nós. Esse tipo de tempestade, só Deus pode acalmar.

LEITURA DE HOJE
Números 15
Provérbios 7
Atos 12

ORAÇÃO
Pai, olha o meu coração: restaura a minha vida e coloca a Tua paz em mim. Acalma as tempestades que às vezes me sobrevêm.

O homem vive com uma tempestade no coração, e com a sensação de que ninguém pode acalmá-la.

10 de abril

Lesionado e derrotado

Escrevi anteriormente que as lesões são um dos piores inimigos dos esportistas. Com histórias como as de Michelle Akers, campeã do mundo de futebol, 1991 e medalha de ouro nas Olimpíadas de 1996 com a Seleção dos EUA, podemos dizer que o problema está em nossa reação às lesões. Michelle passou por 13 operações no joelho e pensou que sua vida profissional tinha acabado. "Passei muitas horas em muletas, com gelo, fortalecendo o joelho para voltar a competir, mas só consegui, por confiar em Deus, e Ele me manter em pé." Esse era o segredo de uma das melhores jogadoras da história do futebol.

O que queremos dizer ao afirmar que temos fé e confiança em Deus? A fé é sensação, emoção ou decisão? Durante milhares de anos discute-se sobre a fé e como alcançar o coração das pessoas que dizem que sua fé em Deus transformou suas vidas. No entanto, a discussão prossegue e nessa busca o mais simples escapa de nossas mãos.

Não falarei de definições, mas direi que a fé e a confiança em Deus são demonstradas ao não desanimarmos; ao nos mantermos em pé nos momentos difíceis, mesmo quando desfalecidos. Deus luta por nós. Fé significa amar a Deus quando não entendemos o que está acontecendo, e descansar nele, por mais difícil que pareça a situação. Fé é saber que há uma saída, e que Deus nos ajudará a encontrá-la.

Os jogadores cristãos que levantam suas camisetas com mensagens cristãs após a vitória sempre me impressionam. Eu os admiro e incentivo a honrar a Deus em todas as vitórias. Mas também gostaria de ver a mesma mensagem quando o time perde. Deus também é o Senhor dos que perdem e é o consolo quando tudo parece ir mal. Ganhando ou perdendo, ainda assim amamos a Deus: quando somos a estrela do time, na reserva ou lesionados.

Em todo o tempo Deus permanece conosco e nos ama.

Nesses momentos Sua presença é mais evidente, pois Ele sabe que necessitamos dele e está sempre próximo dos que sofrem, não porque deseja o sofrimento, pelo contrário, Ele usa a derrota para sair vencedor! Está conosco para não nos sentirmos sós, desanimados e seguirmos adiante, confiando nele, mesmo com a impressão de estar vivendo no deserto.

Deus nos faz vencedores da Copa mais importante, a Copa da Vida! "Levarei ao Senhor uma oferta [...] para lhe dar graças porque me salvou" (Salmo 116:13).

LEITURA DE HOJE
Números 16
Provérbios 8
Atos 13

ORAÇÃO
Pai, agradeço-te por nunca me abandonar e estar sempre comigo. Vou proclamar Teu nome sempre, aconteça o que acontecer.

Mesmo derrotados, Deus nos acompanha e nos ama.

Digno de confiança

11 de abril

Conheci Tiago Splitter, do *San Antonio Spurs*, NBA. Ele é excepcional e oramos juntos. Lembro-me de que ele se encantou com uma mensagem virtual sobre a Bíblia. A mensagem explicava que o Salmo 118 é o capítulo central da Bíblia. Há 594 capítulos antes desse salmo e 594 depois. Ao somar os dois, teremos 1188 capítulos. Assim, o versículo central da Bíblia é o Salmo 118:8 e vale a pena memorizar: "É melhor confiar no Senhor, do que depender de seres humanos."

Podemos confiar nos outros e oferecer a nossa confiança. O problema começa ao pensarmos que jamais vão nos enganar. Na verdade não podemos confiar em nós mesmos. Para alguns, os fins justificam os meios, e se formos um obstáculo, nos colocarão de lado. Quando tudo vai bem não há problema, temos amigos. Se não agradarmos o outro, não importam as nossas motivações, desejos ou ajuda. Não somos perfeitos, podemos falhar e decepcionar outros.

Devemos descansar no Senhor. Às vezes queremos consertar o mundo, resolver mal-entendidos ou explicar o que os outros não querem ouvir. Não se preocupe, mantenha os olhos abertos. Se o Senhor usar alguém para ajudá-lo a resolver um problema, confie em Deus. Peça sabedoria e coloque a sua vida nas mãos do Senhor. É melhor se refugiar nele do que confiar no homem.

Mas não se torne cético ou desconfiado. Quem ama, confia. Mesmo enganado ou desprezado, continue ajudando e amando, pois é isso que importa. É o exemplo que Deus nos dá. Quem despreza a quem o ama, amargura-se a si mesmo. Todos têm defeitos, e às vezes nos ferimos. Todos falham, mesmo sem querer, e nós também, às vezes sem perceber.

Deus nunca falha. Podemos descansar nele, confiar em Sua ajuda e refugiar-nos nele. Às vezes preferimos a ajuda divina mais do que a presença de Deus. Esperamos Suas bênçãos, sem perceber que a maior bênção é a Sua presença. Busque o Pai das luzes e não apenas os reflexos da luz. Busque o fogo e não apenas o seu calor. Espere um abraço e não apenas um toque sutil.

É Deus quem faz a diferença em nossa vida. Sua presença, as pessoas, as circunstâncias, nossas habilidades, o que conquistamos são presentes que Ele nos dá. Aprecie-os e ajude os outros a desfrutarem deles, mas acima de tudo, refugie-se em Deus.

LEITURA DE HOJE
Números 17
Provérbios 9
Atos 14

ORAÇÃO
Senhor Jesus, quero confiar em ti mais do que em outras pessoas. Coloca a Tua mão sobre mim, e ajuda-me a não desanimar quando os outros falharem.

Todos falham, até sem querer. Nós também falhamos com os outros sem perceber.

12 de abril

Hoje é o dia

Szilard Nemeth é artilheiro da Seleção da Eslováquia. Quando jogou na Inglaterra, descobriu que tinha uma doença no sistema circulatório que podia lhe custar a vida. Cada vez que nos encontramos, falamos sobre o valor das coisas simples da vida, como a amizade e os momentos que passamos com quem amamos. Às vezes, precisamos nos aproximar da morte, para perceber o que é importante.

Apreciar a Deus e o que Ele faz está sempre ligado à essência. Passamos a vida aguardando grandes eventos, situações sobrenaturais e vitórias espetaculares. Concentramos nossos esforços para que estas coisas aconteçam e perdemos a grandeza do que é mais simples. Ao esperarmos o extraordinário, não aproveitamos o momento.

"Este é o dia da vitória de Deus, o Senhor; que seja para nós um dia de felicidade e alegria!" (Salmo 118:24). Cada dia deve começar de maneira diferente! O plano de Deus refere-se ao hoje; amanhã nem sabemos se virá! Se não nos alegrarmos com o que Deus nos dá em cada momento, jamais viveremos tranquilos. Esse é o segredo do contentamento e da paz no coração. Cada hora foi feita para se viver, haja o que houver! As circunstâncias não importam; tudo depende de como vivemos cada momento.

Escolhamos amar, pois quem ama é feliz. Deus nos deu o amor — a essência da Sua vontade: Ele é o Amor absoluto e total. Quem ama é capaz de vencer em qualquer situação. O amor alcança o mais profundo do coração em qualquer circunstância. Por essa razão o diabo vive derrotado, porque pode usar qualquer outra arma, inclusive as boas características e atitudes, mas não pode amar de maneira sincera. Ele ama a si mesmo, e usa esse amor para enganar a todos, nos fazendo acreditar que o amor é egoísta.

Viva o dia que inicia. Ame. Regozije-se e se alegre, porque quem ama canta e compõe canções. Deixe-me dizer que a música e o amor se completam. Quem admira, canta e adora. A natureza faz o mesmo. Lembre-se do salmo que diz que as árvores, os rios e o mar cantam em louvor a Deus! Quanto mais nos maravilhamos, mais cantamos. Quanto mais acreditamos que controlamos tudo, menos adoramos a Deus.

Desfrute cada momento do dia, cante. Encha-se de paz, adore. Esse é o dia que Deus fez para você. Sejam quais forem as circunstâncias, Ele está presente e quer que a alegria reine em seu coração. Haja o que houver.

LEITURA DE HOJE
Números 18
Provérbios 10
Atos 15

ORAÇÃO
Santo Pai, agradeço por esse dia e por me dar a vida. Louvo-te e gosto de viver em Tua presença!

Desfrute cada momento do dia, cante. Encha-se de paz, adore.

Ser o melhor

13 de abril

Muitos treinadores afirmam que os times vencedores não são feitos de grandes astros, mas de grandes jogadores, os que fazem o que deve ser feito. Esses jogadores são geniais, não só por sua qualidade, mas por assumirem seus papéis no time. Lembro-me de dois jogadores espanhóis que jogaram na primeira divisão inglesa, depois de ser campeões do mundo: Silva e o outro, Gabi, que foi quase imprescindível no *Atlético de Madrid* pelos gols decisivos que salvaram o seu antigo time, de cair para a segunda divisão.

Alguns pensam que é necessário ser o melhor para ser feliz, mas isso não é verdade. Quem vive ou tenta viver assim ata-se à angústia de que o outro possa fazer melhor do que ele. São tomados pela inveja que os impede de apreciar o fato do outro ser melhor do que eles mesmos.

Para ser feliz, não é necessário ser o melhor. Ser o centro das atenções pode nos tornar mais miseráveis. Deus nos ensina a colocar o nosso coração em propósitos que lhe agradam. Lembre-se de que o próprio Deus fez milhares de estrelas, portanto não é assim tão especial tornar-se uma delas, como uns acreditam. Os simples de coração, os humildes e os tranquilos sabem desfrutar. "Felizes são os que não podem ser acusados de nada, que vivem de acordo com a lei de Deus, o Senhor! Felizes os que guardam os mandamentos de Deus e lhe obedecem de todo o coração!" (Salmo 119:1-2).

Se dependesse de nós, não teríamos escolhido essas qualidades. Buscar ao Senhor de todo o coração, o obedecer e ser íntegro não costumam ser as características que muitos procuram. No entanto, o segredo da felicidade está em conhecer o que Deus deseja e viver de maneira diferente. Independente de quem somos.

Quanto mais próximos a Deus, melhor podemos apreciar a vida, pois Ele é o nosso Criador — a vida em sua essência. Para viver, precisamos estar próximos a Ele.

Não se trata de religiosidade ou vida aparentemente santificada. Deus quer que o busquemos de todo o coração. Nosso coração governa a vida: o que somos, fazemos e pensamos. Vivemos dele e o que amamos nos move.

Se buscarmos a Deus de todo o coração, nossa vida terá sentido e aprenderemos a desfrutar de tudo o que fazemos. Não importa que os outros nos considerem os melhores... ou os piores, isso não muda aquilo que somos porque temos valor infinito e eterno. Deus vive em nosso coração.

LEITURA DE HOJE
Números 19
Provérbios 11
Atos 16

ORAÇÃO
Santo Deus, meu coração te deseja todos os dias e agradeço por ser aceito como sou.

Deus espera que nós o busquemos de todo coração.

14 de abril

Acima de tudo

Katherine Switzer não foi uma grande campeã, mas foi a primeira mulher a correr a maratona de Boston, em 1967. Ela correu disfarçada, pois era proibida a participação feminina, e ao ser descoberta por um diretor da prova, ouviu: "Fora!" A imprensa percebeu e para não humilhar os organizadores, foi permitido que terminasse o percurso. Na edição seguinte, as mulheres tiveram a permissão para correr a maratona.

Katherine demonstrou valentia, comprometeu-se com o que era justo, sem abandonar a luta. Deus sabe que podemos fazer o mesmo. Ele nos ajuda a ser diferentes, comprometidos, defensores do que é justo, dependendo sempre das forças que Ele nos dá para não desistirmos. Deus quer que aprendamos a tomar decisões, que saibamos lutar pelo correto, e que busquemos nele a sabedoria para vencer nos momentos difíceis.

Certa vez li que quando os corvos atacam um falcão, este poderia lutar e se defender, mas nunca o faz. Começa a voar em círculos, subindo cada vez mais alto, até subir onde os corvos não conseguem alcançar. Eleva-se acima de todos, e os inimigos se retiram para não morrer, pois não sabem voar tão alto. Não devemos perder tempo nos defendendo dos que não podem, não querem ou não sabem racionalizar. É melhor se elevar até onde não nos alcancem, isto é: viver o mais próximo de Deus possível.

Deus coloca em nós um coração sem limites. Ao recebermos o Senhor em nossa vida, nosso coração passa a ser infinito, assim como Ele o é. "Eu me apresso em obedecer aos teus mandamentos porque assim tu me darás mais entendimento" (Salmo 119:32) diz o salmista. Quando o Espírito de Deus vive em nós, começamos a contemplar a vida eterna. Nossos olhos veem além das circunstâncias físicas, e nosso coração descobre que a morte não tem poder. Tudo é radicalmente novo, e começamos a entender quem somos.

Temos de ser corajosos para viver diferente. O coração sem limites não quer ser escravizado, por nada, nem ninguém; e sabe que deve lutar, para se defender, por liberdade, e liberdade dos que o rodeiam. Hoje é o dia de tomarmos decisões, enfrentar com coragem as situações e não nos preocuparmos com o que nos cansa. Não importa se aparentemente não há saída. Deus conhece todas as coisas, e nos dará forças para vencer. É o momento de correr e lutar por justiça! Deus lhe deu um coração indestrutível.

LEITURA DE HOJE
Números 20
Provérbios 12
Atos 17

ORAÇÃO
Senhor Jesus, quero viver acima da mediocridade. Ensina-me a ser alguém que ajuda na transformação do mundo.

**Precisamos ser corajosos para viver.
de modo diferente.**

Nossos filhos

15 de abril

Não sei se houve caso semelhante: numa partida entre Islândia e Estônia, em 1996, Eidur Gudjohnsen substituiu seu pai Arnór em campo. Gudjohnsen tinha 17 anos e o pai 34. Eles nunca jogaram juntos na Seleção da Islândia.

No livro de Salmos Deus diz que os que têm filhos são felizes. Uma mensagem para todos. "Feliz o homem que tem muitas dessas flechas! Ele não será derrotado quando enfrentar os seus inimigos no tribunal" (Salmo 127:5).

Se você não tem filhos, um dia compreenderá essa bênção. Se você os tem, seja paciente. Um dia eles entenderão essa bênção. Não se preocupe, porque esse dia chegará. Um pai bem-humorado disse que a idade ideal é entre os 15 e os 18 anos, pois com 15 você conhece as perguntas e com 18, as respostas, aos 40 sabe-se menos do que se pensa e os pais se tornam um presente de Deus.

É nesse momento que você começa a ser realmente sábio.

Algumas lições são simples. Os pais devem saber que não vale a pena se aborrecer com os filhos, por qualquer coisa; nem angustiá-los com muitas coisas, sem importância. O exemplo é sempre mais importante do que as palavras. O segredo da família é dispor-se a amar, ensinar, abençoar e abraçar.

Do lado dos filhos, nunca é demais recordar que os pais nos amam e devemos respeitar e amá-los. Ninguém fará por nós o que eles fazem, mesmo que às vezes se enganem. Não devemos feri-los, e um dos nossos principais objetivos deve ser fazer o possível para nunca perdê-los.

Todos podem fazer algo bem simples: não sair nem entrar em casa sem dar um abraço. Nosso lar deve ser o lugar no qual todos querem voltar e do qual ninguém quer sair. Não deixe passar um só dia, sem solucionar os mal-entendidos e os problemas. Um aborrecimento que dura até o dia seguinte é mais difícil de perdoar e resolver. Quanto mais os dias passam, tudo se torna mais complicado! No final, você acaba ferido pelos aborrecimentos que surgiram no caminho.

Evite passar um só dia sem orar juntos, ler a Palavra de Deus e louvar. Não se preocupe com os inimigos que surgirem, nem fique ansioso pelas tempestades que possam vir a golpear sua casa: Os que colocam a confiança no Senhor sabem enfrentar qualquer situação. Tudo é diferente quando o Senhor faz parte da família, não como um agregado qualquer, mas como a Pessoa mais querida.

LEITURA DE HOJE
Números 21
Provérbios 13
Atos 18

ORAÇÃO
Senhor Jesus, coloca Tua mão sobre nossa família. Nossa casa é Tua.

Tudo muda quando Deus faz parte da família.

16 de abril

Ganhar muito, trabalhar pouco

Gosto das imagens dos surfistas. Surfar foi sempre um dos meus sonhos. Conforme os anos se passam, minhas possibilidades desaparecem. Os *Surfistas de Cristo* têm esportistas de muitos países. Marcelo Castellanos, de El Salvador, participou de competições desde os 15 anos. Ele afirma que antes de conhecer o Senhor, brigava muito e bebia. Alex Castro, da Costa Rica, declarou numa entrevista que quando se é cristão, o surfe diverte muito mais, pois Deus ensina a alegrar-se com o que faz, com o trabalho.

Talvez você já tenha ouvido: "Estou buscando um trabalho do tipo: ganhar muito e trabalhar pouco." Talvez você pense o mesmo, pois parece ser o objetivo de muitos. Com o tempo, os bens passam a ter maior valor e deseja-se ter uma vida o mais cômoda possível, sem importar-se com o fato de que muitas coisas que possuímos ou desejamos não fazem falta. No processo, o trabalho e *status* social tornam-se mais importantes que a família, amigos, sentimentos e vida espiritual.

O Criador nos fez para vivermos de maneira diferente: "Se você for assim, ganhará o suficiente para viver, será feliz, e tudo dará certo para você" (Salmo 128:2). Ao vivermos apenas para o material, o pessimismo e a amargura nos invadirão. Percebemos que a vida acaba sendo injusta e sem sentido e o reconhecemos tarde demais. Mas ao olharmos para Deus aprendemos a ser felizes.

As decisões são tomadas considerando-se os princípios materiais. A ética e a moral nada tem a ver com a espiritualidade, pois o materialista não aceita Deus em sua vida ou o aceita como uma muleta espiritual, e não o considera nas decisões importantes. Afastar-se do Criador coloca as nossas vidas nas mãos de outros; imperfeitos, inseguros e às vezes, ignorantes.

Muitos preferem viver assim. Jamais estarão seguros do que possa acontecer, mas seguem adiante. Sem motivos, seguem em frente. Apressados, tentam apagar o sentimento de imortalidade e a necessidade espiritual de saber o que estamos fazendo e o motivo de o fazermos.

Com o tempo, o sentimento de justiça desaparece. Se Deus não existir, como fazer justiça ao que foi assassinado? Ou ao que está sozinho no mundo? Que sentido tem a moral para a vida finita, injusta e irracional?

Feliz o que anda nos caminhos do Senhor. Conhece o seu futuro e também o presente.

LEITURA DE HOJE
Números 22
Provérbios 14
Atos 19

ORAÇÃO
Pai, não quero me esquecer de ti jamais! Tu és toda a minha vida!

O problema é deixarmos o Criador de lado, colocando nossas vidas nas mãos de pessoas imperfeitas.

Os sentimentos contagiam

17 de abril

Hoosiers é um dos mais conhecidos filmes sobre basquete que narra a história do primeiro campeonato americano. Para a Universidade de Indiana, chegar à final era algo quase impensável. Os jogadores entraram no palácio dos esportes bastante assustados. O treinador levou uma trena para eles medirem a distância do chão ao cesto. Eles disseram: "três metros e cinco centímetros" E ouviram: "Exatamente igual a nossa quadra." Fez o mesmo com as áreas, as linhas etc., para os jogadores verem que tudo era igual ao lugar onde competiram todos os anos e que poderiam jogar como sempre e vencer. E ganharam.

Os sentimentos contagiam. O que está ao nosso redor entra em nosso coração. Uma pessoa calma, acalma os que a cercam; o enraivecido, enraivece os outros.

O que reclama, converte seus amigos num coro de murmuradores. O que agradece ensina os outros a serem felizes. Um só covarde é suficiente para arruinar o dia dos outros. Um depressivo faz os que o cercam sentirem-se derrotados, mesmo antes do dia iniciar. Na Bíblia, Deus não permitiu que os deprimidos fizessem parte do exército de Israel, por isso quando alguém tinha uma personalidade depressiva, era mandado para casa. Era muito perigoso que contagiassem os outros.

Estou tentando dizer que todos nós temos a possibilidade de escolher o que está em nosso interior e o que sai dele. Podemos decidir se vamos ajudar ou atrapalhar. Nossas palavras influenciam nas vidas de nossos amigos, muito mais do que pensamos.

Se hoje não for um dos nossos melhores dias, é melhor que fiquemos calados; talvez outras pessoas nos ajudem a seguir em frente. Se formos nós os escolhidos, para animar e encorajar — devemos fazer com entusiasmo. Vale a pena lutar pelo que desejamos. Os resultados não importam, nem se nos deram atenção, pois compartilhar a fé vale a pena.

É melhor viver com entusiasmo, mesmo fracassando, do que morrer cinicamente. É melhor lutar pelo que acreditamos. Todos sabem que somente os lutadores podem alcançar a vitória, mesmo que para isso tenham que fracassar muitas vezes.

Quando o ânimo acabar, lembre-se de que: "Eu aguardo ansioso a ajuda de Deus, o Senhor, e confio na sua palavra" (Salmo 130:5). Com Ele renovando nosso interior, os momentos de glória aparecem quando menos esperamos.

LEITURA DE HOJE
Números 23
Provérbios 15
Atos 20

ORAÇÃO
Senhor, amo-te de todo o coração e os meus dias pertencem a ti. Cada minuto vale a pena ser vivido contigo.

É melhor viver com entusiasmo, mesmo fracassando, do que morrer cinicamente.

18 de abril

Brilhar

Johnny, Edgar e Wilson Palacios são irmãos e fizeram parte da Seleção de Honduras, na *Copa do Mundo* em 2010. Jamais três irmãos participaram juntos no mesmo time, numa Copa. Apesar disso, os três não esqueceram o outro irmão, Edwin, também jogador de futebol, sequestrado por dois anos e assassinado em seu país. Toda celebração sempre seria triste.

Todos passam ou já passaram por momentos difíceis. Ao sofrermos, queremos nos esconder até tudo desaparecer. A Bíblia nos ensina que o Espírito de Deus ilumina a nossa vida, pois Ele é a essência da luz. Nós o buscamos, pois a escuridão é acompanhada de tristeza e medo. É quase impossível apreciar o que não vemos ou sentir-se bem quando não sabemos onde estamos.

O Espírito Santo nos enche de luz, nos guia, ensina e livra de qualquer temor… Faz-nos sentir seguros em relação ao local que estamos e para aonde vamos, pois nos acompanha em cada momento, mesmo quando tudo parece obscuro. Haja o que houver, a Sua presença por si só é radiante, por isso nos faz brilhar mesmo nas circunstâncias mais difíceis.

Quando somos filhos de Deus, o Seu Espírito vive em nós e produz o caráter do nosso Pai. Irradia satisfação e alegria, calor, luz e confiança… e nos ajuda a viver de forma radiante. Enche de paz o nosso coração, pois nos ensina a não nos preocuparmos com o que acontece ao nosso redor.

A luz de Deus brilha em nosso coração, pois não temos nada para esconder. Poucas coisas nos fazem sentir tão frágeis e tristes do que quando não queremos que outros descubram o que há em nós. "Aonde posso ir a fim de escapar do teu Espírito?…" (Salmo 139:7) escreve Davi, para nos ensinar que não há forma melhor de vencer o medo de ser descoberto do que permitir que Deus ilumine o nosso ser.

Quando queremos viver equivocadamente, nos escondemos. A presença de Deus em nosso meio é o melhor para nós. Isso depende de nossas motivações e ações. Ele vê o que somos e fazemos. Nada podemos esconder: "Mas […] O Espírito Santo examina tudo, até mesmo os planos mais profundos e escondidos de Deus. Quanto ao ser humano, somente o espírito que está nele é que conhece tudo a respeito dele. E, quanto a Deus, somente o seu próprio Espírito conhece tudo a respeito dele" (1 Coríntios 2:10-11).

O Espírito nos conhece e nos ama. Esta é a melhor notícia. E para você?

LEITURA DE HOJE
Números 24
Provérbios 16
Atos 21

ORAÇÃO
Santo Espírito, guia-me, encha a minha alma e ajuda-me sempre. Preciso de Tua ajuda.

Poucas coisas nos fragilizam tanto do que querermos que ninguém descubra o que há em nosso interior.

É preciso seguir em frente

19 de abril

Justine Henin, uma grande tenista belga disse numa entrevista: "A morte de meu pai modelou a minha personalidade. Quando algo negativo acontece em minha vida, uso a raquete com todas as forças para aliviar o meu estresse. A enfermidade e a morte acometem a todos, mas é preciso continuar."

Cedo ou tarde, passamos por situações difíceis, e devemos recordar algumas lições importantes. O Salmo 147:3 diz: "Ele cura os que têm o coração partido e trata dos seus ferimentos." Nada acontece sem Deus permitir, e às vezes, Ele permite que passemos por momentos difíceis. Não é o Seu desejo, mas Ele sabe o que será bom para nós.

Primeiramente, Deus está próximo dos que sofrem: "...o Deus que vive para sempre, diz: 'Eu moro num lugar alto e sagrado, mas moro também com os humildes e os aflitos, para dar esperança aos humildes e aos aflitos, novas forças'" (Isaías 57:15).

Segundo, Deus nos escuta e entende o que sentimos e jamais se afasta de quem sofre no "vale da sombra da morte" (Salmo 23).

Terceiro, Deus se compromete conosco, pois prometeu curar nossas feridas e fortalecer nosso coração. "...Mas eu lhe darei saúde novamente e curarei as suas feridas..." (Jeremias 30:17).

Quarto, Deus conhece o sofrimento. Jesus levou as nossas dores e enfermidades (Isaías 53).

Quinto, Deus não só nos conhece, mas compartilha das situações que sofremos. Acompanha-nos na solidão e dor. É mais que um amigo. Ele vive a mesma situação conosco. "...de todos os seus sofrimentos. Quem os salvou foi ele mesmo, e não um anjo ou qualquer outro mensageiro. Por causa do seu amor e da sua compaixão, ele os salvou. E todos os dias, ano após ano, ele os pegava e carregava no colo" (Isaías 63:9).

Sexto, Deus nos defende quando somos atacados. Se o nosso sofrimento é causado por outros, Ele nos mostra Seu amor. Quando as nossas lágrimas são fruto da injustiça alheia, Deus não se esconde: Ele tem a última palavra, é justo e luta por nós.

E por último, quando cremos que nada podemos fazer, que a nossa vida não tem sentido, chegamos a pensar que não existe saída, Deus nos lembra de uma de Suas maiores promessas: "Pois, se o nosso coração nos condena, sabemos que Deus é maior do que o nosso coração e conhece tudo" (1 João 3:20).

Deus é maior do que todas as coisas, restaurará a nossa vida e não nos deixará cair.

LEITURA DE HOJE
Números 25-26
Provérbios 17
Atos 22

ORAÇÃO
Pai amado, o Senhor conhece a situação que estou passando...

Deus é maior do que o nosso sofrimento!

20 de abril

Não se trata de nós

Ari Vatanen foi o campeão mundial de ralis em 1981. Ele sofreu um grave acidente que o manteve um ano e meio sem correr, mas mesmo assim, era um dos pilotos mais admirados do circuito. "O que importa não é bem o que sentimos, mas o significado da morte e ressurreição de Jesus para nós" afirmou numa entrevista. "O amor de Deus me impressiona: Ele nos aceita como somos. Quando não entendemos muitas coisas, percebemos que não precisamos nos preocupar, pois Deus tem o controle de tudo. Trata-se de viver para Deus, mesmo em meio às tempestades."

Custamos a entender, mas é bom quando conseguimos. O universo não gira ao nosso redor, Deus é quem o sustenta. Ele não precisa trabalhar para a nossa comodidade ou êxito. Devemos nos preocupar com Ele e com os outros. Nossa vida tem sentido quando está sob a direção de Deus e a desfrutamos bem ao permitir que Deus nos cerque de pessoas que nos ajudam e que podemos ajudar.

Buscar sempre a nossa própria vontade é viver de forma miserável. Buscar a vontade divina nos permite encontrar o nosso lugar na vida.

Não se trata de nossas forças ou habilidades. Não seremos mais felizes se resolvermos as nossas preocupações e termos tudo em ordem antes de conciliar o sono. Não busque uma vida quase perfeita, pois não achará. Os dias não têm significado quando pensamos em nós mesmos em primeiro lugar. Por mais que nos empenhemos, o mundo não gira, e nem irá girar ao nosso redor.

Sabemos quem somos quando não olhamos para nós mesmos. Encontramos sentido no que fazemos, ao descobrir que somos amados incondicionalmente. Compreendemos o nosso lugar na vida, quando ouvimos Deus, até nos momentos mais difíceis. "O que agrada a Deus não são cavalos fortes nem soldados corajosos" (Salmo 147:10). Ele não precisa de nós e nosso poder e força são inúteis para Ele. Deus criou o universo e o tem em Suas mãos.

Deus nos criou para espalhar o Seu amor e graça. Existimos porque Ele quer nos cuidar com Sua misericórdia. O mundo gira em torno dos Seus pensamentos e desejos, porque estes são bons para a humanidade. Deus não precisa das nossas forças ou habilidades. Ele nos presenteou para que aprendamos a usufruir de tudo o que Ele fez e faz diariamente.

Mas além de tudo, Deus nos criou para que apreciássemos Sua presença e Seu caráter. É isso.

LEITURA DE HOJE
Números 27
Provérbios 18
Atos 23

ORAÇÃO
Pai, agradeço por ter me alcançado e transformado a minha vida. Quero viver de acordo com a Tua vontade e conhecer-te cada dia mais.

Deus criou todo o universo e o tem em Suas mãos. Nada mais é preciso.

Restaurados

21 de abril

O jogador brasileiro Sylvinho foi campeão da *Liga Espanhola*, na segunda temporada com o *Barcelona F.C.* O time pontuou o necessário para jogar no mesmo estádio em que ele jogara três temporadas antes e caíra de categoria. Sylvio comprovou como Deus restaura nossas feridas quando mais precisamos, e no lugar onde antes havíamos sofrido.

Deus é o único que pode curar nossas feridas, sem que as cicatrizes recordem os maus momentos. E Ele age, cercando-nos das circunstâncias e pessoas certas. Ele é o médico da alma e jamais se engana. Ele cura e restaura. Sendo Seus filhos, precisamos descansar e esperar nele. É uma lição difícil, pois às vezes acreditamos que Ele não é suficiente, e que as circunstâncias e soluções serão melhores se as controlarmos e propormos.

É triste desconfiarmos de Deus, pensando que Ele não pode, não sabe e não quer fazer bem o Seu trabalho. Quando não confiamos nele, nosso mundo vem abaixo. Esquecemo-nos que Ele nos ama e cuida de nós.

A Bíblia diz que Deus se agrada com "...as pessoas que o temem e põem a sua esperança no seu amor" (Salmo 147:11). Essa certeza está baseada na fidelidade divina!

Quando desconfiamos do Senhor, perdemos o mais importante, porque paramos de confiar em quem nos criou. Perdemos a paz que Ele coloca em nosso coração, e nos enchemos de ansiedade e amargura, por não sermos capazes de controlar o que ocorre ao redor. Esquecemo-nos do que não podemos controlar. Melhor seria nem tentar!

Creio que quando a Bíblia diz que podemos entristecer o Espírito (Efésios 4:30), está falando de nossa desconfiança. Nada me entristece mais do que minhas filhas não confiarem em minha palavra. Nada fere mais o Espírito de Deus do que Seus filhos desconfiarem dele. Pode ser que ao ir à igreja, cantemos, oremos e tenhamos uma máscara perfeita, como cristãos santificados, mas se não confiarmos completamente nele, não servirá de nada. Entristecemos o Espírito ao acreditar que Ele não é suficiente para nós, e que precisamos de algo mais. Da mesma forma, desconfiamos de um amigo, e acreditamos que ele não nos ajudará.

Não confunda. Deus tem o poder de restaurar sua vida, e o fará! Quer e pode fazê-lo! Ele conhece nossas limitações e sofrimentos e Sua misericórdia o move para nos consolar em todos os momentos. A Sua especialidade é restaurar a nossa vida.

LEITURA DE HOJE
Números 28-29
Provérbios 19
Atos 24

ORAÇÃO
Senhor Deus, restaura minha vida, e ajuda-me a ser a pessoa que o Senhor criou.

Deus é sempre fiel e justo.

22 de abril

Sabedoria em pequenas doses

Helenio Herrera foi um dos treinadores mais admirados na Europa, durante os anos 60 do século 20. Ele foi campeão da Espanha, com o *Barcelona F.C.*, e da Itália, com o *Inter de Milão*. Ele incentivava os seus jogadores com frases até hoje conhecidas: "Caminhar lentamente é mais cansativo. Jogar individualmente é jogar para o adversário. Com dez se joga melhor do que com onze. Com medo se joga pior e não serve para nada. O pior é fracassar com as ideias do outro. Só são mais rápidos que nós, quando fogem etc." Um dia, um dos jogadores, após uma colisão no jogo, enxergava tudo duplicado, Helenio o mandou de volta ao campo, gritando: "Melhor, assim chutará a bola duas vezes!"

O livro de Provérbios foi escrito por Salomão, rei de Israel, sob a inspiração do Espírito de Deus e tem frases-chave, princípios de sabedoria, remédio para a alma, em pequenas doses. A Bíblia diz que Salomão foi um dos homens mais sábios de toda a história, ele sabia o que escrevia quando tratava de qualquer tema.

Nele, a sabedoria é impressionante. Tudo tem aplicação prática. São provérbios que ensinam as leis gerais que regem a vida, e assim devem ser lidos. É a Palavra de Deus aplicável em qualquer momento, porém sempre considerando que em nosso mundo imperfeito até as leis mais perfeitas têm exceções.

Neste livro há assuntos importantes para a vida: a amizade, a família, o trabalho, os relacionamentos, a economia, a importância das palavras, o amor, o governo, o caráter; mas além de tudo, o relacionamento com Deus: "Para ser sábio, é preciso primeiro temer a Deus, o Senhor. Se você conhece o Deus Santo, então você tem compreensão das coisas" (Provérbios 9:10). Nossa vida tem sentido quando Deus ocupa o centro de todas as nossas motivações, decisões e ações.

No capítulo 8 de Provérbios, Salomão explica as características da verdadeira sabedoria. Leia-o com calma e considere um segredo especial: essa sabedoria personificada é o Senhor Jesus. Só quando o conhecemos, nos tornamos realmente sábios. Lembre-se de que Ele é a Palavra de Deus encarnada. Nele está toda a sabedoria de Deus.

Essa sabedoria ensina-nos a viver e dura para sempre. O Senhor Jesus não é só a verdade absoluta, mas também a verdade na qual podemos viver todos os dias da nossa vida. Isso significa ser sábio, aqui e na eternidade.

LEITURA DE HOJE
Números 30
Provérbios 20
Atos 25

ORAÇÃO
Santo Pai, ensina-me a ser mais sábio. Dá-me inteligência para viver cada dia, honrando-te em tudo e seguindo a orientação do Teu Espírito.

Jesus, além de ser a verdade absoluta, é a verdade sob a qual podemos viver cada dia.

Não exagere!

23 de abril

Jamais presenciei algo parecido numa partida de futebol nem esquecerei, apesar de na época ser adolescente. Durante a *Copa do Mundo*, na Argentina, 1978, o brasileiro Zico finalizou uma bola de cabeça no fundo da rede, na partida contra a Suécia. Quando todos estavam comemorando o gol, o árbitro o anulou, porque disse ter apitado o fim do primeiro tempo, um instante após Zico ter cabeceado! Clive Thomas era o juiz da disputa, e mais tarde explicou que a decisão de dar por terminado o primeiro tempo, era anterior ao instante em que o brasileiro cabeceou, mesmo que o apito tenha sido escutado somente quando a bola já estava na rede.

Às vezes algumas pessoas deveriam ser um pouco mais sábias, não acha? Esperar apenas alguns segundos antes de tomar uma decisão, parece ser uma boa tática. Reflita sobre alguns dos versículos mais conhecidos do livro de Provérbios:

"Para ser sábio, é preciso primeiro temer a Deus, o S<small>ENHOR</small>…" (1:7).

"Confie no S<small>ENHOR</small> de todo o coração e não se apoie na sua própria inteligência" (3:5).

"A estrada em que caminham as pessoas direitas é como a luz da aurora, que brilha cada vez mais até ser dia claro" (4:18).

"Tenha cuidado com o que você pensa, pois a sua vida é dirigida pelos seus pensamentos" (4:23).

"Pois quem me encontra a vida…" (8:35).

"A bênção do S<small>ENHOR</small> Deus traz prosperidade…" (10:22).

"…mas quem faz o que é direito […] será recompensado" (11:18).

"A resposta delicada acalma o furor…" (15:1).

"A alegria faz bem à saúde…" (17:22).

"O nome do S<small>ENHOR</small> é como uma torre forte para onde as pessoas direitas vão e ficam em segurança" (18:10).

"A pessoa honesta pode cair muitas vezes, que sempre se levanta de novo…" (24:16).

"O amigo quer o nosso bem, mesmo quando nos fere…" (27:6).

"Quem tenta esconder os seus pecados não terá sucesso na vida, mas Deus tem misericórdia de quem confessa os seus pecados e os abandona" (28:13).

"É perigoso ter medo dos outros, mas confiar no S<small>ENHOR</small> dá segurança" (29:25).

LEITURA DE HOJE
Números 31
Provérbios 21
Atos 26

ORAÇÃO
Pai que estás nos céus, ajuda-me a sempre orar e refletir antes de tomar qualquer decisão. Preciso conhecer a Tua vontade!

A alegria faz bem à saúde… —Provérbios 17:22.

24 de abril

Muito feliz

Fritz Walter, campeão do mundo com a Seleção da Alemanha, 1954 ainda é lembrado como um dos atletas mais impressionantes do século 20. Walter é admirado por ajudar a todos que encontrava em seu caminho. Durante a Segunda Guerra Mundial contraiu malária no *front*. Não suportava o calor e gostava de jogar debaixo de chuva. Prisioneiro dos russos, foi selecionado para morrer, mas seus colegas de prisão húngaros afirmaram que ele era austríaco, salvando-lhe a vida. Walter jamais os esqueceu. Em 1956, os tanques soviéticos tomaram a Hungria, e ele deu dinheiro aos jogadores conhecidos da seleção e organizou jogos amistosos para que sobrevivessem. Quando parou de jogar, trabalhou na reabilitação de presos, até morrer, no ano 2000. E já velho, confessou: "Fui muito feliz."

Apesar de tudo o que aconteceu, se considerava sortudo. Outra pessoa teria muitos motivos para se queixar. Walter trocou sua tristeza pela ajuda desinteressada aos outros.

Reclamações. Parecem ser nossas fiéis companheiras. Encontramos defeitos em tudo e todos, protestamos sem motivo, reclamamos dizendo: "não é justo que tudo de errado aconteça comigo, estou cansado disso!"

Muitas vezes não nos importamos com o que acontece. Só temos olhos para nós mesmos. Quando estamos bem, o mundo é maravilhoso, se não nos dão atenção, nada tem sentido. Quando as circunstâncias ou os negócios nos beneficiam, somos as pessoas mais felizes do universo; quando algo dá errado, amaldiçoamos tudo e todos.

Nada importa se não reclamarmos, é como se reclamando nos tornássemos mais felizes. A culpa é sempre de alguém, e nossas palavras expressam o que está em nosso coração. "As palavras dos bons são uma fonte de vida, mas as palavras dos maus escondem a sua violência" (Provérbios 10:11). Na realidade, quase tudo depende das nossas decisões: Podemos nos compadecer de nós mesmos ou ajudar, reclamar ou agradecer, ser fonte de vida ou de violência aos que nos cercam, por meio do que sai de nossa boca.

Tudo é mais simples do que imaginamos. Se formos sábios, não reclamaremos, lutaremos para vencer as dificuldades e ajudar no que pudermos. Se tolos, continuaremos reclamando e procurando os culpados. Faremos qualquer coisa antes de reconhecer que os culpados talvez sejamos nós.

Decidir sobre a nossa felicidade quase sempre está em nossas mãos.

LEITURA DE HOJE
Números 32
Provérbios 22
Atos 27

ORAÇÃO
Pai, ensina-me a agradecer-te sempre e a não reclamar tanto. Te amo!

Se formos sábios, não reclamaremos, lutaremos para vencer as dificuldades e ajudar no que pudermos.

Algo muito simples

25 de abril

Marco Aurélio, do *Sporting Clube de Portugal*, foi famoso por sua atuação no campo e envolvimento em rituais ocultos e de macumba. Ele gastava mais da metade do seu salário nisso e vivia em desgraça. Mesmo com todos os esforços e a busca por diferentes religiões e crenças, não encontrava paz em sua vida e decidiu investigar os livros espirituais, entre eles a Bíblia.

Em Madri jogou contra o time de Baltazar, um jogador cristão, naquele momento no *Atlético de Madrid*. Antes do jogo, Marco levava a Bíblia como um amuleto, mas começou a lê-la no hall do hotel, em seus momentos livres. Baltazar o viu lendo a Bíblia, mas a pressa o impediu de falar com ele naquele momento, pois não o conhecia pessoalmente.

No jogo entre os dois times, Marco recebeu cartão amarelo nos primeiros minutos. Pouco tempo depois, fez uma entrada dura em Baltazar, que podia tê-lo machucado. Quando o árbitro estava para expulsá-lo, Baltazar se levantou rapidamente e o cumprimentou como se nada tivesse acontecido. O árbitro hesitou e deixou o jogo seguir. No final da partida, Marco perguntou a Baltazar o motivo do seu comportamento, e este lhe disse que o vira lendo a Bíblia, e que era seu irmão em Cristo e não quis prejudicá-lo.

Marco foi embora sem dizer nada. Ele não era cristão, mas jamais esqueceu a compaixão e a paz de Baltazar. Marco conseguiu o telefone de Baltazar e ligou-lhe pedindo explicações sobre o evangelho. Semanas depois, orou e aceitou Jesus como Salvador pessoal. Hoje sua vida é completamente nova, ele é treinador de futebol e ensina os jovens sobre a importância de confiar em Jesus.

Tudo começou com um simples ato de bondade inesperada. Às vezes não imaginamos o bem que podemos fazer aos outros, simplesmente sendo amáveis. Ignoramos as situações mais simples ao valorizar apenas as atitudes extraordinárias.

Esquecemos que o sobrenatural é parte do dia a dia e que podemos causar muita dor aos outros, se não vivermos de acordo com o que Deus espera de nós.

Uma atitude simples, um instante refletindo a vontade de Deus em nossa vida, pode fazer outra pessoa tomar a decisão de seguir a Jesus e mudar o rumo da sua vida, eternamente. Simples assim e ao mesmo tempo, sublime. Vale a pena! A Bíblia diz: "Os maus terão o que merecem, mas os bons serão recompensados pelo que fazem" (Provérbios 14:14).

LEITURA DE HOJE
Deuteronômio 1
Provérbios 23
Atos 28

ORAÇÃO
Senhor Jesus, dá-me sabedoria para ajudar os necessitados e ensina-me a não desanimar, enquanto fizer o bem aos outros.

Ignoramos as situações mais simples ao valorizar apenas as atitudes extraordinárias.

26 de abril

Outra oportunidade

A vida sempre vale a pena, especialmente se aprendermos lições duradouras em todas as circunstâncias. Sempre lembrarei da frase dita a Ian Thorpe, um dos melhores nadadores do mundo em 2000, por um dos membros do Comitê Olímpico Australiano. O australiano, apesar de ser campeão olímpico e mundial teve que ouvir de seu compatriota as palavras: "Senhor Thorpe, o povo australiano tolera a arrogância, mas não a admira", pois o nadador em algumas provas fora arrogante. Nem sempre os grandes no esporte são exemplos de humildade. A vida de Thorpe mudou repentinamente um ano depois, às 8h 45 do dia 11 de setembro, quando se dirigia ao último andar das torres gêmeas em Nova Iorque como turista, naquele dia inesquecível. Ao entrar no edifício, resolveu voltar ao hotel para buscar sua câmera fotográfica, e no hotel viu as imagens assustadoras na televisão.

Contemplou horrorizado a torre em chamas. Não saiu de seu quarto por horas. Quando viu como o segundo avião colidiu com a outra torre, e em pouco tempo o desmoronamento, percebeu que o seu esquecimento o havia feito, literalmente, nascer de novo. Mais tarde, declarou que essa circunstância mudou a sua vida. Desde então, seu tempo e dinheiro são dedicados a ajudar as crianças. Seus amigos dizem que ele é uma nova pessoa.

Podemos reagir sempre de duas formas diferentes: com humildade ou arrogância. Da humildade de quem quer aprender, surge a beleza da vida. Da arrogância daquele que sabe e merece tudo, só se colhem os momentos difíceis de ódio e amargura. Temos o poder de decisão em cada momento. A Bíblia nos diz: "Quem teme o Senhor está aprendendo a ser sábio; quem é humilde é respeitado" (Provérbios 15:33).

De certa forma, não importa a situação na qual nos encontramos. Um esportista orgulhoso coloca-se sob pressão e acaba rendendo menos do que o esperado. Um trabalhador orgulhoso se ocupa mais de si mesmo em vez de ocupar-se com seu trabalho e envolve-se em problemas. Os orgulhosos se afundam em seu próprio eu no momento mais inoportuno e se machucam.

A glória é sempre precedida pela humildade. O orgulho antecede a queda. É tão simples que se torna difícil compreender. Quando reconhecemos que a nossa vida está por um fio, lembramo-nos de que não somos tão insubstituíveis como acreditamos ser e nem tão grandes como pensamos.

LEITURA DE HOJE
Deuteronômio 2
Provérbios 24
Romanos 1

ORAÇÃO
*Santo Pai,
não quero ser arrogante. Afasta de mim o orgulho, e ensina-me a ser feliz em qualquer lugar onde tu me colocares.*

Os orgulhosos se afundam em seu próprio eu no momento mais inoportuno e se machucam.

Como responder a um tolo

27 de abril

Danny Ainge dos *Celtics* de Boston, EUA, aos 90 minutos do jogo de basquete teve sua mão mordida por um dos jogadores do *Orlando Magic* na disputa, e recebeu cinco pontos de sutura.

Um lance do jogo? Um comportamento tolo? A Bíblia ensina o que devemos fazer: "Quem dá uma resposta séria a uma pergunta tola é tão tolo como quem a fez. Responda ao tolo de acordo com a tolice dele para que ele não fique pensando que é sábio" (Provérbios 26:4-5).

Em nossa vida, teremos que aplicar esse versículo muitas vezes. Nem sempre as pessoas são razoáveis e tem comportamentos educados. Nem nós, portanto, temos muito que aprender.

Se alguém quer ser tolo, não vale a pena convencê-lo do contrário, pois se zangará ainda mais conosco. Sua tolice o impedirá de raciocinar e a briga poderá ser interminável.

Quando Jesus enfrentou os que queriam enganar e aprisioná-lo, não lutou para ter razão, nem se preocupou em convencer a todos de que Ele era mais inteligente do que aqueles que o acusavam. Ele os respondia como mereciam, perguntando-lhes algo que não queriam ou não sabiam responder.

Uma boa pergunta é a melhor maneira de deixar a dúvida dentro do coração do que escuta, porque cedo ou tarde, terá que respondê-la, mesmo que não queira reconhecer. As perguntas inteligentes precisam ser respondidas, e ninguém escapa delas, quando não conhece a resposta, por mais tolo que seja. Além disso, poucas coisas são tão sublimes para alguém inteligente, quanto se passar por ignorante diante de um tolo que acredita ser inteligente.

Deus nos deu o bom humor, uma excelente arma para lutar contra as necessidades de algumas pessoas. Há lutas inglórias; refiro-me às discussões que deixam todos de mau humor. Sabe por quê? Normalmente poucos se interessam em resolver suas dúvidas, todos querem ter razão. Quando queremos que reconheçam que somos mais sábios, nos comportamos como tolos.

A razão e a verdade estão acima de nós, devemos deixar que brilhem sem nos preocupar que os outros admitam. Se quisermos discutir por discutir, expressaremos nossa tolice. Se duas pessoas defenderem suas opiniões até se ferirem para demonstrar que têm razão, apenas demonstrarão o quanto são tolas.

Faça sua parte e ajude no que puder. E os tolos que discutam suas tolices.

LEITURA DE HOJE
Deuteronômio 3
Provérbios 25
Romanos 2

ORAÇÃO
Senhor Jesus, não quero viver como um tolo. Agradeço-te pelo meu bom-humor, dá-me sabedoria para utilizá-lo bem.

Normalmente poucos se interessam em resolver suas dúvidas, todos querem ter razão.

Invisível aos olhos

28 de abril

Joe DiMaggio, americano, foi um grande jogador de beisebol, mas tornou-se famoso como o segundo marido de Marilyn Monroe. Quando se casaram, ele a presenteou com uma medalha contendo a inscrição: "O verdadeiro amor se vê apenas com o coração. O essencial é invisível aos olhos." Apesar de Marilyn ter lhe deixado e casado novamente, Joe foi o único que permaneceu com ela até o final, e após sua morte continuou enviando-lhe flores no túmulo.

Hoje falaremos sobre amigos e fidelidade. A lealdade é uma palavra que soa bem, mas sua prática é melhor ainda. É hora de parar de pensar nos outros e como os amigos devem ser ou não. Precisamos ser fiéis, e os que nos cercam precisam reconhecer essa fidelidade.

Portanto, mãos à obra. Pense nas pessoas mais amadas, porque este é o momento de tomar boas decisões:

• Agradeça hoje mesmo algo bom feito a você.
• Separe um momento nessa semana para passar com ele/ela/eles...
• Fique atento caso alguém precise de sua ajuda. Demonstre que os outros são importantes para você.
• Separe momentos nas próximas semanas para conversar, passear e compartilhar sonhos...
• Comunique-se virtual ou presencialmente com as pessoas importantes em sua vida.
• Seja fiel aos seus amigos, família e pessoas que precisam de você.

Nada é melhor do que ter um bom amigo. A Bíblia nos diz: "O amigo quer o nosso bem, mesmo quando nos fere; mas, quando um inimigo abraçar você, tome cuidado!" (Provérbios 27:6). Passamos a maior parte da nossa vida pensando que os nossos amigos são os que nos dizem sim, e não percebemos que a maneira de nos ajudar é mostrando os nossos erros. Não quero nem pensar em quantas ocasiões os inimigos nos cegaram os olhos, enganando-nos para nos tornar infiéis àqueles que amamos. É bom confiar nos amigos, mesmo que às vezes nos digam o que não gostamos de ouvir.

Não tenha medo de amar e perder, o pior é nunca ter amado. Não se entristeça por fazer o bem e receber o ódio em troca. A pessoa mais triste é aquela que nunca compreendeu o valor do amor incondicional. O essencial é invisível aos olhos, está no coração.

O amor e a fidelidade são presentes de Deus. Desfrute-os e compartilhe!

LEITURA DE HOJE
Deuteronômio 4
Provérbios 26
Romanos 3

ORAÇÃO
Santo Pai, agradeço pela vida de... Ensina-me a ser fiel a minha família e aos meus amigos.

Nem sempre o que concorda conosco é amigo, e o que nos diz não — inimigo.

Todos na mesma caixa

29 de abril

O provérbio italiano "No final da partida de xadrez, reis, rainhas, peões, bispos, cavalos e torres acabam na mesma caixa", é um dos meus preferidos, pois têm uma infinidade de aplicações e escondem sabedoria.

O livro de Eclesiastes, escrito por Salomão traz reflexões sobre os sentimentos e pensamentos que são iguais em todas as épocas. Independente de quem somos ou o que possuímos hoje, podemos crer que somos grandes ou melhores, mas chegará o nosso dia de entrar na caixa — não importa se tivermos sido reis ou peões.

Tenhamos coragem de continuar! Ao ler a Bíblia, reconhecemos que Deus quer que reflitamos e pensemos sobre as nossas ações e motivações. Ele quer que aprendamos a viver, e a melhor forma, é às vezes, parar para meditar.

Salomão demonstrou em várias ocasiões que tudo é vaidade. De certa forma, essa foi a sua experiência. Ele era o homem mais sábio e rico do mundo; dedicou sua vida a fazer tudo o que quis, e percebeu que nada é mais importante do que buscar a Deus. Leia as conclusões de Salomão nos últimos versículos do livro de Eclesiastes.

A expressão "debaixo do sol" é a mais repetida no livro, e está ali para aprendermos que se vivermos apegados a vida terrena, desfrutando somente o que há debaixo do sol, nossa existência não terá sentido. Por isso, ao lermos, às vezes nos sentimos frustrados. Se a única importância para nós está debaixo do sol, e Deus não é o motivo do nosso viver, cedo ou tarde entraremos na caixa como peças de xadrez sem qualquer importância ou esperança. "Eu tenho visto tudo o que se faz neste mundo e digo: tudo é ilusão. É tudo como correr atrás do vento" (Eclesiastes 1:14).

Esse é o problema de muitos. O autor G.K. Chesterton escreveu que "o cansaço de viver chega a nós não por estarmos cansados de dor, mas de prazer". Temos tudo e isso nos entedia, espanta e cansa. Ao nos satisfazermos, perdemos a ilusão da vida, pois não há nada mais pelo qual vale a pena lutar. Conseguimos tudo facilmente, e achamos que temos tudo. Não importa o que tivermos, sem Deus em nossas vidas, estaremos perdidos. Se vivermos somente debaixo do sol, perderemos a esperança e a vida. Se esquecermos Deus, perderemos tudo.

Ler Eclesiastes nos ajudará a lembrar-nos do que é importante na vida.

LEITURA DE HOJE
Deuteronômio 5
Provérbios 27
Romanos 4

ORAÇÃO
Pai que estás nos céus, agradeço pela vida que me deste. Ensina-me a viver à luz da eternidade.

Sem Deus em nossas vidas, nos perdemos eternamente.

30 de abril

O valor do homem

A Seleção Russa foi campeã da *Eurocopa*, 1960, vencendo a Iugoslávia por 2x1. Todo mundo ficou impressionado pelo jogo dos soviéticos. Santiago Bernabeu, então presidente do *Real Madrid F.C.*, espantou-se ao vê-los jogar, pois Babukin era a sua maior estrela. Bernabeu se aproximou do capitão do time e disse: "Contrato a todos". Quando o tradutor comunicou as palavras do presidente, eles riram e perguntaram: "Por quanto?" Santiago disse que escrevessem a quantidade, e eles colocaram "meio milhão de dólares", uma fortuna na época.

Yashin, "o aranha negra", um dos melhores goleiros da história do futebol lhe entregou um papel com a cifra. Bernabeu aceitou, achando que a cifra era só pelo goleiro. Não continuaram a negociação porque o governo russo impediria a saída do país. Cada um recebeu 150 dólares por terem sido campeões, e isso foi tudo. Nem é preciso falar da frustração dos jogadores.

A frustração individual e coletiva é característica de nossa sociedade. Infelizmente é ocasionada pela desilusão constante e a sensação de que a vida não tem sentido. É doloroso pensar no que poderia ter acontecido e não aconteceu, no entanto é ainda pior não poder lutar contra a injustiça e o desânimo, ter a certeza de que não se pode resolver tal frustração.

Fantasiamos com projetos que virão, com coisas que podemos comprar, mas descobrimos que nossas conquistas não preenchem nosso coração. Salomão descreve isso depois de possuir absolutamente tudo: "Todas as coisas levam a gente ao cansaço — um cansaço tão grande, que nem dá para contar…" (Eclesiastes 1:8).

No decorrer da história, a humanidade tentou resolver seus problemas com o que conseguiu construir no âmbito material, mas com o tempo, a própria tecnologia, desenvolvida para ser amiga do homem, o colocou em situações que o empobrecem cada dia mais. No final, as máquinas adquirem mais valor do que os seres humanos.

Nossa maior necessidade é encontrar um sentido na vida. Se negarmos Deus, perderemos todo o nosso valor como indivíduos. A natureza não é um produto do acaso, nem nós. Se fingirmos, cedo ou tarde, reconheceremos que tudo na vida é tédio e cansaço.

Tudo muda completamente quando permitimos que Deus ocupe o Seu lugar em nossa vida.

LEITURA DE HOJE
Deuteronômio 6
Provérbios 28
Romanos 5

ORAÇÃO
Senhor Jesus, ocupa o Teu lugar em minha vida. Muda o que quiser, e ensina-me a viver de maneira tão esplêndida como o Senhor.

Se negarmos Deus, perderemos todo o nosso valor como indivíduos.

Cada um busca o que é seu

1 de maio

Magic Johnson em 1992 revelou ser aidético e suas palavras revolucionaram o basquete mundial. Apesar de reconhecer que tivera relacionamentos com muitas mulheres, seu compromisso nessa luta o tornou quase herói. Foi corajoso ao reconhecer seus erros, mas nos perguntamos: E as mulheres? Contraíram a doença por sua culpa, abortaram ou sofreram outras doenças? A maioria esteve com ele por vontade própria, pois era famoso, mas teriam se soubessem da doença?

Não devemos julgar ninguém, mas percebemos que muitos se regem pelo princípio da satisfação imediata. O que importa é ter prazer, sem se preocupar com as consequências. O que vale é o individualismo, o que acontece conosco. Li na internet: "Todo mundo procura somente o seu, menos eu, que me preocupo só com o que é meu." Bela definição de muitos: o bem maior é a realização pessoal. O que vale é o que se alcança em nível acadêmico, profissional, físico, social e financeiro.

Para muitos, não há princípios morais, e se regem pela máxima: Se você gosta ou lhe faz bem, é bom, e são os sentimentos que governam a vida. Até que ponto a irracionalidade fundamenta o prazer? Nada importa contanto que estejamos bem. Nada vale se eu não gostar, ou ganhar com isso?

Aparentemente este é um caminho genial, mas as pessoas deixam de ser o que são. Nada nem ninguém tem sentido na vida, se não for bom para ela. Quanto mais poder tiver, mais farei outros sofrerem; mas não me preocupo, contanto que me sinta bem. Só o belo, o bonito e o prazeroso servem; o resto é resto. Sob esses critérios, tudo pode ser eticamente correto: matar crianças não desejadas, abandonar idosos ou não atender os doentes terminais. Nada pode interromper a autorrealização. Salomão expressou isso há milhares de anos: "Então resolvi me divertir e gozar os prazeres da vida. Mas descobri que isso também é ilusão" (Eclesiastes 2:1).

Essa maneira de viver também pode dominar o cristão. Muitos buscam na igreja, só o que os faz sentir bem: pregação, canções e espetáculos. Quase não se fala de serviço, sofrimento ou ajuda ao próximo! Somos o centro de tudo! Muitos nem se lembram de pensar na glória de Deus! Se algo não caminha como gostaríamos, abandonamos tudo e buscamos outro lugar. O importante é nossa realização pessoal, mas isso também é ilusão.

LEITURA DE HOJE
Deuteronômio 7
Provérbios 29
Romanos 6

ORAÇÃO
Pai, quero deixar de pensar em mim, preciso estar perto de ti. Ensina-me a alcançar os que precisam te conhecer.

Sem Deus, como teríamos o que comer ou com que nos divertir? —Eclesiastes 2:25

2 de maio

Pouco valor

Michael Phelps foi uma das estrelas das Olimpíadas em 2004, e conquistou 5 medalhas de ouro e 2 de bronze. Poderia ter ganhado a sexta de ouro, pois tinha participado das eliminatórias e da semifinal dos 4 x 100 livre; mas não nadou a final, porque cedeu seu lugar a Ian Crocker, um de seus amigos. Crocker havia tido tempos horríveis, inclusive havia tirado de Phelps a oportunidade de ganhar mais uma medalha de ouro, porque nadou muito mal na prova dos 4x100 livres, mas Phelps fez valer a sua amizade, e lhe deu a oportunidade de conseguir um ouro, ganhado com a equipe dos EUA. Em Pequim, 2008, ele recebeu 8 medalhas de ouro! Com 19 medalhas no total findou sua carreira como o melhor de todos os tempos nos Jogos em Londres, 2012.

O esporte nos lembra valores que valem a pena: trabalho em equipe, lealdade e amizade. "Dois homens podem resistir a um ataque que derrotaria um deles se estivesse sozinho. Uma corda de três cordões é difícil de arrebentar" (Eclesiastes 4:12). Palavras sábias que jamais deveríamos esquecer.

Ninguém pode substituir a si mesmo nem concretizar seus planos sozinho. O certo é o contrário! Aquilo que muitos acham ter pouco valor é o que faz o mundo seguir adiante. As profissões que consideramos menos importantes costumam ser as mais valiosas!

Vivemos num mundo que troca de valores. Muitos passam suas vidas sentados, decidindo, às vezes equivocadamente: são os que recebem milhões, enquanto outros muito pouco.

Temos de apreciar e agradecer os trabalhadores mais simples, pois são imprescindíveis em nossa vida. Podemos viver perfeitamente sem: o cantor da moda, o melhor atleta, ou o político mais admirado. Os que ocupam as primeiras páginas da imprensa e os mais poderosos do país jamais farão algo por nós. No entanto, não vivemos sem a pessoa que nos vende o alimento ou aqueles que nos auxiliam na manutenção da casa ou do bairro, para que não prejudiquemos nossa saúde com infecções.

Aprenda, trabalhe em equipe e lembre-se de que a vida é um presente de Deus que chega a você por meio de muitos que o cercam, e talvez você não tenha lhes dado importância. Devemos nos ajudar, começando por nossa família.

Agradeçamos pelo que os outros fazem por nós. Talvez sejam muito mais importantes do que acreditamos. Você é muito mais importante do que pensa!

LEITURA DE HOJE
Deuteronômio 8
Provérbios 30
Romanos 7

ORAÇÃO
Senhor, quero agradecer pela vida de... Agradeço pelo lugar em que estou e o que me permites fazer!

A vida é um presente de Deus que chega a você por meio de muitos que o cercam.

Nossas motivações

3 de maio

Durante os Jogos Olímpicos em Paris, 1900, o tenista Reggie Doherty se negou a jogar as semifinais porque jogaria com seu irmão caçula Lauri. Renunciou para deixá-lo chegar à final e vencer a medalha de ouro.

Outros irmãos se enfrentaram no decorrer dos Jogos sem nenhum problema, mas Reggie decidira não competir com seu irmão. A competição em si não é ruim, o problema está nas atitudes e motivação para competir. Nosso trabalho também depende disso.

Se corrermos, competirmos ou trabalharmos para honrar a Deus, pela diversão e o prazer de desfrutar, e de fazer o que sabemos fazer, nossa atitude é boa. Se for para sermos reconhecidos e para que outros nos admirem, cedo ou tarde, teremos problemas.

Por isso, o jogo limpo é tão importante. Ao competirmos pelo prazer de competir, não vivemos obcecados em derrotar o rival a qualquer preço, ou vencer todas. O desejo de ganhar em si não é ruim, mas à custa dos demais, sendo antiesportivo — sim: ou seja, querer ganhar a qualquer preço!

Nossa motivação será correta se colocarmos o coração no que fizermos e reconhecermos que Deus é o mais importante em tudo. "O que vocês fizerem façam de todo o coração, como se estivessem servindo o Senhor e não as pessoas" (Colossenses 3:23). Não importa o que acontecer ao redor ou o que os outros fizerem. Quando nossa motivação é correta, sabemos que estamos competindo e trabalhando de maneira justa, pois apreciamos o que fazemos. Lembre-se das palavras do campeão olímpico Eric Lidell: "Deus me fez rápido, e quando corro o mais rápido que posso glorifico a Ele." Quando somos nós mesmos, honramos a Deus.

Quando não cuidamos de nossas motivações e atitudes, a competitividade atinge-nos espiritualmente. No livro de Filipenses, Paulo descreveu pessoas que pregavam e evangelizavam por inveja, e por querer ser mais admirados que outros. Imagine! Ainda bem que hoje em dia isso não acontece!

Salomão nos diz que não podemos ganhar sempre: "...nem sempre são os corredores mais velozes que ganham as corridas; nem sempre são os soldados mais valentes que ganham as batalhas. Notei ainda que as pessoas mais sábias nem sempre têm o que comer e que as mais inteligentes nem sempre ficam ricas. Notei também que as pessoas mais capazes nem sempre alcançam altas posições…" (Eclesiastes 9:11). Aproveitemos as oportunidades.

LEITURA DE HOJE
Deuteronômio 9
Provérbios 31
Romanos 8

ORAÇÃO
Pai que estás nos céus, ensina-me a aproveitar as oportunidades que o Senhor me dá. Examina minhas motivações para eu glorificar Teu nome.

...Deus controla o que as pessoas sábias e honestas fazem... —Eclesiastes 9:1

4 de maio

O valor do tempo

Recebi este texto virtualmente: "Se quiser entender o valor de um ano de vida, pergunte a um estudante que tenha reprovado nos exames finais.

Se quiser saber o valor de um mês, pergunte a uma mãe que tenha tido um filho prematuro.

Se quiser entender o valor de uma semana, pergunte ao diretor de um programa de TV ou rádio.

Se quiser saber o valor de um dia, procure uma pessoa que aguarda uma cirurgia de emergência.

Se quiser entender o valor de uma hora, pergunte a dois namorados que aguardam o momento de se encontrarem.

Se quiser entender o valor de um minuto, pergunte a uma pessoa que perdeu o trem, o ônibus ou o avião.

Se quiser entender o valor de um segundo, pergunte a uma pessoa que sobreviveu a um acidente.

Se quiser saber o valor de um décimo de segundo, pergunte a quem ganhou uma medalha de prata em Jogos Olímpicos.

O valor sublime do tempo. Todos nós sentimos que os anos, os dias, as horas e os momentos escapam pelas nossas mãos. Conforme nossa vida vai passando, aprendemos que preferimos perder uma grande quantia em dinheiro em vez de perder tempo. E mesmo assim, ainda temos tempo.

Como Salomão, encontramos momentos para cada coisa que queremos fazer: tempo de nascer e morrer, de trabalhar e descansar, de falar e calar, tempo para ganhar e perder. Tempo para viver qualquer situação, pois: "Enquanto você obedecer às ordens dele, nenhum mal lhe acontecerá. A pessoa que tem sabedoria sabe como e quando agir" (Eclesiastes 8:5).

Mas tudo se transforma numa triste experiência quando temos tempo para tudo menos para Deus. Para o autor de Eclesiastes, a maior frustração está descrita em Eclesiastes 3. No decorrer da vida encontramos tempo para qualquer atividade, porém ao relatar cada uma das situações, percebemos que não há o tempo para o Criador. O único que nos dá a vida e o tempo para viver; que nos ama e compreende; que pode nos ajudar de maneira diferente, desfrutando cada momento de nossa vida.

É o único que pode nos presentear com a vida eterna.

O coração sábio reconhece que nada é melhor do que viver o mais próximo possível da fonte da vida. Nada traz mais a eternidade ao nosso coração do que envolver-se com Deus.

LEITURA DE HOJE
Deuteronômio 10
Eclesiastes 1
Romanos 9

ORAÇÃO
Senhor Jesus, agradeço pela vida que me deste. Ensina-me a utilizar bem o meu tempo.

Nada traz mais a eternidade ao nosso coração do que envolver-se com Deus.

Ser sábio

5 de maio

Emilio Butragueño, 1980, foi um dos melhores artilheiros do *Real Madrid* e da Seleção Espanhola. No final da sua carreira ainda era requisitado para jogar em outros times, mas afirmou: "Saber ir embora é tão importante como saber chegar."

Ser sábio. Saber o que fazer em cada momento da vida. Chegar e sair. Falar ou calar. Tudo parece ter uma resposta, mesmo que às vezes seja difícil encontrá-la. Gostaríamos de conhecer todas as coisas, os pensamentos e as razões; de viver sem nunca nos equivocarmos, mas será que é para tanto? "Filho, há mais uma coisa que eu quero dizer: os livros sempre continuarão a ser escritos; estudar demais cansa a mente" (Eclesiastes 12:12). As palavras do sábio nos dão pistas de algo muito importante.

É bom tentar por todos os meios obter mais conhecimento e ser mais sábio, mas jamais devemos nos esquecer de que esse não é o remédio para todos os problemas. O conhecimento em si não nos torna melhores. A sociedade não é mais justa por seus integrantes serem estudiosos.

No decorrer da história, muitas pessoas foram consoladas mais pelas canções de Davi, os Salmos, do que pelos sábios conselhos de seu filho Salomão. Sabe por quê? Na vida, muitas vezes não é tão importante conhecer os motivos do que nos acontece, mas aprender a suportá-los.

Lembre-se de que Deus nem sempre nos diz por que sofremos, mas está sempre conosco. Ele sabe que precisamos mais da Sua presença do que do conhecimento.

O amor do Pai nos envolve, nos faz descansar e toca o nosso coração, mas o conhecimento alcança apenas a nossa mente. Devemos viver de acordo com a verdade, pois nada de bom pode vir de algo falso, mas também é certo que a verdade dita de maneira fria e insensível, pode causar dano. A verdade alcança o seu ápice quando chega ao coração, revestida de amor e graça.

O que faz diferença em nossas vidas não é apenas conhecer os motivos das circunstâncias, mas saber que Deus está conosco.

Estude e adquira sabedoria, mas lembre-se de que escrever muito livros não tem fim; não pense que isso modificará sua vida. Descanse nos braços de Deus, pois Ele é um Pai que nunca nos abandona. E descansando, aprenda a viver de modo diferente, mesmo que deva esperar algum tempo para compreender as razões do que está acontecendo.

LEITURA DE HOJE
Deuteronômio 11
Eclesiastes 2
Romanos 10

ORAÇÃO
Santo Pai, toca o meu coração. Quero te amar sempre e desfrutar a vida ao Teu lado. Não quero ser um adorador distante, mas alguém capaz de te amar em todas as circunstâncias.

A verdade alcança seu ápice quando chega ao coração, coberta de amor e graça.

6 de maio

Bom exemplo

"Quero casar virgem e esse é o meu compromisso e o presente para minha esposa." Essa declaração apareceu em todas as redes de comunicação do mundo, pois é radical e contrária ao que muitos pensam. Ela foi feita por Kaká, brasileiro, então melhor jogador de futebol do mundo. É um bom exemplo e demonstra o seu amor por Jesus e Caroline, sua esposa.

Há outros cristãos que são bons exemplos. E isso é bom, ainda mais nesse momento em que o amor tem se resumido em sexo.

O Cântico dos Cânticos é um dos livros mais agradáveis da Bíblia e foi escrito por Salomão. É uma canção do amor verdadeiro entre homem e mulher, dentro do casamento; descrição poética do sexo como expressão desse amor. O livro exala carinho e expressa a beleza da criação de Deus numa relação radiante e feliz, mesmo nesse mundo imperfeito.

Viver o amor é um presente de Deus e o sexo é uma das expressões desse amor. O sexo é algo íntimo e significa mais do que o contato físico. Deus permitiu que Salomão escrevesse esse livro para ele falar por experiência. O rei de Israel teve mais de mil mulheres e desgostou-se, provou de tudo em sua vida: o bom, a frustração e a ilusão absoluta. Suas muitas mulheres lhe fizeram compreender que nada substitui o momento de ternura com a pessoa amada.

A fidelidade valoriza a nossa vida e da pessoa que amamos. Por mais que alguns se esforcem em dizer o contrário, fomos feitos para ser fiéis e leais.

A Palavra de Deus ensina que a relação perfeita entre homem e mulher é um exemplo do amor de Deus por Seu povo Israel. Deus sempre os amou, apesar de eles o terem abandonado algumas vezes. Esse mesmo amor é refletido no relacionamento de Jesus com cada um de nós, Sua igreja. Jesus não só nos amou até o fim (João 13:1), mas ainda nos ama. É o amor mais perfeito que existe: "Nenhuma quantidade de água pode apagar o amor, e nenhum rio pode afogá-lo. Se alguém quisesse comprar o amor e por ele oferecesse as suas riquezas, receberia somente o desprezo" (Cânticos 8:7).

Alguns acreditam que aventuras amorosas enchem a vida de significado. É mentira. Viverão sempre com a incerteza de não saber quem realmente os ama. O amor verdadeiro nos permite amar e ser amados.

LEITURA DE HOJE
Deuteronômio 12
Eclesiastes 3
Romanos 11

ORAÇÃO
Pai amado, ajuda-me a viver de acordo com a Tua vontade e santidade.

O amor verdadeiro não pode ser apagado, pois faz parte da vontade de Deus.

Viver com duas caras

A sul-africana Eleana Meyer foi medalha de prata na prova dos 10.000 m das Olimpíadas em 1992, e disse numa entrevista: "Sou cristã, atleta. Não posso ser cristã aos domingos ao ir à igreja, e na semana não ser. É impossível separar as duas coisas." Impossível? Há muitos cristãos que separam essas facetas da sua vida. Deus odeia tal comportamento. É sobre isso que o profeta Isaías fala.

Escrito durante o reinado de quatro reis diferentes, Isaías explica como o povo adorava a Deus, no templo com uma solenidade e esplendor únicos, enquanto eles viviam longe de Deus o resto da semana. O livro relata as acusações de Deus ao Seu próprio povo: "...Eles abandonaram o Senhor, rejeitaram o Santo Deus de Israel e viraram as costas para ele" (Isaías 1:4).

O profeta anunciou o castigo do povo pela desobediência e orgulho. Chegou a dizer: "Deus odeia vossa adoração", pois ninguém está mais longe do Senhor do que quem vive uma vida dupla: o adoram no domingo e o esquecem no restante da semana. Levam-no em seus lábios, mas não no coração.

O nome de Isaías significa: "A salvação é do Senhor", alguns dizem que Isaías é o evangelista do Antigo Testamento. Seu nome é escolhido. Deus marca o pecado do povo e providencia a forma de se aproximarem dele. No livro de Isaías encontramos profecias sobre Jesus, o Salvador e o Servo Sofredor ao mesmo tempo, algo que o povo naquele momento não compreendeu. O capítulo 53 é uma joia profética e inigualável.

A partir do capítulo 61, Deus quis revelar o Seu plano de salvação para a humanidade, a morte, ressurreição, e também a segunda vinda do Messias. A volta do Servo Sofredor, o Filho de Deus como o Rei Messias, para instaurar Seu reino, é bem clara nas profecias. Encante-se com os detalhes.

Talvez, por isso, os reis de Israel pediam conselhos ao profeta, apesar de nem sempre escutá-lo. Saber que Deus está falando conosco e ao mesmo tempo não querer obedecê-lo, ainda acontece. Existem muitos cristãos apenas nominais.

Este livro ensina que quando Deus nos fala, não podemos desviar o olhar, mas sim olhar para nós mesmos. Quando Deus se apresentou diante de Isaías, o profeta exclamou: "Ai de mim" (capítulo 6). Essa deve ser nossa atitude. Deus não quer que julguemos os outros e espera que obedeçamos e sirvamos ao Senhor, Servo Sofredor, Rei Messias.

Deus espera que obedeçamos e sirvamos ao Senhor, Servo Sofredor, Rei Messias.

7 de maio

LEITURA DE HOJE
Deuteronômio 13
Eclesiastes 4
Romanos 12

ORAÇÃO
Pai que estás nos céus, examina minha vida para que eu seja sempre sincero diante de ti.

8 de maio

A vida é dura

Para o tênis espanhol, esta é a melhor época da sua história. Vários tenistas estão entre os 20 melhores do mundo. David Ferrer está entre os grandes campeões. Aos 17 anos, era considerado o melhor da sua faixa, mas deixou os torneios, e foi trabalhar como operário. Trabalhou por uma semana e percebeu o que perdia. Voltou a treinar duro para voltar ao circuito. O contato com outra realidade o fez descobrir que a vida é dura.

O livro de Isaías trata sobre descobrir a realidade sem enganos. Observe os versículos:

"As Festas da Lua Nova e os outros dias santos me enchem de nojo; [...]. Ainda que orem muito, eu não os ouvirei, pois os crimes mancharam as mãos de vocês" (1:14-15).

"...Quem é que eu vou enviar? Quem será o nosso mensageiro? Então respondi: — Aqui estou eu. Envia-me a mim!" (6:8).

"...a luz brilhou sobre os que viviam nas trevas" (9:2).

"O Senhor Todo-Poderoso resolveu fazer isso; haverá alguém que o faça parar? Ele levantou a mão para castigar; haverá quem a faça abaixar?" (14:27).

"Tu, ó Senhor, dás paz e prosperidade às pessoas que têm uma fé firme, às pessoas que confiam em ti" (26:3).

"A erva seca, a flor cai, mas a palavra do nosso Deus dura para sempre" (40:8).

"Aos cansados ele dá novas forças e enche de energia os fracos. Até os jovens se cansam, e os moços tropeçam e caem; mas os que confiam no Senhor recebem sempre novas forças. Voam nas alturas como águias, correm e não perdem as forças, andam e não se cansam" (40:29-31).

"...Prepararei um caminho no deserto e farei com que estradas passem em terras secas" (43:19).

"E, quando ficarem velhos, eu serei o mesmo Deus; cuidarei de vocês quando tiverem cabelos brancos..." (46:4).

"...o Senhor castigou o seu servo; fez com que ele sofresse o castigo que nós merecíamos" (53:6).

"Escutem-me e venham a mim, prestem atenção e terão vida nova..." (55:3).

"...para dar aos que choram em Sião uma coroa de alegria, em vez de tristeza, um perfume de felicidade, em vez de lágrimas, e roupas de festa, em vez de luto. Eles farão o que é direito; serão como árvores que o Senhor plantou para mostrar a todos a sua glória (61:3).

LEITURA DE HOJE
Deuteronômio 14
Eclesiastes 5
Romanos 13

ORAÇÃO
Deus e Pai celeste; queremos viver em Tua presença. Ajuda-nos a vencer, mesmo em circunstâncias difíceis.

Antes mesmo que me chamem, eu os atenderei...
—Isaías 65:24

Prioridades

As frases que alguns treinadores de futebol dizem aos seus jogadores são incríveis. Um deles disse aos seus atacantes: "Se estiver na área e não souber o que fazer com a bola, coloque na rede e mais tarde discutiremos as alternativas." Simples assim, pois a prioridade é o gol.

Centenas de livros sobre as prioridades na vida são editados anualmente: como aproveitar bem o tempo e tomar boas decisões. Muitos autores ficaram ricos ao tratar desses temas, pois é a preocupação de muitas pessoas. No entanto, continuamos a ser especialistas em complicar as coisas.

Dizemos que prioridades são importantes e o tempo que dedicamos às atividades ou pessoas definem nossas prioridades. Descubra o que é prioridade para você. Liste as atividades e o tempo dedicado a elas nas últimas três semanas. Não minta para si mesmo. Não escreva sobre os seus planos, mas aquilo que você já faz.

Terminou? Surpreendeu-se? Ao fazer isso, muitos decidem dedicar menos tempo à TV, internet ou jogos. É difícil explicar em alguns parágrafos, que a rotina não deve comandar nossa vida. Devemos trabalhar, estudar, fazer coisas diferentes etc. Mas isso não deve preencher nossa existência por completo.

Às vezes nos preocupamos com o que ganharemos financeiramente; bens materiais, *status*, quando precisamos tomar decisões, e essas não são boas motivações. Se precisássemos escolher entre dois trabalhos, qual seria? O que paga melhor ou aquele em que podemos desenvolver nossas habilidades? O que nos dá melhor *status* ou mais tempo com a família? São perguntas muito pessoais, mas todos precisam respondê-las. Normalmente, somos nós quem mais nos enganamos, quando não fazemos o que devemos fazer. Somos o resultado das decisões que tomamos.

Por essa razão, sempre nos perguntamos: Quais as nossas prioridades?

O profeta Isaías compreendeu perfeitamente qual deveria ser a principal motivação na vida: "Ele se escondeu do seu povo, mas eu confio nele e nele ponho a minha esperança" (Isaías 8:17). Viver na presença de Deus é sempre a melhor decisão. A prioridade número um deve ser andar de acordo com a Palavra de Deus e buscar a Sua vontade. Que o Espírito Santo nos encha e ensine a sermos nós mesmos, onde estivermos em nosso trabalho e com os que nos rodeiam.

9 de maio

LEITURA DE HOJE
Deuteronômio 15
Eclesiastes 6
Romanos 14

ORAÇÃO
Senhor Jesus, desejo que Teu Espírito Santo me encha por completo e me ensine a viver. Que o Senhor seja a pessoa mais importante da minha vida.

Somos o resultado das decisões que tomamos.

Inspecionando os heróis

10 de maio

Oscar Robertson conseguiu na *NBA*, uma marca quase impossível de bater. Numa temporada fez muitos triplo-duplos. Não teve um só jogo durante o ano todo, não teve um só dia em que não fizesse um triplo-duplo! Com rendimento tão extraordinário, qualquer time do mundo o contrataria! Todos gostariam de ter alguém assim em seu time. Você é assim!

A Bíblia diz que Deus nos fez assim, e Isaías apresenta o Criador passando em revista as suas tropas: "…São exércitos que estão se ajuntando! Soldados de muitas nações se reúnem para a guerra; o SENHOR Todo-Poderoso está preparando um exército para a batalha" (Isaías 13:4).

Quando aceitamos Jesus em nossa vida, somos parte do time de Deus. Nossa missão é sobrenatural, pois o futuro do universo depende da nossa obediência a Deus. Em Sua Palavra, Ele se apresenta como o "Deus dos Exércitos"; para compreendermos que Ele se refere à luta espiritual contra o poder do mal e trevas. Fomos criados para conquistar!

O diabo não pode nos vencer, pois vivemos seguros com Jesus, que afirmou: "…Deus me deu todo o poder no céu e na terra. […] vão a todos os povos do mundo e façam com que sejam meus seguidores…" (Mateus 28:18-19). Se estivermos em dificuldade, precisamos invocar a autoridade e o poder de Deus sobre esse mal. Trata-se do poder de Deus.

Deus nos dará o privilégio de reinar com Ele. A luta espiritual nos ensina a tomar decisões e aplicar a Sua Palavra, permanecer com o Senhor dos Exércitos, em oração, e depender do Espírito de Deus, pois Ele nos dá poder e reveste com Sua armadura. Devemos lutar com armas espirituais e não com nossas forças. Deus está revistando Suas tropas, comprovando quantos estão prontos a fazer o bem.

Às vezes, vamos à igreja, ouvimos pregações e nos envolvemos com atividades… Todavia, não oramos, adoramos ou compartilhamos o que Deus nos ensina em Sua Palavra! Somos espectadores ou atores em diferentes peças, sem disposição para lutar.

Deus faz revistas todo o momento, e nos vê como pessoas extraordinárias. Ele vê o nosso coração. Ele quer pessoas apaixonadas, entusiasmadas, que oram e ajudam os outros. Agentes de mudança! Deus escreveu a nossa vitória: "Coberto de glória, avance para vencer, defendendo a verdade e a justiça. A sua força conquistará grandes vitórias" (Salmo 45:4).

LEITURA DE HOJE
Deuteronômio 16
Eclesiastes 7
Romanos 15

ORAÇÃO
Pai que estás nos céus; quero investir o meu tempo em Tua presença. Estou pronto a fazer a Tua vontade.

Deus quer pessoas apaixonadas, entusiasmadas e que oram. Pessoas que mudam o mundo.

Problemas de autoridade

11 de maio

O árbitro brasileiro Etzel Filho confessou que manipulou o resultado da partida Rússia x Colômbia, na Copa do Mundo, 1962. O resultado final foi 4 x 4. Na maior parte do jogo, a Rússia vencia por 4x1. "Empatei aquele jogo, sou descendente de húngaros e odeio os russos," confessou. Precisamos de autoridade e regras, mas nem sempre a autoridade é justa, e não podemos viver sem ela.

Deus é a primeira autoridade desde nossa criação. Deu-nos liberdade de escolha, e Seu poder está acima de nós. Ele nunca se engana. Podemos descansar em Sua autoridade e justiça. O relacionamento com o Deus Criador é anterior ao nosso pecado e rebeldia.

Lembremo-nos sempre de acatar a autoridade, não só no esporte, mas na vida. A autoridade deve existir, mesmo que muitas vezes seja difícil nos submetermos. Autoridades humanas se enganam e têm motivações que costumam ser injustas.

Deus nos deu autoridade sobre a natureza, para que a governemos e desfrutemos dela, não para destruí-la. Sendo assim, o conceito de autoridade é bom: ajuda e protege. É um presente de Deus.

O pecado destruiu esse conceito positivo e nossa rebeldia é contra: Deus, que nos deu a liberdade; contra a autoridade em todos os aspectos. Ao desprezarmos a bondosa autoridade divina, nos submetemos a nossa própria autoridade — destrutiva, pois busca o melhor para si mesmo. Já não se trata de proteger e ajudar, mas de ganhar e arruinar.

Assim nos revoltamos contra a autoridade numa competição, queremos ganhar a qualquer custo, e também na vida, sempre temos razão. Ao vivermos assim, caímos na mesma condenação do diabo, pois ele jamais aceitou a autoridade de Deus.

O esporte, o trabalho e a sociedade nos ensinam a viver sob a autoridade constituída, mesmo que muitas vezes injusta. Deus nos ensina a amar nossos chefes, apesar de nos dizer que devemos lutar contra a injustiça, quando alguém abusa da autoridade. Seja quem for.

Isaías nos lembra de que: "O Senhor Todo-Poderoso resolveu fazer isso; haverá alguém que o faça parar? Ele levantou a mão para castigar; haverá quem a faça abaixar?" (Isaías 14:27). A última palavra em qualquer situação da vida, não é dada por autoridade terrena, mas divina. Podemos confiar sempre nele!

LEITURA DE HOJE
Deuteronômio 17
Eclesiastes 8
Romanos 16

ORAÇÃO
Majestoso Deus, quero viver sempre sob a Tua autoridade. Ensina-me a dar o exemplo com minha vida e trabalho.

Quem teme o Senhor é feliz, mas quem se revolta contra ele cairá na desgraça. —Provérbios 28:14

12 de maio

Isto é um inferno

Na *Copa da Europa* de basquete, 1992, o Joventut, de *Badalona*, Espanha marcou dois pontos à frente do time *Partizán*, de Belgrado numa partida final. Faltando somente 5 segundos, o A. Djordjevic do *Partizán* pega a bola e faz um lance desesperado, bem antes da linha dos três pontos, e a bola cai na cesta, dando o título de campeão ao Belgrado. Os jogadores do *Joventut* quase não acreditaram, tinham o jogo nas mãos e em dois segundos perderam. Já não restava qualquer possibilidade de consertar a defesa ruim. Sempre que se perde uma partida assim, pensa-se no que teria acontecido se tivesse feito uma individual, atrasado um saque de fundo, defendido de outra forma ou se pudesse voltar no tempo.

Ninguém esquece. Todos perguntam pela última jogada. Você tem a sensação de que os atletas entendem: é impossível encontrar paz, e independente do que os outros dizem, você sabe que não há retorno.

Os meios de comunicação o fazem sentir-se no inferno. Tal sensação de não poder mudar, de se sentir comovido pelo fato, não poder esquecer as imagens e a frustração de ter perdido em alguns segundos, o que já tinha em mãos com muito custo. Imagine viver com essa sensação para sempre! Isso, sim, seria um inferno.

Quando escutamos várias vezes a mensagem do amor de Deus e a recusamos, em nossa mente e coração passam de maneira interminável os rostos das pessoas que nos falaram e as palavras que muitas vezes não quisemos ouvir.

Lembraremo-nos de como demos as costas aos que queriam nos mostrar o caminho para uma vida diferente. Virão à mente os detalhes de cada decisão ruim e de cada recusa.

Isso é o inferno, e não é divertido. Uns acham que sempre contarão com os colegas, sem reconhecer que a sensação de ter perdido, os escravizará. Recusar a Deus é viver longe dele e de tudo o que é bom, para sempre. Longe do Seu amor e graça.

Você tem a oportunidade de olhar para Deus e se lhe der as costas, as consequências serão terríveis: "Você é poderoso, mas o Senhor vai agarrá-lo e, com toda a força, vai jogá-lo longe. Ele vai pegá-lo como quem pega uma bola e vai jogá-lo longe, num país enorme. Ali você morrerá perto dos seus carros de guerra, que o enchiam de tanto orgulho. Pois você é uma vergonha para o seu patrão, o rei de Judá" (Isaías 22:17-18).

LEITURA DE HOJE
Deuteronômio 18
Eclesiastes 9
1 Coríntios 1

ORAÇÃO
Senhor Jesus, a ti entrego minha vida. Toma-me em Tuas mãos e faz de mim a pessoa que Tu queres que eu seja. Não posso viver sem Tua presença.

Confiem sempre no Senhor... —Isaías 26:4

Queda de braço

13 de maio

Quase no mundo todo há os ultras ou exaltados e fanáticos, dos times de futebol, que praticam a violência dentro do esporte. Uma faixa num estádio os definia com perfeição: "Quando somos bons ninguém se lembra de nós, quando somos maus, ninguém nos esquece."

O problema da violência no esporte atinge os seguidores, dirigentes, treinadores, atletas e jornalistas que colaboram muito mais do que acreditam, em alimentar essa violência, com declarações e alguns comportamentos desonestos. Gostam de colocar lenha na fogueira, por menor que seja.

Os violentos são lembrados por breve momento. Tudo acaba em nada, a violência se converte em orgulho sem sentido. Ser lembrado por barbaridades é estupidez, pois a justiça supera a violência; a maldade só gera desprezo e ódio. A nossa maldade é mais difícil de reconhecer.

Há pessoas que querem ser más de propósito. Sabem que ferem, mas não se importam. Apreciam o sofrimento alheio, mesmo que seja mínimo. Não devemos julgá-los tão rápido, pois se nos alegramos com a queda do inimigo, a semente da maldade vive em nós.

O diabo gosta quando os outros sofrem. Se nos surpreendemos com sentimentos assim, temos algo de diabólico dentro de nós. Esses demônios são mais comuns do que podemos pensar: quando estão agindo querem humilhar quem não está de acordo com eles. Quando presidentes, chefes de empresas, personagens poderosas, diretores, treinadores etc., passam por cima de todos e não se importam com os sentimentos de seus empregados, apenas com lucros e poder; seu coração é idêntico ao do diabo.

A vontade de Deus é completamente diferente: Ele quer que amemos os nossos inimigos. Se vivermos de outra forma, as consequências serão terríveis: "Foi o Senhor Todo-Poderoso que fez esses planos a fim de humilhar os orgulhosos e rebaixar os mais poderosos do mundo" (Isaías 23:9).

Pode ser que alguém se ache uma das pessoas mais poderosas do mundo. Talvez o seu orgulho faça as outras pessoas sofrerem e traga o desprezo à maioria dos que o cercam. Deus colocou um limite que não será ultrapassado. Chegará o dia em que todo o orgulho será abatido e todo nobre será humilhado.

LEITURA DE HOJE
Deuteronômio 19
Eclesiastes 10
1 Coríntios 2

ORAÇÃO
Pai que estás nos céus; retira toda a maldade ou violência de minha vida. Ensina-me a amar como Tu amas, e a ser fonte de bênção.

A vontade de Deus é completamente diferente: Ele quer que amemos os nossos inimigos.

14 de maio

Adoradores de aparência

Durante a *Copa do Mundo*, 2006, foram batidos muitos pênaltis, mas sem dúvida o mais famoso foi o que Beckham perdeu contra a França. Famoso por motivos não esportivos. Um torcedor pegou a bola da grade, e semanas mais tarde a vendeu na internet. Chegou a valer dez milhões de dólares. Soube-se, mais tarde, que o leilão fora inflacionado de propósito. Ela foi arrematada por 30 mil euros. Nada mal.

Tudo porque era a bola do pênalti que David Beckham perdeu. Nem sequer era a bola da partida final! Mas esse é o valor dos ídolos famosos, os bonitões do momento que monopolizam os meios de comunicação. É curioso observar como são idolatrados em sua beleza exterior: a aparência.

A sociedade adora o seu próprio corpo. Todos querem parecer atraentes e em muitas ocasiões nossa vida gira em torno do que e como nos sentimos: os desejos, as paixões, a amargura, o ódio, a inveja, o cansaço, a força etc.

É bom estar bem fisicamente, precisamos nos cuidar porque Deus deseja que tenhamos saúde, mas há um abismo entre a vontade de Deus e vivermos completamente centrados em nós mesmos. Abismo no qual, podemos cair em qualquer momento, pois se não há nada em nosso interior, pouco importa a aparência exterior.

Esse é um dos motivos pelos quais a ansiedade e a depressão são as duas rainhas da nossa sociedade. Fortalecemos continuamente o nosso corpo e nosso exterior, e debilitamos a parte espiritual da nossa vida; e dessa forma, morremos um pouco a cada dia. Esquecemo-nos que nosso corpo se desgasta aos poucos e devemos cuidá-lo.

O que Deus espera de nós é radicalmente diferente. Ele nos ensina a sermos felizes e enche o nosso coração de paz. É importante que o espiritual ocupe o primeiro lugar, e dessa forma, nosso corpo se sentirá tranquilo porque o que tem valor é o que está em nosso interior. "Pois tens sido o protetor dos pobres, o defensor dos necessitados, um abrigo na tempestade e uma sombra no calor. A fúria de homens violentos é como uma tempestade de inverno" (Isaías 25:4).

A beleza exterior desaparece com o tempo. O corpo perde seu vigor e nossa aparência se degrada cada dia mais. No entanto, Deus continua nos cuidando em todos os momentos. É a nossa fortaleza, ânimo e refúgio. Mesmo com o passar dos dias, Deus continua sendo a nossa força.

LEITURA DE HOJE
Deuteronômio 20
Eclesiastes 11
1 Coríntios 3

ORAÇÃO
Pai Amado; agradeço por me fazer como sou. Ajuda-me a compreender o Teu amor e cuidado. Nada mais me preocupa.

Deus enche o nosso coração de paz e é importante que o espiritual ocupe o primeiro lugar.

Medo do sofrimento

15 de maio

Um amigo me enviou a oração de um atleta norte-americano, que aos 24 anos sofreu um acidente e ficou com as duas pernas paralisadas. Suas palavras me impressionaram, leia isto:

"Pedi a Deus força para poder realizar grandiosos projetos, e Ele me fez frágil para me conservar a humildade.

Pedi a Deus saúde para realizar grandes empresas, e Ele me deu a enfermidade para compreender melhor.

Pedi a Deus riquezas, e Ele me deixou pobre para não ser egoísta.

Pedi a Deus para que os homens precisassem de mim, e Ele me deu humildade para que eu precisasse deles.

Pedi a Deus para desfrutar da vida, e Ele me deu a vida para que eu pudesse apreciá-la.

Senhor, não recebi o que pedi, mas me deste tudo o que necessitava, as minhas orações foram ouvidas. Louvado seja Deus. "Dentre todos os homens, sinto-me privilegiado."

O escritor Ajith Fernando disse: "As pessoas mais felizes do mundo não são as que sofrem, mas as que não temem o sofrimento." Vivemos grande parte da nossa vida, tentando evitar a dor, para perceber que são uma bênção para nós. É impossível viver sem que algo ruim nos aconteça em algum momento, ou sem que algum de nossos sonhos aconteça. É bom pensar e nos preparar para algo que possamos não entender.

Nossa preocupação não deve ser a dor, mas sim como enfrentá-la. O importante não é fugir do que não podemos controlar, mas sim viver sem o medo e com paz no coração. Nem tudo dá certo sempre, mas aprendemos a passar pelo sofrimento.

O sofrimento não é definitivo. A última palavra não é de dor. A Bíblia nos diz que: "O Senhor Deus acabará para sempre com a morte. Ele enxugará as lágrimas dos olhos de todos e fará desaparecer do mundo inteiro a vergonha que o seu povo está passando. O Senhor falou"(Isaías 25:8).

A morte será destruída. Deus prepara a eternidade durante a qual apenas lágrimas de satisfação e alegria serão derramadas. Aproxima-se o momento em que ninguém nos humilhará, nem nos fará sofrer: nem circunstâncias, nem nossos erros, nem outras pessoas.

Deus é quem tem a última palavra, e nunca mente, nem se engana. Ele responde as nossas orações da melhor forma, e nos dá mais do que imaginamos, presenteando-nos com respostas eternas.

LEITURA DE HOJE
Deuteronômio 21
Eclesiastes 12
1 Coríntios 4

ORAÇÃO
Amado Pai que estás nos céus, agradeço porque és justo e tens a última palavra em tudo. Confio e descanso em ti.

Deus prepara a eternidade durante a qual apenas lágrimas de satisfação e alegria serão derramadas.

Fortes e poderosos

16 de maio

José Manuel López é um triatleta espanhol, especialista em arrecadar fundos para os menos favorecidos. Ele atravessou o Estreito de Gibraltar nadando; pedalou quase 500 quilômetros e correu outros 80 para conseguir um convênio com um hospital em Marrocos. Noutras ocasiões, correu, pedalou e nadou para ajudar projetos sociais. López leva consigo o Salmo 23 para mostrar que Deus o guia e sustenta em tudo o que faz. Na verdade, para nadar tantos quilômetros seguidos é necessário força quase sobrenatural.

Deus usa a imagem de um nadador no livro de Isaías para ensinar um princípio espiritual: "Os moabitas estenderão os braços como quem está tentando nadar; mas, apesar de todo o seu esforço, [...] serão humilhados por Deus" (Isaías 25:11).

Como o nadador estende suas mãos, Deus as estenderá para desfazer a arrogância de muitos. Quando dizemos que o orgulho de alguns não tem limites, deveríamos nos lembrar de que Deus limita a arrogância, pois Ele tem a última palavra em todas as decisões.

Há uma decisão que todos nós devemos tomar: não brincar de ser Deus e tomar nossas próprias decisões. Não acreditar que podemos controlar tudo e temos poder para fazer o que quisermos, pois não precisamos dele.

Não podemos fazer qualquer coisa, tomar qualquer substância ou fazer o que quisermos sem considerar as consequências desses atos e sem lembrar de que Deus está sempre presente. Enganamo-nos a nós mesmos quando achamos que podemos tomar qualquer decisão e enfrentar as consequências de tudo o que fazemos, sem que Deus apareça. Nosso maior problema é acreditar que o mundo gira ao nosso redor, e que somos autossuficientes.

Muitos cientistas nos lembram que a natureza pode nos vencer frequentemente com vírus e pequeníssimas bactérias. Nossa morte está sempre perto. Nosso cérebro consegue viver sem oxigênio por cinco minutos. Enfrentamos doenças que não conhecemos e vivemos indefesos diante de infecções que nosso corpo pode desenvolver a partir da ingestão de qualquer alimento em más condições. Não somos tão poderosos como acreditamos.

Uns pensam que tudo lhes pertence e que podem agir como querem. Talvez por possuírem muito dinheiro, poder ou conhecimento. Se formos arrogantes a ponto de não querer saber de Deus, cedo ou tarde cairemos. A hora se aproxima.

LEITURA DE HOJE
Deuteronômio 22
Cântico 1
1 Coríntios 5

ORAÇÃO
Santo Pai; não quero ser orgulhoso. Ensina-me a compreender que sem ti nada sou.

Nosso maior problema é acreditar que o mundo gira ao nosso redor e que somos autossuficientes.

Satisfação assegurada

17 de maio

John McEnroe foi um excelente tenista por seu desempenho, e famoso porque sempre conseguiu agregar algo mais em suas partidas. Quando não discutia com o juiz da cadeira, fazia uma travessura na quadra, ou num golpe contra a rede. Um de seus biógrafos conta que a primeira vez que jogou em Wimbledon, descia pelas escadas do metrô gritando: "Sou delegado da ONU", apenas por diversão. Um dia, após marcar um ponto, arremessou a raquete e o público inglês protestou. Na vez seguinte, lançou-a mais longe ainda e o público gritou ainda mais alto. "Adorei essa sensação e me transformei no rebelde da quadra" diria mais tarde.

Uma nova sensação move as pessoas. Vivemos um momento que é mais fácil possuir quase tudo, mas o coração vive insatisfeito. Quando os sonhos se tornam reais, percebemos que têm pouco valor. Nosso bem-estar fundamenta-se no que está por vir, e nos esquecemos do que já possuímos. Somos insatisfeitos com o que fazemos, e sempre achamos que o que virá, será melhor.

Muitos descartam as pessoas que os cercam sem encontrar o que procuram, pois a frustração está em seu interior. Buscam sempre algo mais, sem saber exatamente o que procuram.

A ambição nos deixa sempre insatisfeitos. Apreciamos o que temos por um momento e sempre acreditamos que precisamos o que não temos, até conseguirmos! E então percebemos que isto também não satisfaz, e recomeçamos a nova busca: Um relacionamento novo, outra atividade ou tecnologia mais avançada.

Os *Rolling Stones* cantam há mais de 50 anos: "Não posso obter satisfação, mesmo que tente várias vezes." Essa sensação jamais perde a atualidade. Essa é a nossa sociedade de consumo; a insatisfação nos consome: os que cantam, os que ouvem…

"… serão como um homem faminto que sonha que está comendo e acorda ainda com fome; serão como uma pessoa sedenta que sonha que está bebendo água e acorda ainda com sede" (Isaías 29:8).

O problema está em nós! Não só por abandonar a Deus, o único que pode nos dar plenitude, mas por querer lutar contra Ele. Alguns que se acham inteligentes, desprezam o Seu Criador e nada pode lhes satisfazer. Dia após dia, sentem-se abatidos.

LEITURA DE HOJE
Deuteronômio 23
Cântico 2
1 Coríntios 6

ORAÇÃO
Senhor Jesus; estou feliz, pois vivo em Tua presença. Toda a minha vida te pertence.

Deus é o único que pode nos dar plenitude.

18 de maio

Desfrutando juntos

Boniface N´Dong emigrou da África, vencendo situações sócio-econômicas difíceis. Com esforço destacou-se no basquete e após jogar em clubes europeus, foi campeão da *Liga* pelo *Barcelona*. Ele menciona sempre que uma de suas lembranças mais bonitas refere-se à infância no Senegal quando jogava com sua família e amigos. Hoje, ele leva seus filhos para visitar e jogar em seu país.

Nossos filhos nos lembram de lições importantes sobre a vontade de Deus. Quando sentem medo e vivem dias difíceis, se aproximam e nos abraçam; querem estar ao nosso lado e sentem-se seguros sob a ternura e palavras de quem os ama. Quando os filhos nos abraçam, o medo desaparece e para eles é como se o tempo parasse.

Quando algo vai mal ou começamos a ter medo, é um bom momento para nos aproximarmos de Deus. Talvez não possamos expressar a dor, mas de nosso coração saem lágrimas de solidão. Nesse momento, Deus está mais perto de nós.

Isaías repetiu várias vezes que o Senhor estava perto de Seu povo, e que era Seu refúgio, apesar da maldade deles. Nosso Pai está sempre pronto a nos receber e nos espera.

Deus usa muitas vezes outras pessoas para nos ajudar e deseja que ajudemos os outros. Ele quer nos consolar, e nos mostrar Sua vontade; quer que ajudemos os outros: "Todas elas protegerão o povo como um abrigo protege contra a tempestade e o vento; elas serão como rios numa terra seca, como a sombra de uma grande rocha no deserto" (Isaías 32:2).

Deus criou os relacionamentos, e da mesma forma que o amor é parte de Sua essência, quer que nos pareçamos com Ele, que amemos o próximo. Quando fazemos o bem, nós o honramos. Quando ajudamos os outros, glorificamos o nosso Pai celestial. Se lutarmos para que esse mundo seja melhor, nos pareceremos com Jesus.

Precisamos nos lembrar do exemplo de nossos filhos: Poucas coisas nos fazem sentir tão bem como quando os vemos ajudarem-se uns aos outros, quando são bons amigos e divertem-se juntos. Deus gosta que Seus filhos se apoiem, e se ajudem mutuamente e sejam capazes de renunciar aos seus direitos para servir.

Jesus anunciou que os Seus seguidores seriam reconhecidos pelo amor, não pela doutrina, ensinamentos ou rituais. Isso também é importante, mas não como amar uns aos outros. Que sejamos um refúgio contra a tormenta, como o nosso Pai é conosco.

LEITURA DE HOJE
Deuteronômio 24
Cântico 3
1 Coríntios 7

ORAÇÃO
Pai; ensina-me a amar meus irmãos e a refletir sempre o Teu carinho em meu viver.

Deus quer que amemos o próximo.

Árbitro!

19 de maio

O árbitro sueco Frisk abandonou a carreira após receber ameaças de morte dos torcedores do *Chelsea, Inglaterra*. Ele e sua família receberam cartas, telefonemas, *e-mails* etc., ameaçadores.

Ao ouvir histórias como essa, não é estranho que muitos não queiram ser árbitros. Todos têm o direito de se enganar, menos eles. Esquecemo-nos de que ninguém é perfeito. Todos nós gostamos da justiça e lutamos por ela, mas às vezes nossas reclamações escapam de nossas mãos. Afinal, falamos apenas de um esporte: o próximo jogo, mês, ano será diferente.

A função de um juiz é um ato heroico. Jó lamentou o seu sofrimento, mesmo sem pensar que Deus o tivesse abandonado. A escuridão nos impede de enxergar. Jó acreditava que podia manter-se justo perante Deus, ele precisava de alguém que julgasse os seus feitos: "Para nós dois não há um juiz que possa julgar a mim e a Deus" (Jó 9:33).

Se isso acontecesse, seria terrível. E se tivéssemos que ser julgados por um Deus perfeito? Nós de um lado da balança e Ele do outro. Não teríamos escape! Se alguém soubesse de tudo o que fazemos e pensamos, teríamos que fugir!

Deus nos conhece e se declara o Reconciliador. E como não somos perfeitos, Ele realiza um plano excepcional e não exclui ninguém, por mais cruel ou imperfeito que seja. Deus colocou em Seu Filho, Jesus, todas as nossas imperfeições e erros de tal modo que: "Eu sei que foi para o meu próprio bem que sofri tanta aflição. Mas tu me salvaste da morte, pois perdoaste todos os meus pecados" (Isaías 38:17).

A imagem impressiona: Jesus, Deus-homem, carregando todos os nossos pecados sobre Seus ombros por amor a nós. Impossível não se comover ao vê-lo.

O próprio Deus nos reconhece como justos, quando nos vê por meio de Seu Filho. É como se agora, Ele estivesse do nosso lado da balança. Ele levou sobre si os nossos pecados, nele se fez justiça. E Jesus é agora o nosso Advogado nos céus. Quando o inimigo nos acusa, o Filho de Deus nos defende mostrando as cicatrizes do Seu sofrimento. Ele já pagou por nós e ninguém pode nos acusar. O Espírito de Deus é nosso advogado aqui na terra. Quando caímos ou falhamos, Ele é o único que pode nos levantar. Permitir que o Espírito de Deus nos controle, faz toda a diferença!

LEITURA DE HOJE
Deuteronômio 25
Cântico 4
1 Coríntios 8

ORAÇÃO
Senhor Jesus, obrigado por ter morrido por meus pecados. Enche-me do Teu Espírito para te amar e servir sempre.

Jesus é o nosso Advogado nos céus.

20 de maio

Fazer armadilhas

Marion Jones ganhou cinco medalhas nas Olimpíadas em Sydney, 2000, e foi uma das melhores corredoras do mundo. No entanto, as suas conquistas perderam o valor quando ela confessou à família e amigos que se dopara por dois anos, mesmo afirmando que na época não sabia. Seu treinador a orientava a ingerir cápsulas de germe de trigo para manter-se saudável.

O que deveria ser um jogo limpo, não o foi pela necessidade imperiosa de ganhar. Qualquer competição é injusta se os resultados e a maneira de obtê-los não são limpos.

Querer ganhar a qualquer custo gera competidores trapaceiros. Vencer, doa a quem doer traz derrotas, mesmo que aparentemente tudo ocorra bem durante certo tempo, veja o seguinte:

1 – Insatisfação; porque não somos capazes de trabalhar bem, só nos preocupamos com resultados. Mesmo ganhando, ficará a impressão de que algo está errado.

2 – Orgulho: Queremos ganhar, não importam os meios. Competimos com tudo e todos.

3 – Dor e cansaço: Quem sabe que erra, vive com medo de ser descoberto.

4 – Ódio: Inimizade! Não só entre os competidores, mas no time! Quando ganhar é a ordem, nos tornamos inimigos de todos.

5 – Somos incapazes de desfrutar: o desejo de ganhar na vida nos impede de apreciar cada momento.

6 – Desejar toda a glória: Vivemos numa sociedade de vencedores. Deus nos recompensa por alcançarmos a meta. A vitória está em Suas mãos, e Ele no-la dá: "...agradeçamos a Deus, que nos dá a vitória por meio do nosso Senhor Jesus Cristo!" (1 Coríntios 15:57).

Com o domínio do pecado sobre o mundo, a linha que separa o plano criado por Deus, se torna muito difícil de ver. Deus quer que vivamos diferente, pois Ele nos dá o poder para viver assim: "...mas os que confiam no Senhor recebem sempre novas forças..." (Isaías 40:31).

Não precisamos ser melhores nem piores do que os outros. Deus quer que sejamos nós mesmos, que busquemos a Sua vontade e a razão de sermos criados. Seja no esporte ou na vida, devemos nos esforçar e esperar nele ao invés de confiar em nós mesmos.

LEITURA DE HOJE
Deuteronômio 26
Cântico 5
1 Coríntios 9

ORAÇÃO
Pai, ajuda-me a não ser egoísta. Quero confiar em ti e sempre obedecer-te.

Não precisamos ser melhores nem piores do que os outros, Deus quer que sejamos nós mesmos.

Deus ajuda a todos

21 de maio

O filme *Pistol Nasce uma Lenda* é sobre os primeiros anos de basquete de um excelente jogador — Pete Maravich. Em 1980, ele assinou com os *Celtics*, EUA; antes havia batido todos os recordes universitários, e passou por alguns dos melhores times do mundo. Sofreu muitas lesões em sua carreira. Sua mãe havia se suicidado alguns anos antes, e ele não queria falar com ninguém.

Durante meses, a imprensa não existia para ele. Era considerado um carrancudo, mas um dia, ao ouvir a mensagem do evangelho, orou a Deus que mudasse sua vida. Voltava a Ele para pedir misericórdia. Encontrou-se com seu pai e lhe pediu perdão por todas as ocasiões que o havia ignorado. Mais tarde, seu pai também conheceu a Jesus, o Senhor. Em 1987 foi incluído no Quadro de Honra do Basquete e considerado o mais inovador da história. No final de sua carreira, Deus lhe deu o melhor da sua vida.

Deus conhece nossas vidas. Ele nos ama e nos busca, mesmo quando lhe voltamos as costas, e pensamos que a restauração é impossível. Deus não desiste de nós. Ele nos ama e espera que correspondamos a esse amor.

A Bíblia nos ensina que Deus nos ajuda quando somos incapazes, necessitados, e incompreendidos sem poder realizar grandes feitos. Deus está do lado dos que se consideram derrotados, pois para Ele não há perdedores, Ele ouve as orações de todos, e responde a todos os que se dirigem a Ele.

Deus conhece os que estão sós e as circunstâncias de cada família. Deus escuta os solitários e está ao lado daqueles que possuem tão pouco. Deus sabe o que ocorre em cada coração, conhece as lágrimas de todos, inclusive as não derramadas. Ele se coloca sempre ao lado dos oprimidos, dos que sofrem, dos que se sentem esquecidos. Deus ajuda os que não conseguem fazer nada, e os que se estão dispostos a renunciar-se a si mesmos.

Para Deus todos nós somos valiosos. Ele não se impressiona com números ou grandes feitos. Os vencedores não influenciam o coração de Deus. Seja quem for, e esteja onde estiver, a melhor maneira de se apresentar diante dele é sendo você mesmo, sem títulos ou apresentações. Sem nada que possa ter em mãos ou em sua conta. A Bíblia afirma: "Para libertar você, entrego nações inteiras como o preço do resgate, pois para mim você vale muito. Você é o povo que eu amo, um povo que merece muita honra" (Isaías 43:4).

LEITURA DE HOJE
Deuteronômio 27
Cântico 6
1 Coríntios 10

ORAÇÃO
*Pai amado;
agradeço porque me criaste,
me conheces e estás comigo.
Descanso em ti.*

**...pois para mim você vale muito.
Você é o povo que eu amo... —Isaías 43:4**

22 de maio

Justiça poética

A *Copa do Mundo* em 1966 foi um dos primeiros eventos esportivos televisionados. Na final, a seleção anfitriã venceu a Alemanha, por 4x2. Os gols ingleses foram feitos por Bobby Moore e Hurst, que haviam nascido nas instalações do metrô de Londres, onde os pais se escondiam durante os bombardeios de aviões alemães na Segunda Guerra Mundial. A imprensa chamou essa vitória de justiça poética.

Quando nos lembramos de momentos tão difíceis de um povo, o nosso sofrimento parece menor. Mesmo assim, não sabemos o que o outro passa, nem podemos comparar as situações. Quando sofremos parece que atravessamos o deserto sem fim, e ninguém pode nos convencer de que poderia ser pior, ou que as circunstâncias não são tão ruins.

Existe algo que não muda: Deus nos ajuda em todos os momentos, sobretudo nos momentos que nos parecem mais complicados. "Vou fazer com que caia chuva no deserto e com que em terras secas corram rios. Assim também derramarei o meu Espírito sobre os seus descendentes e lhes darei as minhas bênçãos" (Isaías 44:3). No deserto, a água nos devolve a vida; e o Espírito de Deus renova o nosso ser.

A Bíblia diz que o Espírito Santo cai como a chuva sobre nós. As bênçãos de Deus sempre se derramam e o amor de Deus sempre nos envolve. Quanto maior a aridez do deserto, mais refrescante será a chuva. Quando o calor angustiante nos desfalece, Deus restaura as nossas forças fazendo brotar Seus rios de água viva.

Além da água, há aventura! Os rios de água viva (João 4) não só refrescam, mas regeneram as forças. Não são apenas gotas cheias de vida, que caem do céu. Deus nos dá chuvas de bênçãos. Ao conhecer o Senhor, o tédio e a monotonia desaparecem e apreciamos o melhor da vida!

Esse é um dos pontos-chave da vida espiritual. Já que o Espírito de Deus se apresenta como água, devemos mergulhar completamente nele! Não falo de beber uns goles, mas sim de nadar na abundância.

Dessa forma ajudamos os outros. Por meio do Espírito de Deus, compartilhamos a vida que Ele nos dá. Porque não falamos só sobre a plenitude, Deus quer que vivamos em Seu amor transbordante!

LEITURA DE HOJE
Deuteronômio 28
Cântico 7
1 Coríntios 11

ORAÇÃO
Santo Espírito, agradeço por me abençoar com a Tua presença. Enche-me de ti para que eu te glorifique, Senhor.

Quanto maior a aridez do deserto, mais refrescante será a chuva.

Milagres da ciência

23 de maio

Rudy Fernández, um dos jogadores de basquete mais valiosos da *Copa do Rei*, venceu dois obstáculos quase impossíveis. Jogando no time do *Joventut de Badalone*, perdeu a final, e era o mais jovem do torneio. Foi jogar no *Denver Nuggets*, EUA, e a sua agilidade e cestas foram bem reconhecidas.

Quando alguém supera algo impossível dizemos que é um milagre da ciência, um presente de Deus. Alguns dizem que a pouca ciência nos afasta de Deus, e muita nos aproxima dele. Fé e ciência sempre se confrontam, no entanto é impossível que exista uma sem a outra.

Os que acreditam que a ciência se opõe à fé têm convicções sobre os fundamentos da fé, algumas delas são:

1. A vida seria mero acidente na história da matéria do universo.
2. Só existe o que pode ser comprovado por método científico.
3. Qualquer forma de espiritualidade demonstra imaturidade emocional.
4. O conhecimento é a chave do progresso.

Quase tudo se baseia na lei de causa e efeito, e também que a natureza é permanente. Isso não muda. Alguns acreditam nesses princípios, mas se um deles falhar, todo o sistema falhará!

Outros não compreendem que a racionalidade sem um ponto de referência externo leva à irracionalidade, pois nos obrigam a acreditar que os princípios que dirigem a materialidade são imutáveis. Se algo mudar, estaremos perdidos! Teremos que recomeçar. Conhecemos apenas a mínima parte do universo; talvez menos do que 10%. Podemos criar princípios absolutos baseados em conhecimento tão pequeno? Alguém pode afirmar que Deus não existe, sem conhecer os outros 90%? "O Senhor, o Salvador de Israel, diz: "Meu povo, eu sou o seu Criador; antes que você tivesse nascido, eu já o havia criado. Sozinho, eu criei todas as coisas; estendi os céus e firmei a terra sem a ajuda de ninguém" (Isaías 44:24).

Lembre-se de que tudo o que sabemos apenas reconhece a ordem do universo. As perguntas superam as respostas. Em novas experiências, descobrimos novas leis, antes desconhecidas. Deus é Onipresente e Albert Einstein já dizia: "...o universo não é caótico, mas sim perfeitamente organizado, se não tivéssemos leis perfeitas, nos seria impossível examiná-lo".

A ciência não é perigosa, pelo contrário: o perigo está em nós, pois nós é que escolhemos o que fazer com ela. Para continuar neste universo, precisamos da ajuda do Criador.

A ciência não cria a ordem do universo, apenas a reconhece.

LEITURA DE HOJE
Deuteronômio 29
Cântico 8
1 Coríntios 12

ORAÇÃO
Deus Criador; agradeço por Tua beleza e criação. Ajuda-me a te buscar sempre.

24 de maio

Deus não se apressa

Adriano Correia, brasileiro, foi para o Sevilha em 2005 e foi campeão da *UEFA*, *Copa do Rei* e da *Supercopa Europeia*, conquistando mais troféus que nos 100 anos anteriores do clube. Jogou pelo *Barcelona F.C* e venceu a *Liga* e a dos *Campeões*. Ele aprendeu a confiar sempre e a esperar o tempo de Deus em sua vida. Deus jamais se apressa. Nada o surpreende, nem segue seu curso, sem que Ele saiba para onde vai ou de onde vem.

Peçamos ao Espírito Santo que nos ajude a aprender a esperar, e a descansar nele. Muitas vezes, Deus nos fala através do silêncio, descanso, e nos faz parar para que a nossa paciência cresça. Quando não ouvimos a Sua voz, Ele continua trabalhando nas circunstâncias e em nós.

Deus nunca se opõe ou nos obriga, apesar de ter o direito de fazê-lo. Ele ama os rebeldes e os pródigos. Busca-nos para nos abençoar e espera que nos voltemos a Ele. Faz tudo em Seu tempo, no momento exato. Muitas vezes, quando menos esperamos.

Desesperamo-nos ao ver o tempo passar e nada acontecer. Compreendemos o que o profeta Isaías escreveu: "O Deus de Israel, que salva o seu povo, é um Deus que se esconde das pessoas" (Isaías 45:15). Somos incapazes de aceitar que Deus se esconde. Brincamos assim com nossos filhos, mas ficamos em lugares visíveis para que nos encontrem e deem seus abraços e risadas.

Deus se oculta de outra forma, não como nós. Ele faz o bem e muitas vezes não quer ser descoberto, porque ama. Doa sem esperar nada em troca. Ama e doa porque essa é a essência do Seu caráter, e isso o deixa feliz.

Ele é um Deus humilde que gosta de passar despercebido. Muitos não sabem disso. Não querem conhecê-lo nem reconhecer o que Ele faz. Reconhecemos isso ao lermos os evangelhos e examinarmos o caráter de Jesus. Muitas vezes, Ele curava e transformava a vida das pessoas, e pedia-lhes que não contassem a ninguém. Não queria que se aproximassem dele, como se Ele tivesse uma varinha mágica, mas que o procurassem por amor. Não queria ser o Todo-poderoso, mas o Salvador.

Jesus é manso e humilde de coração; características que ninguém quer para si. Preferimos nos aliar aos fortes e poderosos, num mundo dominado por arrogantes e espertos. No reino de Deus eles não têm lugar. Ele os detesta, e não desfrutarão dos novos céus e nova terra.

LEITURA DE HOJE
Deuteronômio 30
Isaías 1
1 Coríntios 13

ORAÇÃO
Pai que estás nos céus; agradeço por Teu cuidado, mesmo quando não me dou conta do que estás fazendo. Confio em ti sempre.

No mundo em que os arrogantes triunfam, Deus é humilde, e às vezes gosta de passar despercebido.

O segredo do êxito

25 de maio

Boris Becker foi um dos melhores tenistas alemães. Ao se aposentar, disse: "Consegui tudo, mas não tive paz. No topo, percebe-se que ali não há nada." Muitos fizeram declarações semelhantes nos últimos anos, mas é como se ninguém se importasse. Todos continuam trabalhando e esbanjando saúde e tempo para alcançar o topo, mesmo que mais tarde percebam que ali há um vazio. Meu avô sempre dizia que ninguém nasce sabendo e a ordem de valores de muitos parece estar invertida:

Primeiro veem o corpo que temos e apreciamos. Em seguida, os pensamentos e sentimentos. Na sequência, pensamos em quem somos, e por último, em alguns casos, surgem as preocupações com a vida espiritual e Deus.

Muitos acreditam que é possível ter uma vida normal com essa ordem de prioridades. Para a maioria, a vida espiritual não passa de divertimento, mesmo que acreditem em Deus!

Não é surpreendente que o êxito não nos traz satisfação? Por que a sociedade vive cheia de desesperança e solidão? Infelizmente, muitos não encontram nada, em lugar algum. O máximo que muitos podem desejar é passar alguns momentos divertidos ou dias em que as circunstâncias não compliquem muito suas vidas.

Fomos criados para viver de forma radicalmente diferente. Para entender quem somos e dar significado à vida, precisamos mudar de rumo completamente. Considere:

1. Deus em primeiro lugar. O espiritual governa nossa vida, quer reconheçamos ou não.
2. Nossa identidade vem do nosso Criador. Quando nos aproximamos dele, sabemos quem somos, pois Deus nos criou e nos ama.
3. Nossos pensamentos e sentimentos surgem em nossos corações. Ninguém tem o direito de impor-se sobre nós. Esta é a nossa liberdade.
4. Vivendo assim, desfrutamos não só do que possuímos ou podemos conseguir, mas acima de tudo, do que somos.

Muitos tentam alcançar o topo como objetivo de vida. Isso não é errado. O problema começa quando a nossa identidade depende do que temos. Ao chegar ao topo, percebemos o vazio. A Bíblia diz: "...desça do seu trono e sente-se no pó...". É bela a descrição no livro de Isaías (47:1). É preferível construir nossa vida na ordem correta.

LEITURA DE HOJE
Deuteronômio 31
Isaías 2
1 Coríntios 14

ORAÇÃO
Jesus; ajuda-me a seguir o Teu exemplo, e a buscar a vontade do Pai em todas as circunstâncias.

Chegará o dia em que tudo o que temos desaparecerá, e então qual será o nosso trono?

26 de maio

Só quero estar contigo

Dizem que Ayrton Senna foi o melhor piloto de Fórmula 1 de todos os tempos. Ele faleceu numa corrida e sua memória ainda sobrevive entre os fãs. Senna viveu momentos difíceis nos últimos meses de vida. Apesar de ser o campeão em sua categoria, disse: "Nos últimos anos vivi experiências infernais e fui rodeado de incompreensão, mas Deus é quem me ajuda e fortalece."

Deus é o segredo de todo o êxito, pelo que nos concede: salvação e vida eterna. O melhor que recebemos dele é a Sua presença a cada dia, estar certo de que sempre está conosco. A maior bênção de Deus é Ele mesmo. Nele encontramos o melhor da vida: amor, paz, justiça, graça, amizade, saúde, alegria, misericórdia, compaixão, conhecimento, ajuda, bondade, carinho e fé. Poderia escrever centenas de qualidades e seria pouco, porque Deus é bom!

Ele é bom e com Ele em nossa vida, temos tudo. Por essa razão, conhecê-lo, ler a Sua Palavra, passar um tempo a sós com Ele, orar e adorá-lo, é o mais importante em nossa vida. Ao nos aproximarmos dele, obtemos o melhor de tudo o que existe.

Aprendi essa lição com minha primeira filha, Iami, e depois com as outras duas: Kenia e Mel. Muitas vezes me abraçam apenas desejando companhia. Não querem nada, não pedem nada, não precisam dizer nada. Simplesmente me dizem: "você é o melhor pai do mundo, e quero ficar do seu lado". Nosso Pai celestial é imensamente melhor do que nós, portanto quando o ouvimos, quando estamos com Ele, não precisamos de nada, simplesmente queremos nos envolver com Sua presença e refletir o Seu caráter.

Assim é incompreensível passarmos tantas horas em nosso trabalho, vendo TV ou no computador jogando, e não sermos capazes de desfrutar da presença de Deus. Assim, é normal que nos pareçamos mais com os outros, do que com Ele.

Jesus disse que onde estiver o nosso tesouro estará o nosso coração. Se não voltamos a Deus, é porque não o amamos. Precisamos aprender a estar com o Senhor em todos os momentos. Vir a Sua presença para abrir nosso coração e ouvi-lo. Seu amor por nós continua sendo impressionante: "O Senhor responde: Será que uma mãe pode esquecer o seu bebê? Será que pode deixar de amar o seu próprio filho? Mesmo que isso acontecesse, eu nunca esqueceria vocês" (Isaías 49:15). Percebe o que está perdendo?

LEITURA DE HOJE
Deuteronômio 32
Isaías 3
1 Coríntios 15

ORAÇÃO
Amado Pai; quero escutar o Teu conselho, falar contigo e ouvir a Tua voz.

Deus jamais se esquece de nós.

Viver a vida

27 de maio

Garrincha foi um dos jogadores mais queridos dentro e fora do Brasil. Seus amigos lhe alertavam a cuidar bem da saúde, mas ele repetia: "Não vivo a vida, ela vive em mim." Seu estilo de vida o levou à morte; só e alcoolizado. Vivia sem preocupações. Apenas sua família permaneceu ao seu lado nos momentos mais difíceis. Na final da *Copa do Mundo* de 1962, perguntou ao treinador: "Mestre, hoje é a final?" e pensativo, mais tarde, disse: "Por isso tem tanta gente."

Lembra-se do que Jesus disse? O que está em nosso coração controla a nossa vida. Quando algo comanda o nosso coração, já não somos nós quem decidimos. Nossa vida gira em torno do que amamos. Esportes, música, poder, prazer, trabalho, família, casa, meios de comunicação etc. Se a sua vida gira em torno de um desses itens, cuide-se para que isto não se torne um objeto de adoração.

"…Existem pessoas que se purificam com cerimônias religiosas para entrar nos jardins sagrados junto como o sacerdote que vai no meio delas…" (Isaías 66:17). Essa era uma das correções de Deus ao Seu povo. Apesar de conhecer o Deus Criador e único, adotaram os ídolos dos povos ao seu redor. E insatisfeitos, criaram novos ídolos, colocaram-nos em seus jardins, e cada família adorava os seus.

Não sei se você tem ídolos, nem sei quais são. Podem ser os tesouros que todo mundo conhece, pois se vê de longe o que temos em nosso coração. Talvez ninguém saiba quais são, apenas você. O problema é que o nosso coração é incapaz de viver plenamente se o vazio infinito que há em seu interior é preenchido por algo finito. Não importa o que for, jamais nos sentiremos satisfeitos.

Quando o maior tesouro de nossa vida é algo finito, seja lá o que for, não somos nós que vivemos, mas sim a vida que nos leva. Se tivermos ídolos viveremos a vida deles. O que eles podem ou não podem fazer. Uma vida limitada, finita, frustrante, quase sempre sem esperança. Apenas quando Deus preenche o nosso coração, tudo volta ao seu lugar.

LEITURA DE HOJE
Deuteronômio 33
Isaías 4
1 Coríntios 16

ORAÇÃO
Pai, afasta os ídolos que existem em minha vida. Quero amar e servir somente a ti.

Só quando Ele é nosso tesouro, a vida passa a ser ilimitada e eterna.

28 de maio

Jovem demais

Luis Fabiano é um dos goleadores da história da Seleção Brasileira. Ainda jovem foi à Europa e passou por momentos difíceis em times da França e Portugal. No *Sevilla F.C.*, venceu como artilheiro duas vezes a *Copa da UEFA* e a *Copa do Rei*. Nessa época decidiu seguir a Jesus.

O profeta Jeremias enfrentou situações difíceis, pois o povo não quis ouvir a mensagem de Deus e o prendeu em várias ocasiões. Mataram-no por falar em nome do Senhor. Talvez, para ele o mais triste tenha sido nunca ter visto o fruto do seu trabalho. O livro de Jeremias foi escrito antes do povo de Israel ser levado cativo à Babilônia. Deus permitira que Seu povo fosse escravizado, pois eles o tinham abandonado, adorando outros deuses; dos povos vizinhos e de outras religiões.

O profeta anunciou muitas vezes a mensagem de Deus para Israel, mas eles não queriam escutar. Jeremias alertou que deveriam render-se à Babilônia e buscar a presença de Deus. Se o fizessem, Deus perdoaria e restauraria o Seu povo. Eles não quiseram obedecer, nem escutar a mensagem de Deus.

Coração é uma das palavras-chave do livro e aparece mais vezes aqui do que em qualquer outro livro da Bíblia. Jeremias era um profeta sensível, portanto não só escrevia de acordo com o coração de Deus, mas falava deste ao povo, e profetizou que um dia Deus daria um coração novo aos que confiassem nele. A nova lei já não será escrita em pedra, como as tábuas de Moisés, o que Deus quer é escondê-la no coração de Seu povo.

Jeremias foi desprezado e preso em várias ocasiões. Foi acusado e perseguido por reis, sacerdotes, dirigentes e falsos profetas. Temos a impressão de que o mundo inteiro estava contra ele. Ele não queria voltar a falar de Deus em Sua vida! "Mas, quando penso: 'Vou esquecer o Senhor e não falarei mais em seu nome', então a tua mensagem fica presa dentro de mim e queima como fogo no meu coração. Estou cansado de guardá-la e não posso mais aguentar" (Jeremias 20:9). Proclamou durante quase 50 anos e durante os governos de sete reis diferentes, mas o povo não quis ouvi-lo. Ao final, viu Nabucodonosor, imperador da Babilônia, vencer Israel, e todo o povo cair em mãos inimigas como ele profetizara... mas Jeremias também anunciou a volta do povo a Israel e sua restauração. Apesar de tudo, Deus perdoaria os Seus uma vez mais.

LEITURA DE HOJE
Deuteronômio 34
Isaías 5
2 Coríntios 1

ORAÇÃO
Pai celeste; às vezes a vida é muito complicada. Obrigado por Tuas bênçãos!

Proclame a mensagem de Deus. E não se preocupe, a resposta vem do Senhor.

Trabalhar duro

29 de maio

Roger Federer, tenista suíço, ganhou o maior número de torneios. Nos primeiros anos de competição tinha um talento incrível, mas não vencia. Diziam: "esse cara tem talento, mas não sabe se projetar", e ele afirmou em entrevista: "Percebi que há dois caminhos: o do talento e o do trabalho duro; escolhi o do trabalho duro."

O profeta Jeremias teve que se acostumar às situações difíceis. Leia estes versículos de seu livro:

"—Antes do seu nascimento, [...] eu o escolhi e separei para que você fosse um profeta para as nações" (1:5).

"...Mas o meu povo me trocou, trocou a mim, o seu Deus glorioso, por deuses que não podem ajudá-los" (2:11).

"Eu gostaria que a minha cabeça fosse como um poço de água e que os meus olhos fossem como uma fonte de lágrimas, para que eu pudesse chorar dia e noite pela minha gente que foi morta" (9:1).

"...Se alguém quiser se orgulhar, que se orgulhe de me conhecer e de me entender; porque eu, o SENHOR, sou Deus de amor e faço o que é justo e direito no mundo. Estas são as coisas que me agradam. Eu, o SENHOR, estou falando" (9:23-24).

...Vocês estão nas minhas mãos assim como o barro está nas mãos do oleiro. Sou eu, o SENHOR, quem está falando" (18:6).

"A minha mensagem é como fogo, [...]. Sou eu, o SENHOR, quem está falando" (23:29).

"Só eu conheço os planos que tenho para vocês: prosperidade e não desgraça e um futuro cheio de esperança. Sou eu, o SENHOR, quem está falando" (29:11)

"As pessoas que vivem ali cantarão louvores e darão gritos de alegria. Farei com que cresçam em número e sejam tratadas com respeito" (30:19).

"E Deus continuou: — Jeremias, se você me chamar, eu responderei e lhe contarei coisas misteriosas e maravilhosas que você não conhece" (33:3).

"Mas eu, o SENHOR, o protegerei, e você não será entregue nas mãos daqueles de quem está com medo" (39:17).

"... você pelo menos escapará com vida, esteja onde estiver. Eu, o SENHOR falei" (45:5).

LEITURA DE HOJE
Josué 1
Isaías 6
2 Coríntios 2

ORAÇÃO
Senhor Deus, dá-me forças para lutar e trabalhar. Não quero desanimar nunca. Ajuda-me a seguir sempre em frente.

...se você me chamar, eu responderei ...
—Jeremias 33:3

Um problema de orgulho

30 de maio

Ao assistir o noticiário, vi uma imagem cativante. 300 *Ferraris* na mesma rua, uma atrás da outra em Hong Kong. O jornalista explicou que tentavam bater um recorde mundial para entrar no *Guinness*: "O maior número de *Ferraris* numa só rua."

No começo impressionei-me, pois vi na ilha mais carros desse estilo do que em outra cidade do mundo, sendo que há poucas estradas para aproveitar o máximo em uma corrida, que pode alcançar 300 km/h. Vi carros de todos os modelos, preços altíssimos, mas não emplacados. Perguntei-me o motivo, e ouvi o jornalista dizer: "Talvez alguns questionem o motivo do não emplacamento." "Jornalista bom", pensei. "Muitos têm uma *Ferrari*, mas não pagam os custos de impostos e seguro. Simplesmente deixam o carro na garagem, para que todos saibam que os possuem, mas nunca saem nem emplacam."

"Que loucura!" Comprar um dos melhores carros e escondê-lo. Gastar milhares e jamais viajar nele. Não sei se é o problema de mesquinhez, orgulho, soberba, aparências ou talvez tudo junto. A princípio, não poderia dizer que seja loucura, pois teríamos que admitir que estivessem loucos. Para muitos, a sua importância está em seus bens.

Desde os tempos de Jeremias, as coisas não mudaram muito. Apesar de terem passado mais de 2.500 anos, ainda tomamos as mesmas decisões erradas. Deveríamos nos espantar. Deus anuncia ao povo: "Por isso, eu, o SENHOR, vou mandar que o céu trema de horror e que fique cheio de pavor e de espanto. O meu povo cometeu dois pecados: Eles abandonaram a mim, a fonte de água fresca, e cavaram cisternas, cisternas rachadas que deixam vazar a água da chuva" (Jeremias 2:12-13).

Se nos importamos apenas com o que é material, abandonamos a Deus e abraçamos a morte. Se abandonarmos a Deus, viveremos cegados pela beleza do que se finda e se destrói, destruindo nossas ilusões e sonhos. De um lado está a vida, a fonte de água fresca; do outro lado as cisternas que não possuem nada, por mais luxuosas que pareçam. Nós decidimos!

Os que acreditam em Deus tomam essa decisão todos os dias. Se não soubermos esperar Seu tempo, descansar e confiar nele, e só nos preocuparmos com dinheiro e posses, nossa vida ficará sem as recompensas eternas.

Infelizmente muitos cristãos se enchem de lama com cisternas rachadas em vez de desfrutar da presença de Deus.

LEITURA DE HOJE
Josué 2
Isaías 7
2 Coríntios 3

ORAÇÃO
Senhor Jesus; não quero afastar-me de ti! Minha alma descansa no Senhor.

Se abandonarmos a Deus, veremos a beleza apenas do que se finda e se destrói.

Um momento exclusivo

31 de maio

A cantora Shakira e o jogador Piqué do *Barcelona* começavam a sair juntos e a mídia queria uma foto, um detalhe da história, pois eram os midiáticos do momento. Alguém famoso disse: "É impressionante que as pessoas grudem o nariz na janela de um restaurante para te ver jantar; e fazem qualquer coisa para ver você passar ou pedir autógrafo."

Impressiono-me ao ver como tantos vivem a vida de outros. Talvez muitos não tenham ídolos de madeira ou pedra, mas os têm de carne e osso. Os meios de comunicação estão repletos de programas que seguem e perseguem esses ídolos, pois muitos querem descobrir o que fazem, como vivem, onde estão, que decisões tomam, suas férias etc. Às vezes, conhecem melhor a vida de seus ídolos do que a própria. Sentem a necessidade de preencher o seu coração, com as aventuras dos outros. Talvez suas vidas sejam tediosas demais, e desejam viver a vida dos outros. Imaginam suas viagens para si, e pensam que seriam mais felizes se tivessem fotos ou autógrafos de quem admiram. A Bíblia afirma: "Passarão vergonha todos aqueles que dizem a um pedaço de madeira: 'Você é o meu pai', e a uma pedra: 'Você é a minha mãe'. Isso vai acontecer porque vocês me viraram as costas, em vez de virarem o rosto para o meu lado. No entanto, quando estão em dificuldades, vocês vêm me pedir que os salve" (Jeremias 2:27).

Quando damos importância demais a alguém, pensamos que nossa vida seria impossível sem essa pessoa. Há pessoas que tiram a própria vida quando um de seus ídolos morre! Se dermos as costas a Deus e buscarmos plenitude em ídolos, nada fará sentido. Ao precisarmos deles não estarão disponíveis. Jamais poderão nos salvar!

Deus nos fez para vivermos de acordo com a Sua vontade. Não é errado admirar outras pessoas, mas ninguém tem mais valor do que o outro. Na presença de Deus, a vida está cheia de aventura.

Entendido isso, também é bom lembrar que não somos a oitava maravilha do mundo, por mais famosos ou poderosos que nos achemos. Apenas o Senhor merece toda a glória. Não podemos consertar o mundo, nem acreditar que nossa inteligência ou nosso poder esteja acima de tudo. Apenas Jesus é o Messias, e precisamente Ele, o Senhor Jesus, o será por toda a eternidade.

LEITURA DE HOJE
Josué 3
Isaías 8
2 Coríntios 4

ORAÇÃO
Pai que estás nos céus; reconheço que muitas vezes quis governar a minha vida pensando ser o melhor de todos. Perdoa-me.

Quando vivemos na presença de Deus, a vida é bem mais interessante.

1 de junho

Não é justo!

Os primeiros campeonatos mundiais de futebol se iniciavam e os países, que tinham sistemas políticos diferentes, faziam tudo para que os seus times vencessem. A *Copa do Mundo* na Itália, em 1934, foi citada como um momento único na história. A Seleção Italiana deveria ganhar a todo custo ao enfrentar a Seleção da Espanha.

No final da partida, a Espanha vencia e dois jogadores italianos seguraram o goleiro espanhol para que um colega de time empatasse o jogo. O intervalo tinha sido de 25 minutos para um jogador italiano se recuperar, pois na época, não havia trocas. No final, fez-se a partida de desempate, e nela, os espanhóis trocaram sete jogadores titulares, devido às baixas do jogo anterior, entre eles o goleiro. Os italianos venceram por 1 x 0. O árbitro desse encontro foi desclassificado pela federação suíça, pois seu trabalho foi indecoroso.

Foi apenas uma partida, mas o sangue ferve frente às injustiças, não é mesmo? Todos nós podemos ser igualmente injustos. Quando Jeremias escreveu a profecia, comparou a injustiça do povo com a prostituição espiritual. Deus, justo e bom, não aceita nossas injustiças: "Olhe para o alto dos montes e veja: será que existe algum lugar onde você não agiu como prostituta? [...] Você manchou a terra de Israel com a sua prostituição e os seus vícios" (Jeremias 3:2).

Devemos lembrar que poucas coisas desonram a Deus como o comportamento injusto e malvado dos que dizem ser cristãos.

A Bíblia diz que a terra se contamina com nosso pecado e ao refletirmos a vontade de Deus, a natureza canta, porque sabe que amamos o Criador e vivemos de acordo com Seus princípios. Quando somos injustos, até mesmo a chuva poderá ser detida por nossa culpa. Tudo o que fazemos tem valor eterno, não apenas em nossa vida, mas também na vida dos que nos cercam e na terra. Ao mentir ou falar mal de outros cristãos, somos movidos por materialismo e dinheiro. Achamo-nos inculpáveis e odiamos o... Deveríamos nos envergonhar por não nos envergonharmos disso. Poucas coisas são piores do que desonrar o nosso Pai.

LEITURA DE HOJE
Josué 4
Isaías 9
2 Coríntios 5

ORAÇÃO
Pai que estás nos céus, desejo ser semelhante a ti e honrar Teu nome.

As nossas injustiças contaminam a terra.

Defender os pobres

2 de junho

Michael Jordan despertou grande expectativa desde a sua primeira temporada na NBA. Era um excelente jogador e representou uma marca de roupa esportiva, que apostou nele. Seu primeiro par de tênis não tinha a cor do seu time. Os seus patrocinadores pagavam as multas com gosto, porque os tênis que ele usava, eram vendidos cada vez mais. A propaganda era sobreposta com a marca de um X informando que era proibido usar aquele modelo de tênis na partida, mas as vendas dispararam.

Qualquer um teria feito o mesmo. A publicidade e as vendas dominam todos os setores da sociedade. É triste ver pessoas que possuem tão pouco sacrificar-se para conseguir comprar os produtos dessas propagandas. Os que possuem mais investem em publicidade para ganhar dinheiro de quem possui menos. É impossível deter esse movimento.

Jeremias, ao descrever o povo de sua época, se enquadraria bem nos dias de hoje. "Assim como uma gaiola está cheia de pássaros, também a casa deles está cheia de coisas roubadas. É por isso que são poderosos e ricos, e estão gordos e bem alimentados. A maldade deles não tem limites; não defendem a causa dos órfãos, nem se importam com os direitos dos pobres" (Jeremias 5:27-28).

É excelente objetivo defender a causa do órfão e os direitos dos pobres. Mas, existem pessoas dispostas a isso? Acredito que não e me entristeço ao ver que não há diferença entre cristãos e não-cristãos. Preocupamo-nos com muitas coisas, exceto pelas necessidades dos outros. Defendemos os nossos direitos, mas quase nunca os daqueles que nada possuem.

O livro de Isaías 58 nos ensina a sermos verdadeiros e cristãos. Deus espera que alimentemos o faminto, nos preocupemos com os órfãos e viúvas e estejamos sempre ao lado dos que sofrem. Ao terminar a leitura desse capítulo, você se surpreenderá, pois o que é espiritual sempre nos parece muito óbvio. No entanto, Deus nos ensina que poucas coisas são mais espirituais do que ajudar os necessitados. O jejum que Ele espera de nós é que possamos alimentar os que têm fome.

Deus quer que o amemos e também ao nosso próximo. O amor exige entrega e não apenas palavras. Temos que praticar o amor: ajudar, nos comprometer, doar, estar ao lado de quem precisa, defender, lutar etc. O que realmente importa é amar e doar.

LEITURA DE HOJE
Josué 5–6
Isaías 10
2 Coríntios 6

ORAÇÃO
Santo Pai, ajuda-me a ver as necessidades dos que me rodeiam, e estar disposto a ajudar. Durante esta semana, ajudarei...

O que realmente importa é amar e doar.

3 de junho

Parar um pouco

Fui capelão em diversas Olimpíadas, sendo a última em Sidney, 2000. Um dos momentos marcantes na Vila Olímpica foi encontrar um atleta esperando um ônibus, aproximei-me e conversarmos. Perguntou-me o que eu fazia, e disse-lhe que ajudava as pessoas a conhecerem Jesus. Ele disse que não tinha um capelão em seu time e me perguntou se eu poderia orar e ler a Bíblia com eles. Agradeci a Deus pela oportunidade. Era Ray Allen, da NBA, e ele me abriu as portas para falar do Senhor aos integrantes do seu time.

Eles reconheciam que o que realmente transforma a nossa vida é conhecer a Deus. Não importa o que tenhamos ou onde estejamos, Deus é o único que pode encher nossa vida; e isso acontece da mesma forma em todos os países, em todas as culturas. Lembra-se do que falamos em várias ocasiões? Por que tantos continuam pensando que o que realmente importa é enriquecer e prosperar e se esquecem de Deus? Onde está o problema? O que podemos fazer? Jeremias dá o segredo: "O Senhor disse ao seu povo: — Fiquem nas encruzilhadas e vejam quais são as melhores estradas, procurem saber qual é o melhor caminho. Andem nesse caminho e vocês terão paz. Mas eles responderam: — Nós não vamos andar nesse caminho!" (Jeremias 6.16).

Precisamos parar por um instante. Não importa para onde estejamos indo, é imprescindível parar e olhar. Envolver-se com o que é secundário nos faz perder o rumo. Alguns sentem-se bem quando fazem compras em momentos de tristeza. Fugir parece ser a solução para muitos, mas é apenas um engano.

Alguns preservam em seus lares memoriais que servem apenas para lembrar-se de frustrações e momentos ruins. Lembra-me dos que presenteiam seus cônjuges com objetos valiosos para obter o perdão. Talvez se alegrem por um momento, mas o objeto será sempre símbolo do aborrecimento e do erro.

Precisamos voltar ao que é importante, recordar o que merece; parar e buscar caminhos que nos trazem vida e andar neles. Ore e peça a Deus sabedoria para investir tempo no que realmente importa: família, sonhos, amigos, trabalho etc., e dedique seu tempo àquele que lhe deu a vida e não com o que traz satisfação imediata. E acima de tudo, jamais diga não a Deus. Ouça-o e ande com Ele — a fonte da vida.

LEITURA DE HOJE
Josué 7–8
Isaías 11
2 Coríntios 7

ORAÇÃO
Amado Pai, coloca a Tua mão sobre a minha vida, enche-me do Teu querer.

Fugir nunca traz soluções, enfrentar as situações nos aproxima da vitória.

Uma decisão boa

4 de junho

As histórias de alguns ajudam a refletir sobre a vida. Sam Mitchell era um jogador da *NBA* em 1996. Certo dia se aproximou do treinador e pediu-lhe que o tirasse do time titular. Queria colocar em seu lugar Kevin Garnett, de 19 anos, que mesmo sem ter frequentado a universidade era bom no que fazia. Tornou-se um dos mais valiosos jogadores do basquete mundial. Mitchell sabia que Garnett precisava mostrar seu jogo e seria um astro. Portanto, colocou seu posto à disposição do time, pensava como treinador, e hoje é um dos mais reconhecidos da *NBA*.

As melhores decisões da vida são tomadas quando reconhecemos a sua importância. Um de nossos problemas é querer fazer tudo à nossa maneira e não permitir que Deus seja a pessoa mais importante em nossa vida. Preferimos jogar, mesmo perdendo constantemente.

Passamos a maior parte de nossa vida procurando pequenas vitórias, atividades ilusórias e coisas finitas, que nos satisfazem no momento, mas que no final nos frustram. Não só somos incapazes de ser felizes, mas também não sabemos dar passos corretos para isso.

Não importa quem somos ou o que fazemos, sempre nos falta algo. Pela perspectiva humana, sempre haverá alguém fazendo melhor. Neste lado do universo, não há conquista nem vitória, nem medalha eterna.

Talvez seja necessário preencher sua vida vazia e voltar-se a Deus! Reconheça que afastar-se dele não é o melhor. Deus explica ao profeta de maneira clara: "O Senhor Deus me mandou dizer ao seu povo: — Quando alguém cai, será que não se levanta? Quando alguém erra o caminho, não torna a voltar? Meu povo, por que é que vocês viram as costas para mim? Por que estão sempre se afastando de mim? Vocês se agarram aos seus erros e não querem voltar para mim" (Jeremias 8:4-5).

Sabe quando não há outro remédio? Quando escutamos a voz de Deus e não queremos responder? Muitas pessoas sabem que estão caídas, mas não levantam seus olhos ao único que pode levantá-las. Sabem que há alguém que pode fazê-las triunfar, mas preferem viver do seu modo. Sabem que Deus pode restaurar os seus corações, mas persistem no erro, pois não querem se aproximar de quem mais as ama.

Esse é o melhor momento para voltar-se a Deus. Será também a melhor decisão da sua vida!

LEITURA DE HOJE
Josué 9–10
Isaías 12
2 Coríntios 8

ORAÇÃO
Querido Deus, quero voltar a viver em Tua presença. Transforma minha vida, pois preciso de ti.

Esse é o melhor momento para voltar-se a Deus. Será também a melhor decisão da sua vida!

Aprender a descansar

5 de junho

Blake Griffin, jovem e espetacular número 1 da seleção de 2010 da *NBA*, foi o campeão do concurso de enterradas do ano. Cada partida era ainda mais incrível. Griffin aprendeu a orar e a colocar Deus em primeiro lugar com o colega Roger Powell e disse: "Roger nos mantém com os pés no chão, nos faz ser humildes e trabalhar duro em cada partida."

Ser humilde e trabalhar duro: parece simples entender e aplicar, mas não é. Muitos não entendem que no esporte, os detalhes fazem a diferença. Por exemplo: jogar contra times grandes é fácil. Concentramo-nos e ficamos bem. Ao enfrentar times menores, é mais difícil concentrar-se bem.

Na vida é igual: enfrentamos bem as grandes situações, mas no dia a dia, as pequenas coisas às vezes nos vencem. Controlamo-nos, tomamos boas decisões quando um problema tenta nos derrubar, mas perdemos a paciência com pequenos detalhes. Podemos auxiliar um estranho durante um dia inteiro, mas nos aborrecemos com quem está ao nosso lado. Isso acontece.

Deus lembra Seu povo: "…se você se cansa apostando corrida com os homens, como é que vai correr mais do que os cavalos?…" (Jeremias 12:5). Quando o dia a dia nos controla, como controlaremos o que virá pela frente?

Precisamos orar e confiar em Deus em todo o momento. Algumas lições são simples, mas complicadas para colocá-las em prática. A confiança é uma delas. Sabemos que devemos descansar (Hebreus 4), mas nos angustiamos. Mesmo sem preocupações, nós as inventamos! Quem nunca estragou um momento sublime, pensando: "e se acontecesse agora, algo de ruim?"

Descanse no Senhor todos os dias da sua vida. Não só em meio às dificuldades, mas também, acima de tudo, quando a rotina parecer matar a espiritualidade. Não permita que as frustrações vençam e que o dia radiante, escureça por culpa de uma frase, gesto ou erro. Siga em frente, confie em Deus e coloque tudo em Suas mãos. Seja o que for!

LEITURA DE HOJE
Josué 11-12
Isaías 13
2 Coríntios 9

ORAÇÃO
Santo Pai, confio em ti. Sei que cuidas de mim e que sempre estás comigo.

Não permita que um dia radiante se tinja de escuridão.

Viver nas nuvens

6 de junho

João Victor, brasileiro, foi para o *Mallorca F.C.* Espanha, em 2010, vindo de um clube do Uzbequistão. Desde que chegou, João explicou a todos o seu compromisso com Deus e a importância do Senhor em sua família. Deus o fortalece em meio às dificuldades. Rivaldo, seu empresário, o levou a conhecer Jesus. Rivaldo jogou bem por muitos anos e continua ligado ao futebol e a falar de Deus em todas as oportunidades.

Ninguém gosta de passar dificuldades. A disciplina e a dor não estão em primeiro lugar, nem em nossa lista. Mas ao lermos a Bíblia e conhecermos a Deus, reconhecemos que segui-lo não significa viver nas nuvens. Precisamos suportar dificuldades; às vezes, a vida se torna difícil.

Muitos que serviram a Deus sofreram. Jesus, Deus feito homem, também sofreu. O cristão também enfrenta dificuldades. Às vezes, tem mais problemas que o normal, pois seu estilo de vida é diferente dos outros e poucos entendem o seu comportamento.

Portanto, qual é a diferença? De que adianta eu me aproximar de Deus? Leia com atenção: "Mas tu, ó Senhor, estás comigo e és forte e poderoso. Os que me perseguem tropeçarão e nunca vencerão. Eles ficarão muito envergonhados por causa do seu fracasso. A desgraça deles não acabará e nunca será esquecida" (Jeremias 20:11). A grande diferença é a presença de Deus, agora e por toda a eternidade. As dificuldades, problemas e sofrimentos que enfrentamos aqui são temporais; a vitória de Deus é para sempre.

Falando em termos esportivos, diríamos que todo mal que nos possa sobrevir, acontecerá em algum momento da carreira, mas a vitória final é nossa. Da mesma forma que ninguém ganha todas as partidas, sem levar gols ou pontos contrários, é impossível viver sem sofrer momentos de dor. A diferença é que um dia o mal será derrotado definitivamente. Não devemos nos preocupar. O sofrimento presente faz parte da vitória final.

Não caia nas armadilhas do inimigo, nem se sinta derrotado pelas dificuldades que surgem. Não perca tempo se lamentando por seus erros ou crueldades alheias. Não viva angustiado pela injustiça daqueles ao seu redor; Deus cuida de você: seus perseguidores tropeçarão.

Deus está em nosso meio e Sua presença nos traz a vitória definitiva, apesar das dificuldades momentâneas. Nenhuma dor é eterna.

LEITURA DE HOJE
Josué 13-14
Isaías 14
2 Coríntios 10

ORAÇÃO
Amado Pai, agradeço porque cuidas de mim diariamente. Preciso de ti.

Deus está em nosso meio e Sua presença nos traz a vitória definitiva!

7 de junho

O dinheiro não é eterno

O brasileiro Ricardo Oliveira jogou no *Valencia*, *Betis* e *Zaragoza*, Espanha e no *Milan*, Itália. Ele perdeu o pai aos 8 anos e precisou ganhar a vida vendendo recicláveis que encontrava no lixo.

Os amigos de infância de Oliveira morreram: ou por doença ou devido às drogas. Os que tiveram mais sorte, foram presos. Ele sempre diz que Deus fez a diferença em sua vida e o protegeu do dinheiro fácil das drogas, roubos ou situações proibidas.

Muitos juntam dinheiro sem se preocupar com a justiça ou necessidades alheias. As crises financeiras mundiais são ocasionadas por pessoas que usam o dinheiro para obter ganhos milionários na bolsa e benefícios bancários. Uns acabam na prisão por pequenos roubos, às vezes, ocorridos pela necessidade de sobrevivência. Outros roubam muito e promovem artimanhas legais e políticas, pagando os melhores advogados do mundo para livrarem-se de julgamentos.

"Ai daquele que constrói a sua casa com injustiça e desonestidade, não pagando os salários dos seus vizinhos e fazendo com que trabalhem de graça!" (Jeremias 22:13). O mundo é injusto, mas nem tudo terminará em injustiça. Deus é real e Sua justiça é verdadeira: não importam as defesas ou o poder que muitos ricos acreditam ter. Deus castigará quem não paga o salário justo e condenará os que edificaram Sua casa sem justiça. Deus cumpre sempre Sua Palavra. O dinheiro não é eterno.

Tiago, irmão de Jesus, fala claramente em seu livro sobre as pessoas que confiam em suas riquezas. Ele diz: "...a sua beleza é destruída..." Impressionante! Muitos têm somente a aparência. A beleza do que brilha os cega, e querem enriquecer a qualquer custo. Não se importam com o sofrimento alheio ou injustiças que os acometem.

"...E quem é rico deve sentir o mesmo quando Deus faz com que piore de vida. Pois quem é rico desaparecerá como a flor da erva do campo. Quando o sol brilha forte, e o seu calor queima a planta, aí a flor cai, e a sua beleza é destruída. Do mesmo modo, quem é rico será destruído no meio dos seus negócios" (Tiago 1:10-11).

Se você ama a Deus e tem dinheiro, lembre-se de que um dia tudo o que você tem desaparecerá. Aproveite bem a dádiva de Deus, mas ajude os que têm menos, pois o que damos aos outros permanecerá por toda a eternidade.

LEITURA DE HOJE
Josué 15-16
Isaías 15
2 Coríntios 11

ORAÇÃO
Senhor Jesus, tudo o que tenho pertence ao Senhor. Ensina-me a compartilhar com os necessitados.

Deus cumpre a Sua Palavra; Ele condenará os que edificarem Sua casa com injustiças.

Quando ninguém nos vê

8 de junho

Dodinho, pai de Pelé, comentou que num amistoso do *Santos F.C.*, na Colômbia, o árbitro expulsou Pelé. Os organizadores colocaram um árbitro auxiliar para permitir que Pelé continuasse jogando, pois todos queriam vê-lo jogar. Será que agiram correto? A integridade parece ser um assunto difícil.

Como você age quando ninguém o vê? O que faríamos se ninguém soubesse das consequências dos nossos atos? A integridade é mais complicada do que parece. Há como encobrir uma mentira com outra maior? É ético conseguir algo bom a partir de um erro? O fim justifica os meios?

Para muitos a integridade só existe quando os outros nos veem. Por isso, nem todos sabem o que fazemos, mas aparentemente somos pessoas íntegras. Nosso problema é termos que nos autoavaliar e não gostamos de nos autoenganar. Somos honestos conosco, com o que dizemos, afirmamos, pensamos ou com a imagem que passamos? Pare tudo e pense! Essa é uma questão muito pessoal!

Claro que sim! Nenhum de nós quer se sentir enganado, nem ter duas caras, mesmo que aparentemente muitos gostem de viver dessa maneira. Além disso, Deus sabe quem somos realmente. Podemos enganar os outros, isso é relativamente fácil, e a nós mesmos, mesmo que não queiramos, mas é impossível enganar a Deus! Ele é soberano e sabe não só o que somos e o que fazemos, mas também conhece as nossas intenções. Diante dele estamos descobertos!

A integridade é um assunto bastante difícil, pois não estamos falando apenas da nossa vida financeira, social ou familiar, inclui também o que é espiritual. Às vezes, as pessoas que parecem mais espirituais, não o são quando descobrimos como agem em seus negócios, ou como usam seu dinheiro. Infelizmente, muitos líderes religiosos deixam de ser bons exemplos quando descobrimos como tratam suas famílias. Muitos cristãos conhecidos deixam de ser admirados quando nos aproximamos deles e vemos apenas o seu orgulho.

Deus quer que tenhamos um coração íntegro, novo e diferente! Um coração que não só o conheça, mas que seja incapaz de viver sem a Sua presença, pois Ele nos promete: "Porei no coração deles o desejo de reconhecerem que eu sou Deus, o Senhor. Então eles serão o meu povo, e eu serei o seu Deus porque com todo o coração vão voltar para mim" (Jeremias 24:7).

LEITURA DE HOJE
Josué 17-18
Isaías 16
2 Coríntios 12

ORAÇÃO
Pai, quero santificar Teu nome e viver sempre de maneira íntegra.

Deus conhece tudo o que somos e o que fazemos. Diante dele, estamos descobertos!

9 de junho

Sinceridade

Oscar Freire venceu o seu primeiro campeonato mundial do ciclismo em Verona, 1999. Apesar de ser um dos favoritos, ninguém percebeu sua presença, pois era quase desconhecido. Próximo ao final da corrida, quando todos se vigiavam entre si, Oscar lançou-se à linha de chegada, em primeiro lugar. Os companheiros fizeram bem o seu trabalho, vigiaram e cuidaram para que nenhum favorito escapasse, mas não adiantou.

Boas intenções não são tudo, precisa-se de algo mais. Muitos acreditam que se a pessoa é sincera, não se deve exigir mais. Não há nada de mal nisso, mas sinceridade e boas intenções não têm valor por si só, dependem da situação. A história está cheia de boas intenções. Até hoje, poucos duvidam da sinceridade e boas intenções de alguns dirigentes de determinadas nações onde não existe liberdade. Nações em que muitos são capazes de odiar e matar outros seres humanos por qualquer motivo. É preciso fazer sempre o que é certo, viver de acordo com leis morais, mesmo que alguns não queiram admitir.

Se a sinceridade fosse a via de escape da frustração humana, como resolveríamos o sentimento de culpa que as pessoas têm, mesmo sem querer reconhecê-lo? Sofremos um conflito entre o que é e o que deve ser; entre o justo e o injusto; entre o que aspiramos e o que temos. Vivemos com culpa que só se resolverá quando nos sentirmos compreendidos e perdoados e isso apenas Deus pode fazer.

É impossível eliminar o sentimento de culpa, por mais sinceros que sejamos. Talvez nos sintamos bem quando não cumprimos algumas leis sociais ou políticas. Porém, ninguém se sente bem consigo mesmo quando sabe que está se autoprejudicando! Todos têm o sentimento de moralidade, mesmo os piores assassinos. Há sempre algo que acreditamos ser justo, que nos toca pessoalmente. Essa justiça interior não pode ser ocultada. Exigimos mais de nós do que dos outros.

Pensamos que estamos certos e que somos boa gente, mas Deus vê as coisas de outra forma: "O Senhor diz à cidade de Jerusalém: 'O mal deste povo não tem cura, e as suas feridas não saram. Não existe ninguém para cuidar de você. Não há remédio para as suas feridas, não há esperança de cura'" (Jeremias 30:12-13). Precisamos mais do que sinceridade e boas intenções para sermos restaurados.

LEITURA DE HOJE
Josué 19-20
Isaías 17
2 Coríntios 13

ORAÇÃO
Santo Deus, toca meu coração e limpa-me. Preciso ver a vida como o Senhor a vê.

Deus pode mudar o nosso coração e curar as nossas feridas.

Brincando felizes

10 de junho

Robert Redford dirigiu o filme *Lendas da Vida*, sobre um jogador de golfe, que tem um *caddie* peculiar. O garoto sempre tinha algo novo a dizer. Uma de suas frases preferidas era: "Deus fica mais feliz, quando seus filhos brincam."

Sou pai de três filhas, e como todos os pais, penso que elas são as melhores filhas do mundo. Elas me despertam todas as manhãs e em muitos outros momentos do dia dizem que me amam. Dizem também que agradecem a Deus por estar em nossa família. Aprecio muito a companhia delas, principalmente quando brincamos, quando as contemplo felizes, rindo e divertindo-se.

Nosso Pai celeste também gosta de ver você feliz, quando você brinca com seus filhos ou pais, e quando você investe tempo com seus amigos, sendo feliz com todas as coisas boas que possui. Somos felizes quando podemos falar, passear, viajar quando possível e quando descobrimos o melhor da vida e vivemos cada dia como se fosse uma nova aventura. E por acaso não é?

Brincar é criar, inventar, imaginar, sonhar, desfrutar do novo, e criar novas soluções. Na vida, muitas vezes nos esquecemos de brincar, porque aparentemente adoramos trabalhar, planejar, organizar e controlar tudo. Pouco aprendemos sobre aproveitar a vida, descansar, observar a natureza, agradecer por nossa vida... Poucas vezes recordamos que o nosso Pai celestial nos criou para que nos relacionássemos com Ele.

Devemos apreciar os momentos junto aos nossos amigos e família. Ser felizes com uma boa conversa, um passeio, dando o tempo que nossos filhos ou pais precisam. Aprecie sempre a companhia deles! Rindo, contando histórias divertidas... Recorde momentos que valem a pena; situações familiares. Brinque, ria e divirta-se.

Abrace as pessoas que ama, e relembre-as da importância que elas têm para você. É o que Deus espera que façamos: "As pessoas que vivem ali cantarão louvores e darão gritos de alegria. Farei com que cresçam em número e sejam tratadas com respeito" (Jeremias 30:19).

Deus é único. Ele quer ver Seus filhos brincando; escutar deles sons alegres, enquanto se divertem. Na verdade, quase sempre encontramos tempo para quase tudo, portanto deveríamos fazer um esforço ainda maior para passar um tempo com Ele, juntos. Para cultivar a intimidade com o Senhor, aproxime-se do Pai.

LEITURA DE HOJE
Josué 21–22
Isaías 18
Gálatas 1

ORAÇÃO
Pai que estás nos céus, agradeço por me aceitar! Quero cultivar sempre um relacionamento com o Senhor.

Deus quer ouvir os sons alegres de Seus filhos que cultivam a alegria em seu cotidiano.

11 de junho

Passem e vejam

Dolly Parton foi uma famosa cantora *country*. Participou também de filmes e foi um símbolo para muitos norte-americanos no final do século 20. Ela declarou: "Adoro os vídeos de aeróbica de Jane Fonda; comprei todos. Assisto sentada comendo biscoitos." Demonstra desinteresse no culto ao corpo. Cada vez mais, existem pessoas que se preocupam apenas com a perfeição corporal, mesmo que o seu interior esteja vazio.

Mas apenas sentar e assistir é um problema atual: a cultura do espectador. Muitos não se comprometem com o que assistem. Não fazem o mínimo esforço e acreditam que nada do que acontece os influenciará. Afastam-se do que envolve o compromisso. O espectador sempre se cansa.

Muitos são capazes de viver passivamente, do instante que nascem até a morte. Vivem sem ter o que fazer, sem aventuras pelas quais lutar. Vão a estádios, aos grandes espetáculos, passam horas em frente aos meios de comunicação, mas são incapazes de fazer algo que vale a pena. Perdem seu tempo assistindo *reality shows* sem se preocupar com suas próprias vidas que lhes escapam.

A única forma de deixar marcas na vida é imprimi-las. Arriscar-se, comprometer-se, tentar mudar o que está errado, ser muito mais que um espectador! Se não colocarmos nossa força e entusiasmo no que fizermos, raramente ajudaremos alguém. Nem sequer a nós mesmos! O mundo está cheio de espectadores, e a vida continua, sem mudanças, sem lutas.... Enquanto alguns fazem o impossível para ajudar os outros, milhares apenas os observam.

Muitos pensam que nada podem fazer; que mesmo com todos os esforços, o mundo sempre será ruim, terá os mesmos problemas e misérias. Alguns afirmam que as pessoas são más e que não merecem mudanças. Não é verdade? Deixamos nossa marca mais do que acreditamos. O lugar em que estamos; a sociedade em que vivemos e nossa família conhecem as nossas marcas. Podemos ajudar os nossos vizinhos e nos comprometer com os que sofrem. Deste modo, a vida em nossa rua será mais justa, livre e solidária. A pergunta de Deus continua a mesma, quem terá "...a coragem de vir...?" (Jeremias 30:21). Quem arrisca a sua vida, ganha. Quem não, desperdiça-a em cada momento.

LEITURA DE HOJE
Josué 23
Isaías 19
Gálatas 2

ORAÇÃO
Querido Deus, minha vida pertence ao Senhor. Quero vivê-la bem e deixar meu testemunho neste mundo.

A única forma de deixar marcas na vida é imprimi-las.

Divertir-nos

12 de junho

Ancelotti, meio-campista do *Milan* do então treinador Arrigo Sacchi, venceu a *Copa da Europa*. Cada vez que ele jogava contra o eterno rival, *Inter*, preocupava-se. O artilheiro holandês Van Basten, percebendo como ele estava tenso, lhe disse: "Não se preocupe, me passe a bola e preocupe-se apenas em me abraçar."

Todos nós temos preocupações e elas nos impedem de sorrir e divertir. Preocupamo-nos antecipadamente; vivemos tensos ao atravessarmos momentos difíceis. Enchemo-nos de tristeza, recordando o que nos acontece de ruim.

Deus nos fez para que nos alegrássemos. Ele inventou o jogo, a beleza, a alegria, a felicidade, os abraços. A promessa do Criador para nossa vida é clara: "...vocês pegarão os seus tamborins e dançarão de alegria" (Jeremias 31:4). Isso é o que Ele espera de nós! Como qualquer Pai, Deus quer que Seus filhos sejam felizes.

Virar-se contra Deus e abandoná-lo nos faz perder tudo: o amor, a beleza, o jogo, a tranquilidade e a alegria. É impossível apreciarmos a vida em toda a sua plenitude. Teremos que nos conformar com pequenos instantes de felicidade, que são apenas o reflexo do que Deus havia pensado para nós. Deus nos criou para navegar grandes mares, não para nos envolvermos em poças d'água.

Deus nos ensina a viver independentemente das circunstâncias. Nas competições, somente nos sentimos bem quando vencemos. No trabalho, nossa felicidade se mede pelo salário. Com os amigos, queremos ser o centro das atenções. São essas as consequências para quem vive afastado de Deus. Temos os mesmos desejos, mas a diferença está no que Deus faz em nossa vida.

Competimos, mas não morremos ao perder. Trabalhamos pelo prazer e porque gostamos. Temos amigos para ajudar. Sabemos que um dia o nosso corpo será transformado e não sofreremos mais por toda a eternidade.

A Bíblia diz que quando Jesus voltar, os jovens voltarão a brincar! Essa é uma das consequências! (Zacarias 8:5, Jeremias 30:19; 31:4). Apreciaremos o reinado de Cristo, pois será o próprio Filho de Deus que governará tudo. Aquele que um dia anunciou: "...eu vim para que as ovelhas tenham vida, a vida completa" (João 10:10), sabe bem do que está falando.

LEITURA DE HOJE
Josué 24
Isaías 20
Gálatas 3

ORAÇÃO
Jesus, quero viver a vida plenamente de acordo com o que a Tua Palavra diz.

Deus nos criou para navegar grandes mares, não para nos envolvermos em poças d'água.

Medo dos outros

13 de junho

Guevara, 17 anos, foi goleiro da Seleção de El Salvador na *Copa do Mundo* de 1982. Foi considerado o herói da fase de classificação, mas poucos entenderam o que se passou quando a Hungria os venceu por 10 a 1. O treinador quis substituí-lo no intervalo (5 x 1), mas o goleiro substituto não aceitou. Ao retornar ao seu país, livrou-se dos tiros de um torcedor fanático. Ele sentiu medo, e muitos sentem o mesmo medo da reação dos outros. Não apenas no esporte, mas também na vida.

Para apreciar a liberdade que Deus nos dá, é imprescindível que vivamos sem nos preocuparmos com a opinião alheia. Muitos não conhecem essa liberdade e vivem sobre a influência de outros. Alguns permitem que outros tomem suas decisões! Que decidam aonde irão, o que vestirão, o que dirão ou não. Nossas preferências, moradias, compras, crenças e atos são influenciados pelos que nos cercam. E isso acontece até mesmo na igreja, pois nos preocupamos com o que os outros pensam.

Se tivermos mais medo do que as pessoas dizem do que aquilo que Deus nos ensina, viveremos sempre amedrontados. O livro de Juízes 5 descreve homens corajosos das tribos de Israel, que se esconderam no momento da batalha, por medo; que tomaram decisões; grandes resoluções, mas nada fizeram. O medo os venceu.

Devemos temer somente a Deus. É simples de entender. Se nos preocuparmos apenas em honrar a Deus, não nos importaremos com o que os outros irão pensar ou fazer. Nada temeremos, e a partir disso, reconheceremos a verdadeira liberdade. Se o nosso único medo for desonrar a Deus, o que os outros disserem não terá importância. Ninguém poderá nos causar danos: nem amigos, nem inimigos. Jeremias era muito jovem quando Deus o chamou, e ele foi fiel ao Senhor, apesar das circunstâncias. Ele foi preso e esteve a ponto de morrer, muitas vezes, mas preferiu seguir o chamado de Deus.

Deus sabe o que há em nosso coração, e nos ajuda a viver de maneira completamente diferente. Ele tira todos os nossos medos. Aproprie-se dessas palavras: "Eles serão o meu povo, e eu serei o seu Deus. Eu lhes darei este único propósito na vida: temer sempre a mim, para o próprio bem deles e dos seus descendentes" (Jeremias 32:38-39).

LEITURA DE HOJE
Juízes 1
Isaías 21
Gálatas 4

ORAÇÃO
Pai que estás nos céus, faz-me viver à Tua sombra. Confiarei e descansarei somente em ti!

Se temermos mais o que os outros dizem do que o que Deus nos ensina, viveremos amedrontados.

Nada de dor

14 de junho

Um dia antes da final do campeonato mundial de basquete, no Japão, Pau Gasol disse: "O ouro me tiraria toda a dor." A Espanha venceu a Grécia, e foi campeã pela primeira vez. Ele e seu irmão Marc são dois excelentes pivôs da NBA. Foram campeões da Europa e do mundo, com a Espanha.

O campeonato marcou a história de muitos jogadores e confirma que o que Deus faz por nós, vale mais do que todo o ouro do mundo. Se vencer diminui a nossa dor, confiar em Deus nos ajuda a perceber que a dor e o sofrimento têm duração limitada. Nesse sentido, confiar em Deus ao passar pela dor — torna-a mais suportável.

"Terei prazer em lhes fazer o bem…" (Jeremias 32:41). Apesar de o povo duvidar e não confiar em Deus, Ele os ama de maneira que nos é incompreensível. O Senhor se regozija com os Seus e derrama Sua graça e bondade. Ele é bom, mais do que pensamos! Ele sempre busca o melhor para nós e guia as circunstâncias para o nosso bem. As dificuldades e as tormentas que atravessamos, tornam-se secundárias porque Ele nos guia e nos acompanha sempre.

Deus nos criou para nos encher com o Seu amor e graça. A essência do Seu caráter é fazer o bem. Ele nos criou para desfrutar da vida abundante. Ao nos afastarmos, nos desorientamos. Não sabemos onde estamos e nem quem somos, porque todos os pontos de referência desaparecem. Deus precisa nos disciplinar para compreendermos que é impossível viver sem Ele.

O povo de Israel se afastou dele seguidas vezes, mas Deus sempre quis restaurá-los. Repetimos a mesma história: sabemos o que precisamos, mas queremos viver a vida do nosso jeito. Deus continua a nos buscar, lembrando-nos de que deseja a nossa felicidade. A Bíblia diz: "…darei este único propósito na vida: temer sempre a mim, para o próprio bem deles e do seus descendentes. […] Nunca deixarei de lhes fazer o bem; farei com que me respeitem com sinceridade para que nunca se afastem de mim. […] e com toda a minha alma deixarei que fiquem morando nesta terra. […] lhe darei todas as boas coisas que prometi" (Jeremias 32:39-42).

Deus deseja nos abençoar. Nem todo o ouro do mundo nos traz o que Ele nos dá. Ele permite que vivamos em Sua presença, hoje e para sempre!

LEITURA DE HOJE
Juízes 2
Isaías 22
Gálatas 5

ORAÇÃO
Pai nosso, agradeço pela vida que o Senhor me deu. Quero viver junto a ti.

Viver na presença de Deus é maravilhoso!

15 de junho

Sermos nós mesmos

O esporte realça o brilho do companheirismo. O tenista Rafael Nadal na entrega do Prêmio de Melbourne, 2009 emocionou o rival Roger Federer ao dizer: "Você é o melhor tenista da história, um atleta extraordinário."

Quando o esporte é apenas isso: vencer ou perder, os competidores aprendem a apreciá-lo. As crianças já descobriram isso e se divertem mais com o jogo do que com a competição. Faríamos bem se seguíssemos o exemplo delas.

A vida não é um jogo. Devemos apreciá-la. Quando as crianças nos perguntam: "O que você mais gosta de fazer?" Revelamos a elas os nossos segredos. Somos diferentes e nossos sentimentos são singulares. Precisamos compreender os desejos do coração; não das coisas materiais, da fama, poder ou prazer. O importante é viver e fazer o que gostamos com imaginação e criatividade.

Quando penso no que eu gosto, penso em tantas coisas — pessoas, natureza, jogos, música, esporte, arte... Digo aos amigos que gosto de viver, pois a vida é um presente divino. As situações que Deus permite em minha vida valem a pena.

Gosto de criar, pois o meu Pai é o Criador. Não posso criar no sentido literal, porque Ele é a origem de todas as coisas, portanto apenas Deus é capaz de criar algo novo; mas sei que Ele gosta de ver os Seus filhos fazendo coisas novas. Ele nos contempla quando usamos os nossos dons; numa partitura musical, e também quando descansamos nele. Contempla também quando lhe confiamos o nosso futuro e nos colocamos em Suas mãos para verdadeiramente conhecer a vida.

A nossa vida precisa ser criativa. Quando recriamos algo, usamos as ferramentas que Deus colocou à nossa disposição. Quando recriamos o que está em nosso coração, damos significado ao nosso dia a dia; aprendemos o que realmente significa descansar. Deus, após criar todas as coisas, descansou feliz por ver o que havia feito. Muitas vezes não descansamos porque achamos que aquilo que fazemos não tem tanto valor. Só nos preocupamos com bens materiais e somos incapazes de fazer algo para melhorar a nossa vida e a dos que nos cercam.

"...Farei com que o meu povo prospere novamente e terei compaixão dele" (Jeremias 33:26). Essa é a promessa de Deus para nós, para que verdadeiramente aprendamos a viver, e em tudo o que fizermos, por menor que possa parecer, saibamos imaginar, criar, vivenciar e descansar em quem se compadece de nós e nos ajuda.

LEITURA DE HOJE
Juízes 3
Isaías 23
Gálatas 6

ORAÇÃO
Pai, agradeço por Tua criatividade compartilhada conosco.

Quando recriamos algo, usamos as ferramentas que Deus colocou à nossa disposição.

Fiel até a morte

16 de junho

John Stockton, o maior recorde da *NBA*, jogou 1.300 partidas com o mesmo time. Isso sim é fidelidade! No livro de Lamentações, Jeremias descreve a situação do povo de Israel em cinco capítulos. Eles tinham sido prisioneiros por sua desobediência, mas Deus, em Sua fidelidade, continuou amando-os e prometeu-lhes a restauração.

A queda de Jerusalém ocorreu nos anos 586 a.C., devido à rebeldia do povo contra o Criador. Foram presos por sua própria culpa e sofreram por desprezarem o amor incondicional de Deus. Muitos pensavam que não seriam restaurados, mas o amor e a fidelidade de Deus são maiores do que imaginamos.

O livro é poético, e sua estrutura é idêntica aos salmos. Cada parágrafo inicia-se com uma das 22 letras do alfabeto hebraico. Os judeus escrevem da direita para esquerda, por isso sua poesia parece mais um acróstico, porque as palavras são rimadas no início. Jeremias escreveu o livro ao ver a cidade e o templo serem destruídos.

"O Senhor é bom para todos os que confiam nele" (Lamentações 3:25). Essa é uma promessa para nós. Não acha? Digo isso por um simples motivo: pois nós também caímos em momentos de desobediência, tristeza, amargura e desolação.

A fidelidade de Deus transforma tudo! Saber que Ele nos perdoa e restaura dá sentido à vida, e nos enche de esperança porque de outra forma, não viveríamos. Ninguém é perfeito! Por isso esperamos nele, descansamos em Sua fidelidade.

O povo sofreu a desolação como consequência da desobediência, mas Deus estava pronto a perdoar e restaurá-los. Conhecer o caráter de Deus não é desculpa para viver de qualquer jeito. Se o negarmos, sofreremos as consequências, pois o desobedecer traz as derrotas. Mesmo nos momentos mais obscuros, sabemos que Deus está no controle. Seu brilho nos traz o perdão e a restauração; porque Ele é bom.

O perdão e a restauração fazem parte da mesma página da história. As duas situações aparecem no livro de Lamentações e em nossa vida. A tristeza da queda nos envolve, mas a fidelidade de Deus nos ilumina e traz a paz. Mesmo culpados, como não nos voltar a um Pai assim? Para que continuar vivendo em desolação, se a fidelidade de Deus é eterna? Hoje é o dia de voltar-se a Ele. Sua fidelidade é a nossa segurança.

Porque Ele é bom, a Sua luz nos guia ao perdão e restauração!

LEITURA DE HOJE
Juízes 4
Isaías 24
Efésios 1

ORAÇÃO
Santo Pai, quero fazer Tua vontade, haja o que houver. Quero servir-te apesar das circunstâncias.

17 de junho

Nada de ressentimentos

Paul Azinger, excelente jogador de golfe, foi diagnosticado com câncer, mas ele confiou em Deus e voltou a jogar, superando as dificuldades. Numa entrevista respondeu: "Quero ensinar meus filhos a olharem para trás e poderem dizer que viram um exemplo de confiança em Deus na vida dos seus pais. Na vida, a fé supera os ressentimentos."

"O amor do Senhor Deus não se acaba, e a sua bondade não tem fim. Esse amor e essa bondade são novos todas as manhãs; e como é grande a fidelidade do Senhor!" (Lamentações 3:22-23). A fidelidade de Deus é eterna e exemplifica a Sua verdade, elas não se separam. Uma não existe sem a outra.

Você pode ser fiel a alguém ou algo, mas se não houver fidelidade, você será enganado e isso poderá custar-lhe a vida. O relacionamento verdadeiro, mas infiel, cedo ou tarde se desfaz.

Fidelidade e verdade são partes essenciais do caráter de Deus e devem conviver. Nossa vida e o mundo dependem disso! Se Deus desse importância apenas à verdade, todos nós deveríamos ser imediatamente destruídos, porque não existe nenhuma pessoa perfeita. Nem sequer alguém que deseje ser. Buscamos o melhor para nós mesmos; somos egoístas mesmo sem reconhecer. Deus poderia destruir o mundo em segundos, já que a grande maioria das pessoas não só lhe dá as costas, mas também o vê como inimigo.

Por ser fiel e justo, Deus não deixa de amar a todos, sem exceção. Ele espera que voltemos nosso coração a Ele e ao Seu amor. Para Ele não é difícil, porque a verdade e a fidelidade são a essência do Seu caráter. Sua misericórdia alcança todo o universo, e Sua bondade se renova a cada manhã.

Todos os dias podemos acordar e agradecer por Seu caráter e confiar em Deus: Verdadeiro e Fiel. Deus jamais mente ou engana, não nos abandona e nem se afasta de nós, pois esta é a essência do Seu caráter.

Nosso mundo pode falhar, mas Deus permanece fiel e verdadeiro. Nossa vida pode ser instável ou seguir sem rumo, mas Deus nos guiará, demonstrando a Sua bondade. A Sua fidelidade se renova a cada manhã.

Por essa razão podemos olhar adiante ou até para o passado, pois em qualquer situação vivenciada, ali o veremos. Quando vivemos em Seus braços, sabemos que ninguém pode nos tirar dali. E assim permaneceremos por toda a eternidade.

LEITURA DE HOJE
Juízes 5
Isaías 25
Efésios 2

ORAÇÃO
Santo Deus, agradeço por Tua fidelidade e presença.

Nosso mundo pode se despedaçar, porém Deus é fiel e verdadeiro.

Vencer ou morrer

18 de junho

Momentos antes da final da *Copa do Mundo*, na Itália, em 1938, a seleção anfitriã recebeu um telegrama que dizia: "vencer ou morrer" do chefe de estado, Benito Mussolini. Ela jogaria com a Seleção da Hungria; uma das melhores daquele campeonato. Mais tarde, chegou-se a dizer que era uma ameaça de morte. Aparentemente os homens adoram ameaçar. Em situações simples ou extremas, reagem com ameaças. Querem que obedeçam, porque senão...

Deus não costuma ameaçar. Fala para que o ouçam. Envia profetas para alcançar o coração do povo, mesmo que não queiram prestar atenção. "Diga-lhes tudo o que eu mandar, quer eles lhe deem atenção ou não. Lembre que eles são teimosos" (Ezequiel 2:7). Esse era o objetivo da vida do profeta Ezequiel, autor deste livro.

O profeta escreve que Deus castigará a maldade de qualquer pessoa, mesmo que faça parte do Seu povo. Deus é santo, portanto não pode permitir o pecado. Qualquer situação, decisão ou atitude nossa baseada em maldade, terá consequências. A maldade desagrada a Deus.

Ezequiel era um dos sacerdotes levados presos para a Babilônia, após a queda de Jerusalém. Em seu livro, diz ao povo para se arrepender da rebeldia, e voltar a Deus. O povo conhecia a lei, e sabia o porquê tinham sido levados cativos, portanto eles tinham a responsabilidade e a obrigação de ouvir e obedecer a Deus. Não esqueçamos, os que amam a Deus serão mais responsáveis por suas ações do que os que não o conhecem. Nós sabemos o que está certo ou errado.

Deus chama Ezequiel de filho do homem. E chegaria o dia em que o Messias se apropriaria desse nome. Ezequiel escreveu sobre esse momento, em que Jesus voltará outra vez como Rei e restaurará todas as coisas. A Bíblia fala de novos céus e nova terra, quando o Messias regressar em Sua segunda vinda. Esse livro é a chave para entender não só o que aconteceu ao povo de Israel naquele momento, mas também o que nos acontecerá quando Jesus voltar.

A mensagem ainda é a mesma. Voltemo-nos a Deus, pois Jesus voltará em breve. Essa mensagem deve ser proclamada. Escutem-na ou não. Mas não a use como ameaça, mas com a mesma compaixão com a qual Jesus pregou! Todos que o desprezam, sofrerão as consequências de sua rebeldia, mas nossa responsabilidade é lhes falar do evangelho de Jesus sempre, e não ameaçá-los.

LEITURA DE HOJE
Juízes 6
Isaías 26
Efésios 3

ORAÇÃO
Senhor Jesus, agradeço por Tua presença em minha vida. Preciso da força do Teu Espírito, para falar sempre de ti e jamais envergonhar-me.

Fale de Jesus sem ameaças, com a mesma compaixão com a qual Ele sempre pregou.

19 de junho

Mudanças na história

No jogo de basquete há sempre pequenas mudanças no regulamento para que o jogo seja mais dinâmico e justo. Uma dessas mudanças foram os 24 segundos como limite para cada jogada. Anteriormente, os times que se achavam mais fracos, mantinham a bola durante o maior tempo possível para evitar o jogo do outro time, e as partidas eram cansativas.

O livro de Ezequiel narra algumas mudanças sobrenaturais da história do povo: mudanças de motivações e conduta. O Espírito Santo inspirou o profeta a escrever de maneira muito direta. Veja os exemplos:

"...preste bem atenção e lembre tudo o que lhe estou dizendo" (3:10).

"...Então todos saberão que eu sou o Senhor. Levantarei a mão e destruirei o país deles [...] eu farei com que a sua terra fique abandonada e não terei pena de nenhum lugar onde os israelitas vivem..." (6:13-14).

"...O Senhor Deus não está vendo. Ele abandonou o país" (8:12).

"– Vá por toda a cidade de Jerusalém e faça um sinal na testa de todas as pessoas que sofrem e se aborrecem por causa de todas as coisas vergonhosas que estão sendo feitas na cidade" (9:4).

"Eu lhes darei um coração novo e uma nova mente. Tirarei deles o coração de pedra, desobediente, e lhes darei um coração humano, obediente" (11:19).

"Vocês, israelitas, ficarão sabendo que eu sou o Senhor, pois não os trato como merecem por causa das suas ações más e perversas; mas o que faço é para proteger a minha honra. Eu, o Senhor Deus, falei" (20:44).

"...Eu vou trazer de volta o povo de Israel de todos os países por onde os espalhei, e todas as nações ficarão sabendo que eu sou santo. O povo de Israel viverá na sua própria terra, a terra que dei a Jacó, meu servo" (28:25).

"Mas, se o vigia vê o inimigo se aproximando e não dá o alarme, o inimigo vem e mata aqueles pecadores. Nesse caso, eu considerarei o vigia como responsável pela morte deles" (33:6).

"Eu lhes darei tendões e músculos e os cobrirei de pele. Porei respiração dentro de vocês e os farei viver de novo. Aí vocês ficarão sabendo que eu sou o Senhor" (37:6).

"E eu vi que daquele lado vinha vindo a glória do Deus de Israel. A voz de Deus parecia o rugido do mar, e a terra ficou iluminada com a sua glória" (43:2).

LEITURA DE HOJE
Juízes 7
Isaías 27
Efésios 4

ORAÇÃO
Deus, tu és justo e és o dono de toda a história: do mundo e minha também. Descanso em ti.

"Eu lhes darei um coração novo e uma nova mente..." —Ezequiel 11:19

Tropeçar

20 de junho

Na América do Norte, em 2001, um erro de planejamento impediu um time de futebol americano de participar do campeonato nacional. Seu treinador confessou o seu erro e disse: "Aprendi que não se pode tropeçar em algo que já ficou para trás." Um conceito prático, pois nem sempre deixamos para trás o que aconteceu.

Caímos nessa tentação, não importa a idade que tenhamos. Conforme os anos se passam, aumenta o remorso pelo que aconteceu ou poderia ter acontecido. Para alguns, o erro pode paralisá-los.

Não nos referimos a crimes ou delitos, apesar de que todos podem ser restaurados por Deus. Falamos de situações e circunstâncias comuns em nossa vida; más decisões; palavras ditas ou não ditas; oportunidades que passaram; pessoas perdoadas ou não e discussões. A lista pode ser interminável, mas olhar para trás, nos faz tropeçar.

O passado não deve servir para nos lamentar, mas para aprendermos e sermos restaurados. Se tivéssemos tomado outras decisões, talvez não aprenderíamos o que sabemos agora. Ninguém sabe o que teria acontecido, caso não tivéssemos feito o que fizemos! Quando algo terrível acontece, não temos o direito de nos culpar por decisões que tomamos. Não sabemos o dia de amanhã!

Sempre repensamos as situações: "O que teria acontecido se minha atitude fosse diferente? Não fique repensando sobre o que você poderia ter feito. Não aceite a responsabilidade que não é sua. Deus conhece todas as coisas e Ele não nos culpa por coisas que não devemos. Conhecemos Deus melhor em nossas derrotas do que nas vitórias; no sofrimento mais do que na alegria. Descanse nele! Coloque todo o seu passado em Suas mãos e confie nele. Apesar dos nossos erros, medos e más decisões, Ele ainda nos ama.

As palavras do profeta afirmam que todos iriam conhecer o amor de Deus quando a vida se tornasse mais difícil: "Quando eu os espalhar entre as outras nações e por países estrangeiros, eles ficarão sabendo que eu sou o Senhor" (Ezequiel 12:15). Parece impossível, mas é assim. Não se esqueça, para Deus, fiéis não são aqueles que nunca caíram, mas aqueles que sempre se levantaram.

LEITURA DE HOJE
Juízes 8
Isaías 28
Efésios 5

ORAÇÃO
Pai eterno, as coisas velhas já passaram e tudo se fez novo. Estou em Tuas mãos.

Coloque todo o seu passado nas mãos de Deus e confie nele.

21 de junho

A história nos pertence

Monica Seles, foi tenista número um do mundo. Ela viveu um momento importante em sua carreira ao ser esfaqueada no meio da quadra, pois um louco queria que outra pessoa ocupasse o seu lugar. Ela abandonou tudo por vários meses e ao voltar, confessou: "Quando tentaram me matar, aprendi a viver. Quero jogar para me divertir e ser feliz; não para ser a número um. Se soubesse o amanhã, não gostaria que chegasse." Aprender a viver e não se preocupar com o amanhã, não parece fácil.

No livro de Daniel, percebemos que seus 12 capítulos são sobre a vida de Daniel e seus três amigos em situações extremas, e em país inimigo. Eles demonstram coragem e o amor a Deus.

As profecias enviadas por Deus e narradas por Daniel relatam os acontecimentos futuros. Elas nos foram dadas para que conhecêssemos as profecias sobre Israel em dois momentos: naqueles tempos e no final da história, quando Jesus voltar.

Daniel, Ananias, Misael e Azarias nos ensinam como viver fiéis a Deus, mesmo sob circunstâncias difíceis. Eles arriscaram suas vida, apesar de Deus sempre os libertar. Ainda eram adolescentes quando foram levados prisioneiros a um lugar distante, onde ninguém os veria ou reconheceria. Foram corajosos em continuar adorando a Deus, mesmo à custa de suas próprias vidas. Deus os cuidou e livrou dos perigos extremos. Gostamos dessa parte da história, no entanto, é importante lembrar-se de que eles foram fiéis a Deus, sem saber se Ele os livraria ou não. É isso que precisamos aprender.

Deus é o único dono da história: passado, presente e futuro. Ele permitiu que Daniel e seus amigos fossem presos. Deus conhecia os movimentos políticos e econômicos, e Ele explicou a Daniel o que aconteceria com o povo, e revelou-lhe o que aconteceria com o Messias prometido, Sua morte, ressurreição e a Sua segunda vinda ao mundo como Rei.

A dependência em Deus era o segredo das vidas desses quatro jovens. "...Não fique com medo, Daniel, pois Deus ouviu a sua oração desde a primeira vez que você se humilhou na presença dele a fim de ganhar sabedoria. Eu vim em resposta à sua oração" (Daniel 10:12). Se Deus pensa o mesmo de nós, então já aprendemos a confiar nele. Se em nosso coração, nos propusermos a compreender o que Ele quer e a viver diante dele, seremos fiéis; corajosos em todas as circunstâncias. Independente do que vier pela frente.

LEITURA DE HOJE
Juízes 9
Isaías 29
Efésios 6

ORAÇÃO
Amoroso Pai, dá-me forças para vencer e ajuda-me a ser corajoso...

Deus é o único dono da história.

Mudar de nome

22 de junho

O sonho do jogador iniciante é ser contratado por um time grande, em qualquer esporte e ser campeão. José Enrique jogou no *Celta de Vigo*, e no *Villareal*. Foi um excelente zagueiro, e jogou no *Liverpool*. Ele foi escolhido várias vezes como o *homem do jogo* na Inglaterra.

Se já é difícil viver longe de casa, mesmo realizando um sonho, imagine estar num lugar à força, ser desprezado e escravizado. Essa é a história de Daniel e seus três amigos.

Os quatros eram de família real, mas foram deportados e levados à terra inimiga. Nunca mais saberiam sobre suas famílias, país ou religião e o futuro era incerto. Seus inimigos cometeram uma última traição, mudaram seus nomes. Para o judeu, o nome é importante em sua identidade, portanto na Babilônia, eles sentiram-se completamente anulados. Queriam que eles renunciassem a tudo!

Daniel significa "Deus é meu Juiz." Eles lhe colocaram o nome de Beltessazar, "Bel (um de seus deuses) protege minha vida." Queriam que Daniel deixasse de confiar em Deus, e abandonasse a segurança do seu Criador.

Ananias significa "O Senhor é bom." Eles mudaram seu nome para Sadraque: "Sou muito temeroso." Tentaram encher a sua vida de medo. O nome de Misael: "Quem é como Deus", foi mudado para Mesaque: "Não sirvo para nada", porque queriam que se sentisse assim. E a Azarias: "O Senhor é minha ajuda" o chamaram de Abede-Nego: "Servo de tudo o que brilha", para que não acreditasse em Deus e confiasse no que é visível e tem o falso brilho das riquezas (Daniel 1:7).

Mas esses jovens viviam conforme Deus ordenara. Quando Daniel esteve na cova dos leões, Dario, o imperador, o chamou pelo nome: "Daniel, Daniel" (6:20), pois sabia que Deus o livraria. Os três amigos enfrentaram quem os obrigava a viver de modo diferente, (Daniel 3:29-30), e sua história ficou escrita para sempre. Não temeram nada, nem ninguém. Confiaram em Deus e não se preocuparam com a escravidão ou os ataques inimigos.

As mudanças nos nomes coincidem com os problemas atuais de todas as pessoas: insegurança, medo, baixa autoestima, e escravidão à aparência exterior. Apenas Deus pode nos fazer ser quem somos e permitir que saibamos quem realmente somos.

Não se descuide; você é filho do Rei e pode enfrentar tudo e todos! Deus cuida de você, hoje e sempre.

LEITURA DE HOJE
Juízes 10
Isaías 30
Filipenses 1

ORAÇÃO
Deus meu, agradeço pelas vitórias que o Senhor me dá.

Não viva de qualquer modo, você é um filho do Rei!

23 de junho

Propostas do coração

Daniel Guillermo, argentino, jogador de futebol construiu sua carreira em clubes pequenos de diversos países. Quando jogou na Espanha, o presidente do seu time levou seus jogadores a um clube noturno, para que tivessem a oportunidade de divertir-se. Daniel nem sequer quis sair do carro e entrar em local tão impróprio. Ele permaneceu sozinho num dos carros e disse a todos que acreditava em Deus e não faria nada que o desagradasse. Suportou as gozações, as piadas, o frio e chuva durante horas.

No livro de Daniel, vemos que os captores de Daniel e de seus amigos queriam obrigá-los a fazer algo contrário à vontade de Deus. Entretanto, eles se negaram e os enfrentaram. A Bíblia diz que: "Daniel resolveu que não iria ficar impuro por comer a comida e beber o vinho que o rei dava; por isso, foi pedir a Aspenaz que o ajudasse a cumprir o que havia resolvido" (Daniel 1:8).

Uma das decisões mais importantes em nossa vida é sermos fiéis aos nossos valores. Cumprir a vontade de Deus, sem nos importarmos com os outros. Não nos contaminarmos, mesmo que os outros ajam diferente. As circunstâncias não devem nos preocupar se fizermos o que devemos fazer.

Pensávamos que apenas os jovens sofriam pressão para serem iguais, mas agora sabemos que não importa a idade: o que os outros nos dizem, nos influencia. Deus nos fez pessoas originais, e não devemos viver como se fôssemos cópias. Viver de acordo com a vontade de Deus dá sentido à nossa vida. As piadas ou o desprezo não importam. É preciso ser fiel a Deus, mesmo em meio ao sofrimento numa noite solitária, fria e chuvosa.

Deus é o nosso libertador e nos resgata como já o fez com Daniel, e, portanto, somos vencedores perante todos. Nesse momento, nossa lealdade a Deus, ganha um prêmio instantâneo, e nossa fé se fortalece. Outras vezes, Deus permite que nossos inimigos nos firam durante dias, meses e até anos.

Para alguns, ser leal a Deus lhes custa a vida. Neste momento, há lugares onde os cristãos morrem simplesmente por sua fé. Estamos dispostos a viver com tal risco? A única coisa que não muda é o fato de Deus ter a última palavra em tudo. Independentemente de Ele nos restaurar agora ou no futuro, não são os nossos inimigos que vencem, mas o Senhor. Confie nele, até o fim. Vale a pena ser fiel.

LEITURA DE HOJE
Juízes 11
Isaías 31
Filipenses 2

ORAÇÃO
Senhor Jesus, quero honrar-te com a minha vida. Governa o meu dia a dia, Senhor. Eu te amo.

Deus é o nosso libertador e nos resgata como fez com Daniel.

Buscar a Deus

24 de junho

O meio-campista Fabrice Muamba sofreu uma parada cardíaca numa partida da *Copa da Inglaterra*, 2012; e durante 78 minutos esteve clinicamente morto. Muitos oraram pelo jogador cristão, que após o coma, saiu andando para recuperar-se. O médico afirmou: "Ele esteve clinicamente morto; a recuperação foi um milagre." A Bíblia diz: "Eu lhes disse: ' [...] já é tempo de vocês se voltarem para mim, o Senhor, e eu farei chover sobre vocês a chuva da salvação'" (Oseias 10:12). Essa é uma promessa em sua vida.

Oseias viveu na mesma época de Isaías, Amós e Miqueias; e escreveu o livro que leva o seu nome. O povo de Deus viveu momentos gloriosos, mas tudo era apenas aparência: religiosa, de culto, de solenidade... A realidade era a profunda humilhação moral entre os que diziam seguir a Deus.

Deus obrigou Oseias a casar-se com uma infiel, e assim o povo percebeu como estavam longe do Senhor. Deus queria ensiná-los que o pecado contra Ele era igual à infidelidade conjugal, — desleadade que destrói o amor e confiança.

Deus disse a Oseias, que fizesse algo incompreensível: casar-se com alguém que lhe seria infiel. Espanta-nos que Deus tenha pedido isso ao profeta, antes ainda de chamá-lo para falar em Seu nome! O fardo de Oseias e de seus filhos foi grande; eles foram considerados filhos da infidelidade. São lições importantes: Se Deus nos pedir para fazermos algo, nos capacitará para conseguir. Não devemos julgar ninguém pelos acontecimentos que ocorreram em sua vida, pois talvez esta seja a vontade de Deus sendo cumprida.

Em sua vida, o profeta Oseias mostra o quanto Deus sofre com a infidelidade de Seu povo. Deus enviou uma profecia a Israel, quando o povo de Deus estava dividido: dez tribos com Israel, e do outro lado Judá e Benjamim juntas. Na profecia, menciona-se Efraim, a tribo mais numerosa, ou Samaria, a capital do reino.

Deus chama Seu povo para voltar-se a Ele, e a não ser infiel, ou eles sofrerão as consequências ao cair nas mãos de seus inimigos. Quando não damos a preferência a Deus, nos expomos à destruição de nossas vidas. Se desprezarmos quem nos protege, não teremos valor algum.

Deus pediu a Oseias para não abandonar a sua mulher, mostrando a todos que Ele nos ama, mesmo quando o abandonamos. É tempo de buscar a Deus para que Ele nos dê a plenitude da Sua presença.

LEITURA DE HOJE

Juízes 12
Isaías 32
Filipenses 3

ORAÇÃO
Pai divino, algumas coisas que me pedes são difíceis de compreender, mas confio em ti e quero te servir.

É tempo de buscar a Deus, para que Ele nos dê a plenitude da Sua presença.

25 de junho

Falta conhecimento

Na final da *Copa da Europa* de futebol, na Suíça em 1961, na partida entre o *Barcelona* e o *Benfica*, dois atacantes do *Barcelona*, os húngaros Kocsis e Czibor, se espantaram ao reconhecer o vestiário em que estiveram em 1954, quando perderam a final da *Copa do Mundo*. O *Barcelona* liderou a partida, mas o *Benfica* foi o campeão. A frustração foi tão grande, com os chutes nas traves de madeira, que a partir desse dia, a FIFA decidiu mudar as traves em todos os estádios, para que fossem redondas. Até esse momento, eram quadradas.

Os povos se perdem pela falta de visão e conhecimento. "O meu povo não quer saber de mim e por isso está sendo destruído. E vocês, sacerdotes, também não querem saber de mim e esqueceram as minhas leis; portanto, eu não os aceito mais como meus sacerdotes, nem aceitarei os seus filhos como meus sacerdotes" (Oseias 4:6).

Numa sociedade que não nos permite pensar, Deus continua a nos lembrar de que, se não formos capazes de meditar e refletir sobre as nossas decisões; se nunca pararmos para pensar seriamente sobre tudo o que queremos fazer, e para onde iremos; se não tivermos conhecimento, cedo ou tarde seremos destruídos.

As pessoas não só se recusam obedecer a Deus, mas também não se importam em viver com falsos conceitos sobre Ele. Para que possamos nos compreender, devemos admitir que em nossa mente processamos: ideias, imagens, informações, pensamentos e reflexões.

Se não investirmos nosso tempo nestes itens seremos controlados pelos outros. Será impossível refletir e perderemos a liberdade, pois o que há em nossa mente não nos ajuda a discernir o certo do errado. Apesar do que dizem, ninguém quer que paremos para refletir e decidir. Todos obedecem a voz do seu mestre, pois estes os pagam, e não lhes interessa o que as pessoas pensam.

Precisamos refletir sobre o caráter de Deus, e sobre o que Ele nos pede. É preciso ler a Bíblia para ser livre. A leitura da Bíblia no século 16, fez surgir a democracia. Precisamos voltar a Palavra de Deus, para que todos voltem a refletir; saibam quem são; a razão pela qual vivem e decidam entre o certo e o errado. Para que ninguém pereça por falta de conhecimento e que possam almejar um futuro melhor.

LEITURA DE HOJE
Juízes 13
Isaías 33
Filipenses 4

ORAÇÃO
Querido Pai, quero aprofundar o meu relacionamento com o Senhor, por meio da reflexão em Tua Palavra.

Precisamos refletir sobre o caráter de Deus, e sobre o que Ele nos pede.

Nada para aprender

26 de junho

A Seleção do Brasil, campeã da *Copa do Mundo* em 1970 no México, é considerada por quase todos os colunistas como uma das melhores da história. Alf Ramsey, o treinador inglês não aceitou essa vitória e disse após perder a partida: "Nada temos para aprender com eles." Talvez por isso, a Inglaterra não tenha feito nada de notável em campeonatos desde então.

Todos nós temos problemas com o orgulho. Se alguém não admitir, tem problema consigo mesmo. No mundo do esporte, esse problema surge, ao se ouvir as declarações de muitos atletas, que raramente admitem que o rival seja superior. Após uma derrota, a culpa está no campo, falha do árbitro, alguém que faltava ou sobrava, o frio ou calor... Inventamos desculpas, antes de reconhecer que alguém possa ser melhor do que nós.

Fora do esporte, não somos diferentes. Queremos sempre ter razão no que dizemos, e se os outros não aceitam, não sabem o que dizem, e são menos inteligentes. A inteligência é uma das qualidades mais bem espalhadas no mundo; ninguém acredita que existe pouca inteligência.

Obviamente, Deus vê as coisas de outra forma, e nos lembra em Sua Palavra que está próximo dos humildes, dos que reconhecem que podem aprender algo e precisam de ajuda; dos que não vivem sem Ele e sabem que podem errar, e também dos que não mereciam nada e já receberam tudo.

A ética cristã pode ser resumida numa só palavra: gratidão. Quando somos agradecidos, aprendemos a vencer o orgulho. O agradecimento e o louvor demonstram que amamos a Deus. Se não somos gratos, nem adoramos a Deus, pensamos que somos maus ou que não necessitamos do que Deus fez por nós. Acreditamos ser melhores do que pensamos. Quando alguém nos favorece, nos escondemos, pois não reconhecemos que precisávamos de ajuda. Desse modo, muitos fogem de Deus.

Nenhum de nós gostaria de escutar as palavras do profeta Oseias: "O orgulho do povo é testemunha contra si mesmo. Todas essas coisas aconteceram, mas mesmo assim eles não se voltam para mim, nem procuram a ajuda do Senhor, seu Deus" (Oseias 7:10).

É melhor reconhecermos que temos muito a aprender e agradecer tudo o que Deus fez, faz e fará por nós. E também aprender a agradecer com sinceridade, primeiro a Deus, depois aos outros.

LEITURA DE HOJE
Juízes 14
Isaías 34
Colossenses 1

ORAÇÃO
Pai maravilhoso, reconheço meus erros. Preciso aprender com a Tua sabedoria.

A ética cristã pode ser resumida numa só palavra: gratidão.

27 de junho

Realidade virtual

O time virtual de futebol inclui valorosos jogadores de futebol: Messi, Kaká, Xavi, Raúl, Iniesta, Falcão, Diego, Xabi Alonso, Casillas e Alexis Sánchez. É virtual e todos podem ser técnicos.

O mundo virtual alcança toda a sociedade. Não há problema, já que os jogos nos proporcionam bons momentos. Os especialistas se preocupam com os que confundem a ficção com a realidade.

Apesar de ser chamada de realidade virtual, todos sabem que ela na verdade, não existe, mas cada vez há mais pessoas que se isolam em seus jogos, computadores e diferentes máquinas. Dedicam mais tempo ao que é virtual do que ao real. A comodidade de poder ter tudo, em sua própria casa está acabando com muita coisa.

Volto a repetir que não há nada de ruim, quanto aos jogos, mas esse "deixar-se levar" pelo que não é real, nos mostra que algo está errado. Pense nisso:

1 – A maioria das pessoas já não acredita em realidade objetiva. Toda verdade é subjetiva; cada um defende o que pensa ser verdadeiro para si. Por essa razão, vivemos em instabilidade. Ninguém tem certeza se o que faz é certo ou não. Tudo depende de cada um.

2 – A realidade virtual nos afasta das pessoas, pois os jogos são virtuais sem a interação presencial. Lá se vão as partidas com 20 companheiros em campo! Cada um joga na própria casa, com duas ou mais pessoas pela internet. Cada vez estaremos mais sós.

3 – As imagens valem mais do que as palavras. Há sequências completas baseadas exclusivamente em imagens, sem importar o sentido que possuem. Já não se ouve música, mas vê-se. As pessoas param de refletir e acreditam em tudo que veem.

4 – A família, os amigos, a comunidade, começam a desaparecer, pois não precisamos mais de companhia.

A realidade virtual supera tudo porque não é possível se zangar ou discutir com ela, pois ela faz sempre o que você quer e o que diz. O problema é que ela não poder ouvir nem abraçá-lo.

"...Com a sua prata e com o seu ouro, fizeram ídolos e por isso serão destruídos" (Oseias 8:4). O melhor nesse momento é ler o livro de Oseias 8. Muitos não querem que Deus intervenha em sua vida real, mesmo sendo cristãos. Para eles, Deus é virtual, e o encontram aos domingos na igreja e nada mais.

Não surpreende que tenham perdido o sentido da verdade e do amor; e que suas vidas sejam solitárias e enganosas.

LEITURA DE HOJE
Juízes 15
Isaías 35
Colossenses 2

ORAÇÃO
Senhor, não quero viver nas nuvens, mas lutar para que o mundo seja melhor.

A presença de Deus é real e verdadeira, não é virtual!

Preciso de...

28 de junho

Pat Cash venceu o *Torneio de Wimbledon*; em 1987, aos 22 anos. Ele não conseguiu lidar com a ansiedade em vencer. "Ganhar se tornou uma droga" admitiu. "Ao perder, sente-se que ninguém o ama, e dá vontade de acabar com tudo. Aos 17 anos já usava drogas... E meus filhos evitaram que eu me matasse em várias ocasiões."

Cash foi corajoso ao dizer isso. Outros vivem como se nada estivesse acontecendo, mesmo sofrendo. Muitos dissimulam e usam máscaras. Muitos não pedem ajuda, e aparentam normalidade e religiosidade, mas seus corações estão vazios.

Deus falou ao Seu povo: "...Quanto mais ricos ficaram, mais altares construíram; e, quanto mais a nação progredia, mais colunas do deus Baal foram levantadas" (Oseias 10:1). Mesmo buscando a Deus, podemos ter a motivação errada! Há pessoas que o buscam quando tudo vai mal, ou em desespero. Outros se aproximam apenas para pedir e quando recebem, desaparecem. Muitos o buscam por superstições. São cristãos nominais. Nos esportes, você os encontra em todos os campos: a maioria faz o sinal da cruz no início ou rezam. Em poucos momentos blasfemam. O que importa é que nada de mal lhes aconteça, querem apenas as bênçãos.

Alguns buscam a Deus para se sentir bem: receber perdão e cumprir rituais. Podem se confessar ou até fazer alguma penitência para comprar o perdão de Deus. Quando acreditam ter cumprido seus rituais, continuam como se nada tivesse acontecido.

Não faltam os que se aproximam de Deus para acalmar a sua consciência. Sabem que a vida não está bem, e vão à igreja no domingo para o Senhor e outros o verem como alguém bom. Durante o resto da semana, vivem como se Deus não existisse.

Há outros que querem que Deus lhes atenda, para terem razão em tudo. Os religiosos nos tempos do Senhor eram assim, quando Jesus lhes dizia algo, com o qual discordavam, pensavam em crucificá-lo. E assim fizeram. Usar Deus, dessa forma é pior do que ter ídolos.

É impossível enganar a Deus. Ele é a pessoa mais surpreendente e cheia de amor que existe. O segredo da vida está em aceitar Sua presença e obedecê-lo.

LEITURA DE HOJE
Juízes 16
Isaías 36
Colossenses 3

ORAÇÃO
Jesus, não quero fingir nem viver uma farsa. Transforma a minha vida.

Muitos querem que Deus apenas atenda os seus pedidos.

O que vale a pena

29 de junho

Chris Paul é atleta da *NBA* e foi um dos candidatos a melhor jogador em quase todas as temporadas. Seu avô foi assassinado e ele jogou no dia que se seguiu. Fez 61 pontos de propósito; um para cada ano que o avô tinha vivido. Estava com 59 pontos e marcou mais dois. Arremessou para errar para deixar a pontuação com exatos 61 pontos, em homenagem ao avô.

Apesar de parecer sem importância, ele fez algo memorável, e todos se lembrarão de seu avô. Sua motivação não era egoísta, pois queria o melhor para alguém que lhe havia amado tanto.

Deus busca a motivação em nós: Ele gosta de animar, restaurar e redimir. Nós fazemos o oposto: invejamos, desanimamos e destruímos. E destruímos o que acreditamos que não podemos usar; mas o diabo destrói o que tem valor, pois quer nos ver infelizes.

A Bíblia ensina que Deus não envia as pessoas ao inferno, mesmo aqueles que se revoltaram contra Ele ou tenham errado. Nada o surpreende, pois Ele não quer destruir, mas buscar e restaurar a todos. Exatamente como fará um dia, com toda a criação; Deus fará novos céus e nova terra. Ele é especialista em restaurar: às vezes é impossível, pois alguns não aceitam, mas isso não significa que Deus não queira restaurá-los.

"...eu farei chover sobre vocês a chuva da salvação" (Oseias 10:12). A imagem da chuva como bênção é poética. Quando a nossa vida parece terra seca, e o nosso coração está triste e só, Deus vem para abençoar. Faz chover para que a água nos renove. Deus modifica as circunstâncias para nossa vida deixar de ser um deserto. Deus refresca o nosso coração com Sua chuva, quando mais precisamos.

Deus abençoa a nossa vida, também com boas lembranças. Conforme os anos vão passando, a paz enche o nosso coração. Recordamos os momentos bons com a família, os amigos, o que Deus fez em muitas circunstâncias da nossa vida. As boas recordações são como a chuva, que carregam todo o mal para os momentos áridos e solitários. Deus renova o nosso coração no presente, mas também restaura o que aconteceu no passado.

Talvez pareça ser algo simples, mas escreva o que foi importante em cada semana. Nem sempre você terá a boa memória de agora, e recordar detalhes de cada situação fará as recordações revigorarem os seus dias. Deus é muito bom. Nunca se esqueça!

LEITURA DE HOJE
Juízes 17
Isaías 37
Colossenses 4

ORAÇÃO
Amado Pai, agradeço por me amar, transformar minha vida e estar sempre comigo.

As boas recordações são como a chuva, que carrega todo o mal dos momentos áridos e solitários.

Juízo de Deus

30 de junho

Muitas vezes ao ler livros de história vemos quantas barbaridades foram feitas, e muitas delas, contra as mulheres! Nas Olimpíadas da Antiguidade, Grécia, apenas as solteiras podiam assistir como espectadoras. As casadas que vissem os atletas, eram executadas! Clamamos por justiça. Parece impossível haver pessoas tão néscias, e gostaríamos de fazer algo contra as injustiças atuais.

O livro do profeta Joel trata sobre o juízo de Deus, naquele momento e no futuro. Joel significa: O Senhor é Deus, e ouvir isto nos lembra de que Ele tem a última palavra. No começo o livro estava sendo escrito para o povo de Deus. Eles haviam abandonado o Seu Criador, e lhe davam as costas e pecavam continuamente. Deus anunciou que Ele é o Juiz, e que todos os que cometessem o mal, sofreriam as consequências. Lemos como Deus usa diferentes circunstâncias e meios para castigar os maus, às vezes, utilizando a natureza com pragas naturais e insetos diferentes.

É preciso compreender que as pessoas sofrem as consequências de sua maldade, e que chegará o dia do Senhor, em que Deus dirá: "Chega!", e todas as injustiças serão castigadas. Nesse momento, Deus terá a última palavra e a Sua justiça reinará na terra. Ninguém poderá se esconder.

O livro de Joel lembra constantemente o juízo de Deus e a restauração de nossa vida, quando nos voltamos a Ele. Ninguém é mais interessado em nos perdoar, do que o próprio Deus. Mesmo quando nos afastamos dele, Deus oferece promessas de restauração: "Devolverei tudo o que vocês perderam [...] e louvarão o Senhor, seu Deus, que derramou tantas bênçãos sobre vocês. E o meu povo nunca mais será humilhado" (Joel 2:25-26).

Podemos ficar tranquilos ao saber que um dia Deus fará a justiça reinar, apesar de todas as maldades que muitos estão cometendo. Sim, ficamos aliviados ao ler que o pecado não ficará impune, e que um dia o juízo de Deus chegará. Enchemo-nos de paz ao saber que se nos voltarmos a Ele, Deus pode nos perdoar e restaurar completamente, até mesmo das consequências de nossa maldade. O segredo é voltar-se a Ele.

LEITURA DE HOJE
Juízes 18
Isaías 38
1 Tessalonicenses 1

ORAÇÃO
Justo Deus, perdoa a minha rebeldia e preencha a minha vida com o Teu Espírito e paz.

Quando a justiça de Deus reinar sobre a terra, ninguém poderá se esconder.

1 de julho

Já estou preparado!

Fernando Martin, jogador de basquete, tinha 19 anos quando foi contratado no *R. Madrid*. O time tinha dois outros grandes pivôs e era difícil que ele pudesse jogar muitos minutos. Um dia ele pediu ao treinador para colocá-lo mais tempo no jogo, e este querendo provocá-lo disse: "Acho você muito bom, mas com medo dos grandes jogadores, um pouco covarde para jogar aqui." Poucos dias depois, o treinador lhe disse: "O covarde já está pronto." Ele jogou 40 minutos e marcou 50 pontos... um dos melhores pivôs do basquete europeu.

Amós cuidava de bois, foi pastor e agricultor. Ninguém o notaria, pois nada tinha de extraordinário. Nenhum de nós o teria escolhido como escritor de um livro da Bíblia, mas Deus o escolheu.

A mensagem que o Senhor lhe deu foi muito clara: há muitas pessoas que se sentem satisfeitas com a vida, religião, relacionamento com Deus, mas estão afastadas do Senhor. Amós escreveu aos que vivem de aparências, e o seu livro é mais atual do que pensamos.

Amós não era covarde. Profetizou e falou contra os poderosos, os mais endinheirados, mas que estavam sendo malvados com o povo. Amós falou contra os que tinham Deus em seus lábios, mas vidas que demonstravam não segui-lo. Você reconhece esta situação?

O profeta repete várias vezes que Deus se preocupa com aqueles que nada têm, portanto quem diz que ama a Deus deve ajudar os que vivem em pobreza! Não é útil aquele que prega muito, se não demonstrar a misericórdia de Deus. Não é certo falar de Deus, se o negamos com as nossas ações!

Por isso, Amós, nos lembra de que um dia Deus trará justiça ao mundo. Embora a profecia seja anunciada para o reino de Israel, o cumprimento integral ocorrerá quando o Senhor Jesus voltar. As palavras daquele pastor valente podem ser resumidas na promessa que Deus anuncia ao Seu povo: "Voltem para o Senhor e vocês viverão" (Amós 5:6). Esse é o segredo. A razão de tudo.

Não se trata do que pensamos. No final, de nada serve. O que faz diferença em nossas vidas é buscar a Deus, porque Ele é a essência da vida. No final, o que importa não é o que conhecemos de Deus, mas sim o que Ele conhece de nós.

A diferença em nossa vida não é o que podemos dizer sobre Deus, mas o que Ele diz sobre nós. O que traz justiça ao mundo não é o que pregamos, mas o que fazemos.

LEITURA DE HOJE
Juízes 19
Isaías 39
1 Tessalonicenses 2

ORAÇÃO
Bem-aventurado seja o Senhor Deus Todo-poderoso, por entrar em minha vida. Busco a ti todos os dias.

O que traz justiça ao mundo não é o que pregamos, mas o que fazemos.

Ir longe demais

2 de julho

Michael Jordan ao falar sobre a compulsão por jogos, afirmou: "Estive em situações que foram longe demais. Olhava-me no espelho e dizia que era estúpido."

Deveríamos prestar atenção aos que passaram por dificuldades em diferentes áreas. Não precisamos experimentar o mal para perceber que podem destruir-nos. É má a ideia de chegar ao mais profundo para reconhecer onde estamos. Melhor não tentar.

Houve uma corrente de pensamento que defendia não haver nada errado em experimentar um pouco o que é ruim, se vacinar e não fazer mais. É certo que os pequenos detalhes, os princípios, o pensar "só um pouquinho não fará mal" nos escravizam." Qualquer situação que nos destrói é ruim, seja qual for. Não importa se substâncias químicas, violência, apostas e afins. O que nos destrói em grandes quantidades, nos destruirá, em pequenas quantidades.

É como ir à sorveteria e experimentar todos os sabores. Ou comprar roupas e ao voltar para casa já não gostar mais e decidir destrocá-las. Alguns acham que podem fazer o mesmo com drogas ou jogo. A publicidade dos jogos de azar deveria ser proibida, pois incentiva muitos à compulsão por jogos. Com as drogas é pior, pois uma única dose pode matar.

Ir longe demais é a decisão mais estúpida que podemos tomar. Muitos já caíram e reconheceram. Outros acreditam que são livres experimentando e não percebem que vivem escravizados. Lembre-se de que se você não pode deixar de fazer algo, já é seu escravo. Não há como voltar a página.

"Os que correm depressa não poderão escapar, os fortes perderão toda a força, e os corajosos não salvarão a vida" (Amós 2:14). Esta é a proclamação do profeta. Não se trata de simples ameaça, mas do final cruel do caminho que muitos escolheram. Não confie em sua própria força nem na capacidade de escapar mais uma vez. Não considere tudo sob controle. Não tente ir longe demais, porque não há lugar seguro para escapar de qualquer vício.

Só Deus pode libertá-lo. Se você ainda não experimentou o mal, não faça isso! Deus lhe dará o poder de dizer: Não! Se você estiver preso, ore e coloque sua vida nas mãos de Seu Criador, Ele é o único que pode libertá-lo.

LEITURA DE HOJE
Juízes 20
Isaías 40
1 Tessalonicenses 3

ORAÇÃO
Espírito Santo encha-me com o Teu poder de dizer não. Não quero desonrar a Deus, nem destruir a minha vida.

Se você não consegue deixar de fazer algo, você é seu escravo.

Dono do mundo

3 de julho

O austríaco Matthias Sindelar foi considerado o melhor jogador europeu nos idos de 1930. Ele jogava num time unido à comunidade judaica e foi campeão e maior artilheiro: marcou 600 gols em 700 jogos. Foram os melhores anos para a Seleção da Áustria: que venceu a França por 4-0, Alemanha 6-0, Hungria 8-2. Durante a Copa do Mundo da Itália, 1934, nas semifinais jogou contra a seleção anfitriã e dizem que Mussolini manipulou para a Itália vencer o campeonato. A seleção austríaca perdeu por 1-0, mas depois anularam vários gols. Em 1936, a Áustria foi anexada pela Alemanha na Segunda Guerra Mundial e Matthias recusou-se a jogar na Seleção Alemã.

Sindelar e sua esposa judia foram perseguidos pelos alemães. Ele foi encontrado morto em circunstâncias misteriosas. A versão oficial é a de que cometera suicídio, mas parece que foi assassinado pelo regime. No dia seguinte, sua esposa morreu. Quase 20 mil pessoas compareceram ao funeral.

A mensagem do profeta Obadias é direta e fala do castigo de Deus contra os inimigos de Seu povo. Contém apenas 21 versículos, mas ensina que Deus é fiel, justo e vingador do Seu povo. Nenhuma injustiça ficará impune diante dele.

Obadias significa Servo do Senhor e a mensagem do livro é dirigida contra Edom, o povo descendente de Esaú. A profecia foi cumprida durante o primeiro século, quando essa nação deixou de existir para sempre. Deus nos ensina que as injustiças contra o Seu povo serão julgadas e punidas. A vingança está nas mãos do Senhor, e Ele é justo e fiel para cumprir Suas promessas. Por mais difícil que seja uma situação Deus fará justiça!

Os donos do mundo, não o serão para sempre. "O seu orgulho o enganou…" (Obadias 1:3) As palavras do profeta chegam a todos que se julgam superiores ou invencíveis. Todos os ditadores, assassinos, os que destroem as vidas dos outros, os arrogantes, os orgulhosos por se julgarem superiores aos outros têm seus dias contados. Os que dão as costas a Deus também. Podem se julgar muito inteligentes porque, aparentemente, ninguém pode pará-los… mas têm os seus dias contados. Sua soberba os engana, sua aparente tranquilidade os trairá um dia. Seu sorriso falso pode ser um dos fiscais acusadores. E o mundo inteiro exultará quando forem julgados e condenados. Deus cumpre a Sua Palavra.

LEITURA DE HOJE
Juízes 21
Isaías 41
1 Tessalonicenses 4

ORAÇÃO
Pai que estás no céu, tira de mim todo o orgulho. Permita-me saber o quão fraco sou e ensina-me a descansar no Senhor.

Os ímpios têm seus dias contados.

Fugir o mais distante possível

4 de julho

Vítor aos 20 anos jogava no *R. Madrid*. Teve projeção na Seleção do Brasil, pois tinha muitas qualidades, mas não era feliz, e a sua carreira desmoronou. Aos 35 anos, encontrei-o no Brasil falando de Deus numa igreja. Era casado, feliz e ainda jogava. Vítor afirmou: "Tudo na vida vale a pena se nos faz voltar a Deus. Tive tudo, mas afastei-me de Deus e hoje sou feliz porque estou ao Seu lado, apesar de meus erros. Deus sempre me guiou e guardou."

É difícil acreditar que Deus nos dá liberdade até mesmo para desobedecer. Essa é a mensagem do livro de Jonas, que teve de esforçar-se para reconhecer seus erros! Não podemos julgá-lo, porque agimos igual.

Jonas foi enviado para profetizar contra a cidade de Nínive. Por não querer obedecer, fugiu num barco para a distante Társis. Durante a viagem, Deus enviou uma tempestade para fazê-lo refletir, mas apenas quando viu que a vida dos que iam com ele estava em perigo, Jonas admitiu que estivesse fugindo de Deus. Os marinheiros o lançaram ao mar que se acalmou. O profeta sabia que fugia, mas nem se importava.

A Bíblia diz que Deus preparou um grande peixe para que Jonas estivesse a salvo dentro dele por três dias e noites. Jonas reconheceu a sua rebeldia contra Deus, e o peixe o levou à beira. Por fim, Jonas pregou em Nínive e o povo e seu rei se arrependeram. A mensagem de condenação se tornou a salvação para o povo. E Jonas irritou-se muito! "...Eu sabia que és Deus que tem compaixão e misericórdia..." (Jonas 4:2).

A misericórdia de Deus foi para Jonas uma afronta. Ele se comportou como muitos que acreditam ser melhores do que os outros e que estes não devem ter acesso ao amor de Deus. Não merecemos a misericórdia de Deus, mas quando a recebemos, nosso orgulho nos faz crer que Deus nos ama por algum motivo. É como se nos sentíssemos dignos do que Deus nos dá.

O livro de Jonas ensina que Deus ama a todos, não apenas o Seu povo. A reação do profeta demonstra que Deus permite a nossa liberdade de desobedecer, mas não esqueçamos que, cedo ou tarde, Ele cumprirá Seus planos. É melhor segui-lo de coração

Quando lemos a história, aprendemos que o amor e a misericórdia de Deus são absolutos, e não temos direito de nos julgarmos superiores, nem mais justos do que os outros.

Deus é bom e convém que todos nós sejamos assim.

LEITURA DE HOJE
Rute 1
Isaías 42
1 Tessalonicenses 5

ORAÇÃO
Pai amado, agradeço por minha vida estar em Tuas mãos. Ajuda-me a obedecer ao Senhor!

Deus é infinitamente bom e convém que todos nós sejamos assim.

5 de julho

Jogue-se em seus braços!

Glory Alozie ganhou o subcampeonato mundial nos 60 metros com barreiras em Moscou, 2006. Foi uma temporada cheia de lesões e o frio a fazia sofrer além do normal por não estar totalmente recuperada. Mesmo assim, ela foi medalha de prata. "Confio muito em Deus, o Senhor nunca falha, e sabia que um dia ia me curar", disse ela após a cerimônia de entrega de medalhas.

Quando estamos numa situação difícil, muitas vezes desanimamos. Não somos perfeitos. Devemos nos lembrar de que ao passar por uma situação assim, Deus fecha uma porta, mas não fica do outro lado. Ele nos acompanha para ajudar-nos a encontrar o nosso lugar, e guiar até a próxima porta que Ele abrirá. Deus nunca desampara os Seus filhos, Ele sempre quer curar, restaurar e fortalecer. Deus não nos abandona nunca.

Precisamos falar com Ele seja qual for a nossa situação. Despir nossos corações diante dele para que nos restaure completamente. Entregar-lhe o nosso sofrimento e dúvidas. Se você acha que está afastado de Deus, leia um Salmo cada dia, lentamente, como se fosse o autor. Peça a Deus para tocar o seu coração, pois Ele nunca falha, cedo ou tarde você será fortalecido.

Deus entende o que sentimos, conhece nossas falhas e sabe quando nem mesmo temos vontade de falar-lhe, por desânimo. Deus não tolera o silêncio e o afastamento. Quer ouvir sobre o que está em nossos corações. Aproxime-se dele, você o teme? Lance-se em Seus braços!

Apesar de ter desobedecido e sofrido as consequências de sua rebeldia, Jonas exclamou: "Quando senti que estava morrendo, eu lembrei de ti, ó SENHOR, e a minha oração chegou a ti, no teu santo Templo" (Jonas 2:7). Deus não é como nós: Quando alguém nos abandona, nós o desprezamos para reconhecer o que fez e vir diante de nós humilhado e derrotado. O amor de Deus é extraordinário. Ele nos envolve mesmo quando voltamos "porque não há outro remédio". Ele continua a nos amar, sabendo que precisamos dele porque ficamos sem forças!

Não se confunda quando a Bíblia ensina que podemos viver na presença de Deus. Ela não se refere à uma religião que nos ajuda em alguns momentos. Deus é um ser pessoal, o único que pode estar conosco e nos ouve quando oramos. Ele conhece as nossas lágrimas. É o nosso Papai do céu. Estamos confiando em alguém que jamais falhará.

LEITURA DE HOJE
Rute 2
Isaías 43
2 Tessalonicenses 1

ORAÇÃO
Pai, estou passando por uma situação muito difícil e não sei o que fazer. Confio no Senhor, toma a minha vida em Tuas mãos.

Se Deus fechar uma porta, Ele não fica do outro lado, mas do lado onde nós estamos.

Nervoso, eu?

6 de julho

Bob Delaney foi um dos árbitros da *NBA* que recebeu o *Apito Dourado* como prêmio pelo trabalho. Conhecido por sua frieza e postura, passa tranquilidade aos jogadores. Seu nome era Covert quando trabalhava na polícia, e era responsável por uma transportadora utilizada para espionar a Máfia. Sua equipe desmantelou uma rede criminosa impressionante. Às vezes, via como os criminosos castigavam os devedores, arrancando-lhes as pernas. Depois disso nada o deixa nervoso, sendo apenas árbitro do basquete.

Deus usou Miqueias, um camponês, para escrever o livro que leva o seu nome. Qualquer um sentiria a pressão de ser escolhido por Deus para falar ao povo. Mas esse jovem pastor obedeceu e proclamou o que Deus disse. Superou todas as pressões, seguro nas mãos de Deus.

Miqueias escreve sobre a justiça que Deus quer para o Seu povo e para todos. Ele protestou contra o modo de agir da maioria das pessoas, pois cometiam injustiças sociais contra os mais pobres. Soa familiar? Deus quis que Seus profetas falassem contra a injustiça social.

Deus repete que Ele é justo e quer que Seus filhos sejam também. Leia isto: "O Senhor já nos mostrou o que é bom, ele já disse o que exige de nós. O que ele quer é que façamos o que é direito, que amemos uns aos outros com dedicação e que vivamos em humilde obediência ao nosso Deus" (Miqueias 6:8). Isso agrada o Criador.

Talvez o evangelho da prosperidade seja moda em muitas igrejas, e temos a impressão de que Deus está sempre perto dos mais favorecidos, ricos e poderosos. Não é verdade. A Bíblia diz que Deus está com os que não têm nada, e quer que Seus filhos ajudem os que nada têm! A igreja que ama Deus ajuda os pobres.

Miqueias clamou contra os que têm muito e vivem de qualquer forma; contra os que são incapazes de ajudar e voltam às costas aos que sofrem, contra os que vivem a vida espiritual vendo muitos sofrerem sem nada fazer. O profeta não teme clamar contra as injustiças de seu próprio povo.

Deus enviou Miqueias para que o Seu povo voltasse a Ele e vivesse de acordo com os seus propósitos. O profeta anuncia que um dia nascerá, de maneira simples, o Messias enviado por Deus, e que será desprezado por Seu próprio povo. Mas ele anuncia que um dia o Messias voltará para reinar uma segunda vez. Então, se fará justiça no mundo... e em Sua igreja.

LEITURA DE HOJE
Rute 3
Isaías 44
2 Tessalonicenses 2

ORAÇÃO
Pai, quero ser como o Senhor e amar de forma incondicional.

A igreja que ama a Deus ajuda os pobres.

Desqualificados

7 de julho

Muitos se surpreendem pelos casos de *doping* nos esportes. Marion Jones, vencedora dos 100 m nas Olimpíadas de Sidney foi desclassificada no Mundial de 2006. A segunda e a quarta ganhadora também foram desclassificadas. Quem mereceu as medalhas? Soube-se que Justin Gatlin, ouro nos 100 m em Atenas, 2004, também teve problemas, assim como Tim Montgomery...

Pensemos um pouco. Nossa sociedade não sabe o que fazer em muitas situações. Tentam legislar sobre o consumo de substâncias químicas, mas defendem a publicidade e o consumo para uso pessoal. Se você dirige sob efeito de álcool, pode ser preso, mas e os efeitos em sua família ou trabalho? Não se deve legislar sobre isso também?

O mesmo argumento se aplica a certas substâncias dopantes: Se você ingere na competição, pode ser preso, e o uso de drogas na vida normal? Parece que podemos legislar em algumas situações, pois ninguém admitiria ter sido preso por uso de drogas em sua vida particular. Há dois pesos? Talvez muitos protestem agora e digam tratar-se da vida de cada um e ninguém tem direito de dizer o que podemos ou não fazer...! Será que as consequências desaparecem na vida particular? Se alguém maltratar sua família sob tais influências, não poderemos fazer nada?

Não estou tentando dizer o que deve ser penalizado ou não. Estou explicando que ao não termos uma base espiritual sólida para as decisões que tomamos, apenas conseguimos improvisar em algumas situações.

Talvez o que fazemos em nossas vidas particulares não deve preocupar ninguém, mas leia o que o profeta escreveu: "Vocês não terão comida suficiente e estarão sempre passando fome..." (Miqueias 6:14). É uma frase absolutamente brilhante, pois no final o verdadeiro problema para o qual não temos a solução é o mal ser insaciável. Sempre queremos mais e nunca nos satisfazemos.

Deus nos oferece o oposto: Ele coloca paz em nossas vidas e concede tranquilidade e descanso. Desculpe, mas é impossível que alguém que não o conheça possa compreendê-lo, pois não há maneira de explicá-lo. Posso garantir que, quando amamos a Deus, não precisamos de mais nada.

Para quem não o conhece, mesmo tendo tudo, é como correr atrás do vento; é viver em contínua insatisfação.

LEITURA DE HOJE
Rute 4
Isaías 45
2 Tessalonicenses 3

ORAÇÃO
Deus, o Senhor é justo, não quero ser desqualificado, mas viver em Tua presença.

Quando amamos a Deus, não precisamos de nada mais e Ele nos concede o que necessitamos.

Saia da prisão!

8 de julho

Rene Higuita era um goleiro colombiano famoso por sua maneira de compreender o futebol. Ele saía do gol para iniciar a jogada e, às vezes, chegava até ao meio-campo com a bola nos pés. No final da carreira, reconheceu que pisou na bola com sua personalidade, quando o adversário recuperava a bola e fazia o gol: "A trave é a prisão do goleiro, mas consegui escapar."

Um dos nossos maiores problemas é nos sentirmos rejeitados. Começamos a vida felizes, mas cedo ou tarde vemos que algumas de nossas características não são totalmente aceitas e, pouco a pouco, deixamos de ser nós mesmos. Reagimos como se espera que façamos, tentando ser aceitos.

Todos o chamam por ser diferente, e você começa a deixar de agir à sua maneira, quando os outros não gostam do que você faz. Muitos foram rejeitados quando crianças ou mais tarde e vivem lembranças terríveis. Isso ainda ocorre ao iniciar um novo trabalho ou mudar de time. De repente, alguém faz comentários e você deixa de agir como o habitual. Não devemos deixar que nos rejeitem como pessoas.

Ninguém é perfeito. E ninguém tem o direito de censurar os outros por suas imperfeições. Talvez cometamos erros, mas não é razão para outros nos rejeitarem ou nos sentirmos rejeitados. Às vezes, o que acreditamos ser imperfeição de nosso caráter, pode ser um dom de Deus!

Não esqueçamos que Deus pode e quer restaurar o nosso passado. Ele nos criou como somos e nos ama. Devemos perdoar aqueles que nos feriram com comentários de mau gosto. Às vezes, familiares ou amigos nos menosprezam e guardamos isso como a maior ofensa do mundo.

Perdoe. E novamente perdoe. É mais fácil perdoar o estranho do que quem amamos, então faça um esforço e perdoe aqueles que mais amam você e a quem você mais ama.

A fonte do perdão é o próprio caráter de Deus. A Sua essência é o amor. Ele nos ama e é impossível deixar de nos amar. Miqueias nos lembra numa só frase: "…mas tens prazer em nos mostrar sempre o teu amor" (Miqueias 7:18). Deus jamais nos rejeita. Volte-se a Ele. Não importa o problema, a dificuldade ou a impossibilidade. O Espírito de Deus tem o poder de ajudá-lo. O mesmo Espírito que ressuscitou Jesus dentre os mortos, quer restaurar a sua vida, pois o ama.

LEITURA DE HOJE
1 Samuel 1
Isaías 46
1 Timóteo 1

ORAÇÃO
Jesus, obrigado por me perdoar. Quero seguir o Teu exemplo e perdoar outros.

Perdoe... e depois volte a perdoar.

9 de julho

Amor sem limites

Ernie Davis foi o primeiro jogador universitário negro de futebol americano, o melhor da temporada 1961. O filme *No Limite, a História de Ernie Davis* relata os problemas em que ele envolveu-se e o que sofreu devido à cor de sua pele. Seu avô sempre lhe recitava 1 Coríntios 15:10: "Mas pela graça de Deus sou o que sou…," e o ensinava a amar e não se sentir inferior por sua raça. "O desprezo jamais poderá mudar quem você é," dizia ele.

Acreditamos conhecer o significado da palavra amor. As dificuldades começam na prática, pois o amor ou é demonstrado ou de nada serve. Você se lembra da essência de Deus? A Bíblia nos diz que Deus é amor. Essa frase é repetida várias vezes: "…mas tens prazer em nos mostrar sempre o teu amor" (Miqueias 7:18).

Deus nos dá o Seu amor incondicional, sem medida, e esbanja a Sua graça a todos. Deus ama e se entrega, tem e dá compaixão. Quem não o conhece não sabe o que significa ser amado, porque Ele é o amor na essência. Milhares de pessoas podem amar, mas sempre com algum interesse; Deus é o único que ama sem motivo para amar, pois é a essência de Seu caráter e não consegue deixar de amar.

Esse fato, à primeira vista tão simples, é o alicerce de nossas vidas. Sabemos que somos amados. Não pelo que somos ou fazemos, mas porque quem nos ama, quer fazê-lo. Não podemos fazer nada para que Deus nos ame mais, ou menos. O que transforma a nossa vida é saber que Ele nos ama. Nada, nem ninguém pode vencer esse amor.

Como Deus é um ser pessoal, o amor é pessoal também. Ele ama a todos, mas Seu amor é expresso para cada um. Deus sabe quem eu sou, Ele próprio me criou. Ele conhece as minhas circunstâncias, desejos, pensamentos, erros, frustrações. Minha vida tem sentido, porque Ele quer vivê-la comigo!

Neste mundo no qual falamos de amor livre, Deus nos mostra que o verdadeiro amor nos vincula aos outros, pois queremos estar sempre com a pessoa que amamos, ajudá-la, conhecer seus sonhos, abraçá-la, desfrutar de sua lealdade e ser fiel a esse amor, ajudar no sofrimento e na solidão… Aqueles que falam de amor sem nenhuma ligação, não sabem do que estão falando.

A Bíblia diz que Deus sofre conosco, quando nossos corações estão tristes, porque nos ama. Deus sabe que o melhor não é obter o prazer. Jamais duvide de Deus: o maior prazer é amar.

LEITURA DE HOJE
1 Samuel 2
Isaías 47
1 Timóteo 2

ORAÇÃO
Meu Deus e Pai celestial, obrigado por Teu amor e cuidado. Ensina-me a amar os outros como o Senhor me ama.

Não podemos fazer nada tão bom para que Deus nos ame mais, nem nada tão ruim para que nos ame menos.

Lutar por nossos sonhos

10 de julho

Se você ouvir na secretária eletrônica: "Sou um homem livre... após ouvir o sinal, deixe sua mensagem, " terá que reconhecer que algo importante aconteceu. Assim Iriney, jogador de futebol, atendia os que o ligavam após a Federação Espanhola de Futebol decidir em seu favor, anulando um contrato com cláusula ilegal, colocada por seu clube. A luta durou um verão, mas foi um dos mais difíceis de sua vida.

Iriney sempre lutou com dificuldades. Na cidade onde nasceu, no Brasil, não tinha campo de futebol e as estradas de acesso estavam destruídas. Seu time nem sequer podia participar de competições nacionais. Quando um clube quis testá-lo, ele precisou viajar quatro dias de barco, com determinação, pois seu objetivo era claro: jogar. Deus fez o restante. Nenhum jogador ou time em sua cidade podia sonhar com algo parecido, mas Iriney e sua família confiaram em Deus e seguiram adiante. As circunstâncias que nos limitam podem destruir nossos sonhos, pois ninguém escolhe o lugar nem a família em que nasce.

Naum, o profeta escreveu em seu livro uma profecia contra a cidade de Nínive, a capital do Império Assírio, que dominava quase todo o mundo conhecido naquela época. A maldade e a injustiça que existiam naquela cidade eram tão grandes que Naum profetizou que a cidade seria destruída e até hoje ela não foi reconstruída.

Deus é justo e o vingador de Seus filhos. Ninguém pode agir cruelmente, sem que Ele aja. Cedo ou tarde, Deus destruirá os ímpios; aqueles que não só nos impedem de realizar nossos sonhos, mas também são injustos conosco; Deus sabe e não ficará calado, pois Ele tem o tempo para tudo, e Ele é fiel.

Deus é amor e Sua graça traz plenitude, mas Ele é justo e não pode aceitar a maldade. O melhor que podemos fazer é amá-lo, pois Ele é a fonte de todo o bem. Se alguém quiser se rebelar, caminhará para sua própria destruição: sairá perdendo se quiser enfrentar Deus.

"...Ele anda pelo meio de tempestades e de ventos violentos; as nuvens são o pó que os seus pés levantam" (Naum 1:3) São assim os que sempre procuram contendas, e planejam o mal aos outros. Muitas vezes, temos a errônea impressão de que os trapaceiros sempre vencem. Deus colocou um limite para todos e não permite perdermos a nossa liberdade definitivamente.

LEITURA DE HOJE
1 Samuel 3
Isaías 48
1 Timóteo 3

ORAÇÃO
Pai que estás no céu, o Senhor sabe que há pessoas que querem me prejudicar. Quero descansar em Tua justiça.

Perderemos sempre se quisermos enfrentar Deus.

11 de julho

Vida desenfreada

Derrick Coleman era o número um da *NBA* em 1990. Pouco tempo depois, os problemas com substâncias proibidas encerraram sua carreira. Dizia-se que ele poderia ser o pivô de todos os tempos, mas jogou apenas pelo salário. Quando seus negócios faliram, ele leiloou seus objetos pessoais para conseguir dinheiro.

Chegar ao topo e ter tudo, não significa ser o rei do mundo. Não é seguro fazer somente o que se quer. O poder e os bens não nos tornam melhores, nem ajudam a viver melhor.

Naum escreveu há mais de dois mil anos, mas parece ter visto uma das avenidas de nossas cidades: "Os carros de guerra correm rápidos pelas ruas e cruzam as praças em todas as direções. Parecem tochas acesas, correm como relâmpagos" (Naum 2:4). Não parece os carros de hoje e a vida acelerada que levamos?

Queremos o máximo possível no menor tempo possível. Corremos de um lado para o outro em carros velozes para chegar a tempo... Vivemos desenfreadamente para ganhar um pouco mais do que ganhamos. Queremos chegar ao topo, sem perceber o que perdemos no caminho. Sem reconhecer que ter mais, nada significa.

Se continuarmos assim, o futuro será pior do que pensamos. A cada dia, corremos mais. A cada hora, estamos mais desesperados. A cada instante, nos distanciamos do que realmente é importante! Se não tivermos tempo para o que é importante, rapidamente nos afastaremos de Deus.

Talvez agora tenhamos mais possibilidades de fazer as coisas certas. Podemos viver mais confortáveis e até mais seguros. Mas se falarmos em termos de aproveitar a vida e saber em que direção estamos indo, devemos reconhecer que o nosso mundo não vai para melhor, mas para pior.

Pare e pense. Reflita sobre o que é importante em sua vida. Pare de correr para chegar mais rápido a lugar algum. Pare de acumular posses e dinheiro, poder e satisfação pessoal, pare de enganar a si mesmo. Você pode pensar que todos admiram você, mas você sabe que realmente só ilude a si mesmo. Aqueles que admiram esse tipo de vida, em breve, chegam a odiá-la quando se veem na mesma insatisfação.

Tudo é diferente quando Deus o ensina a apreciar o que você está fazendo.

LEITURA DE HOJE
1 Samuel 4
Isaías 49
1 Timóteo 4

ORAÇÃO
Pai amado, ajuda-me a desacelerar. Preciso descansar no Senhor, pensar e desfrutar do que estou fazendo.

Queremos chegar ao topo a qualquer preço, sem perceber o que perdemos pelo caminho.

Por quê?

12 de julho

Cristian Ansaldi, da Seleção Argentina emigrou ainda jovem para jogar na Europa, e em 2011 foi jogar na Rússia. Ele confia em Deus nas situações mais difíceis, mesmo vivendo tão distante de sua família.

Habacuque foi importante e famoso em Israel e Deus o chamou para profetizar e escrever o livro que leva seu nome. Ninguém imagina que as primeiras palavras de sua carta são: Até quando gritarei: "…Violência!", e tu não nos salvarás? Por que me fazes ver tanta maldade? Por que toleras a injustiça…?" (Habacuque 1:2-3).

Todos nós fazemos as mesmas perguntas, por isso não é exagero dizer que este livro é um dos mais amados do Antigo Testamento. Apesar de ser pequeno, encontramos muito sobre o caráter de Deus: Ele não se importa que lhe perguntemos tudo que não entendemos. Deus gosta de ouvir as palavras que muitos têm medo de dizer e conhece as nossas desilusões. Nossa sinceridade o enaltece, porque demonstra que confiamos nele e o amamos.

No livro de Habacuque percebemos que no início do livro as perguntas são direcionadas a Deus. É a transcrição de um diálogo, pois Deus responde ao profeta, e a nós. Ele ensina que é santo e não permite a impunidade. Embora tenhamos a impressão de que os maus triunfam, Deus tem a última palavra, e estabelece a justiça no momento mais oportuno, quer nesta vida, ou na outra.

Habacuque compreende que Deus castiga os que agem com maldade. Reconhece que a nossa responsabilidade é crer nele e esperar Sua ação. Neste livro encontramos esta preciosidade: "…as pessoas corretas viverão por serem fiéis a Deus" (Habacuque 2:4). É um dos fundamentos na vida cristã; nosso dever é crer em Deus. Ao confiarmos nele, descansarmos em Suas promessas, vivemos como Ele quer, aconteça o que acontecer. Resumo o que deve ser a nossa atitude: "Ainda que as figueiras não produzam frutas, e as parreiras não deem uvas; ainda que não haja azeitonas para apanhar nem trigo para colher; ainda que não haja mais ovelhas nos campos nem gado nos currais, mesmo assim eu darei graças ao Senhor e louvarei a Deus, o meu Salvador" (Habacuque 3:17-18).

Deus é tudo o que precisamos. Ao crermos nele, vivemos, não importam quais sejam as circunstâncias pelas quais passamos. Quando vivemos pela fé, nos submetemos ao Senhor.

LEITURA DE HOJE
1 Samuel 5
Isaías 50
1 Timóteo 5

ORAÇÃO
Pai Santo, há coisas em minha vida que não compreendo. Fala comigo e toca a minha vida, pois Sua presença é o melhor para mim.

Viver pela fé — não há outra maneira!

13 de julho

O mais forte

Giovanni Greco foi campeão panamenho em competições internacionais de *surf*. Certo dia quis se matar, pois pensava apenas em aproveitar a vida: festas, bebidas, mulheres etc. Quando ouviu sobre Deus, tudo mudou. Hoje, ele fala aos jovens sobre a importância de Jesus em suas vidas. O tempo passa muito rápido e tudo o que acreditamos ser importante se perde. As pessoas esquecem rápido dos seus campeões.

Roberto Meza é um surfista peruano, conhecido internacionalmente por seus feitos e brigas com os companheiros. Ele viveu em angústia desde a separação de seus pais, mas descobriu que Deus o amava e sua vida mudou. Hoje é treinador e não se cansa de repetir: "Deus me transformou."

A vida e a força são uma dádiva de Deus, Ele nos dá tudo, a própria respiração. Alguns não aceitam isso e querem fazer desaparecer a presença do Seu Criador. Nem querem ouvir a menção dele.

Ninguém pode viver sem Deus, o vazio que há em nós é enorme, e por isso, cedo ou tarde, todos buscam substitutos. Muitos "...não adoram outro deus senão a sua própria força" (Habacuque 1:11). Quando são jovens e ou poderosos, acreditam que ninguém pode bater de frente com eles, que não precisam de nada e que podem ser seus próprios deuses.

Outros buscam a espiritualidade sem querer ouvir sobre o Seu Criador. Sabem que é impossível viver sem a dimensão espiritual que temos em nosso interior, portanto, contratam substitutos momentâneos em mercados falsamente inteligentes. Temos mais livros, jornais, estudos e programas nos meios de comunicação sobre a autoestima, amizade, valor do eu, relacionamentos, livros de autoconhecimento etc., do que nunca. Todos são temas espirituais. Como sentir a parte espiritual se não se quer saber sobre quem o colocou lá?

Outros confiam suas vidas em deuses que podem ver e ouvir. Os cientistas, artistas, atletas, políticos, etc., ocupam lugar em nossos corações e o deixam desolados, pois esse espaço é muito grande para eles.

Ninguém pode lhes pedir ajuda quando precisam, nem encontrar neles sabedoria para tomar decisões importantes ou quando não sabe o que fazer. Ninguém em sã consciência os chama à beira da morte. Muitos sofreram em sua própria experiência; ao precisarem de alguém ao seu lado, todos tinham desaparecido.

LEITURA DE HOJE
1 Samuel 6
Isaías 51
1 Timóteo 6

ORAÇÃO
Jesus, obrigado porque és sempre o mesmo e posso confiar em ti! Amo o Senhor.

**Só Deus permanece quando todos partem.
Vale a pena conhecê-lo antes disso acontecer!**

Saber esperar

14 de julho

O Obradoiro de Santiago de Compostela é um dos clubes de basquete mais conhecidos na Espanha. Jamais venceu um campeonato nacional, mas sua história é exemplo de luta e paciência, eles esperam a devolução do que lhes foi tirado. Por 20 anos, apelaram às instâncias da justiça desportiva e comum para receber a promoção que lhes pertencia por direito. Ao final se fez justiça. Durante a temporada 2009–10, puderam aproveitar sua vitória... apesar de esperarem por mais de 20 anos.

Nossa dificuldade é saber esperar, sobretudo se for para obter algo que merecemos. Desesperamo-nos com razão! O tempo passa e, aparentemente, nada acontece. Quase ninguém quer exercitar a paciência quando ocorre injustiça. O tempo parece correr contra nós, e cada momento que passa torna maior a sensação de que nunca teremos aquilo que esperamos.

Devemos lembrar que quando não sabemos esperar, comprometemos os nossos valores: crenças e o que nos é importante. Às vezes, nos comprometemos tomando decisões erradas para nós, para conseguir o que queremos o mais rápido possível! Somos mesquinhos e chegamos ao limite da nossa destruição para conseguir algo que pode nos prejudicar. Sabemos disso e seguimos em frente. O desejo de estar certo e conseguir tudo é superior as nossas forças!

Às vezes, falamos de algo muito justo e a espera nos consome pouco a pouco. Outras vezes, quando não sabermos esperar, perdemos a beleza do tempo transcorrido. Talvez a espera seja parte da recompensa! O esforço e a viagem que fazemos para conseguir algo podem valer tanto ou mais, do que o que conseguimos, no final.

Essa é uma realidade quando falamos do tempo de Deus. Nosso amor por Ele e a confiança em Seus planos exige que olhemos menos para o nosso relógio e muito mais ao dele. Deus chega sempre na hora certa! Nunca permite que algo para o qual não estamos preparados, aconteça. Não se atrasa, nem se esquece de nós: Ainda não chegou o tempo certo para que a visão se cumpra; porém ela se cumprirá sem falta..." (Habacuque 2:3). Deus nunca é injusto e não permite que as injustiças nos derrotem.

Vale a pena esperar em Deus, porque Ele pode restaurar tudo. Mesmo os anos que perdemos. Todo o tempo que passou está em Suas mãos. A Bíblia diz que o nosso tempo está em Suas mãos: o presente, o futuro e o passado.

LEITURA DE HOJE
1 Samuel 7
Isaías 52
2 Timóteo 1

ORAÇÃO
Deus Pai, Todo-poderoso, preciso da Tua ajuda. Há situações em minha vida que me vencem e não sei o que fazer!

Quando não soubermos esperar, perderemos a beleza do tempo transcorrido!

15 de julho

Amor profundo

Doriva foi campeão mundial de clubes com o *São Paulo* e vice-campeão do mundo com a Seleção do Brasil em 1998. Apesar das conquistas, a sua vida só teve sentido ao decidir seguir Jesus, quando jogava no *Celta de Vigo*, Espanha. Em 2000, ele assinou contrato com um time inglês; um clube com 128 anos de história sem nenhum título. Em pouco tempo, Doriva e seu time venceram pela primeira vez a *Copa da Inglaterra* e foram finalistas na Taça da UEFA. Foi eleito o melhor jogador do time. Seu compromisso com o Senhor o levou a distribuir o primeiro volume do livro *Jogada Perfeita* a todos os jogadores da primeira divisão. 0

Sofonias, profeta extraordinário e bisneto do rei Ezequias, com os direitos de sucessão, na época das reformas do rei Josias, preferiu servir a Deus. Seu livro é ótimo, pois ele vivia entusiasmado com Deus.

Sofonias fala em nome do Senhor num momento crítico, em que o rei Josias queria que todos se convertessem a Deus. O profeta foi usado por Deus para ensinar-lhes que Ele é o juiz e todo o Seu povo deve voltar a desfrutar do relacionamento com Ele, vivendo em santidade.

O que Deus espera de Seu povo não é um retorno à religião, aos rituais ou aos cultos, nem mais esforços ou penitências. Ele quer viver em seus corações, ser amado por eles. Deus não quer julgar nossas ações, mas nossos desejos, não o que aparentamos, mas o que somos. O importante não é a religiosidade, mas o amor profundo dentro de nós. Nossa vida espiritual não pode centrar-se em reuniões, cultos ou igreja, mas em Jesus!

É isso que Deus julgará. É nele que os avivamentos e as reformas se iniciam. Deus espera que nós o amemos com tudo que somos e temos, e de coração. Não como algo imposto, nem mesmo como a nossa resposta a Ele! O amor não pode ser fingido ou forçado, amamos porque amamos. E nós o amamos porque Ele nos amou primeiro.

Sofonias descobriu o que significa sentir-se amado por Deus. Não surpreende que para ele fosse mais importante servir a Deus do que ser rei! Veja isto: "...Deus ficará contente com vocês e por causa do seu amor lhes dará nova vida. Ele cantará e se alegrará" (Sofonias 3:17).

Deus canta ao vê-lo e o ama. Ele quer ter um relacionamento pessoal com você! Entregue sua vida nas mãos dele. Pare de pensar em Deus como alguém distante e desconhecido. Venha para Jesus e viva!

LEITURA DE HOJE
1 Samuel 8
Isaías 53
2 Timóteo 2

ORAÇÃO
Pai amado, obrigado por criar-me como sou. Mostra-me o valor de minha vida para o Senhor.

Deus espera que nós o amemos com tudo que somos e temos, e de coração!

Os heróis chegaram!

16 de julho

G. Andrew Fleming organizou as Paraolimpíadas de Atlanta, em 1996. Na cerimônia de abertura disse: "Por duas semanas, muitos atletas vieram para competir e voltam como heróis. Hoje os heróis vieram para competir."

Quando somos crianças, sonhamos em ser heróis. Deus sempre cumpre esse sonho: Seja quem for, onde for, em qualquer situação, Deus o vê como um ser único e especial. Ele se deleita em nós, porque temos a Sua imagem, e nos aceita como somos, pois nos criou assim. Todos têm um pouco da imagem de Deus em si.

Amamos as coisas porque têm valor, mas outras coisas têm valor porque as amamos. Pagaríamos o preço por algo que amamos, embora sem valor para outra pessoa que não entenda a razão de nossa estima. Temos valor porque Deus nos ama, embora ninguém mais possa entender.

Desde a infância, queremos ser valorizados. Trabalhamos para merecer a aprovação na escola, nos exames, nos esportes, em nossas ocupações etc. Nossa vida muda ao descobrirmos que não temos que fazer algo para ter valor: Deus nos ama como somos, não espera que façamos algo para merecer. Ele nos dá o Seu amor por Sua graça. Se queremos trabalhar para merecer o amor, nós o desvalorizamos.

Quando um grande artista assina suas obras, seu valor passa a ser milionário. A mão do artista e sua habilidade como criador é importante para todos. Deus criou cada um de nós. Sua habilidade e poder são absolutos. Suas criações são perfeitas. Honramos o nosso Criador, quando somos nós mesmos. Hoje está na moda o querer mudar tudo e pensar que se nossa aparência for melhor, nossa vida será melhor. Não acredite nisso. Cuide-se o melhor possível e, mas não siga os ditames dos que dizem que é necessário uma cirurgia para mudar isto ou aquilo…

Deus o ama. Tanto que alegra-se ao vê-lo "…Deus ficará contente com vocês e por causa do seu amor lhes dará nova vida. Ele cantará e se alegrará" (Sofonias 3:17). Deus ama, perdoa, concede a Sua graça, dispõe-se a nos ajudar, nos levanta e restaura, nos anima e corrige para que encontremos o nosso caminho… Nada é melhor do que amá-lo com tudo o que somos e temos, e temos de aprender a ser quem somos. Deus não vai pedir conta por não termos sido como Paulo ou como Débora, mas por não sermos nós mesmos. Deus lhe deu a vida. Viva-a como herói.

Nada é melhor do que amar o Senhor com tudo o que somos e temos.

LEITURA DE HOJE
1 Samuel 9
Isaías 54
2 Timóteo 3

ORAÇÃO
Pai Santo, obrigado por escolher-me e pelo valor que tenho aos Teus olhos!

17 de julho

Pobre... mas nem tanto!

O jogador de golfe Lee Treviño enfeitava suas entrevistas com senso de humor. Falando sobre as dificuldades econômicas quando criança, brincou: "Minha família era muito pobre e, se minha mãe jogasse um osso para o cachorro, ele tinha de pegá-lo no ar, se não, pegávamos dele."

Bem, pobres sim, mas talvez nem tanto. Ao falarmos de dinheiro, a maioria toma posições extremas. Ou afirmam ser mais pobres do que são ou alardeiam ter mais do que têm. Poucos costumam estar contentes.

O livro do profeta Ageu é o próximo que encontramos na Bíblia. Deus enviou Ageu para que o povo percebesse o que fazia com sua riqueza. Deus falou por meio de Ageu aos que tinham voltado do cativeiro na Babilônia e tinham se estabelecido na Terra Prometida. A maioria tinha bastante dinheiro, pois tinham construído casas para morar. Davam toda sua atenção aos negócios, enquanto o templo de Deus ainda não estava reconstruído. Logo após o retorno do cativeiro, colocaram os alicerces do Templo, mas terminado isso, todos se dedicaram às suas próprias casas e passaram anos sem preocupar-se com a casa de Deus.

Ageu, em seu livro, alerta para que reconsideremos os nossos caminhos. Se estivermos tão ocupados em nossos negócios que não prestamos atenção em Deus, algo está errado em nossas vidas. Se dedicarmos o nosso dinheiro e tempo ao que queremos, e nos esquecermos do que temos de fazer para o Senhor, não o amamos realmente.

"...vão até as montanhas, tragam madeira e construam de novo o Templo..." (Ageu 1:7). A mensagem de Ageu tocou os corações do povo e em poucos meses o Templo foi reconstruído. Seria ótimo se obedecêssemos a Deus desta forma, sempre que Ele nos pedisse algo.

Às vezes, Deus tem que nos repreender. Há momentos em nossa vida que temos a impressão de que não somos capazes de reagir de forma diferente. Apesar de Deus falar dezenas de vezes e lermos o que Ele espera de nós em Sua Palavra, reagimos como se não quiséssemos ouvi-lo. Queremos falar mais alto. Como qualquer pai reconhece, essa não é a solução ideal, mas às vezes não há outra maneira de ser ouvido.

De vez em quando é ótimo considerar os nossos caminhos. Fazer uma parada em todas as coisas e parar um momento para pensar, meditar e decidir. Obedecer, bem antes de Deus ter de nos repreender.

LEITURA DE HOJE
1 Samuel 10
Isaías 55
2 Timóteo 4

ORAÇÃO
Jesus, preciso estar contigo... quero falar com o Senhor e ouvir-te...

Às vezes, precisamos da repreensão de Deus.

Nunca se esqueça dele

18 de julho

Durante as paraolimpíadas nos EUA, nove corredores estavam prestes a entrar na corrida de 100 metros. Ao sinal de saída, todos começaram a correr, exceto um, que caiu e lamentou-se pelo nervosismo e dor. Os outros perceberam, pararam e olharam para trás. Uma corredora com *Síndrome de Down* se ajoelhou e beijou o menino caído, dizendo: "Você vai ficar bem e sarar." Ela o levantou e deu-lhe as mãos para chegar onde estavam os outros. Todos se deram as mãos e correram juntos até a linha de chegada. O estádio aplaudiu por vários minutos. Ninguém esqueceu do que tinha visto.

Os que têm necessidades especiais são bem sensíveis, e costumam ajudar uns aos outros. Para eles nem tudo é ganhar, mas bem-estar. Não se importam em perder se com isso estiverem ao lado do que sofre ou que não pode seguir em frente. Deveríamos aprender com o seu exemplo; no esporte e na vida.

"O Senhor Deus diz: [...] cantem de alegria, pois eu virei morar com vocês!" (Zacarias 2:10). Deus chamou este profeta para ensinar ao povo que estar na presença de Deus é mais importante do que tudo o que temos. Ajudar os outros tem mais valor do que os nossos bens ou realizações.

Zacarias significa "o Senhor se lembra". O profeta nasceu no cativeiro da Babilônia e morreu perto do Templo, após o povo ter retornado à terra natal. Deus o chamou para indicar ao Seu povo que o pecado os destruía, e somente a justiça do Senhor os tornaria felizes. Eram cativos por causa de sua rebeldia contra Deus e agora voltavam à sua terra, pois Deus os renovara e restaurara em Seu amor. Eles jamais deviam esquecê-lo, nem nós.

Zacarias explica a Palavra de Deus por meio de símbolos. É simples e direto, para que todos compreendam a sua mensagem. É o profeta do Antigo Testamento que mais ensina (depois de Isaías) sobre Jesus; Sua primeira vinda e segunda.

Zacarias nos lembra que a proximidade de Deus nos faz gostar, cantar, encher-nos de júbilo. Quanto mais nos aproximamos de Deus, mais a alegria impera em nossas vidas. Alegria que permanece conosco, pois nada tem a ver com as circunstâncias. Aprendemos que o nosso objetivo não é viver em contínua vitória, mas parecermo-nos mais com Deus e aprender a ajudar os outros. Alcançamos esse estilo de vida pelo poder do Espírito de Deus.

LEITURA DE HOJE
1 Samuel 11
Isaías 56
Tito 1

ORAÇÃO
Pai que estás no céu, obrigado por Teu amor. Ensina-me a descobrir a Tua beleza e a viver com entusiasmo.

Este estilo de vida não se alcança com nossas forças e sabedoria, mas pelo poder do Espírito de Deus.

19 de julho

Nossas fraquezas

Os Jogos Olímpicos têm histórias, circunstâncias e pessoas que nos surpreendem. Nos jogos em Saint Louis, 1904, o ginasta norte-americano George Eyser, conseguiu 1 ouro, 2 pratas e 1 bronze. Sua habilidade era admirada, pois a perna esquerda dele era feita de madeira, resultado de ser atropelado por um trem.

A diferença na vida é marcada pelo desejo de vencer, pela decisão de não desanimar nunca e, pela disciplina e caráter que jamais se dá por vencido. Não acredite que algo o inferioriza. Ao pensar em suas limitações, elas governam a sua vida, e ensinam o que pode ou não fazer. Se você reconhece que temos pontos fracos e que ninguém é superior aos outros, a situação não mudará, mas a sua atitude e motivação sim. Os que entendem isso revolucionam o mundo.

O que escrevo é 100% espiritual, embora pareça impossível: A Bíblia diz que quanto mais fracos nos sentimos, mais precisamos confiar em Deus. E confiando nele, somos mais fortes! Deus explicou ao Seu povo: "...Não será por meio de um poderoso exército nem pela sua própria força que você fará o que tem de fazer, mas pelo poder do meu Espírito" (Zacarias 4:6).

Não se trata do mais forte, mas do mais confiante. A vitória não pertence aos poderosos, mas aos espirituais, porque o poder do Espírito de Deus supera a todos. Se entregarmos as nossas vidas em Suas mãos para que Ele aja em nós, nossas fraquezas se tornarão o nosso maior tesouro. Nossas dores, a maior bênção.

Uma das imagens que o Espírito de Deus toma para si, na Bíblia, é o azeite. Deus nos cura por meio do Seu Espírito, faz nosso rosto brilhar e nos faz refletir Seu caráter. Atraímos os outros mesmo sendo fracos; ajudamos mesmo quando parecemos sem esperança, e somos mensageiros da paz mesmo que o nosso interior esteja em pedaços.

Deus toma cada uma de nossas fraquezas e as aperfeiçoa. Ele não as tira de nós, porque sabe que quando acreditamos não poder fazer mais nada, somos mais úteis. A verdade é que competimos melhor com uma perna de madeira. E os nossos rostos brilham, não porque sejamos os vencedores, mas porque o Espírito de Deus contenta a nossa alma. E quando Deus nos dá a vitória, nos sentimos muito felizes porque compreendemos que somos mais do que vencedores. Não pelo nosso poder, mas por Seu Espírito.

LEITURA DE HOJE
1 Samuel 12
Isaías 57
Tito 2

ORAÇÃO
Deus, obrigado por Teu poder para viver. Ajuda-me a descansar e saber que o Teu Espírito me ajuda a ser vencedor.

O Espírito de Deus contenta a nossa alma.

Jogar para sempre

20 de julho

Deus nos concedeu muitos privilégios, dentre eles, a amizade de muitos atletas. Nos últimos 20 anos, assistimos a vários jogos de futebol com a família, como convidados nos camarotes dos estádios mais conhecidos em Barcelona, Madri, Liverpool, Milão, Munique, Paris, Roma, Valência, Sevilha. Meus amigos sempre me dizem que gostariam de estar em nosso lugar. O que mais gostamos não é tanto o esporte em si, mas estar ao lado dos jogadores e suas famílias.

Um dia, todos nós que já recebemos Jesus em nossas vidas, estaremos num lugar infinitamente melhor. Jesus nos levará consigo, pois nos ama e quer nos conceder todos os privilégios.

Vamos explorar a vastidão de milhões de galáxias e ver a beleza de bilhões de estrelas e planetas. Ocasionalmente, um dos nossos maiores prazeres será passear e contemplar as maravilhas que Deus criou e usufruir o que Ele projetou. Na eternidade, não haverá limites de tempo ou espaço, nem nos preocuparemos com o cansaço ou afazeres do dia seguinte. Nada nos entristecerá, nem nossas lembranças! O tédio desaparecerá para sempre e a pressa... será lançada no inferno.

Mas isso não é tudo, nem mesmo o começo! Nos novos céus e nova terra nos reuniremos com todos os que amam Jesus; teremos a eternidade para conhecer a todos!

O profeta afirma que: "...as praças ficarão cheias de meninos e meninas brincando" (Zacarias 8:5). Uma realidade no futuro reino do Messias, que pode ser aplicada na eternidade. Teremos todo o tempo para brincar e nos divertir, o que não poderíamos fazer aqui.

Por sermos amigos de Deus, Ele nos concede imensos privilégios, mas deixe-me dizer: Estar com Jesus realmente fará a eternidade ser gloriosa para nós. Ver tudo sim, mas andando com Ele. Conhecer tudo isso, mas ouvindo o Senhor. Encontrarmos com todos, claro! — mas sempre com Ele ao nosso lado. Ao lado de tudo. Desfrutando sempre, porque Ele nos levou lá.

E se alguém não lembrar o motivo de nossa celebração, todos nós diremos que tal pessoa deve olhar para as mãos e o lado em que Jesus foi ferido.

LEITURA DE HOJE
1 Samuel 13
Isaías 58
Tito 3

ORAÇÃO
Jesus, obrigado porque um dia o Senhor voltará. Obrigado pelos novos céus e pela nova terra.

"...O tempo certo vai chegar logo; portanto, espere, ainda que pareça demorar..." —Habacuque 2:3

21 de julho

Todo o dinheiro do mundo

Cristiano Ronaldo, jogador português do *Real Madrid*, foi Bola de Ouro em 2008, e logo depois que seu pai morreu o jogador indagou: "Para que serve todo o dinheiro do mundo?". Isso me impressionou, pois ele fez o possível para que seu pai tivesse os melhores médicos, mas eles não conseguiram salvá-lo.

O dinheiro não é tudo, dizemos sempre. Penso, porém, que poucos concordam. Quando nos encontramos em situação desesperadora, concordamos. Quando tudo acalma, nos esquecemos disso, e desperdiçamos nossas forças e tempo para conseguir mais dinheiro.

Malaquias escreveu seu livro em parte por esse motivo. O povo de Deus tinha perdido o rumo de sua vida e, tudo era mais importante do que o relacionamento com o Seu Criador. Ele escreve aos filhos e netos dos que tinham sido fiéis a Deus, mas que agora davam mais importância a outras coisas do que ao seu Senhor. Seus pais tinham sido bons exemplos, mas não viveram de modo que os filhos continuassem amando o Senhor. Talvez você conheça alguém nesta situação. Seus pais ou avós terem confiado em Deus não o torna diferente, se você não decidir por Jesus. Há sempre um perigo na segunda e terceira geração de fiéis; pensar que são quase tudo... sendo quase nada.

Malaquias nos lembra de que Deus merece o melhor em nossa vida, não o pior. Devemos lhe entregar o melhor do nosso tempo, fidelidade e bens. Se deixarmos Deus em segundo lugar, nossa vida sempre será infeliz.

Deus quer que tomemos as decisões de nossas vidas, por isso não nos diz o que devemos fazer, mas espera que respondamos estas perguntas: "...Se eu sou o pai de vocês, por que é que vocês não me respeitam? Se eu sou o seu senhor, por que não me temem?..." (1:6). "Vocês dizem: "Já estamos cansados de tudo isso!" [...]. Vocês acham que eu, o Senhor, vou aceitar isso?" (1:13). "Eu pergunto: "Será que alguém pode roubar a Deus?"[...] "Como é que estamos te roubando?" Vocês me roubam nos dízimos e nas ofertas" (3:8). "E cada um de vocês pergunta: "Por quê?" É porque Deus sabe que você tem sido infiel..." (2:14). "Vocês dizem: "Não vale a pena servir a Deus. Não adianta nada a gente fazer o que o Senhor Todo-Poderoso manda..." (3:14).

De Malaquias até o profeta João Batista passaram-se mais de 400 anos. Deus ficou em silêncio porque o povo não quis ouvi-lo. E nós?

LEITURA DE HOJE
1 Samuel 14
Isaías 59
Filemom

ORAÇÃO
Pai que estás no céu, quero responder Tuas perguntas e viver conforme o Senhor espera de mim!

Deus merece o melhor em nossa vida!

Alguém comum e atual

22 de julho

Poucos atletas profissionais são conhecidos e famosos, e menos ainda recebem grandes quantidades de dinheiro. Os poucos conhecidos, não são inatingíveis como pôster na parede, mas próximos de nossos corações. Ugonna, jogador de basquetebol é um deles. Nasceu na Nigéria e jogou na Espanha. Fez amigos em times diferentes e proclamou o Seu amor por Jesus a todos. Abriu sua casa para falar sobre Jesus aos companheiros e na temporada de 2010–11, outros quatro jogadores do mesmo time falaram publicamente de sua fé: Michael Mokongo, Moses Ehambe, Jonathan Kale e Dave Fergueson

O normal é sempre mais importante do que o extraordinário. O evangelho de Mateus do Novo Testamento foi escrito para os judeus reconhecerem que Jesus era o Messias, o Rei que esperavam. Mateus, cobrador de impostos, escreveu o livro. O Senhor falou ao Seu povo várias vezes: "Arrependam-se dos seus pecados porque o Reino do Céu está perto!" (Mateus 3:2). Ele o proclamou e demonstrou com palavras, e com o desejo de ajudar a todos.

Talvez os judeus esperassem algo extraordinário, e o fato de que Deus se fez homem, é extraordinário! Não compreenderam que o Senhor é Rei do universo e o Rei da história, e quer ser o Rei de cada um, de cada família, de cada dia, do que acreditamos ser mais simples.

Mateus descreve os passos surpreendentes que Deus deu para o Messias nascer da virgem adolescente. O evangelista explica que desde o início esta criança teve todos os direitos de um judeu, pois era uma criança de descendência real. Mateus lembra várias vezes quando narra a vida de Jesus que Ele era filho de Davi. Ele escreve a respeito de Deus-homem e sabe disso... mas entende que está escrevendo também sobre o Rei dos judeus. E lembra-lhes disso.

Essa é a grande diferença dos outros três evangelhos. Jesus é o Messias, e também é Rei. Por essa razão, o capítulo de Mateus 23 cita as palavras duras que o Senhor falou para os líderes religiosos do Seu tempo, porque eles se recusaram a reconhecer o seu Rei, que veio para salvá-los!

Mateus escreve mais sobre os detalhes da segunda vinda do Senhor do que qualquer outro evangelista. Ele quer que todos saibam que o Rei morreu numa cruz e ressuscitou, mas voltará outra vez. Esse Rei é o único que merece a nossa adoração, e que entreguemos nossa vida a Ele.

LEITURA DE HOJE
1 Samuel 15
Isaías 60
Hebreus 1

ORAÇÃO
Pai amado, obrigado porque tenho um valor infinito para o Senhor!

O filho de Davi é o Rei dos reis!

23 de julho

Precisamos aprender a ouvir

Sue Stewart foi do time de basquete feminino do Canadá, nas Olimpíadas de Atlanta, e quase não conseguiu participar dos jogos, pois tinha sofrido uma grave lesão no joelho. E afirmou: "O que para mim era um sonho, virou pesadelo, porque não podia fazer nada, mas depois dos Jogos percebi que tinha que voltar para Deus. Às vezes, Deus precisa chamar nossa atenção quando as coisas dão errado, porque precisamos ouvi-lo."

Mateus escreveu o seu evangelho em primeiro lugar para o povo de Deus, pois este precisava voltar a Ele... Estes são alguns dos versículos principais:

"...reparem o caminho para o Senhor passar! Abram estradas retas para ele!" (3:3).

"...Adore o Senhor, seu Deus, e sirva somente a ele" (Mateus 4:10).

"Felizes as pessoas que sabem que são espiritualmente pobres, pois o Reino do Céu é delas" (5:3).

"...Será que vocês não valem muito mais do que os passarinhos?" (6:26).

"Portanto, vocês conhecerão os falsos profetas pelas coisas que eles fazem" (7:20).

"...Porque eu vim para chamar os pecadores..." (9:13).

"Quando Jesus viu a multidão, ficou com muita pena daquela gente porque eles estavam aflitos e abandonados, como ovelhas sem pastor" (9:36).

"...Sejam meus seguidores e aprendam comigo porque sou bondoso e tenho um coração humilde; e vocês encontrarão descanso" (11:28-29).

"...eles não tinham fé" (13:57-58).

"Se crerem, receberão tudo o que pedirem em oração" (21:22).

"...A minha casa será chamada de 'Casa de Oração'..." (23:13).

"Por isso vocês também fiquem vigiando..." (24:44).

"...Jesus chegou perto deles e disse: —Deus me deu todo o poder no céu e na terra. Portanto, vão a todos os povos do mundo e façam com que sejam meus seguidores, batizando esses seguidores em nome do Pai, do Filho e do Espírito Santo e ensinando-os a obedecer a tudo o que tenho ordenado a vocês. E lembrem disto: eu estou com vocês todos os dias, até o fim dos tempos" (28:17-20).

LEITURA DE HOJE
1 Samuel 16
Isaías 61
Hebreus 2

ORAÇÃO
Quero ouvir Tua doce voz, Senhor, em todas as circunstâncias da minha vida.

O reino dos céus está próximo!

Palavra de honra

24 de julho

Michael Laudrup jogou para o *Barcelona F.C.* na temporada 1993–94, mas não quis renovar com o time. O *Real Madrid* quis contratá-lo e fez um acordo até o final da temporada, sem assinar nada. Ele tinha contrato com o *Barcelona*, e decidiu não assinar nada, apesar de o campeonato ter acabado e a maioria dos jogadores assinar sem problemas. "Minha palavra é a minha palavra, ou você acredita ou não", disse ao presidente do *R. Madrid*.

Sabe-se pouco sobre a honra. Não está na moda, e muitos argumentam que é ultrapassada. Acredito que muitos dos nossos problemas se originam por nossa consciência não conhecer a honra.

A honra não pode ser falsificada, nem escondida; ou você a tem ou não. Ou ela é normal em nós ou não, não se pode fazê-la surgir do nada, quando a necessitamos. As pessoas honradas são reconhecidas imediatamente: Suas palavras são confiáveis. Elas não o traem e defendem a lealdade e a fidelidade, como se fossem tudo que existisse na vida.

Muitos negócios foram fechados sob a honra. Hoje os contratos são redigidos perante um tabelião e as partes trazem os seus advogados para se certificar-se de que o outro não colocou uma cláusula abusiva ou em letras irreconhecíveis, com vantagem sobre o outro. Sabemos muito sobre a falsidade, e pouco sobre a honra.

Infelizmente, em alguns lugares as mentirinhas dos fiéis ou infiéis são bem-vistas! Alguns argumentam que é algo cultural e que não se pode alterar. Entendo aqueles que não conhecem o Senhor, mas não os que leem e creem na Palavra de Deus: "Que o 'sim' de vocês seja sim, e o 'não', não, pois qualquer coisa a mais que disserem vem do Maligno" (Mateus 5:37).

Atenção! Um dia, tentei explicar a alguém a quem tinha ligado cinco vezes no mesmo dia por algo urgente. Todas as vezes, afirmavam que a pessoa "estava tomando banho" e não podia atender. O enganador se autoengana, porque os que o rodeiam sabem que a verdade não está sendo dita. Ele demonstra que não tem honra, e não é honrado.

Dentro de cada pessoa há o desejo de ter honra, lealdade, fidelidade e acima de tudo de fazer as coisas bem. Ou você é honrado ou não. É impossível fingir. Ou você segue a Jesus, que nos ensina que o nosso discurso deve ser verdadeiro, ou simplesmente vive um evangelho cultural. O Senhor deixou bem claro que o que não tem a ver com a verdade, procede do mal.

Tudo o que não tem a ver com a verdade procede do mal.

LEITURA DE HOJE
1 Samuel 17
Isaías 62
Hebreus 3

ORAÇÃO
Pai, perdoa-me por ter falado mentiras. Quero ser sincero e viver de acordo com a verdade. Quero ser como o Senhor.

25 de julho

Olhar com maus olhos

Todos somos especiais e o que podemos inventar pode ser grande. Há mais de 20 anos, um árbitro espanhol expulsou um jogador, durante uma partida e registrou: "Me olhou com maus olhos."

Pode parecer engraçado, mas muitas vezes a nossa bondade ou maldade se reflete em nosso olhar. Quando encontramos alguém, não podemos esconder se a surpresa é agradável ou não. Ao falarmos com os outros, os nossos olhos nos traem, pois demonstram se estamos convencidos com o que dizemos ou não. Refletem o entusiasmo, tédio ou indiferença em relação ao que dizemos. Podemos esconder muito pouco quando alguém nos olha nos olhos.

Jesus disse: "Os olhos são como uma luz para o corpo: quando os olhos de vocês são bons, todo o seu corpo fica cheio de luz. Porém, se os seus olhos forem maus, o seu corpo ficará cheio de escuridão. Assim, se a luz que está em você virar escuridão, como será terrível essa escuridão!" (Mateus 6:22-23).

Se quisermos ter o olhar limpo, devemos lembrar que os nossos olhos reagem ao que está em nossos corações. O olhar limpo reflete o perdão e mostra que nos sentimos perdoados e que perdoamos a pessoa a quem olhamos.

Os olhos limpos demonstram a ausência do mal e afastam o desejo de praticar o mal. Demonstram que pensamos no que é bom, que o nosso coração também está limpo e não quer prejudicar ninguém.

O olhar transparente mostra que não temos segundas intenções. Quando alguém procura nos enganar escondendo parte da verdade, ou quer algo de nós que não deixa transparecer nas palavras que está dizendo, os olhos se esquivam. Seu olhar o denuncia e não pode fixar o olhar.

Quando os nossos olhos brilham, estamos apaixonados. Muitos notam mesmo quando não dizemos uma palavra. Todos descobrem quando falamos de quem amamos. Não é possível amar alguém sem os olhos brilharem com a sua lembrança. Não é possível amar ao Senhor e escondê-lo.

Jesus faz o processo retroativo quando diz: "—Felizes as pessoas que têm o coração puro, pois elas verão a Deus" (Mateus 5:8). Quando o nosso coração ama o Senhor, os nossos olhos são recompensados, da melhor maneira possível — com a contemplação do nosso melhor amigo.

LEITURA DE HOJE
1 Samuel 18
Isaías 63
Hebreus 4

ORAÇÃO
Senhor Jesus, purifica o meu coração. Que o Teu rosto brilhe sobre mim para que eu veja a todos como o Senhor os vê.

Olhar limpo, coração limpo.

A um passo da morte

26 de julho

Jonathan Santana, jogador da Seleção Paraguaia, jogou na Alemanha e Turquia. Nasceu na Argentina, e quando jogava em seu país, outro jogador lhe falou sobre Jesus. Johnny tinha nascido num lar cristão e acreditava que era o suficiente. Um dia algo impressionante aconteceu e o levou aos pés de Jesus.

"Em 2002, ao dirigir, acompanhado por meu pai, um carro parou ao nosso lado. Um homem sacou uma arma e atirou nas rodas, e como não paramos, ele atirou em nós. A bala atingiu minha garganta, e passou 2 mm da carótida. Se a tivesse tocado, em 10 segundos, eu teria morrido. Esse detalhe me mostrou como Deus me ama e estava cuidando de mim. Eu o conhecia antes, mas de longe e não dava importância à Sua palavra, mas após esse momento, me apeguei a Jesus e o aceitei como meu Salvador. Ele tocou meu coração e eu me entreguei 100% a Ele", explicou Johnny.

Nem todos sofrem tanto antes de colocar a sua vida nas mãos de Deus. Jesus disse as palavras que todos reconhecem, mas poucos praticam: "Portanto, ponham em primeiro lugar na sua vida o Reino de Deus e aquilo que Deus quer, e ele lhes dará todas essas coisas" (Mateus 6:33). Deus oferece mais do que uma crença ou costumes religiosos. Ele concede vida abundante, radical, diferente de tudo que conhecemos. O que o Senhor faz nascer dentro de nós é muito mais do que uma simples maquiagem. Ele quer nos renovar completamente.

A palavra grega que Jesus emprega para dizer "vida" nos ensina algo sobrenatural; que não é "normal"; que fará brotar de nosso interior. Ele não utiliza "bios" a vida que todos os seres vivos têm, mas pronuncia-se "zoé", uma vida plena, única, uma vida que ninguém mais pode dar. Uma vida melhor, não apenas em duração, mas também em extensão. Algo que não podemos obter por nós mesmos.

Se até hoje é difícil explicar a origem da vida e o seu início em cada organismo, mais difícil ainda é compreender o estilo da vida que Jesus oferece, pois ela é eterna, ilimitada e indestrutível.

De certa forma, é como se vivêssemos em dimensão diferente. Não falamos sobre acrescentar tempo à nossa vida, mas de apreciá-la de modo radicalmente novo, como se cada minuto vivido valesse mais, e contivesse a eternidade. Deus oferece uma vida de qualidade, eterna, que Ele nos dá por meio de Seu Espírito.

LEITURA DE HOJE
1 Samuel 19
Isaías 64
Hebreus 5

ORAÇÃO
Jesus, entrego minha vida em Tuas mãos. Encha-me com o Teu Espírito e transforma-me.

Não é uma questão de viver mais, mas de viver ao lado de Cristo.

27 de julho

Como somos ignorantes!

Na privacidade de uma conversa técnica sobre um time de futebol famoso na Europa, o treinador estava um pouco confuso, quando disse aos seus jogadores: "Vocês já sabe como bater os escanteios: fortes, rasantes e rentes a cabeça." Confiante sobre o que tinha dito, os jogadores acharam a ideia uma ignorância, mais do que uma brincadeira. Isso acontece: achamos que temos razão em tudo e na verdade, às vezes, estamos mais errados do que pensamos, e deveríamos reconhecer! Ter sempre razão não facilita em nada. A ciência alimenta-se do nosso desejo de aprender e pesquisar.

Concordamos sobre a necessidade de aprender, mas muitas vezes preferimos viver na ignorância. Ao recusarmos as mudanças em nossas vidas, somos néscios. Apesar de reconhecermos que algo está errado, não nos importamos, e demonstramos a nossa insensatez ao não aceitar as mudanças que são necessárias.

Alguns argumentam que quando a maioria das pessoas tiver acesso à cultura, o mundo será melhor. A cultura, a pesquisa e o conhecimento são bons, mas poucas coisas são tão inúteis quanto o conhecimento adquirido por alguém não disposto a mudar para melhor. Somos ignorantes quando não admitimos ter dúvidas, e se acharmos que tudo o que fazemos é tão perfeito que ninguém possa melhorar. Somos ignorantes ao não admitir que outros possam ter razão. A ignorância é escravidão, porque desvaloriza tudo ao redor, a hierarquia de valores e importância. Somos ignorantes ao darmos valor ao que é temporal e não ao que é eterno.

Poderíamos ter falado mais sobre o materialismo e a ignorância dos que preferem viver rodeados por tudo o que perece. Jesus fez uma simples pergunta que ecoa no coração da humanidade desde então: "O que adianta alguém ganhar o mundo inteiro, mas perder a vida verdadeira? Pois não há nada que poderá pagar para ter de volta essa vida (Mateus 16:26).

Uma simples pergunta, mas que todos nós temos de responder em algum momento de nossas vidas. Você está disposto a perder o mais importante? Acha que existe algo material que você quer tanto que pode lhe custar a vida?

LEITURA DE HOJE
1 Samuel 20
Isaías 65
Hebreus 6

ORAÇÃO
Jesus, preciso da Tua sabedoria. Ensina-me a reconhecer a minha ignorância, e guia-me pelo Teu caminho.

Você entregaria sua vida em troca de algo?

Nada faz sentido

28 de julho

Daniel Passarella foi jogador e técnico do futebol argentino em 1998. Aos 43 anos ele perdeu o seu filho que morreu num acidente. Passarella tinha sido campeão do mundo de futebol em 1978, e no momento de dor suas palavras foram: "Nada do que eu possa ter ou ganhar pode me fazer superar isso."

"Quando eu ainda era adolescente me deparei com um texto impressionante, e nunca soube quem era o autor, mas guardei aquele texto como um tesouro. Era uma lenda em que os homens diziam a Deus que este era incapaz de compreender o sofrimento humano. Portanto, decidiram que Deus deveria passar por todas as situações que os homens já tinham sofrido, em algum momento de suas vidas. E disseram a Deus que:

— deixasse tudo que tinha e fosse viver num local desconhecido,

— jamais voltasse atrás nem levasse consigo nada que o tornasse mais feliz,

— fosse imensamente pobre, sem casa ou onde viver, sem o que comer,

— fosse infeliz na infância e desprezado por amigos, inimigos e sua própria família,

— vivesse numa cidade desconhecida e sem importância,

— fosse parte de uma nação perseguida,

— fosse desprezado, despido, cuspido, ferido, espancado, insultado, torturado, levando toda a dor em silêncio, sem reclamar,

— fosse morto da forma mais cruel que se possa imaginar, de maneira pública e manifesta, com a maior dor e vergonha possível,

— fosse alvo da chacota de todos, sentindo dentro de si o maior desamparo,

— fosse injustamente acusado e preso como um criminoso.

E Deus deveria silenciar, não aliviar tal sofrimento, não defender ou usar o Seu poder. Na lenda, Deus respondeu: Tudo isso já aconteceu com meu Filho Jesus, enquanto meu coração foi quebrado em pedaços pelo Meu amor e compaixão por Ele e por todos os homens, mesmo aos que cuspiam nele e o matavam. Tudo aconteceu no momento que desamparei Meu Filho, e desta maneira todos os homens e mulheres deste mundo não teriam motivos para se sentirem desamparados." A Bíblia afirma: "Ali deram vinho misturado com fel para Jesus beber. Mas, depois que o provou, ele não quis beber" (Mateus 27:34). Ele fez isso porque nos ama."

LEITURA DE HOJE
1 Samuel 21
Isaías 66
Hebreus 7

ORAÇÃO
Pai, obrigado por me amar além de todos os limites.

Jesus escolheu levar toda a nossa dor.

29 de julho

Nada me fará calar!

O jogador brasileiro de futebol Marcos, conhecido como Ceará, joga no *Paris Saint Germain* há vários anos. É um dos laterais mais conhecidos na Europa. Aos 19 anos jogava nos Santos, e foi impedido de falar de Deus aos seus companheiros, sob a ameaça de que seria cedido a outro time. Marcos não deixou de falar sobre o Senhor, então teve que sair do time para ir para o *Internacional* de Porto Alegre, com a qual foi campeão do *Mundial de Clubes*! Para ele não havia sequer a possibilidade de desobedecer a Deus ou deixar de proclamar a Sua mensagem.

João Marcos foi o autor do segundo evangelho da Bíblia. Ele seguia Jesus, e era afilhado de Simão Pedro. Originalmente, o evangelho foi escrito para todos os que viviam no Império Romano e não-judeus. Por esse motivo, é um bom livro da Bíblia para o não--cristão iniciar-se na leitura bíblica.

O evangelho de Marcos é cheio de atividades. Os dias se passam rapidamente e os milagres aparecem um após outro. É o evangelho da ação, e parece que descansa, porque os acontecimentos ocorrem sequencialmente. É o evangelho mais curto.

Marcos menciona muitos detalhes que os outros evangelistas não mencionam. Simão observava o que Jesus dizia e fazia, pois o amava e estava sempre ao lado dele. Pedro estava acostumado a ouvir o Mestre e olhar em Seus olhos. O evangelho de Marcos foi o primeiro a ser escrito após a ressurreição, e nele Jesus aparece como o Servo Sofredor e em Sua ressurreição nos traz a vida.

João Marcos, o escritor, teve vários momentos difíceis em sua vida: às vezes, se escondeu por medo, outras, renunciou a viajar com Paulo por medo... Com o passar do tempo, Deus transformou a vida dele e lhe fez um homem valente e decidido, tornando-o num servo destemido.

Deus não rejeita ninguém, e quer mulheres e homens de fé dispostos a servi-lo. Pessoas destemidas que queiram cumprir a vontade do Senhor. Deus age por intermédio das pessoas que creem e confiam nele. O Senhor não tolera os que são incrédulos e intolerantes.

A missão de João Batista e a nossa são similares: "...Preparem o caminho para o Senhor passar..." (Marcos 1:3). Quando somos corajosos e proclamamos o que Deus faz por nós, preparamos o caminho para que outros o conheçam.

LEITURA DE HOJE
1 Samuel 22
Jeremias 1
Hebreus 8

ORAÇÃO
Senhor Jesus, concede-me o poder e a sabedoria do Teu Espírito para que outros possam conhecê-lo através do meu viver.

> ...Preparem o caminho para o Senhor passar...
> —Marcos 1:3

Um grande exemplo

30 de julho

Ron Hunter foi treinador de basquete numa universidade americana, e decidiu ir a um jogo com os pés descalços, em homenagem a ONG *Pés Samaritanos*. Arrecadou em um só dia mais de 140 mil pares de sapatos. Pouco tempo depois, na celebração do dia do nascimento do herói Martin Luther King, mais de 300 treinadores foram descalços aos jogos, seguindo seu exemplo.

No evangelho de Marcos, Jesus compromete-se com os que ajudam os necessitados. Veja alguns exemplos:

"Eu digo a você: levante-se, pegue a sua cama e vá para casa. No mesmo instante o homem se levantou na frente de todos, pegou a cama e saiu. Todos ficaram muito admirados e louvaram a Deus, dizendo: Nunca vimos uma coisa assim!" (2:11-12).

"Portanto, o Filho do Homem tem autoridade…" (2:28).

"E existem aquelas pessoas que são como as sementes que foram semeadas em terra boa. Elas ouvem, e aceitam a mensagem, e produzem uma grande colheita…" (4:20).

"Então ele se levantou, falou duro com o evento e disse ao lago: 'Silêncio! Fique quieto! O vento parou, e tudo ficou calmo'" (4:39).

"E Jesus disse: Minha filha, você sarou porque teve fé. Vá em paz; você está livre do seu sofrimento" (5:34).

"Pegou-se pela mão e disse: "Talitá cumi!" (Isto quer dizer: 'Menina, eu digo a você: Levante-se!')" (5:41).

"Todos comeram e ficaram satisfeitos; e os discípulos ainda encheram sete cestos com pedaços que sobraram" (8:8).

"…Deixem que as crianças venham a mim e não proíbam que elas façam isso, pois o Reino de Deus é das pessoas que são como estas crianças" (10:14).

"Ame o Senhor, seu Deus, com todo o coração, com toda a alma, com toda a mente e com todas as forças. E o segundo mais importante é este: 'Ame os outros como você ama a você mesmo.' Não existe outro mandamento mais importante do que esses dias" (12:30-31).

"Ele orava assim: Pai, meu Pai, tu pode fazer todas as coisas! Afasta de mim este cálice de sofrimento. Porém que não seja feito o que eu quero, mas o que tu queres" (14:36).

"Mas ele disse: Não se assustem! Sei que vocês estão procurando Jesus de Nazaré, que foi crucificado; mas ele não está aqui, pois já foi ressuscitado. Vejam o lugar onde ele foi posto" (16:6).

LEITURA DE HOJE
1 Samuel 23
Jeremias 2
Hebreus 9

ORAÇÃO
Pai, quero ajudar os outros. Mostra-me como posso fazer o bem a alguém ainda hoje.

…o Reino de Deus é das pessoas que são como estas crianças. —Marcos 10:14

31 de julho

Nada mais do que a verdade

Eddy Vidal, ex-jogador de basquetebol do *Barcelona* e *Manresa*, por muitos anos, foi o delegado da *NBA* na Espanha e representante de marcas de esportes. Hoje atua como palestrante, tradutor, locutor em eventos esportivos. Espera-se que seus anúncios sejam precisos, e que emocionem a plateia. Ele tenta sempre ser o mais sincero possível com tudo o que fala; dizer a verdade, não favorecer ninguém, não ceder a chantagens ou compromissos adquiridos, ser justo e honesto em tudo que faz. Algumas coisas são sempre mais fáceis dizer do que fazer. Especialmente nos dias de hoje em que poucos acreditam existir a verdade absoluta.

A maioria das pessoas argumenta que a verdade é sempre relativa e subjetiva. Tudo depende sempre de quem diz, do poder com que se diz, e das consequências decorrentes para cada um. Quase ninguém mais acredita que tudo pode ser verdade, independentemente das circunstâncias. Neste mundo em que, para alguns, tudo é relativo, a verdade e a liberdade o são também.

Embora nos dê a impressão de que esse relativismo não influencie muito nossas vidas diárias, nos atrai completamente. Se não existe uma verdade absoluta, tudo depende de quem tem a última palavra. E essa, muitas vezes está nas mãos dos mais poderosos. Eles hoje têm a capacidade de decidir e agir à vontade, quando falamos de verdade, ou liberdade.

Quase ninguém se preocupa em descobrir as consequências de nossas decisões. Mesmo elas estando em nosso alcance: são os outros que as tomam por nós. Com o passar dos anos, a liberdade individual desaparece completamente, pois cada vez haverá menos referências absolutas para se agarrar. A manipulação será a característica principal em todos os campos e as decisões de quem tem o poder em suas mãos afetarão mais e mais pessoas, sem que estas possam fazer nada sobre isso. Se não defendermos a verdade, perderemos a liberdade. A verdade deve ser sempre importante, pois é ela que nos torna livres. O Senhor Jesus proclamou um dia: "Pois tudo o que está escondido será descoberto, e tudo o que está em segredo será conhecido. Se vocês têm ouvidos para ouvir, então ouçam" (Marcos 4:22-23). Quem quiser viver uma mentira pode fazê-lo, mas pagará as consequências. E a perda total da liberdade é a primeira de muitas outras.

LEITURA DE HOJE
1 Samuel 24
Jeremias 3
Hebreus 10

ORAÇÃO
Pai, quero viver de acordo com a verdade. Não quero ser enganado, nem enganarei a ninguém.

A verdade deve ser sempre importante, pois é ela que nos torna livres.

Há tempo para tudo

1 de agosto

O jogador hispano-brasileiro Silvio jogou com o *Barcelona F.C.*, no final da *Liga dos Campeões* em Roma, 2009. Jogou bem e foi campeão da Europa. "Tive que *ralar* muito. Nada foi por acaso. Conhecer Jesus me ajuda porque Ele me ensina a confiar em mim mesmo… mas tenho que treinar e ralar," disse após a final.

Ralar e aproveitar bem o tempo. As conquistas na vida não caem do céu. O estilo de vida de Jesus no evangelho de Marcos é bom exemplo para nós. De um lado a outro Ele ajuda, cura, ensina, ao viajar pelo país… Sua atividade incessante, quase nos dá vertigem. No entanto, Jesus nos dá o exemplo perfeito sobre como dedicar o tempo a algo importante, não apenas às atividades ou trabalho.

Leia o evangelho de Marcos e considere com atenção tudo o que o Senhor faz. Ele não quer que deixemos a vida passar de qualquer maneira.

Ele sempre encontrou tempo para estar com Seu Pai, em oração e adoração. Jesus buscou a vontade de Deus (Marcos 1:32,35). Isso era o mais importante para Ele e para nós.

Tempo para a família; conversar, escutar, trabalhar, ajudar. Não se trata apenas de momentos de qualidade, mas de dar-lhes o nosso tempo.

Tempo para os outros; Jesus nunca esteve ocupado demais que não pudesse praticar o bem (Mateus 8:16). Ele jamais recusou-se a ajudar quando alguém precisava de ajuda.

Tempo para a calma e reflexão; Apesar de ter apenas três anos para cumprir Sua missão, não teve pressa. (Marcos 10:21).

Tempo para estar com as crianças, os necessitados, os pobres e carentes; Deu o Seu tempo para os invisíveis e intocáveis. Deus nos ensinou que para Jesus, todas as pessoas são valiosas (Marcos 9:35-36).

Tempo para conversar e ensinar Seus discípulos e os que estavam ao redor (Mateus 17:7).

Tempo para descansar e ficar só (Lucas 10:39).

Observe como o Senhor usava o Seu tempo e o que fazia antes de tomar decisões. Nosso problema é pensar que o Espírito vem sobre nós de forma sobrenatural, e que não precisamos de tempo para estar com Deus: para orar, ler a Sua Palavra e conhecê-lo melhor. Se o Filho de Deus precisava disso, imagine nós! Devemos nos esforçar para descansar e dedicar tempo ao que vale a pena. Temos de aprender a fazer as coisas bem e sempre buscar honrar a Deus.

Temos tempo para tudo. Muito mais do que pensamos.

LEITURA DE HOJE
1 Samuel 25
Jeremias 4
Hebreus 11

ORAÇÃO
Pai celestial, obrigado pela vida. Ensina-me a aproveitar o tempo.

2 de agosto

Hoje não me sinto muito bem

Lisa Leslie foi a primeira jogadora da WNBA a chegar aos cinco mil pontos. Premiada como a melhor em 2006, foi campeã da Liga várias vezes. Conquistou três medalhas de ouro olímpicas, e declarou: "Não importa onde a pessoa estiver, se vier das favelas ou lares destruídos — a graça de Deus abrange a todos, e o Seu amor é surpreendente."

O amor e a graça de Deus são eternos. Recebemos sem merecer, sabemos disso! A vida ao lado do Criador é a melhor aventura que existe. Então, por que Jesus chamou os religiosos de Seu tempo, e lhes disse: "...Hipócritas! Como Isaías estava certo quando falou a respeito de vocês! Ele escreveu assim: "Deus disse: Este povo com a sua boca diz que me respeita, mas na verdade o seu coração está longe de mim" (Marcos 7:6.)

Deus não tolera máscaras! Quem não o ama de coração, está mais afastado dele do que o maior pecador, pois demonstra insatisfação. Podemos saber sobre a vida espiritual, crescer em lar cristão e viver num país cristão, conhecendo muitas características de Deus, sem conhecê-lo realmente. Se o nosso coração estiver longe dele, estaremos perdidos.

O conhecimento e a razão não nos tornam melhores. Apenas as nossas decisões espirituais nos diferenciam. Conhecemos realmente o Senhor quando nos aproximamos dele. Deus não busca estudiosos, mas adoradores; Ele quer que o amemos e o conheçamos e que as pessoas conheçam muitas coisas sobre Ele, e que o amem. Não podemos esquecê-lo nunca. Não adianta apenas falar dele, se o nosso coração está longe do Senhor.

Às vezes, deixamos de segui-lo. Alguns não buscam a Sua presença, a oração e leitura da Bíblia, pois não sentem vontade. Mas se algo lhes acontece, sentem o frio e a distância de quem mais os ama. E se questionam!

A desculpa pode ser outra: "Estou passando por mau momento; sem ou com muito trabalho; desanimado ou muito feliz?" Falamos absurdos enquanto vemos a vida escapar sem aproveitarmos a presença de Deus. Usamos o nosso tempo ociosamente! Vi muitos assistindo horas de jogos horríveis, TV ou horas na internet, mas sem tempo para o Pai Celestial. E depois reclamam dos sofrimentos pessoais. Hoje é o dia de tomar decisões firmes diante do Senhor. Sem desculpas e autocomiseração. É o momento de amar o Senhor com todo o coração e de nos surpreendermos com a Sua graça!

LEITURA DE HOJE
1 Samuel 26
Jeremias 5
Hebreus 12

ORAÇÃO
Santo Pai, eu quero ser mais constante, ajuda-me a ser fiel ao Senhor, sem ser levado pelas circunstâncias, ou por altos e baixos.

O amor e a graça de Deus são eternos.

Pão para todos

3 de agosto

Roger Powell Jr. jogou basquete na *NBA* e em alguns países. Seu pai, também jogador, foi considerado muito forte. Ele disse: "Quando Deus me pedir para não jogar mais, eu farei. Enquanto isso, continuo jogando, pois este é o meu caminho. Recebi o dom de me comunicar pelo basquete e é o que farei."

Somente Deus faz o impossível e nos surpreende. Alimentar cinco mil pessoas, com apenas poucos pães e peixes é fácil? Foi uma situação extrema: "Os discípulos perguntaram: — Como vamos encontrar, neste lugar deserto, comida que dê para toda essa gente?" (Marcos 8:4).

Sabemos que Jesus multiplicou os pães e peixes disponíveis e alimentou os famintos. Gosto da ilustração: pão no deserto. No total, eram sete pães.

Pão para a solidão. A maior necessidade em nossa sociedade e na comunicação. Ao nosso redor há muitas pessoas, mas vivemos sós. "...eu estou com vocês todos os dias..." (Mateus 28:20) é a promessa de Jesus para nós.

O pão para os incompreendidos e carentes. Alguns jovens se sentem desamparados e abandonados. "— Venham a mim, todos vocês que estão cansados de carregar as suas pesadas cargas, e eu lhes darei descanso" (Mateus 11:28) disse Jesus.

Pão para os tristes. A oferta de entretenimento é muito grande, mas vivemos tristes. A falta de perdão, amargura, inveja e outros sentimentos nos entristecem. Jesus é a fonte de alegria: "...mas eu vim para que as ovelhas tenham vida..." (João 10:10).

Pão do conhecimento. Apesar de tudo o que sabemos, nos sentimos mais ignorantes, pois os desafios são maiores. Jesus diz: "...e conhecerão a verdade e a verdade os libertará" (João 8:32). Ele é a verdade.

O pão para vencer o medo e a insegurança. Inventamos muitos medos por não sermos confiantes. Jesus disse aos Seus discípulos: "Não fiquem aflitos, nem tenham medo [...], mas tenham coragem. Eu venci o mundo" (João 14:27; 16:33).

O pão para a necessidade espiritual. Jesus nos dá alimento para vencer a ansiedade e a frustração. Ele nos ajuda a vencer, e declara: "Eu sou o pão da vida. Quem vem a mim nunca mais terá fome..." (João 7:37).

O Pão da Vida. O pão para a ausência de Deus. Jesus afirma: "Eu sou a ressurreição e a vida..." (João 11:25). Só Ele pode nos satisfazer em meio ao deserto da vida.

LEITURA DE HOJE
1 Samuel 27
Jeremias 6
Hebreus 13

ORAÇÃO
Jesus, obrigado por entregar Tua vida por mim. Graças for satisfazer a minha fome espiritual. Eu preciso do Senhor sempre.

Jesus é capaz de trazer o pão a qualquer deserto.

O rei pode ser movido!

4 de agosto

No Museu do *Louvre*, em Paris, há uma pintura em que Fausto (lendário mágico alemão) negocia sua alma com o diabo, num tabuleiro de xadrez. O diabo ri, pois dá xeque-mate no mágico derrotado. A história do museu diz que um famoso mestre de xadrez observou o quadro e disse: "É mentira! O rei pode ser movido. Não é xeque-mate, o diabo não venceu!"

Essa história me faz lembrar da ressurreição de Jesus. Aparentemente, tudo estava perdido quando sepultaram o Messias crucificado. Para o diabo, um xeque-mate perfeito. Talvez ele fosse considerado vencedor, pois até os seguidores de Cristo se esconderam. Mas o diabo esqueceu de um pequeno detalhe. O Rei pode ser movido: Deus ressuscitou Seu Filho e a morte foi vencida para sempre. O Senhor deu o xeque-mate da história ao derrotar o maior poder que tinha o mal em suas mãos, a morte.

Lucas foi um médico que escreveu um dos evangelhos. Era meticuloso, racional e adorava a história. De maneira consciente, queria chegar ao fundo dos acontecimentos e explicá-los de forma clara. Por isso, ele nos dá mais detalhes sobre a ressurreição. Queria que soubéssemos que a vida, ensinamentos, milagres, morte e ressurreição de Cristo são estritamente históricos.

Neste evangelho, há a história de muitas pessoas que se relacionaram com Jesus. Lucas descreve as reações das pessoas diante do Mestre, Seus ensinamentos e poder. Parece que em cada momento ele nos pergunta: Como você reage ao conhecer Jesus?

Lucas foi o único escritor não-judeu na Bíblia. E como cientista e pesquisador, o médico amado dedicou muito tempo para assegurar a ressurreição de Jesus. Ele relata quem viu Jesus vivo e onde estavam. Lucas explicou as circunstâncias de Sua morte e ressurreição para não restarem dúvidas. Ele quis que todos soubessem que Jesus venceu a morte para podermos descansar e confiar nele.

O evangelista quis ter certeza dos detalhes, pois para ele era crucial. Não quis acreditar só porque outros disseram, mas investigou a fundo até comprovar que aquilo que via era exatamente o que estava acontecendo.

Não podia ser menos. A história da humanidade não é a mesma desde que Lucas percebeu que "O Filho do homem não veio para destruir as almas dos homens, mas para salvá-los" (Lucas 9:56). Jesus tem o poder de nos salvar e Ele quer salvar, pois nos ama.

LEITURA DE HOJE
1 Samuel 28
Jeremias 7
Tiago 1

ORAÇÃO
Senhor Jesus, agradeço por Tua salvação e Teu sacrifício na cruz para me dar vida. Quero seguir o Senhor sempre!

Eu sou o caminho, a verdade e a vida; ninguém pode chegar até o Pai a não ser por mim. —João 14:6

Não olhe para trás

5 de agosto

Na temporada 2011–12 de basquete, Sergio Llull dividiu a posição de base do *Real Madrid* com Sergio Rodriguez. Os dois Sergios são grandes jogadores, mas Llull foi o jogador valoroso das finais da *Copa do Rei* que o seu time venceu. O jogador, nascido em Menorca, sempre anima os fãs por sua determinação e vontade de lutar para atingir os objetivos do time.

No evangelho de Lucas, em muitos momentos o escritor disse que Jesus "...estava indo para Jerusalém" (Lucas 9:53). Como se nada fosse tão importante quanto o objetivo de sua viagem: uma cruz. Jesus buscava o que estava adiante. Alguns dos principais versículos:

"O Senhor me [...] me escolheu para levar boas notícias aos pobres e me enviou para anunciar a liberdade aos presos, dar vista aos cegos, libertar os que estão sendo oprimidos" (4:18).

"Eles arrastaram os barcos para a praia, deixaram tudo e seguiram Jesus" (5:11).

"O moço sentou-se no caixão e começou a falar, e Jesus o entregou à mãe" (7:15).

"E da nuvem veio uma voz, que disse: — Este é o meu Filho, o meu escolhido. Escutem o que ele diz!" (9:35).

"...não fiquem alegres porque os espíritos maus lhes obedecem, mas sim porque o nome de cada um de vocês está escrito no céu" (10:20).

"...Quando vocês orarem, digam: "Pai, que todos reconheçam que o teu nome é santo. Venha o teu Reino" (11:2).

"...assim também os anjos de Deus se alegrarão por causa de um pecador que se arrepende dos seus pecados" (15:10).

"...Levante-se e vá. Você está curado porque teve fé" (17:19).

"...O que é impossível para os seres humanos é possível para Deus" (18:27).

"Depois pegou o pão e deu graças a Deus. Em seguida partiu o pão e o deu aos apóstolos, dizendo: Isto é o meu corpo que é entregue em favor de vocês. Façam isto em memória de mim" (22:19).

"Quando o oficial do exército romano viu o que havia acontecido, deu glória a Deus, dizendo: De fato, este homem era inocente!" (23:47)

"Olhem para as minhas mãos e para os meus pés e vejam que sou eu mesmo. Toquem em mim e vocês vão crer, pois um fantasma não tem carne nem ossos, como vocês estão vendo que eu tenho" (24:39).

LEITURA DE HOJE
1 Samuel 29
Jeremias 8
Tiago 2

ORAÇÃO
Pai que estás no céu, quero seguir-te sempre e jamais olhar para trás. Encha-me com o Teu Espírito para viver em Tua vontade.

Como estava chegando o tempo de Jesus ir para o céu, ele resolveu ir para Jerusalém. —Lucas 9:51

6 de agosto

Vidas do futuro

Todos os anos a mídia apresenta listas dos jogadores de futebol mais promissores. Geralmente, os de 23 anos que se destacam em seus times e seleção nacional. Em 2010, os mais conhecidos eram Rossi (Seleção Italiana), Nilmar (Seleção Brasileira), Kun Agüero (Argentina), Alexis Sanchez e Matias Fernandez (Chile), Luis Suárez (Uruguai). Grandes jogadores nas listas dos maiores clubes. Todo atleta quer ver seu nome na lista dos melhores. Todos querem ter sua qualidade e trabalho reconhecidos.

Listas são importantes, mas há uma ainda mais. Ela não se refere aos nossos esforços e qualidades e nada podemos fazer para estar nessa lista. Todos gostariam de ter seu nome nela, mas alguns não reconhecem: é uma lista eterna — a lista de Deus. Jesus disse certa vez aos Seus discípulos: "...não fiquem alegres porque os espíritos maus lhes obedecem, mas sim porque o nome de cada um de vocês está escrito no céu" (Lucas 10:20).

Podemos ser habilidosos e reconhecidos por força e poder, porém mais importante é ser chamado por Deus e saber que estamos em Sua lista. Deus quer que todos sejam escolhidos e para isso cumpriu as condições possíveis; não é por mérito próprio. Ele fez tudo, e agora... deseja convocar você! Ele quer tê-lo com Ele para sempre!

Deus o criou porque quer estar com você. Ninguém ama e nem pode lhe dar mais valor do que Ele, muito mais do que você imagina! Se você se esquecer disso ou não chegar a compreender, perderá o melhor em sua vida. Talvez muitos o procurem pelo que você tem, faz ou mesmo por quem você é. Deus deseja sua companhia por você mesmo. Ele o criou e o ama como é.

Você precisa conhecer Jesus e saber por que foi criado! Aprecie a presença de Deus, pois Ele é maravilhoso. Deus não quer o que você faz, o que tem ou as qualidades que Ele lhe deu; Deus o ama! A sua felicidade não está nas conquistas, mas no convite de Deus a você para passar a eternidade com Ele.

Mesmo cristãos e conhecedores da Bíblia, não devemos ignorar que a graça de Deus faz tudo por nós. O Seu amor nos convida a viver com Ele, Sua bondade e justiça nos permitem estar em Sua lista. Não se trata de nós, mas do Senhor. Não merecemos nada, mas Ele nos trata como merecedores.

A partir do momento que o recebemos em nossa vida, tudo se torna diferente, emocionante... Tudo vale a pena!

LEITURA DE HOJE
1 Samuel 30
Jeremias 9
Tiago 3

ORAÇÃO
Santo Pai, agradeço porque o meu nome está em Tua lista. Não há nada mais importante do que saber que eu vivo em Teu coração.

Deus ama você e não quer o que você faz, tem ou as suas qualidades, apenas o seu amor!

Uma grande festa

7 de agosto

Há atletas com vitórias impressionantes, mas poucos como o remador Steve Redgrave, do Reino Unido que foi o único com 5 medalhas de ouro em 5 Olimpíadas consecutivas! (1984–2000). Não sei qual dos cinco ouros foi o mais comemorado, mas tenho certeza que durante todo esse período Redgrave frequentou muitas festas.

Redgrave sabe o que significa grande alegria. Mas preciso dizer que qualquer comemoração aqui não se compara com a do céu, o lar de Deus. A Bíblia afirma que há festa quando alguém se converte. Ao aceitarmos Jesus em nossas vidas, temos o nosso nome escrito no Livro da Vida, mas os céus comemoram a nossa chegada.

Alguns detalhes sobre comemorações. A alegria sempre quer companhia. Uma festa sozinha não merece ser chamada assim e não nos dá a impressão de que estamos comemorando. A alegria individual não é alegria. Quando nasce um bebê, todos se alegram. Quando conseguimos um novo emprego, compartilhamos. Se vencemos uma doença complicada, ligamos e escrevemos para todos os nossos amigos. Mesmo as celebrações mais simples, como a vitória do seu time, não são alegres sem alguém ao seu lado para gritar, pular, abraçar…! Deus nos fez de modo que não podemos ser felizes sozinhos.

Quando Jesus contou a história do filho pródigo e como o pai amou, esperou por ele, perdoou e o restaurou, disse-nos que o pai preparou uma festa. "…era preciso fazer esta festa para mostrar a nossa alegria. Pois este seu irmão estava morto e viveu de novo; estava perdido e foi achado" (Lucas 15:32). Era necessário! Deus criou as celebrações, a felicidade e alegria e derrama em nós Sua graça. Ninguém se volta a Ele, sem receber uma festa ou se aproxima do Senhor sem ser celebrado.

O dia mais importante de nossas vidas precisa ser comemorado! O momento em que aceitamos Jesus será sempre lembrado. "Meu filho estava morto e viveu de novo", disse o Pai. É impossível defini-lo melhor, pois ao nos entregarmos ao Senhor recebemos a vida eterna, abandonamos a tristeza para celebrarmos eternamente.

Não tente explicar ou compreender Deus com uma mente finita como a nossa. As Suas bênçãos devem ser apreciadas. Vivemos na presença de Deus para compartilhar Sua alegria e descansar nele. Nada pode ser melhor em nossas vidas do que nos voltar a Deus. Hoje pode haver uma festa no céu para você…

LEITURA DE HOJE
1 Samuel 31
Jeremias 10
Tiago 4

ORAÇÃO
Pai, sei que me amas e que fizeste o impossível para me alcançar, recebo o Teu amor, quero apreciar tudo o que preparaste para mim.

Ninguém pode se voltar a Deus, sem receber uma festa ou se aproximar do Senhor sem ser celebrado.

8 de agosto

Perfeição

A importância da ginasta romena Nadia Comaneci no esporte pode ser resumida num único fato: Após seu desempenho nas barras paralelas nas Olimpíadas de Montreal, 1976, o placar mostrou 1.00. Todos se surpreenderam, pois o exercício tinha sido executado com perfeição, e percebeu-se que a nota era 10! Os marcadores ainda não estavam preparados para esse registro. Foi a primeira vez que isso aconteceu!

O evangelho de João foi escrito para compreendermos quem Jesus era: Deus encarnado, o homem perfeito. Aquele que viria viver conosco. João era um dos apóstolos de Jesus e seu papel dentro do grupo dos 12 sempre foi especial. Ele amava profundamente o Senhor e não se cansava de repeti-lo. Por amor a Jesus, João sempre quis ensinar sobre o amor de Deus.

João escreveu inspirado pelo Espírito de Deus, para mostrar que Jesus é o Filho de Deus. Seu evangelho é direto e cheio de sentimentos. É para ser lido com amor, pois João estava sempre muito próximo ao Senhor. Por essa razão, menciona detalhes como nenhum outro evangelista. Ele ouvia o Senhor e guardava as Suas palavras em seu coração.

João apresenta Jesus como o Criador, como o Eu Sou; como Deus tinha se apresentado no Antigo Testamento. As afirmações de Jesus: "Eu sou o caminho", "a luz", " a porta", "o bom pastor" aparecem em histórias relacionadas ao Seu ensino. Ele afirma: "Eu sou a luz", ao curar um cego (cap.9); "Eu sou a ressurreição e a vida", ao ressuscitar Lázaro (cap.11); "Eu sou o pão da vida", ao alimentar a multidão (cap.6) etc.

Os mestres da época não suportavam as afirmações de Jesus, e não permitiam que Jesus afirmasse ser maior do que Abraão: "… antes de Abraão nascer, 'Eu Sou'" (João 8:58), nem que se fizesse igual a Deus. Eles tiveram o Deus-homem ao lado deles! Puderam ouvir, vê-lo e confirmar quem Ele era, mas não o aceitaram. Para eles, suas doutrinas, tradições, cultos e ritos eram mais importantes do que o próprio Deus!

Não caia nessa mesma armadilha! Por mais importante que as suas crenças, líderes e pastores sejam, por mais que você ame as tradições, nada é mais importante do que seguir Jesus! Tudo um dia se acabará. O grande Eu Sou permanecerá para sempre. Ele é mais do que um homem, é Deus-homem.

LEITURA DE HOJE
2 Samuel 1
Jeremias 11
Tiago 5

ORAÇÃO
Jesus, tu és quem eu mais admiro e não quero deixar de amar e servir-te.

Tudo um dia se acabará. O grande Eu Sou permanecerá para sempre.

Estamos sempre certos

9 de agosto

Durante a definição dos times da *NBA*, em 1984, o *Porttland* foi o time a escolher primeiro. O treinador Bobby Knight pediu que escolhessem Michael Jordan, pois o conhecia bem. Os técnicos do *Portland* responderam que precisavam de um pivô. Knight lhes disse para aproveitá-lo como pivô. Eles o ignoraram e escolheram Sam Bowie. Nem preciso explicar quem foi Michael Jordan na história do basquetebol e os milhares de vezes que *Portland* lamentou aquela decisão equivocada.

Um dos nossos maiores problemas é pensar que sempre temos razão... sem considerar que apenas Jesus é a verdade absoluta. João nos apresenta Jesus, veja os versículos:

"No começo aquele que é a Palavra já existia. Ele estava com Deus e era Deus" (João 1:1).

"Porém alguns creram nele e o receberam, e a estes ele deu o direito de se tornarem filhos de Deus" (1:12).

"João [...] disse: Aí está o Cordeiro de Deus, que tira o pecado do mundo!" (1:29).

"Porque Deus amou o mundo tanto, que deu o seu único Filho, para que todo aquele que nele crer não morra, mas tenha a vida eterna. Pois Deus mandou o seu Filho para salvar o mundo e não para julgá-lo" (3:16-17).

"...os verdadeiros adoradores vão adorar o Pai em espírito e em verdade. Pois são esses que o Pai quer que o adorem" (4:23).

"Todos aqueles que o Pai me dá virão a mim; e de modo nenhum jogarei fora aqueles que vierem a mim" (6:37).

"Então Jesus afirmou: Eu sou a ressurreição e a vida. Quem crê em mim, ainda que morra, viverá" (11:25).

"Eu lhes dou este novo mandamento: amem uns aos outros. Assim como eu os amei, amem também uns aos outros" (13:34).

"...Então Pilatos perguntou: Querem que eu crucifique o rei de vocês? Mas os chefes dos sacerdotes responderam: O nosso único rei é o Imperador!" (19:15).

"...Que a paz esteja com vocês! Assim como o Pai me enviou, eu também envio vocês" (20:21).

"...Jesus perguntou a Simão Pedro: Simão, filho de João, você me ama mais do que estes outros me amam? Sim, o senhor sabe que eu o amo, Senhor! respondeu ele. Então Jesus lhe disse: Tome conta das minhas ovelhas!" (21:15).

LEITURA DE HOJE
2 Samuel 2
Jeremias 12
1 Pedro 1

ORAÇÃO
Pai nosso que estás no céu, ajuda-me a reconhecer e corrigir os meus erros. Encha-me com o Teu Espírito e dá-me mais sabedoria a cada dia.

Eu sou o bom pastor; o bom pastor dá a vida pelas ovelhas. —João 10:11

10 de agosto

Completamente novo

Marcos Senna é campeão europeu com a Seleção Espanhola de futebol. Ele superou quatro cirurgias nos joelhos, duas em cada. Até o momento joga bem. Sua perseverança e compromisso público com Deus lhe dão forças para prosseguir, pois é impossível seguir em frente sem Ele.

A decisão de seguir a Deus é única, e é apenas o primeiro passo de um relacionamento eterno. Não é apenas um momento único na nossa história, mas o começo da vida eterna. Jesus nos ensina que o novo nascimento vem do alto, do Espírito de Deus, e nos transforma. "Jesus respondeu: Eu afirmo ao senhor que isto é verdade: ninguém pode ver o Reino de Deus se não nascer de novo" (João 3:3).

Quando nascemos de novo, toda a nossa vida muda e nosso relacionamento com Deus define e envolve tudo que somos e temos. Ainda somos nós, mas Deus nos faz viver de maneira diferente, pois nos resgata das profundezas. Antes de conhecê-lo, éramos mortos viventes, literalmente. Sendo Ele a vida, quando o recebemos, a Sua vida nos traz plenitude.

Não há nada em nós que Deus não possa restaurar e preencher com a Sua presença, observe...

1. Coração: A nossa personalidade, decisões, sentimentos, espírito, amor...
2. Cabeça: Ideias, razões, sabedoria...
3. Corpo: O nosso físico...
4. Calendário: O registro dos nossos dias...
5. Carteira: O dinheiro...
6. Casa: O nosso lar...
7. Circunstâncias: O nosso derredor...
8. Coisas: Tudo o que temos...
9. Carreira: O nosso estudo ou trabalho...
10. Criação e Recriação: Como aproveitamos o nosso tempo livre.

Não se prenda por tudo isso! O Espírito de Deus que traz luz a uma nova vida, nos transforma para que sejamos novas criaturas. Não coloque obstáculos aos propósitos de Deus para a sua vida. Examine esta lista e ore sobre isto, colocando sua obediência diante do Senhor. Não resista em entregar ao Senhor o que lhe pertence!

LEITURA DE HOJE
2 Samuel 3
Jeremias 13
1 Pedro 2

ORAÇÃO
Jesus, eu entrego a minha vida. O que sou e o que eu tenho pertencem ao Senhor e sou feliz por seguir-te!

Considere os propósitos de Deus para a sua vida.

Viver na prisão

11 de agosto

O brasileiro Zé Maria fez cirurgia num joelho e os médicos disseram que ele jamais poderia competir profissionalmente. Ele jogava no *Perugia*, Itália, e na Seleção do Brasil. Ele decidiu seguir o Senhor e Deus o honrou, restabelecendo-o completamente. Mais tarde jogou no *Inter de Milão* e no fim de sua carreira, no *Levante F.C.*, na Espanha. Hoje, é treinador e ensina os seus jogadores as lições mais importantes do futebol e também a descansarem e confiarem no Senhor, sejam quais forem as circunstâncias.

Deus nos fez livres, mas às vezes usamos a liberdade para enfrentá-lo. Se reconhecermos que estamos longe de Deus e nos voltamos a Ele, o Espírito de Deus nos traz a liberdade.

Achamos que podemos ter mais liberdade ao nos afastarmos de Deus. Com o tempo, reconhecemos a prisão mais cruel: inveja, amargura, falta de perdão, erros que cometemos e não podemos esquecer; ódio... Construímos prisões ao buscar o sucesso a qualquer preço ou querer tudo o que vemos. O vício também nos prende. Muitas vezes amamos e acreditamos que seremos mais felizes se permanecermos sozinhos. Sim, é difícil vencer a nossa própria prisão.

"O vento sopra onde quer, e ouve-se o barulho que ele faz, mas não se sabe de onde ele vem, nem para onde vai. A mesma coisa acontece com todos os que nascem do Espírito" (João 3:8). O que estas palavras do Mestre têm a ver com as nossas vidas? Como podem nos ajudar a sair da prisão? É mais simples do que parece. Uma das imagens do Espírito de Deus é a do vento e do fogo. Parecem inimigos irreconciliáveis, mas têm algo em comum: a liberdade. O vento tem a capacidade de apagar um incêndio, se ele é pequeno, mas se não, o que faz é aumentá-lo.

Quando o Espírito de Deus habita em nós (Mateus 3:11), nenhuma prisão pode nos prender. Deus nos dá liberdade para superar as circunstâncias, e sair das prisões que construímos. A liberdade do nosso espírito ninguém pode tirar. Não importa o que acontecer com nosso corpo nem onde estivermos. A liberdade de sermos guiados pelo Espírito de Deus é como um fogo incontrolável. Um vento que ninguém pode controlar.

O Espírito de Deus liberta, cura, dá vida e faz o que quer, e quer sempre o que é bom.

LEITURA DE HOJE
2 Samuel 4
Jeremias 14
1 Pedro 3

ORAÇÃO
Espírito Santo, liberta a minha alma da prisão e tira de mim a amargura, a tristeza e o que desagrada ao Senhor.

A prisão mais difícil de vencer é aquela em que nos prendemos a nós mesmos.

Enterrados vivos

12 de agosto

Franklin Lobos, ex-jogador de futebol, foi o mineiro número 27 resgatado das profundezas da terra. Em outubro de 2010, o mundo assistiu o que houve numa mina no Chile; 33 mineiros presos durante 69 dias. Muitos pensavam que era impossível resgatá-los vivos. José Henriquez assumiu a direção espiritual do grupo, eles leram a Bíblia, cantaram e oraram desde o primeiro dia. Em pouco tempo, 20 dos 33 mineiros participavam das reuniões. Eles suportaram os dias de tristeza, incerteza e medo.

A vida na terra tem muita rotina, é escura, e às vezes frustrante. Felizmente, temos a possibilidade de viver melhor. Em Cristo encontramos a luz, a vida real e com Ele tudo vale a pena. Jesus disse aos Seus discípulos, e a nós também: "...Eu sou a luz do mundo; quem me segue nunca andará na escuridão, mas terá a luz da vida" (João 8:12).

Alguns o negam, pois se acostumaram a apreciar a escuridão nas profundezas da terra. Há uma outra vida, para melhor e para pior. E eu digo "para melhor ou para pior", porque um daqueles dos que estavam presos fez a sua própria família descobrir que ele tinha um caso extraconjugal. Na superfície, tudo vem à luz.

Não importa se você tem muito poder, inteligência, pois de nada adiantará para a sua salvação. Você tem que confiar completamente lá no alto. Lembra-se da cápsula que usaram para retirar os mineiros daquela mina? Você também deve crer que o seu dia de ver ou não a luz eterna virá.

Há vida além da escuridão aparente em que nos movemos agora! De nós depende a decisão de crermos em Cristo e termos a vida eterna. Mas por mais que nos esforcemos, não podemos ir aos céus sozinhos. Ninguém tem a capacidade nem a força individual para ir só. A única opção é permitir que Jesus, a Luz do mundo o guie.

Há alguns dias, ao andar por uma rua observei um cartaz na porta de uma loja. Todos nós já vimos isso muitas vezes: "Fechado por motivo de falecimento." Infelizmente, este é um acontecimento absolutamente normal e cotidiano. O que me fez pensar foi que, desta vez, a morte veio a um parente dos proprietários justo em meio à mudança do negócio, pois nas janelas da loja havia outra placa ainda maior que dizia: "Mudamos para..."

LEITURA DE HOJE
2 Samuel 5
Jeremias 15
1 Pedro 4

ORAÇÃO
Pai que estás no céu, quero viver sempre ao Teu lado. Preciso da Tua luz para iluminar os meus passos!

Disse Jesus: "...Eu sou a luz do mundo..."
—João 8:12

Não deixe de pensar

13 de agosto

A inteligência e sabedoria contida em algumas frases são impressionantes e provocam a nossa reação. Um técnico espanhol explicou as táticas que seus jogadores ouviam antes de entrar para o segundo tempo: "Um gol a mais e ganhamos!" "Que bom que você nos avisou", brincou um dos jogadores. Nem tudo o que dizemos ou ouvimos é tão óbvio. As pessoas absorvem muita informação sem pensar um só momento se o que ouvem é verdade ou não. A maioria se deixa levar, ouvindo a opinião dos outros, achando que são suas próprias.

Em todos os meios de comunicação, os formadores de opinião, políticos, sociólogos ou pessoas com poder lutam para introduzir suas ideias nos corações e mentes dos outros. Não se pode ouvir uma notícia sem que essa esteja contaminada pela ideologia do momento. Ao ouvir alguns de meus amigos, percebo que repetem ideias de outras pessoas que controlam seus pensamentos. Se certas ideias dominam a mente de alguém, dominam também a sua vida e suas decisões.

Não caia nisso! Não paute o seu pensar pelos meios de comunicação nem por líderes religiosos. Algumas crenças querem alienar as mentes de seus seguidores, para que não pensem em nada, e isto é condenável. Fazem-no repetir várias vezes a mesma fácil ladainha para impedir que você raciocine e pense sobre o que está falando.

Deus quer que pensemos e meditemos! Ele deseja falar conosco. A Bíblia diz: "...e conhecerão a verdade, e a verdade os libertará" (João 8:32). Muitos dizem que a verdade é relativa, mas se não há verdade absoluta, é impossível pensar por si mesmo. Se tudo for relativo, sempre haverá alguém para decidir por você, para exercer o poder.

Temos que pensar! Não seja como um computador que armazena tudo, inclusive os vírus! Não permita que as ideias de outros o dominem. Não acredite em tudo que ouve; pense e raciocine: Deus lhe deu essa liberdade. Busque a verdade em cada situação e siga-a. Não tenha pressa, não importa quanto tempo você leva para saber o que fazer. A verdade permanece no mesmo lugar.

Jesus disse: "Eu sou a verdade", e Ele o libertará. Por meio dele, você encontrará a vontade de Deus em cada situação. Não se deixe enganar por ninguém.

LEITURA DE HOJE
2 Samuel 6
Jeremias 16
1 Pedro 5

ORAÇÃO
Pai celeste, obrigado pela liberdade de pensar e meditar. Não quero acreditar em tudo o que me dizem, mas considerar tudo à luz de Tua Palavra.

Busque a verdade em cada situação e siga-a.

14 de agosto

Livre!

A prorrogação mais famosa das *Copas do Mundo* ocorreu nas semifinais no México, 1970. A Alemanha e Itália jogaram por 30 minutos para decidir quem jogaria com o Brasil na final. O jogo tinha terminado empatado em um gol e a Seleção Italiana se classificou. Soube-se mais tarde que numa prisão mexicana, 23 presos escaparam porque todos os guardas assistiam televisão. Os presos ganharam a sua liberdade por um descuido.

Todos desejam a liberdade desde o nascimento. Muitos morreram por ela e gostamos de nossas liberdades individuais, pois outros pagaram um alto preço. A liberdade é um dos bens mais importantes para todos. Mesmo vivendo num país livre, muitas vezes nos sentimos frustrados. Somos condicionados por circunstâncias ou pessoas. É impossível desfrutar plena liberdade. Por exemplo: se você estiver pensando em férias sempre se limitará pelo dinheiro, oportunidades para viajar, disponibilidade dos locais… e, finalmente, pela saúde, pois ninguém pode se livrar de qualquer incidente momentos antes de sair.

Não podemos tomar as decisões que queremos, pois somos limitados, física, social, moral e espiritualmente. Não podemos romper os limites físicos porque sabemos que nosso corpo irá reagir. Nem os sociais, pois existem leis que limitam a liberdade para que todos possam ser livres. Também não podemos ultrapassar os limites morais, embora muitos tentem, pois as consequências vêm sobre nós, apesar de não acreditarmos nisso!

Se rejeitarmos a Deus, a nossa vida espiritual morrerá. Muitos pensam que se estiverem distantes dele, não serão cobrados, e isso é um erro. Acreditam em Deus, só em termos de uma possível polícia cósmica, não vendo o Criador como fonte de vida e liberdade. O homem que acredita que sem Deus pode ser livre raciocina da mesma forma como, se jogasse de um arranha-céu depois de convencer-se de que a lei da gravidade não existe. Negar a Deus não o faz desaparecer.

"Se o Filho os libertar, vocês serão, de fato, livres" (João 8:36). Jesus oferece liberdade absoluta e total, desde a espiritual atingindo todos os cantos das nossas vidas. A liberdade supera o medo, a insegurança, a dor ou a escravidão interior e exterior. A verdadeira liberdade porque está intimamente ligada a uma vida que jamais se acaba.

LEITURA DE HOJE
2 Samuel 7
Jeremias 17
2 Pedro 1

ORAÇÃO
Jesus, venho a ti para pedir que me ensines o valor da liberdade. Necessito de ti.

Jesus oferece liberdade absoluta, total.

Ganhar ou perder?

15 de agosto

O jogador de basquetebol Richard Hamilton marcou 14 pontos de lances livres e foi o principal marcador do *Detroit Pistons* no jogo contra o *Memphis Grizzlies*. Na verdade, isso não era razão para se orgulhar de ser o melhor. Ganhar e perder são apenas eventualidades. Ganhar e perder são apenas circunstâncias acidentais em nossas vidas, não definem quem somos realmente. Você é exatamente igual nesse momento, mesmo tendo vencido e recebido uma medalha olímpica ou um campeonato mundial. Você tem um valor excepcional para Deus, embora aparentemente ninguém saiba quem você é. E isso não altera as vitórias ou derrotas que você já teve.

Não desistamos da vitória, pois lutamos para consegui-la, mas se estivermos pensando sempre em vencer, nunca viveremos. Se o valor de nossas vidas depender de medalhas, teremos pouco valor. Ninguém ganha sempre. Ninguém é o melhor a vida inteira!

Muitos querem ser reconhecidos como vencedores, e a isso se dedicam. Temem a opinião alheia e fazem o que os outros querem. Buscam o reconhecimento na vida dos outros, não em sua própria. Tentam viver na onda da mídia, e ter poder no trabalho, nos esportes e na igreja! Nunca agem por si próprios, nem admitem fraquezas ou choros. Não admitem o sofrimento e a dor, são perfeitos... enquanto por dentro desmoronam por querer demonstrar que são os melhores.

"Não procuro conseguir elogios para mim mesmo; mas existe alguém que procura consegui-los para mim, e ele é o Juiz" (João 8:50). Somos felizes quando morremos para o desejo de ser os maiores. Aproveitamos quando percebemos que o que realmente importa é o que Deus, nosso Criador, pensa! Ele não espera que sejamos perfeitos, pois isso é impossível! Ele quer que busquemos a excelência no que fizermos e que não nos preocupemos mais. Ele nos ama demais para que um caso de sucesso ou derrota influencie esse amor. Ele nos ama acima de todas as circunstâncias e todos os limites.

Portanto, a nossa vida tem sentido. O amor de Deus certifica que somos o que somos muito além da vitória ou derrota. As circunstâncias não podem nos mudar. Se quisermos brilhar para nós mesmos, poderemos fazer bem aos outros. Quando deixarmos que Deus brilhe por meio de nós, faremos o bem a vida inteira!

LEITURA DE HOJE

2 Samuel 8
Jeremias 18
2 Pedro 2

ORAÇÃO

Pai que estás nos céus, agradeço por teres me criado. Quero glorificar-te e brilhar para o Senhor.

Somos felizes quando morremos para o desejo de ser os maiores.

16 de agosto

Não ao tédio

Luciano Casillas foi um dos surfistas mais conhecidos nas Ilhas Canárias. Infelizmente, caiu no mundo das drogas e foi internado num centro psiquiátrico. Alguém lhe disse para ler a Bíblia, orar e pedir a Deus para transformá-lo. E Deus o fez. Luciano testemunhou que Deus era capaz de derrotar os ataques de esquizofrenia causados por sua antiga vida. Hoje tudo é diferente em sua vida e na vida familiar. Ele aprendeu a descansar em seu Criador.

Deus espera que nós vivamos uma vida diferente, não apenas de aparência cristã. Ele nos concede o poder necessário para tal, o que não é desculpa para pensarmos que não temos coragem de fazer algo, pelo contrário! Deus quer que enfrentemos qualquer situação difícil em nosso caminho.

Deus quer que sejamos corajosos para viver uma aventura que muitos temem: que enfrentemos os problemas e necessidades, fracassos e frustrações. Deus quer que não escondamos nossa fraqueza, que não finjamos, e que não enfraqueçamos após alguma derrota! Quando vier o fracasso, não devemos nos compadecer por cada erro, e olhar para frente. Nada pode nos derrotar de maneira definitiva. Deus quer que vivamos de forma diferente.

O que realmente nos faz sentir felizes é amar a Deus de tal maneira que queiramos honrá-lo. Se algo oculto estiver nos destruindo, é hora de sermos corajosos para confessar. Se for impossível fazer isso sozinhos, peça a ajuda de algum amigo para comprometer-se a enfrentar e vencer o que está errado, ao seu lado.

Estar perto de Deus nos permite reconhecer quem somos. Conhecê-lo de maneira direta e profunda, não significa apenas olhar para nós mesmos, mas acima de tudo, olhar para Ele. Precisamos nos encontrar com Deus de forma contínua e, às vezes, quase desesperada. Só Ele pode nos ensinar quem somos e cumprir o nosso desejo de aventuras na vida. Lembre-se de que Jesus disse: "…eu vim para que as ovelhas tenham vida, a vida completa" (João 10:10). Deus é o ser mais natural, aventureiro e criativo que você pode encontrar e ao lado dele, não há tédio!

O tédio é uma das armas prediletas do diabo. Se vivermos assim, estaremos distantes de Deus. Precisamos voltar a Ele de modo incondicional, e conhecê-lo melhor. Quem projetou o universo é mais impressionante do que tudo que pensamos.

Deus quer que vivamos de forma diferente, o segredo, neste caso, não é a disciplina nem o estudo, mas o contato contínuo com Deus: Invista algum tempo a sós com Ele. Deus é a fonte da vida.

LEITURA DE HOJE
2 Samuel 9
Jeremias 19
2 Pedro 3

ORAÇÃO
Jesus, obrigado por me dares a vida abundante. Quero apreciá-la com o Senhor.

Precisamos voltar a Ele de modo incondicional e conhecê-lo melhor.

Vou fazer uma lista...

17 de agosto

Os melhores jogadores da história do basquete foram: Pete Maravich, Julius Erving, Michael Jordan, Wilt Chamberlain e Bill Russell... Imagine um time formado por eles e você sendo o técnico. Escolha os outros cinco, os reservas, para completar o time. Você consegue lembrar-se das dez pessoas mais ricas do mundo? Dez ganhadores do Prêmio Nobel? Dez autoridades mundiais? Eu estou pedindo que você se lembre das pessoas que são consideradas mais importantes na sociedade de hoje. Eles podem ser importantes, mas não os conhecemos e nem eles nos conhecem.

Agora anote as dez experiências mais felizes em sua vida. Dez situações em que Deus o ajudou nos últimos anos. Dez familiares, dez bons amigos, dez pessoas que estão ao seu redor e o ajudam. Faça uma lista daqueles que sentiriam a sua falta.

Talvez você se pergunte aonde quero chegar. Quero que você se questione por alguns momentos: A quem e a que estou dedicando o meu tempo? Aos líderes da mídia e às pessoas que aparecem na TV? Aos mais ricos do mundo? Ao que dizem os líderes sociais ou políticos? Qual é o valor que eles têm para mim? Tudo o que eles são capazes de fazer não nos afeta muito.

Se você quer investir bem o seu tempo, doe-o à sua família, aos amigos, aos que o cercam... Compartilhe seus sentimentos e frustrações com as pessoas que podem ajudá-lo. Não desperdice o tempo valioso ouvindo pessoas que você nem conhece e que não o conhecem também. Não os imite, pois poucos são realmente bons exemplos.

"Quem quiser me servir siga-me; e, onde eu estiver, ali também estará esse meu servo. E o meu Pai honrará todos os que me servem" (João 12:26). Vale a pena seguir a Cristo. Jesus escolheu 12 discípulos para acompanharem-no durante os três anos do Seu ministério. A eles dedicou-lhes tempo, conversas, e momentos de comunhão. Pense naqueles que estão mais próximos a você e ocupam o seu tempo. Preocupe-se com quem precisa de você. Viva e divirta-se com aqueles que o amam e aqueles que você ama. Ore e peça a Deus sabedoria para aqueles que realmente são importantes na sua vida.

LEITURA DE HOJE
2 Samuel 10
Jeremias 20
1 João 1

ORAÇÃO
Pai que estás no céu, ensina-me a dedicar tempo àqueles que me amam e que eu preciso amar.

Preocupe-se com quem precisa de você.

18 de agosto

Seguir a verdade

O time dos EUA ganhou o campeonato mundial de basquete na Turquia, 2010. O jogador mais valoroso foi Kevin Durant. Não é de se estranhar, ele é uma das estrelas da *NBA*. Diz-se que o futuro do basquete está em suas mãos. É um jogador de verdade.

Cedo ou tarde, vamos encarar a verdade, a verdade absoluta que existe independente de nós. Ela está na base de tudo o que cremos. Todos nós queremos saber se realmente existe essa verdade, porque isso marca toda a nossa existência.

Alguns acreditam que podem alcançá-la por negligência e questionam: "Deus existe? Não sei." "O espiritual é eterno? Não podemos conhecer." "A vida tem sentido? Não se sabe". Muitos respondem dessa maneira tranquilamente! Como se nada tivesse importância. Se alguém acredita que Deus não existe, cabe a você prová-lhe! Se o outro não aceitar, que pelo menos reconheça que você tem as respostas!

A verdade é exclusiva. Baseia-se em fatos e obedece raciocínios precisos. Um juiz não pode julgar fundamentado em verdades relativas. Um médico não pode operar ao acaso. Um engenheiro não pode construir pontes sem ter o conhecimento necessário. Todos defendem algum tipo de verdade e, sem exceção, acreditam em algo absoluto.

Mesmo os que não acreditam em absolutos, defendem essa afirmação e vivem em contradição, porque devem defender que nada é verdade total e essa defesa já é uma verdade. Na realidade, não existem ateus, apenas pessoas que cultuam deuses diferentes.

Aquilo que ocupa o lugar de Deus não é coerente. Da mesma forma que Deus nos restaura e preenche, os outros absolutos criam insatisfação e frustração dentro de nós. Se você não pensa assim, reflita sobre qualquer um dos deuses do nosso século: o prazer, a ambição, a violência, a religião, o dinheiro, solidariedade, o materialismo...

Todos servem algum deus e a Bíblia exorta contra a idolatria. O ateísmo não existe, ninguém vive sem algum deus em sua vida.

A verdade que Deus nos oferece é real: É uma pessoa! Jesus respondeu: "Eu sou o caminho, a verdade e a vida..." (João 14:6). Essa é a grande diferença. Não conhecemos a verdade apenas intelectualmente, mas individualmente. E quando conhecemos o Senhor, também recebemos a vida.

LEITURA DE HOJE
2 Samuel 11
Jeremias 21
1 João 2

ORAÇÃO
Jesus, quero seguir o Teu caminho. Encha-me com o Teu Espírito para caminhar ao Teu lado.

Quando conhecemos o Senhor, recebemos a vida eterna.

Por amor ou por obrigação

19 de agosto

Betty Cuthbert ganhou quatro medalhas de ouro nas *Olimpíadas de Sidney*, 1956). Nos 100 e 200 m e revezamento 4x 100, e nos 400 metros em Tóquio, 1964. "Sempre tive essa habilidade", disse ela recentemente numa entrevista. "Depois de correr em Roma, 1960, e ganhar três medalhas de ouro fui eliminada no primeiro revezamento e pensei em me aposentar. Mas propus-me a vencer o ouro nos 400 metros e Deus me ajudou. Em 1969, fui diagnosticada com esclerose múltipla e agora utilizo uma cadeira de rodas", "Tudo é novo para mim."

É curioso que valorizamos apenas quando perdemos. Consideramos muitas coisas como algo normal. Pensamos que a vida, a diversão, a saúde, o poder, o podermos caminhar, falar, ver, tocar, ouvir ou sentir são situações e circunstâncias que nos pertencem e não lhes damos o devido valor, Não percebemos que estes são precisamente as coisas mais importantes da vida.

Muitas vezes, queremos aproveitar a vida que Deus nos deu, e já é tarde demais. Deveríamos começar desde o início e agradecer por todos os minutos de nossa vida e os privilégios que deus nos dá. Deveríamos viver com o coração apaixonado pela vida. Se amamos, aprendemos a apreciar. Ninguém pode nos forçar a nenhuma das duas coisas: nem amar, nem a aproveitar a vida. E faz parte do teste mais importante em nossa vida cristã: fazemos por amor ou obrigação?

Ler a Bíblia, orar, adorar, servir ao Senhor, compartilhar o evangelho, ajudar os outros... Se tudo parecer obrigação, a nossa motivação não é boa. Se encararmos como uma necessidade, estamos certos, mas ainda não é o fim. Se o fizermos por amor vamos apreciar, embora às vezes, as circunstâncias não sejam fáceis.

Se amamos a Deus, contamos tudo a Ele, vivemos em Sua presença e o buscamos a cada momento. E quando conhecemos o Senhor, também recebemos a vida.. Amaremos o Senhor como Davi, que não conseguia parar de dançar ao saber que a presença de Deus estava com ele. Apesar de todos os defeitos de Davi, ele era um homem segundo o coração de Deus, que vivia entusiasmado com o seu Criador.

É assim o relacionamento com Deus. "Assim como o meu Pai me ama, eu amo vocês; portanto, continuem unidos comigo por meio do meu amor por vocês" (João 15:9). Ele nos ama e merece o nosso viver! Mas não fazemos por obrigação ou necessidade, mas por amor. Não pode ser de outra maneira!

Assim como o meu Pai me ama, eu amo vocês... —João 15:9

LEITURA DE HOJE
2 Samuel 12
Jeremias 22
1 João 3

ORAÇÃO
Pai, quero viver ao Teu lado para sempre, e conhecer-te melhor a cada dia.

20 de agosto

A qualquer preço

R. Abrahamovich, o bilionário russo, principal acionista do *Chelsea FC*, na Inglaterra, tentou há alguns anos comprar o jogador brasileiro Ronaldinho, que jogava no *Barcelona FC*, na época o melhor jogador do mundo. Havia rumores de que estava disposto a pagar 100 milhões de euros. Muito dinheiro, mas não conseguiu. Quando li que estaria disposto a pagar o que fosse necessário, questionei-me: Estaria disposto a dar a vida de seu próprio filho? Que pergunta boba! Uma coisa é querer com todo o coração e a outra diferente é o preço a se pagar por um desejo. Tudo tem limite!

Nenhum de nós estaria disposto a pagar um preço tão alto por algo assim. Ninguém daria o seu próprio filho por amor a outra pessoa, nem mesmo por seu melhor amigo! Ninguém? Mas Deus o fez!

Ele fez isso para que pudéssemos participar do Seu time. Isso significa tornar-se filho de Deus e viver a vida absolutamente radiante e eterna! Deus enviou o Seu próprio Filho para morrer por nós para podermos ter essa vida eterna. Jesus morreu voluntariamente para você ser salvo: "Ninguém tem mais amor pelos seus amigos do que aquele que dá a sua vida por eles" (João 15:13).

Qual é o meu valor? Quanto vale o meu passe? Cem milhões ou um bilhão de euros? É impossível precificar! O que Deus pagou por nós tem valor infinito. Esse é o valor que temos para Deus, o valor que Ele dá à nossa alma. Quando queremos algo, pagamos o que acreditamos ser justo. Talvez para outras pessoas não seja importante, mas para nós sim, e por isso queremos.

Deus pagou um preço infinito para nos comprar. Deu a vida de Seu próprio Filho. Ele nos amou e se entregou por nós. Não pelo valor que temos, mas pelo que Ele nos dá. Para Ele somos amados, Deus deu o melhor que tinha por nós.

Quem estaria disposto a dar algo por mim? Quanto valho? Jesus entregou Sua vida por nós e deu Seu próprio sangue. Ninguém pagaria tanto nem faria o que o Senhor fez e faz por nós. Ninguém nos ama como Ele!

Não sei qual será a sua atitude, mas não posso ficar insensível depois de uma demonstração de amor assim. Além disso, diria que não há pecado maior neste mundo do que rejeitar esse amor. Mesmo com meus defeitos e falhas, não posso deixar de amá-lo nem viver um só dia sem o Senhor. Não quero deixar de segui-lo.

LEITURA DE HOJE
2 Samuel 13
Jeremias 23
1 João 4

ORAÇÃO
Pai que estás no céu, obrigado por ter dado o Teu Filho amado por mim.

Temos valor infinito para Deus. Ele nos comprou por meio do sacrifício do Seu Filho Jesus.

Tudo faz sentido

21 de agosto

Tk Dannelly fez parte do primeiro time de basquete de cadeira de rodas americano em duas ocasiões diferentes. Nascido no Quênia, sofreu poliomielite aos 2 anos e foi levado a uma casa para crianças carentes. Um missionário o adotou aos 7 anos. Ele participou dos *Jogos Paraolímpicos* de 2000 e diz a todos que confiem em Deus para conseguir o que precisam: "Conhecer a Cristo foi o melhor que aconteceu em minha vida."

Seguir o Senhor é o passo mais importante que damos em nossas vidas. Esse primeiro passo é de fé, e nele reconhecemos o nosso pecado e rebeldia contra Deus, crendo que Jesus pagou na cruz o castigo que merecíamos.

Quando a nossa fé passa a ser o mais importante em nossas vidas, entendemos por meio do Espírito Santo que Jesus não apenas nos salva, mas é o nosso Senhor. Dessa maneira, nos submetemos a Ele por tudo o que somos e temos. E conforme o tempo passa, mais nos tornamos semelhantes a Ele.

Quanto mais o amamos, experimentamos o que significa tê-lo como amigo. Nós o seguimos porque Ele é o nosso Senhor e o amamos. Abraão foi chamado amigo de Deus. Davi era um homem segundo o coração de Deus. Maria escolheu a boa parte, porque preferiu ouvir e adorar seu Mestre e amigo.

Quando amamos alguém, nos comprometemos com essa pessoa. Quando amamos Jesus, a nossa vida só tem sentido com Ele. Deus, Jesus e o Espírito Santo ocupam todas as partes importantes de nossas vidas. Não há absolutamente nada em nossas vidas em que Eles não estejam presentes.

Isso significa ser amigo de Deus. Ele participa de todas as áreas do nosso viver; em cada momento, em cada dia, cada vez que nos levantamos, quando jogamos, quando vamos a algum lugar, quando trabalhamos... Aconteça o que acontecer, podemos nos aproximar de Deus. Qualquer situação é parte de Seus planos, não é por acaso que a Sua presença nos fortalece.

Deus criou o mundo bom e quer que desfrutemos dele. Um obstáculo, um plano frustrado, uma pessoa que faz o que não deve, uma espera etc. podem ser mudados. Tudo pode se transformar se estiver nos planos de Deus para nós. Deus concede a paz em cada momento. A Bíblia diz: "Eu não chamo mais vocês de empregados, pois o empregado não sabe o que o seu patrão faz; mas chamo vocês de amigos, pois tenho dito a vocês tudo o que ouvi do meu Pai" (João 15:15).

Tudo pode se transformar se estiver nos planos de Deus para nós.

LEITURA DE HOJE
2 Samuel 14
Jeremias 24
1 João 5

ORAÇÃO
Jesus, obrigado por seres meu amigo. Não posso imaginar a vida sem a Tua presença.

Fora das quadras

Dwight Howard foi medalha de ouro com a seleção dos EUA nas Olimpíadas de Pequim, 2008, e também um dos pivôs da NBA. Numa das últimas entrevistas afirmou: "O basquete não é tudo, o importante é a ação de Deus em nossas vidas não só nas quadras, mas fora delas." O que vale a pena acontece fora das quadras. Deus quer atingir as profundezas do nosso ser. Ele é o único capaz de transformar as nossas vidas e tem este direito, pois é o único que nos ama infinitamente.

Em Jesus, Deus nos mostra o poder do amor; o único que pode superar o medo, a preocupação, o ódio, a amargura, a inveja, o orgulho, até a solidão... O amor supera qualquer situação, e o poder de Deus é ilimitado e eterno.

A cruz de Cristo nos surpreende, pois Jesus é amor — amor crucificado por nós. Quando estava cravado na cruz, falou 11 palavras para expressar o Seu amor. "Então Jesus disse: — Pai, perdoa esta gente! Eles não sabem o que estão fazendo" (Lucas 23:34).

O amor de Deus envolve o perdão, o qual não merecemos. O perdão é infinito, sublime e precioso porque vem de Deus. O perdão divino muda as nossas vidas, transforma-a, e traz a vida eterna. Um perdão libertador, que faz brilhar o nosso coração.

Quando Deus nos perdoa, aprendemos a não olhar para trás e a confiar em quem nos tem perdoado. Sentimo-nos indignos porque não o merecemos, mas ao mesmo tempo somos gratos porque o perdão de Deus, nos enche de paz.

O ressentimento, o ódio, a vingança, a amargura, a tristeza, a vergonha... já não podem destruir nossas vidas! O poder do amor se manifesta principalmente no perdão. Nós, que éramos inimigos de Deus, agora temos o direito de sentarmos à Sua mesa. Ele nos convida para uma festa eterna e o Seu amor nos dá o privilégio de ser Seus filhos, e o Seu perdão nos ensina a viver da maneira que lhe agrada.

O perdão de Deus transforma a vida e nos faz querer perdoar os outros! O ódio já não nos governa, não queremos ser vingados, mas abraçados. Oferecemos a todos a graça que Deus nos deu. Vivemos uma conquista de amor, uma aventura verdadeiramente revolucionária. Perdoe com e sem razão, assim como Deus nos perdoou.

LEITURA DE HOJE
2 Samuel 15
Jeremias 25
2 João

ORAÇÃO
Pai que estás no céu, obrigado por me perdoar e me tornar Teu filho.

O perdão de Deus transforma a vida!

O amor que ampara

23 de agosto

Os filhos de Mazinho, Giovanella, Catanhã e Doriva estão começando a jogar em grandes times. Estou falando sobre os filhos de alguns dos jogadores que triunfaram no *Celta Vigo* e *Barcelona FC*... No juvenil do *Barcelona*, Valter Neto, filho de Valtinho, já está provando sua qualidade... Parece que todo mundo vai ser melhor ainda do que os seus pais! Eles estão contando com isso!

Amor que ampara.

"Quando Jesus viu a sua mãe e perto dela o discípulo que ele amava, disse a ela: Este é o seu filho" (João 19:26). Esta segunda frase de Jesus refere-se a um de seus amigos. Jesus nos ensina sobre o amor que se preocupa em deixar tudo acertado; que nada deixa ao acaso. Um amor que provê para o necessitado. No momento mais difícil de Sua vida, Jesus é o amor que não desampara.

Jesus não quis deixar Sua mãe desprotegida. Deus cuida de nós mais do que pensamos. Essa é a razão de Jesus dizer a um de Seus melhores amigos: "João, você pode ajudar a minha mãe?"

O amor que ampara é o que se preocupa com a gente, que pensa nos outros antes de si mesmo e dá o cuidado bem depois do perdão. O Senhor não quis esperar para ajudar os necessitados. Antes de qualquer outra palavra, antes de pensar em mais nada, Jesus não quer que os homens se percam.

A história também nos mostra a amizade de João com Jesus. Ele foi Seu discípulo e amigo. João queria estar sempre com Cristo, pois entendeu que o amor é compartilhar e amparar e por essa razão, recebeu Maria em sua casa, atendendo ao pedido do seu amigo e Mestre Jesus.

Encontramos duas lições importantes: Deus cuida de nós e jamais nos desampara. Ele envia Seus anjos para nos proteger. Ele deseja que compartilhemos o Seu amor e amparemos os mais necessitados, pois Ele sabe que além do amparo espiritual, às vezes precisamos de conforto.

Devemos também cuidar dos outros. Se amarmos, deveremos agir. O amor se entrega, se preocupa, se doa. O amor é prático e sempre ampara, mesmo nos momentos mais difíceis ou quando acreditamos que não temos força para prosseguir. Há sempre uma oportunidade de amparar alguém, bastar olhar o próximo com amor.

O amor da cruz é um amor que ampara.

LEITURA DE HOJE
2 Samuel 16
Jeremias 26
3 João

ORAÇÃO
Pai amado, agradeço por Teu cuidado, pois minha vida está em Tuas mãos.

Deus cuida de nós e jamais nos desampara.

24 de agosto

O amor hospitaleiro

Allyson Felix foi a mulher mais rápida do mundo em 2010. Foi campeã olímpica e mundial nas provas de 100 e 200 metros, 2008 e 2010. Numa entrevista declarou: "Meu pai, um pastor evangélico, me ensinou a conhecer a Deus, como Ele podia cuidar de mim e me manter junto a Ele."

Amor hospitaleiro.

A terceira frase de Jesus na cruz mostra o amor hospitaleiro, que não despreza nem impõe condições. Quando um dos crucificados ao lado do Senhor pediu para ser lembrado, quando Jesus retornar como Rei, o Senhor respondeu: "Eu afirmo a você que isto é verdade: hoje você estará comigo no paraíso" (Lucas 23:43).

O mundo contemplava admirado os dois extremos da raça humana; o criminoso crucificado ao lado do Salvador. Um estava ocupando o lugar merecido e o outro sofrendo a maior injustiça. Um estava perdendo sua vida, o outro a entregava voluntariamente. O Salvador ouve o pedido do criminoso e não exige penitências. Jesus crucificado o convida e o recebe, sem impor condições e diz: "Hoje você estará comigo no paraíso."

A cruz é a oferta de amor de Deus para todos, é a Sua graça expressa em Seu Filho, que deu a Sua vida em resgate por nós. O amor que perdoa um assassino que estava ao lado de Jesus. Um amor que recebe quem está ao seu lado e pede perdão.

O amor que não espera recompensa, é perfeito. Quando amamos, às vezes, somos egoístas, pois queremos uma recompensa satisfatória. Deus recebe a todos em Sua casa; os indignos, desprezados, feridos, pobres, pecadores, a todos! Ele não quer deixar ninguém do lado de fora.

Deus conhece as nossas dúvidas e medos e promete nos levar ao paraíso. Ele empenha Sua palavra, porque não quer que temamos o futuro. Ele nos protege hoje, caminha conosco, não só agora, mas por toda a eternidade. O Seu amor nos convida, nos acolhe e nos envolve. Não importam as circunstâncias. Não se preocupe com o passado nem tente consertá-lo sozinho sem receber esse amor. Vá a Jesus assim como você está.

Deus ama de maneira incondicional neste mundo de aparências. Ele se importa com cada um de nós, com o que somos e nos convida a estar em Sua presença diariamente. Ele nos receberá no paraíso, celebrando a chegada dos Seus santos com festa! Ele não quer que duvidemos do Seu convite acolhedor.

LEITURA DE HOJE
2 Samuel 17
Jeremias 27
Judas

ORAÇÃO
Eterno Pai, obrigado porque o Senhor ama a todos. Eu sinto esse amor e sou feliz por conhecer Teu Filho Jesus.

O amor de Deus é incondicional e Ele nos convida para o lar eterno.

Amor sacrificial

25 de agosto

Radamel Falcão, o jogador de futebol colombiano, foi o artilheiro da *Liga Europeia* na temporada 2010–11. Foi campeão o *Porto* e depois contratado pelo *Atlético de Madrid*. Falcão conhece Jesus desde criança e o testemunho de sua mãe foi importante. Falcão falou sobre Jesus em entrevistas e a liberdade que Ele nos concedeu por meio de Sua morte na cruz e ressurreição.

Jesus bradou algo impressionante na cruz: Jamais compreenderemos o que Ele sentiu ao levar sobre si, a nossa culpa e pecado. "Às três horas da tarde Jesus gritou bem alto: "Eloí, Eloí, lemá sabactani?" Essas palavras querem dizer: "Meu Deus, meu Deus, por que me abandonaste?" (Marcos 15:34). O amor que agonizava, que nos é dado incondicionalmente.

O amor que escolheu levar a culpa por todas as injustiças.

Deus colocou sobre o Seu Filho os pecados de toda a humanidade; pecados passados, presentes e futuros. O peso da ira caiu sobre Ele, porque Jesus quis levá-lo. Trazemos o pecado em nosso coração, e Ele o tomou sobre os Seus ombros, para que a Sua justiça perfeita pudesse nos envolver.

Em Seu sacrifício está a nossa liberdade. Por suas pisaduras fomos sarados, e com o Seu sangue derramado, ficamos mais alvos que a neve. O preço foi bastante alto!

É impossível compreender que Deus abandonou Seu Filho para nos resgatar. Deus desamparou o Seu Filho querido para que nenhum de nós fosse desamparado. Não há como explicar ou compreender racionalmente. A Bíblia diz que Deus o abandonou e por um instante o deixou só. A santidade de Deus o forçou a desviar o Seu olhar quando o Seu Filho mais precisava dele.

Deus sofreu mais do que qualquer pai ou mãe jamais poderia imaginar. Qualquer um de nós teria dado a sua própria vida antes de ver o seu filho morrer. Deus também, mas não quis agir assim. Jesus sabia disso e a Sua dor era tão grande que este é o único momento em que Ele clamou: "meu Deus" e não "Pai". Deus ainda era o seu Pai, e o amava sobremaneira! Por um momento Deus o desamparou porque Jesus levava sobre si todo o meu pecado, culpa, ódio, inveja, orgulho, amargura, miséria, medos, maus pensamentos, loucuras e rebelião contra Ele...

Jesus sofreu este desamparo voluntariamente. Não posso entender e duvido que alguém possa explicar. Este amor é completo e significa a minha redenção.

LEITURA DE HOJE
2 Samuel 18
Jeremias 28–29

ORAÇÃO
Pai bondoso, sei o quanto te custou a minha salvação. Amo o Teu Filho Jesus.

Deus desamparou o Seu Filho querido para que nenhum de nós fosse desamparado.

26 de agosto

O amor resiliente

Jason Terry foi campeão da *NBA* com o *Dallas Mavericks* na temporada 2010–11. Ele afirmou que Deus o levou para Dallas no ano em que foram campeões. Ele deu toda a glória de sua vitória a Jesus. Às vezes, os jogadores não triunfam em campo, porque não têm ajuda ou não são valorizados. Nesses momentos o agente do jogador busca um novo time. Meu amigo Pedro fez isso por muitos anos. Ele e sua esposa Elena sempre tentaram ajudar os jogadores além dos negócios e deram um bom exemplo como seguidores de Jesus.

Jesus nos mostra o amor resiliente, aquele que sofre e espera. Ele mesmo diz: "Depois, vendo Jesus que tudo já estava consumado, para se cumprir a Escritura, disse: Tenho sede!" (João 19:28).

Umas das maneiras mais sublimes de amar é ver que precisamos de quem amamos. Aquele que se julga perfeito não sabe o que significa amar. Quando amamos alguém, tornamos essa pessoa alguém necessário. O amor tem duas vias: dar e receber. Amar e ser amado.

Quando Jesus falou "Tenho sede", Ele estava sofrendo fisicamente. Quando alguém sofre, espera ser ajudado. Se alguém tem sede, espera que lhe seja dado água. O amor precisa do outro. O Amor dá e recebe ajuda.

Jesus pediu aos discípulos: "Orai e vigiai comigo" no Jardim das Oliveiras. Os discípulos estavam cansados e cheios de medo. No momento que Jesus precisou deles, eles não estavam à disposição. Deus enviou os anjos para fortalecê-lo. O amor sofre. Ninguém pode amar sem sentir dor, nem se entregar sem sofrer. Deus é resiliente por amor a nós. Ele sofreu, teve sede e pediu ajuda.

Na cruz, Jesus ainda ensinou: bem-aventurado aqueles que podem ajudar. Passamos grande parte de nossas vidas sem entender este amor. Procuramos nos divertir, mas descobrimos que há prazer em dar ajuda aos outros. A bondade enche os nossos corações de alegria.

O Senhor disse: Tenho sede e assim deu aos Seus inimigos uma chance de praticar o amor e sentir-se bem por ajudá-lo. O coração deles se sentiria em paz se tivessem aliviado a sede de Jesus por alguns instantes. Que tenhamos o desejo de amar como Ele amou.

LEITURA DE HOJE
2 Samuel 19
Jeremias 30– 31

ORAÇÃO
Querido Jesus, Tu és a Água da vida! Aquele que te conhece jamais terá sede. Obrigado por isso!

A bondade enche os nossos corações de alegria.

Tudo está pago

27 de agosto

John Wooden, treinador de basquete universitário, recebeu muitos títulos. Com a Universidade de Califórnia, venceu 10 campeonatos, com 88 vitórias consecutivas. Em 1971, o time dos *Lakers*, *NBA* quis contratá-lo, mas ele não aceitou e disse: "Nem tudo na vida é dinheiro."

A dívida mais cara da história da humanidade não foi paga com dinheiro, mas foi um resgate com sangue. Na cruz, Jesus falou: "...Tudo está completado!" (João 19:30).

É o amor que triunfou.

Em grego, *Tetelestai*, significa literalmente "A dívida foi paga, está consumado". Esta declaração final é registrada nos documentos, declarando que a dívida fora quitada. Quando Jesus disse *Tetelestai* na cruz, Ele anunciou ao mundo que a dívida de toda a humanidade já estava paga. O Seu sangue nos redimiu de nossa rebeldia e pecado. O sangue do Filho de Deus simbolizou o amor triunfante, que faz a sua parte.

Agora cada um de nós deve decidir se aceita esse pagamento pelo resgate de nossas vidas. Jesus fez Sua parte, o restante depende de cada um de nós.

Em meu livro *Coração Indestrutível* relato uma história simples sobre a importância da nossa fé: "Abraham Lincoln ao assumir a presidência dos EUA, promulgou a liberdade de todos os escravos no país. A partir desse momento, era proibido possuí-los, e os escravos foram libertos. Foi um passo importante para aquele país e para o mundo, mas muitos anos se passaram antes que a escravidão fosse abolida completamente. Sabe o que aconteceu? Alguns donos de escravos não lhes permitiram saber que a liberdade tinha sido proclamada. Outros escravos jamais acreditaram que estavam livres, e continuaram com seus senhores mesmo sabendo que a lei tinha sido promulgada. Não acreditavam que era verdade e achavam bom demais para ser verdade.

Muitas pessoas reconhecem o que Jesus fez na cruz. Sabem que Ele pagou o preço que nós merecíamos. Agora podemos ser livres e ter um relacionamento pessoal com Deus e viver com Ele por toda a eternidade! Infelizmente, muitos não creem em Jesus como seu salvador pessoal e vivem como se Jesus não tivesse oferecido o Seu perdão. Acham que é muito bom para ser verdade e continuam a viver em escravidão. Muitos morrem sem aceitar Jesus em seus corações. Não usufruem deste amor que triunfou.

LEITURA DE HOJE
2 Samuel 20
Jeremias 32

ORAÇÃO
Pai maravilhoso, obrigado porque Jesus, o Teu Filho, pagou a minha dívida. Estou perdoado e sinto-me muito amado.

Podemos nos livrar do pecado e ter um relacionamento pessoal com Deus.

28 de agosto

O amor que se entrega

Ladislao Kubala jogou nos anos 50 do século 20, e ainda é referência na história do *Barcelona F.C.* Na final da Copa em 1954 contra o Atlético de Bilbao, ele rompeu os ligamentos do joelho, causando a tríade infeliz do joelho. Kubala pediu que o enfaixassem até o tornozelo e continuou a jogar os 70 minutos restantes.

Os fortes não se abatem pela dor ou sofrimento. Nesse sentido, somos todos heróis, porque todos nós passamos por situações nas quais tivemos que seguir em frente, independente das circunstâncias.

A última frase que o Jesus pronunciou na cruz demonstra o Seu amor; um amor que sofre e suporta a dor. E acima de tudo, o amor que se entregue nas mãos do Pai ao consumar a Sua obra. O Amor que vence, apesar do sofrimento.

A Bíblia diz que "...Jesus gritou bem alto: Pai, nas tuas mãos entrego o meu espírito! Depois de dizer isso, ele morreu" (Lucas 23:46).

Esse foi o momento fundamental na história da humanidade. O Deus trino fundiu-se num momento eterno após consumar a obra impossível de entendermos, no entanto, essa mesma obra traz a liberdade ao mundo. O Filho entregou Seu Espírito nas mãos de Seu Pai. O Pai ressuscitou Seu Filho pelo poder do Espírito Santo. A morte foi vencida para sempre. O sangue de Jesus é o sangue de um Vencedor: que concede vida a todos.

Alguém definiu esse momento dizendo: "A morte da morte, na morte da Vida", depois de ter vencido o pecado e a morte, Jesus entregou o Seu espírito nas mãos do Pai, que o ressuscitou três dias mais tarde. Todos os escritores do Novo Testamento nos lembram que esse acontecimento mudou a história da humanidade. A morte já não pode nos derrotar! O pecado não tem poder sobre nós! O maligno não pode nos tocar!

A história nos diz que Jesus inclinou a cabeça e em seguida expirou, como se estivesse permitindo que a morte tomasse o Seu corpo. Foi Ele que concedeu-nos a Sua vida. Ele é o Deus feito homem, coroado Vencedor, e um dia retornará como o Rei dos reis e o Senhor dos senhores.

Esse amor tem muito a nos dizer. Precisamos descansar em nosso Pai em todas as circunstâncias. Precisamos entregar nas mãos do Pai tudo o que nos preocupa e não podemos resolver, inclusive a nossa vida. Entreguemo-nos a Ele e descansemos em Seu amor.

LEITURA DE HOJE
2 Samuel 21
Jeremias 33–34

ORAÇÃO
Pai de amor, obrigado pela vida eterna. Descanso em ti, pois tu és Senhor.

Vencendo a morte, Jesus abriu o caminho para a glória eterna.

O melhor time

29 de agosto

Acho que foi o único caso da história: Suécia foi prata no contrarrelógio por equipes nas Olimpíadas do México, 1968, e os quatro ciclistas eram irmãos: Eric, Sture, Thomas e Gösta Peterson.

O livro de Atos dos Apóstolos, do Novo Testamento, relata sobre outros irmãos em Cristo que tiveram sucesso sob o poder do Espírito Santo. Sim, esse livro narra os primeiros anos da história da igreja cristã. Muitos acham que seria melhor chamar esse livro de "Atos do Espírito Santo".

Lucas escreveu esse livro e isso transparece em cada capítulo. O médico historiador não deixa escapar um único detalhe importante para que seja possível constatar-se a veracidade do que ele escreve. Assim podemos saber o que aconteceu após a ressurreição e ascensão do Senhor e como o evangelho chegou a todas as partes do mundo daquela época.

O crescimento da igreja foi extraordinário. Nos primeiros capítulos do livro, encontramos os números dos que ouviam o evangelho: 120 no cenáculo, três mil, poucos dias depois, cinco mil mais tarde... e, em seguida, Lucas não menciona mais números, pois literalmente milhares de pessoas decidiram seguir Jesus. Alguns historiadores nos dizem que no final do primeiro século e mesmo com todas as perseguições às quais o evangelho foi submetido, milhares de pessoas pagaram com suas vidas por sua fidelidade ao Senhor, eram quase meio milhão os fiéis em todo o Império Romano.

O Espírito Santo agiu no crescimento da igreja. Nada se fazia sem oração e obediência às orientações e poder do Senhor. A igreja dos primeiros dias tinha os mesmos defeitos dos dias atuais. No entanto, subordinava-se a Deus na esperança da breve vinda de Cristo.

Lucas foi companheiro de Paulo em muitas viagens, e anotava tudo o que via, pesquisava e perguntava sobre todas as situações. Ele falava com todos os apóstolos e com as testemunhas oculares. Não deixava nada ao acaso ou à imaginação. O Espírito Santo o inspirava, e mesmo assim se certificava da veracidade de suas informações.

"Todos ficaram cheios do Espírito Santo..." (Atos 2:4). Considero essa uma das principais frases desse livro, pelas razões que escrevi acima. Quando puderem falar o mesmo de nós, mudaremos a história deste país. Da mesma forma que mudou naquele momento a história do mundo.

LEITURA DE HOJE
2 Samuel 22
Jeremias 35–36

ORAÇÃO
Pai querido e santo, usa-me para desenvolver os Teus planos, pois quero cumprir a Tua vontade.

O Espírito Santo é a alma da igreja.

30 de agosto

A grande aventura

Impressiono-me sempre como o público se identifica com o seu time, não importando o esporte. Reagem com alegria ou tristeza conforme a atuação do seu time. A família do chileno Anderson, poderia dizer que o mesmo acontece com eles, pois todos na família são surfistas! Mitch, Juliette, Nathan, Jessica, Janelle, Michaela e Katrina. Essa família diz que vive uma aventura com Deus.

A vida cristã também é uma aventura! Leia estes versículos do livro de Atos:

"…quando o Espírito Santo descer sobre vocês, vocês receberão poder e serão minhas testemunhas em Jerusalém, em toda a Judeia e Samaria e até nos lugares mais distantes da terra" (Atos 1:8).

"Eles sempre se reuniam todos juntos para orar…" (1:14).

"…Derramarei o meu Espírito sobre todas as pessoas. Os filhos e as filhas de vocês anunciarão a minha mensagem; os moços terão visões, e os velhos sonharão" (2:17).

"Todos os que criam estavam juntos e unidos e repartiam uns com os outros o que tinham" (2:44).

"…Então todos ficaram cheios do Espírito Santo e começaram a anunciar corajosamente a palavra de Deus" (4:31).

"Os apóstolos saíram do Conselho muito alegres porque Deus havia achado que eles eram dignos de serem insultados por serem seguidores de Jesus" (5:41).

"Mas Estêvão, cheio do Espírito Santo, olhou firmemente para o céu e viu a glória de Deus. E viu também Jesus em pé, ao lado direito de Deus" (7:55).

"…na estrada de Damasco, quando Saulo já estava perto daquela cidade, de repente, uma luz que vinha do céu brilhou em volta dele. Ele caiu no chão e ouviu uma voz que dizia: — Saulo, Saulo, por que você me persegue?" (9:3-4).

"…Meus irmãos, […], e também vocês não judeus que temem a Deus, escutem! Essa mensagem de salvação foi mandada para todos nós" (13:26).

"…Paulo e Silas estavam orando e cantando hinos a Deus, e os outros presos escutavam" (16:25).

"…eu os entrego aos cuidados de Deus e da palavra da sua graça. Pois ele pode ajudá-los a progredir espiritualmente e pode dar-lhes as bênçãos que guarda para todo o seu povo" (20:32).

"Ele anunciava o Reino de Deus e ensinava a respeito do Jesus Cristo, falando com toda a coragem e liberdade" (28:31).

LEITURA DE HOJE
2 Samuel 23
Jeremias 37-38

ORAÇÃO
Pai eterno, encha-me com o Teu Espírito para eu ajudar as pessoas ao meu lado, e honrar o Teu nome.

...e começaram a anunciar corajosamente a palavra de Deus. —Atos 4:31

Quando a dor aparece

Admiramos as realizações no esporte, e sabemos que cada vitória é o resultado de disciplina, treinamento e sacrifício. O sofrimento faz parte da vitória. O ciclista Miguel Induráin explicou uma das razões para o seu sucesso: "Acostumei-me a sofrer mais do que outros, percebi que a dor tem valor."

A dor surge das situações que fogem ao nosso controle, das decisões de outros que nos influenciam. O jogador de basquete Carlos Suarez, *Real Madrid*, é um dos melhores alas na Europa, mas foi cortado da Seleção Espanhola muitas vezes, pois o técnico acreditava que outros jogadores eram melhores.

A dor surge quando algo irreparável acontece. Durante o Campeonato Europeu de basquete, 2011, o pai de Miguel Ángel Reyes morreu. A Seleção Espanhola dedicou a vitória ao jogador, mas o seu sofrimento não se aliviou por essa vitória.

No primeiro século, milhares de cristãos morreram por seguirem Jesus! Os discípulos, quando presos e ameaçados, oraram: "...Senhor, olha para a ameaça deles. Dá aos teus servos confiança para anunciarem corajosamente a tua palavra" (Atos 4:29).

O sofrimento só nos faz mal quando vemos as feridas como inimigas. Muitas vezes, o medo da dor é pior do que o próprio sofrimento. Suportamos a dor, e não encontramos forças quando pensamos que ela não tem solução. Os discípulos não temiam sofrer e não se importavam com a dor, pois sabiam que Deus estava com eles.

Justino Mártir (ano de 165) exclamou antes de ser assassinado: "Podem nos matar, mas não podem nos fazer mal", podem nos matar, mas não podem tirar as nossas vidas. A dor não nos assusta quando sabemos que ninguém pode nos tirar o que possuímos de mais valioso. Ninguém pode nos separar de Deus ou tirar a vida eterna que Ele nos deu.

A dor e o sofrimento podem ser uma das nossas melhores bênçãos, pois quando somos fracos, precisamos de ajuda. Imagine uma família na qual vivem dois filhos, um é forte, inteligente, independente, ama seus pais e eles o amam. O outro tem alguns problemas com os estudos e precisa de ajuda porque, às vezes, desanima, e assim procura seus pais, pois sabe que estarão ao seu lado. Essa fraqueza é bênção, pois o aproxima de seus pais.

A dor e a tristeza podem nos fazer sofrer, mas ninguém pode nos derrotar. Jamais esqueça que aquilo que o faz viver mais perto de Deus, é uma bênção!

Eles podem nos matar, mas não podem tirar a nossa vida eterna!

---

31 de agosto

LEITURA DE HOJE
2 Samuel 24
Jeremias 39-40

ORAÇÃO
Jesus, em Teu amor estou seguro, pois sei que cuidas de mim. Em ti, sou mais que vencedor.

Para isso servem os amigos

1 de setembro

Alfredo Di Stéfano ganhou a Bola de Ouro em 1957 e 1959. E suas palavras foram inesquecíveis: "Ganhei a Bola de Ouro com o suor do próximo, jamais esquecerei."

A amizade é um dom de Deus. Ter pessoas ao nosso lado que nos amam e que amamos é uma bênção. Se nos julgamos imprescindíveis e achamos que podemos fazer tudo sozinhos, nunca saberemos o que significa viver plenamente. A Bíblia nos mostra muitos exemplos de amizade. No livro de Atos há uma situação desesperadora. Saulo, recém-convertido, é descoberto em Damasco e ameaçado de morte. "Mas certa noite os seguidores de Saulo o puseram dentro de um cesto e o desceram por uma abertura que havia na muralha da cidade" (Atos 9:25).

Há muitas lições nesta história: Primeiro, Saulo era o maior perseguidor dos cristãos, tinha aprisionado muitos e consentido na morte de outros. Agora ele diz que se "converteu", é verdade? Ou nos engana para descobrir um pouco mais e aprisioná-los? Ninguém ouviu suas dúvidas, todos ajudaram.

Não sabemos os nomes das pessoas que seguravam o cesto em que Saulo salvou sua vida. Há muitas pessoas importantes no trabalho para Deus e na história da humanidade e não sabemos quem são. Servem no anonimato, mas Deus os conhece e recompensa. Eles nem precisaram de muito talento nem tiveram de organizar um comitê. Simplesmente foram decididos. Colocaram a sua amizade a serviço de quem precisava, embora isso possa ter lhes custado a vida. O mundo será transformado com decisões de amizade e não com comitês ou organizações.

Coloquemo-nos no lugar de Paulo, que teve de contar com eles de maneira desesperada! Talvez algum familiar dos que descerem a cesta tivesse sido preso pelo próprio Paulo...

Às vezes, podemos nos sentir desanimados ao ajudarmos os outros. Nem sempre agradecerão o que fazemos. Buscamos uma recompensa ou servir a Cristo? Continuaremos ajudando incondicionalmente? Imagine se Saulo retornasse para perseguir os cristãos, o que os outros diriam?

O amor triunfou sobre a dúvida: eles decidiram ajudar Saulo apesar de tudo. E nós? Quem está no cesto? Não sabemos. Às vezes, um simples ato nos leva a salvar a vida de alguém que desempenhará um papel fundamental na história. Eles não sabiam como Saulo seria importante na disseminação do evangelho. Simplesmente, decidiram ajudá-lo.

LEITURA DE HOJE
1 Reis 1-2
Jeremias 41

ORAÇÃO
Pai que estás no céu, quero agradecer por meus amigos... Ensina-me a sempre ajudar os outros.

Às vezes, um simples ato nos leva a salvar a vida de alguém.

Deus nos conhece

2 de setembro

Um bom amigo falou a Carles Rexach, treinador do *Barcelona F.C.*, sobre o menino de 13 anos que jogava na Argentina (2000). Quando Rexach o viu jogar disse: "Contrate-o." Uma terceira pessoa que também o assistia comentou: "É um jogador de pebolim." Leo Messi era de baixa estatura e Rexach respondeu: "Traga-me todos os jogadores de pebolim como este que você conheça, quero todos no meu time." Hoje qualquer clube do mundo faria o impossível para ter em seu time aquele menino de aparência franzina.

Deus acredita em nós, sabe o que somos e não se importa com o que os outros podem ver ou pensar. Deus quer contratar todos nós.

Deus criou você e Ele confia no que você é agora e no que você pode chegar a ser. Deus olha além do que vemos, e nunca desiste de nós. Ele conhece as nossas fraquezas, e sempre espera o nosso melhor. Ele sabe que cairemos, que não somos perfeitos, mas nos vê com os olhos do Seu coração e diz que temos valor para Ele. Deus nos ama incondicionalmente. Ao colocarmos nossos olhos no Criador, nossa vida passa a ser tão privilegiada que não conseguimos compreender.

A Bíblia diz que Deus se encarnou no Senhor Jesus, porque Ele é Deus feito homem, e nos ensina que continua se encarnando em cada um de nós (1 Coríntios 3:16). Quando recebemos o Salvador em nossas vidas, o Espírito Santo passa a viver dentro de nós, de modo que as pessoas veem Deus por meio de nossas vidas.

Deus se arriscou refletindo a Sua glória em cada um de nós a partir daquele momento. Toda vez que alguém pergunta: O que Deus faz? Onde está? Por que não fala? Deveríamos nos perguntar: onde estamos? Por que não falamos? Deus fala hoje por meio da Sua Palavra, o Seu Espírito, Suas obras e por intermédio de Seus filhos.

Paulo compreendeu esse segredo. Alguns afirmam que ele era um grande orador. Muitos discípulos o superavam em presença e discurso. Seu caráter, por vezes bastante impulsivo, causava bastante agitação.

Sempre reconheci que o poder de Deus fazia a diferença. A fraqueza de Paulo poderia ser um dos maiores dons do Senhor, porque o forçava a descansar e confiar nele. "Mas eu não dou valor à minha própria vida. O importante é que eu complete a minha missão e termine o trabalho que o Senhor Jesus me deu para fazer. E a missão é esta: anunciar a boa notícia da graça de Deus" (Atos 20:24).

LEITURA DE HOJE
1 Reis 3–4
Jeremias 42

ORAÇÃO
Pai amado, ajuda-me a fazer a minha vida refletir o Teu caráter.

Não esqueça: Deus continua a falar por meio de Seus filhos.

3 de setembro

Daqui, ele falou...

Antes das *Olimpíadas de Atenas*, 2004, compartilhamos vários dias com bons amigos lá. Naquela época os brasileiros Giovanni e Rivaldo e o mexicano Nery Castillo e eu tivemos dias inesquecíveis. Participamos em reuniões com missões e grupos que trabalham em todo o mundo para difundir o evangelho por meio do esporte.

Visitamos Atenas e as ruínas da antiga Corinto; lugar que me surpreendeu. Parei no pequeno púlpito no qual o apóstolo Paulo falava ao povo. Do pequeno monte de pedras, era possível ver uma vista impressionante da cidade, com as trilhas escavadas na rocha, o templo de Apolo, e as colunas preservadas de várias dezenas de metros de altura. Todos os visitantes se impressionam com a imponência dessas estruturas e tentam adivinhar como devia ser o templo no passado. Todos se sensibilizam ao ver as ruínas de ruas e edifícios que em outra época eram a admiração do mundo.

Imagine há cerca de dois mil anos, os pensamentos de Paulo ao ver o templo e contemplar as colunas de pedra que pareciam tocar o céu? Como não se sentir pequeno diante de uma das cidades mais imponentes do mundo, com ruas, edifícios enormes e milhares de pessoas adorando os deuses de ouro e pedra! Quando Paulo falava com os seus ouvintes da época, poderia ter pensado: "Como posso lutar contra algo tão importante?"

Hoje permanecem as ruínas do templo. A cidade está praticamente destruída e os deuses foram saqueados e roubados. Os ensinamentos e os escritos de Paulo são conhecidos por milhares de pessoas por todo o mundo. O impacto de uma única pessoa na história é muito maior do que jamais poderíamos imaginar. Paulo sabia o que era realmente importante e deu sua vida por isso: Mesmo espancado, ferido, chicoteado e cansado dizia: "...sou judeu [...]. Por favor, me deixe falar com o povo" (Atos 21:39). Seu único objetivo era que todos pudessem conhecer o amor de Deus.

Era perigoso acompanhar Paulo em suas viagens. "Para onde vamos hoje? Onde é que vão nos apedrejar? Você sabe se poderemos voltar para casa?..." O impacto que uma só pessoa pode ter na história é imenso. A única inscrição que há em Corinto fica ao lado do pequeno monte e diz: "Daqui pregava o apóstolo Paulo."

Devemos estar dispostos a pagar o preço para transformar o mundo. Parte desse preço é conhecer o seu lugar: É o que Deus espera de você.

LEITURA DE HOJE
1 Reis 5–6
Jeremias 43

ORAÇÃO
Pai amado, obrigado por teu Espírito, que me guia e me ajuda. Dá-me forças para espalhar a tua Palavra e trazê-la a todos que eu conheço.

O impacto que uma só pessoa pode ter na história é imenso.

Podemos!

Demorou 44 anos para a Espanha vencer o Campeonato Europeu (2008). A torcida gritava: Nós podemos! Os jogadores deixaram para trás o medo de acreditar que poderiam ganhar. O atacante David Villa foi um dos maiores artilheiros na União Europeia e no Campeonato do Mundo de 2010, a Seleção da Espanha foi vitoriosa. Villa não se importava com o passado, acreditava que era possível vencer.

Podemos! Crer! Olhe para frente! Três afirmações simples que resumem a carta que Paulo escreveu aos fiéis em Roma. É uma das cartas mais longas do Novo Testamento, e reflete o evangelho como poder de Deus para a salvação de todos.

É como se um advogado explicasse os detalhes sobre a intervenção de Deus na história. Paulo explica que o evangelho nasceu com o povo judeu e se espalhou pelo mundo, e agora todos podem ser salvos pelo poder de Deus, e precisam ser!

Nenhum apóstolo teve a chance de estar em Roma, naquela época. Os fiéis que não eram judeus precisavam aprender "desde o princípio" as bases do evangelho. O Espírito de Deus faz isto escrevendo aos romanos por meio do apóstolo. Leia a carta aos Romanos "de uma só vez" para entender o que Deus está dizendo.

No início, você se sentirá culpado, depois alegre, e imensamente feliz. Talvez chore, pois terá a impressão de que eles estão escrevendo sobre a sua vida. O Espírito de Deus fará você se sentir mais calmo e confiante nele, e você desejará ler várias vezes.

Nós podemos; acredite; não olhe para trás: são três frases que resumem o que você leu, mas lembre-se do preço que Deus pagou para que o mundo usufruísse destas boas notícias! Para nós é um presente. Ao Senhor Jesus lhe custou entregar a Sua vida na cruz por nós.

Sim, trata-se de acreditar, mas parece incrível: "Pois o salário do pecado é a morte, mas o presente gratuito de Deus é a vida eterna, que temos em união com Cristo Jesus, o nosso Senhor" (Romanos 6:23). Isso se trata da relação com Deus: de confiar no incrível; receber um presente absolutamente imerecido; amar alguém que não tínhamos nenhuma chance de nos aproximar; receber a graça de Deus e desfrutar de Seu amor. E não apenas num determinado momento em nossas vidas, mas sempre!

Somos mais do que vencedores quando percebemos que devemos viver sempre na graça de Deus, desfrutando de Seu amor.

Ao Senhor Jesus lhe custou entregar a Sua vida na cruz por nós.

---

4 de setembro

LEITURA DE HOJE
1 Reis 7–8
Jeremias 44

ORAÇÃO
Santo Pai, obrigado por tudo o que sou.

5 de setembro

O que os outros pensam

Josep Guardiola, treinador do *Barcelona F.C.* foi acusado de *doping*, quando jogava na Itália. Após análises e processo legal, o tribunal italiano declarou sua inocência, mas infelizmente ninguém pode fazer os dias voltarem, para retirar as acusações e restaurar o tempo perdido. Guardiola ao saber a notícia disse: "Não tenho nenhum sentimento de vingança. Eu também duvidava das pessoas, infelizmente, somos educados para nos influenciar com o que os outros pensam."

A carta aos Romanos nos ensina que não importa o que as pessoas dizem, mas o que Deus diz. E Deus nunca é injusto. Estes são os textos principais:

"Eles sabem quem Deus é, mas não lhe dão a glória que ele merece e não lhe são agradecidos..." (1:21).

"...você não tem desculpa quando julga os outros. Pois, quando você os julga, mas faz as mesmas coisas que eles fazem, você está condenando a você mesmo. (2:1).

"Todos pecaram e estão afastados da presença gloriosa de Deus" (3:23).

"Pois o salário do pecado é a morte, mas o presente gratuito de Deus é a vida eterna, que temos em união com Cristo Jesus, o nosso Senhor" (6:23).

"...fomos aceitos por Deus pela nossa fé nele, temos paz com ele por meio do nosso Senhor Jesus Cristo" (5:1).

"E isso aconteceu a fim de que, assim como o pecado dominou e trouxe a morte, assim também a graça de Deus, que o leva a aceitar as pessoas, dominasse e trouxesse a vida eterna. Essa vida é nossa por meio do nosso Senhor Jesus Cristo" (5:21).

"... vocês foram libertados do pecado e são escravos de Deus. Com isso vocês ganham uma vida completamente dedicada a ele, e o resultado é que vocês terão a vida eterna" (6:22).

"Agora já não existe nenhuma condenação para as pessoas que estão unidas com Cristo Jesus" (8:1).

"Portanto, meus irmãos, por causa da grande misericórdia divina, peço que vocês se ofereçam completamente a Deus como um sacrifício vivo, dedicado ao seu serviço e agradável a ele. Esta é a verdadeira adoração que vocês devem oferecer a Deus" (12:1).

"Que a esperança que vocês têm os mantenha alegres; aguentem com paciência os sofrimentos e orem sempre" (12:12).

LEITURA DE HOJE
1 Reis 9-10
Jeremias 45

ORAÇÃO
Senhor Deus, obrigado porque és justo e não deixas o mal vencer.

"O evangelho é o poder de Deus..."

Amar com todo o coração

6 de setembro

Alguns treinadores sempre falam aos seus jogadores que parte de seu compromisso é ajudá-los a melhorar. Às vezes, as instruções vão além do âmbito esportivo, como ocorreu quando Bill Shankly, técnico do *Liverpool FC*, disse a um jogador: "Seu problema, meu filho, é que o teu cérebro está todo na cabeça."

Conheço outros que têm esse mesmo "problema". Controlam tudo. Medem os prós e contras de uma decisão dezenas de vezes antes de fazer algo, e se mesmo assim nada estiver claro, criam uma comissão para examinar as circunstâncias antes de tomar uma decisão. Eles têm prazer em reunir-se. Nada os faz mais felizes do que os grupos de tomada de decisões. São capazes de tomar qualquer direção na vida, independentemente, dos próprios sentimentos, e muito menos dos sentimentos dos outros!

Não tente convencê-los de que o que fazem os destruirá. As pessoas que só usam o cérebro sempre acham que têm razão. É um problema quando querem que nos comportemos da mesma maneira em nosso relacionamento com Deus! Infelizmente, há muitos que pensam que a fé tem a ver apenas com o nosso cérebro.

Quem quer ter tudo "controlado", nunca vai confiar, nem aprenderá a descansar em Deus. Não consegue, pois o cérebro lhe diz que a situação é impossível, e não será capaz de acreditar.

Os que vivem assim, amam realmente a Deus? Quando você ama alguém, acredita nele incondicionalmente. Confia além do que a razão lhe permite. Você confia com todo o seu coração, com o seu corpo, com os seus sentimentos.

Se amamos a Deus, aprendemos a viver pela fé. "O evangelho nos mostra como Deus nos aceita, pela fé, do começo ao fim. Como dizem as Escrituras Sagradas: "Viverá aquele que, por meio da fé, é aceito por Deus" (Romanos 1:17). Deus quer se relacionar conosco, não só com nossos cérebros. Ele espera que descansemos e acreditemos nele. Às vezes, nos dá todas as razões para fazê-lo. Outras, as esconde, simplesmente para que aprendamos a confiar de forma incondicional.

Descanse no Senhor, quando não entender os acontecimentos. Pense com seu coração, porque sabemos que Deus é bom e não nos deixará a sós em nossas aflições. Continue confiando, mesmo quando a mente disser que algo parece não fazer sentido.

Os que querem controlar tudo, cedo ou tarde, se descontrolam, pois não conseguem e nem sabem confiar com o coração.

LEITURA DE HOJE
1 Reis 11-12
Jeremias 46

ORAÇÃO
Pai que estás no céu, quero viver sempre confiando no Senhor.

Infelizmente, muitos pensam que a fé tem a ver apenas com o cérebro.

Seja agradecido

7 de setembro

Em uma reunião dos *Atletas de Cristo* em 26 de dezembro, os atletas começaram a compartilhar o que lhes tinha acontecido nos últimos dias. Um dos jogadores nos impressionou com a sua história. No dia anterior, eles tinham treinado, e foram mal-humorados para o estádio. De repente, ele lembrou-se do texto bíblico "…sejam agradecidos a Deus em todas as ocasiões" (1 Tessalonicenses 5:18), e começou a agradecer a Deus: "Obrigado Senhor por ter que trabalhar no dia de Natal." Quando chegou ao estádio, chovia e fazia muito frio, e ele orou enquanto corria com o resto dos seus companheiros: "Obrigado Senhor pelo frio e pela chuva." Terminou o treinamento e ficou alguns minutos mais no campo agradecendo a Deus pela sua vida e da família… e quando chegou ao vestiário para tomar banho, a água quente tinha acabado, e orou: "Obrigado Senhor pela ducha fria em pleno inverno."

De repente, ele percebeu que não estava só. Embora fosse tarde, o capitão do time estava lá, sentado no chão, imóvel e repetia: "Estava tudo tão bom." Nosso amigo se admirou do que ouvia, pois ele se queixava por tudo… Ao se aproximar dele, ouviu: "O meu pai acaba de morrer, tudo na minha vida era perfeito, tudo estava bem até agora."

Quanto nos custa agradecer! É difícil agradecer e reconhecer que somos felizes grande parte de nossas vidas! Olhamos para o que nos falta e exigimos ainda mais.

O livro de Romanos 1:18-23 ensina que a origem do problema do homem foi não honrar a Deus e nem lhe agradecer. Se não o agradecemos nem o adoramos, pensamos que o mundo gira em torno de nós, e que não precisamos de Deus. A vida não é nossa, é dele.

Quando não agradecemos a Deus, caímos em discussões vãs e nos julgamos com direitos. Com orgulho, não existe gratidão! Essa foi a origem do primeiro pecado da humanidade e continua a ser hoje. Não adoramos a Deus, e buscamos deuses substitutos. Mudamos a beleza de Deus (Romanos 1:23) por imagens; muitos preferem a cópia em vez do original. A sombra e não o calor da graça.

Quando não somos agradecidos, perdemos a beleza. Deixamos de descobrir e viver aventuras, pois nos conformamos com pouco. Qualquer bobagem nos diverte, perdemos a vida com passatempos. A Bíblia nos ensina que todos os pecados são o resultado de nossa ingratidão; de não querermos adorar e desfrutar da vida com o nosso Criador.

LEITURA DE HOJE
1 Reis 13–14
Jeremias 47

ORAÇÃO
Pai amado, ensina-me a ser agradecido. Quero adorar-te pelo que fazes e apreciar Tua presença!

Quando deixamos de ser agradecidos, qualquer bobagem nos diverte.

Estou tranquilo

8 de setembro

A Alemanha é um dos nossos países favoritos: Deus nos deu o privilégio de conhecer muitas igrejas lá e de nos reunirmos com vários jogadores e suas famílias. Cacau, Tiago Calvano, Diego Klimovitz, Johnny Santana, Tinga, Luciano Mineiro, Lúcio, Zé Roberto e outros.

Os momentos com amigos e com a família são dádivas de Deus. Ele está sempre entre nós para nos fazer descansar. Quando você está com outras pessoas que conhecem ao Senhor, o sobrenatural parece prevalecer na calma e na paz do dia a dia. Brincamos, conversamos, cantamos, lemos, passeamos.

Esse sentimento de contentamento vem do Espírito de Deus, que nos guia. Ele orienta as nossas decisões e nos leva aos locais que preparou. Ele muda os nossos planos para nos ensinar coisas melhores. Não há nada melhor do que orar e descansar nele. Como no tempo do profeta: "O Espírito do Senhor os estava levando para um lugar de descanso." Foi assim, ó Senhor, que guiaste o teu povo…" (Isaías 63:14).

Quando estamos distantes de nossa casa, Deus sempre nos guia, e nunca nos deixa sós. Ele sempre nos surpreendeu com o melhor que poderia acontecer, quando oramos e o seguimos. A Bíblia diz que o Espírito de Deus nos dá descanso, porque sabemos que Ele está conosco, em quaisquer circunstâncias. A orientação de Deus sempre nos faz descansar, mas, às vezes, aparentemente, não sabemos aonde vamos.

A Sua companhia faz a diferença. Não importa se chegamos a um lugar bom ou se estamos sob a chuva e frio. Quando Deus nos guia, sabemos que as duas situações fazem parte da Sua vontade. "Essa esperança não nos deixa decepcionados, pois Deus derramou o seu amor no nosso coração, por meio do Espírito Santo, que ele nos deu" (Romanos 5:5).

Essa imagem é sublime. O amor é derramado em nós pelo Espírito de Deus. Uma de Suas manifestações é o óleo que cura o interior e que faz brilhar o exterior, que se derrama sobre nós e em nós. O Espírito nos unge com a Sua presença e poder. A presença de Deus nunca nos abandona.

Descanse em Deus. Ore e deixe que Ele o guie em tudo. Não importa onde você for, o Espírito lhe dará o descanso. Ele o ensina a desfrutar, o enche de tranquilidade e o faz ter paz em qualquer circunstância e lugar.

LEITURA DE HOJE
1 Reis 15–16
Jeremias 48

ORAÇÃO
Nosso Deus e Pai, precisamos da orientação do Teu Espírito. Coloca a Tua paz em nosso coração, sejam quais forem as circunstâncias.

Quando Deus nos guia, qualquer situação pode ser parte de Sua vontade para nós.

9 de setembro

No que você está pensando?

A canadense Silken Laumann ganhou a medalha de bronze em Remo nos Jogos Olímpicos de Barcelona 92. Silken se feriu e rompeu um dos músculos da perna esquerda, mas sob o risco de ser excluída das competições, enfaixou a coxa esquerda e ganhou a medalha, apesar da dor que sentiu: "O esporte é 50% psicológico", disse mais tarde. Sua mente superou a dor.

Nossa vida tem a ver com nossas escolhas; nossos sonhos dependem de nossa determinação. O que temos dentro de nós é o mais importante. A qualidade e a técnica são cruciais nos esportes e na vida, mas as dúvidas, a capacidade de superar um mau momento, os nervos, o pensamento de que somos inferiores ou superiores, o cansaço, geralmente decidem o resultado.

Um dos objetivos mais importantes da vida cristã é que a nossa mente seja guiada pelo Espírito de Deus. O que pensamos e acreditamos tem muito valor: "As pessoas que têm a mente controlada pela natureza humana acabarão morrendo espiritualmente; mas as que têm a mente controlada pelo Espírito de Deus terão a vida eterna e a paz" (Romanos 8:6). Temos que nos preocupar com o que está em nossa mente. Em muitos casos, o que pensamos determina o que acontece na vida.

Se os nossos pensamentos forem negativos, nossa existência será obscura. Se tivermos medo, nos tornaremos covardes. Se em nossas mentes houver pensamentos de amargura, ficaremos mal-humorados e insensíveis. Quando pensamos ou falamos mal dos outros, fugimos deles ao encontrá-los. Se nos sentimos derrotados, abandonamos a luta. Se não cremos no que Deus diz, ficamos desconfiados.

Precisamos da mente de Cristo e devemos orar para que o Espírito de Deus controle os nossos pensamentos. Por nossa própria natureza, tendemos a pensar errado. Nossa carne nos leva à morte. O Espírito de Deus nos dá a vida e ensina a ver como Deus vê. Nossos pensamentos, muitas vezes, nos perturbam. O Espírito de Deus nos enche de paz.

Quando o buscamos, começamos a ver tudo diferente. Nada muda do lado de fora, mas dentro de nós. Aprendemos a lutar e não desanimar, a seguir em frente apesar das derrotas. Somos capazes de levantar várias vezes. Sabemos que Deus nos perdoa e aprendemos a perdoar os outros. Acreditamos que Deus pode mudar qualquer situação. A nossa mente está no Espírito de Deus!

LEITURA DE HOJE
1 Reis 17-18
Jeremias 49

ORAÇÃO
Santo Pai, obrigado porque sempre me falas por meio da Tua Palavra. Ajuda-me a ter a mente do Senhor Jesus.

O Espírito de Deus nos enche de paz.

Desistir?... Nunca!

Há alguns anos, li uma entrevista sobre um jogador de basquete norte-americano que me impressionou, ao dizer: "Em minha carreira, perdi mais de dez mil arremessos, mais de 300 jogos e em cerca de 40 ocasiões, tive a última bola da partida, arremessei e não consegui. É continuar tentando e isso faz as pessoas pensarem que você é um vencedor." O entrevistado era Michael Jordan.

A maioria dentre nós é forte quando luta contra a dor. O pior inimigo é muitas vezes o desânimo. Preferimos circunstâncias que nos abatem ou que nos ataquem, assim sabemos contra o que lutar. Mas quando desanimamos? Neste momento não sabemos o que fazer, pois cremos que nada vale a pena! O desânimo é geralmente o nosso maior inimigo: não sabemos por que aparece, nem como sobrevive. Quando cansados de ver que nada muda e que por mais que tentemos tudo parece ser inútil, desanimamos.

É cruel fazer todo o esforço para mudar e ver que nada mudou. Quase sem percebermos, baixamos a guarda, deixamos de lutar e passamos a acreditar que não vale a pena continuar.

Todos nós sentimos isso dezenas de vezes em nossas vidas.

Não vale a pena desanimar. "Desistir, jamais!" Levante as mãos aos céus. Diga a Deus que você não irá abandoná-lo. Não se abata: a vida está cheia de situações difíceis, o Senhor Jesus anunciou a nossa vitória nos últimos versículos do livro de João 16: "...No mundo vocês vão sofrer; mas tenham coragem. Eu venci o mundo."

"Assim também o Espírito de Deus vem nos ajudar na nossa fraqueza. Pois não sabemos como devemos orar, mas o Espírito de Deus, com gemidos que não podem ser explicados por palavras, pede a Deus em nosso favor" (Romanos 8:26). O Espírito de Deus aparece na Bíblia como o nosso amigo. Ele nos ouve, ajuda, consola e ensina até a orar. Quando estamos desanimados, Ele está presente, geme por nós, é o melhor amigo! Ele está sempre ao seu lado, em seu interior se você já conhece Jesus como Salvador para ajudá-lo.

Às vezes, desanimamos porque fracassamos. Falhamos e acreditamos que não vale a pena continuar. Mas, Deus não desiste, continua nos restaurando. Você pode colocar todas as situações nas mãos de Deus. Os fiéis não são aqueles que nunca caem, mas os que sempre se levantam.

10 de setembro

LEITURA DE HOJE
1 Reis 19-20
Jeremias 50

ORAÇÃO
Pai que estás no céu, às vezes não sei o que dizer ao Senhor. Obrigado por Teu Espírito...

Deus não desiste de nós e continua nos restaurando.

11 de setembro

Sucesso?

Sergio Kresic treinou o *Valladolid Clube* de futebol na temporada de 1998–99. O time não ia bem. De repente, começou a ganhar jogos e o treinador conseguiu manter o seu emprego. Depois de uma dessas vitórias, ele disse à imprensa uma frase genial: "Quando você ganha, não há explicações; quando perde, não há perdão…"

Deus vê tudo de outra forma. Para Ele, há perdão sim! Temos que aprender a perdoar os nossos erros, corrigir o que podemos e prosseguir.

Obcecados pelo sucesso, se algo der errado, acreditamos que é a nossa culpa ou que Deus não está conosco. Nada mais longe da realidade. Sob o ponto de vista humano, a vida de Jesus poderia ser considerada um fracasso: era pobre, desprezado pela família, nenhum dos líderes religiosos ou políticos o ouviam, e praticamente todos os Seus discípulos e seguidores o abandonaram quando Ele morreu na cruz. Mas essa foi a vontade de Deus para a vida dele.

A vida cristã é de sacrifícios, em muitas ocasiões, mas nos permite crescer para desfrutar a eternidade. Deus se interessa mais por nosso caráter do que por nossas vitórias; as circunstâncias estão em Suas mãos. O que somos depende de nossas decisões. "Pois sabemos que todas as coisas trabalham juntas para o bem daqueles que amam a Deus, daqueles a quem ele chamou de acordo com o seu plano" (Romanos 8:28).

Ao ler isso, pensamos que tudo o que acontece conosco será bom, mas não é isso que Deus está prometendo. Paulo escreveu quais são as coisas que nos ajudam: tribulação, angústia, fome, perigo, espada, ele sofreu tudo isso. A nossa vitória não é que o mal desapareça, mas sim que absolutamente tudo, mesmo o mal, Deus o permite para o nosso bem.

Não queremos sofrer, e não percebemos que, às vezes, a inspiração está na dor. Não sofremos por querer. Deus fará a Sua parte para nos ajudar, mas não fugimos da dor! Oramos e buscamos a Deus nesses momentos. Sigamos em frente, mesmo quando estivermos desmoronando por dentro. Sabemos que na derrota, sim, há perdão.

Uns afirmam que a vida de vitória significa que nada poderá nos derrotar. Se fosse assim, não haveria uma única pessoa vitoriosa na Bíblia, exceto Jesus, pois Ele era o único que nunca pecou.

A Palavra de Deus afirma que Ele fará com que todas as circunstâncias cooperem para o nosso bem. Quaisquer que sejam, pois Deus está no controle.

LEITURA DE HOJE
1 Reis 21–22
Jeremias 51

ORAÇÃO
Pai que estás no céu, obrigado por me levantar quando caio. Ensina-me a viver perto de ti, para não ser derrotado.

Sigamos em frente, mesmo quando estivermos desmoronando por dentro.

Quem é você?

12 de setembro

Marley, o centroavante brasileiro disse:"Os jogos se ganham no campo e não com o nome" após vencer o time favorito do Mundial de Clubes em 2006. O curioso é que ele tinha jogado na Espanha, mas os treinadores da segundo divisão o desprezaram. Deixou de jogar em campos de terra para ser campeão!

Ninguém aprecia o desprezo. A autoestima e o reconhecimento são tópicos valorizados hoje em dia. Alguns dizem que é difícil viver se você não tem uma boa autoimagem. A autoestima de muitos se baseia em: percepção, desempenho, posição, posses e poder

Estas cinco características podem ser perdidas, não são confiáveis, e com elas se vão nossa autoestima. Não me entenda errado, não são coisas ruins, mas o que somos não se baseia em relações ou coisas perecíveis. Cedo ou tarde cairemos com elas.

Há uma maneira de viver seguro e feliz com você mesmo: Reconhecer que Alguém que nunca muda nos dá valor, Ele nos criou. Sabemos quem somos quando nos vemos como Deus nos vê. "Por causa da bondade de Deus para comigo, me chamando para ser apóstolo, eu digo a todos vocês que não se achem melhores do que realmente são. Pelo contrário, pensem com humildade a respeito de vocês mesmos, e cada um julgue a si mesmo conforme a fé que Deus lhe deu" (Romanos 12:3).

Imagine-se entrando num lugar com muitas pessoas e acompanhado de alguém que você admira muito. Talvez o melhor atleta do mundo, o presidente de um país ou um cantor... e diante de todos, essa pessoa tão "importante" o apresenta assim: "Este é meu amigo, você tem que conhecê-lo, é muito legal!" Quem teria problemas de autoestima nesse momento? É assim que Deus age com você, pois concede:

1.- Percepção: Dignidade, pois deu o seu Filho por nós. Ele nos ama incondicionalmente. Somos feitos à Sua imagem.

2.- Posição: Quando o recebemos em nossas vidas, pertencemos à Sua família, a família de Deus!

3.- Posse: Ele nos perdoa e nos renova. O passado já não existe.

4. - Desempenho: Concede-nos talentos por meio de Seu Espírito, pois Ele nos ama. E trabalhamos para a Sua glória!

5.- Poder: Enche a nossa vida de propósitos: Aprendemos a fazer o que fazemos de uma maneira correta, porque sabemos que tudo tem importância eterna. Agradecemos porque não merecemos nada e temos tudo! Somos amados e aprendemos a amar.

LEITURA DE HOJE
2 Reis 1-2
Jeremias 52

ORAÇÃO
Pai, obrigado porque me fizeste como sou e me amas. Ensina-me a glorificar o Senhor em tudo que faço.

Sabemos que somos amados.

Tudo sob controle

13 de setembro

LEITURA DE HOJE
2 Reis 3-4
Lamentações 1

ORAÇÃO
Senhor Deus Todo-Poderoso, quero descansar e confiar em ti. Não quero complicar a minha vida, pois sei que sempre cuidas de mim.

Jimmy F. Hasselbaink, atacante holandês, surpreendeu a todos no *Atlético de Madrid*. Ele jogou por vários times ingleses e com a seleção de seu país. Em entrevista afirmou: "O futebol é muito simples, não entendo por que os treinadores complicam tanto."

Embora os treinadores possam dizer o mesmo de alguns jogadores e outros dirigentes, árbitros etc... não entraremos nesse jogo, mas sabemos que Jimmy tinha razão sobre isso, pois costumamos complicar muitos as coisas. Gostamos de confusão.

Gostamos de criar comissões para complicar a resolução de pequenos problemas. Outras vezes, criamos complicações. Às vezes, não somos capazes de viver sem complicar algo, sem ter algo para consertar. Se não está quebrado, quebramos para consertar. Gostamos de confusões.

Dizemos que precisamos ter paz! Mas, gostamos de complicações! As fontes de ansiedade em nossas vidas são os nossos próprios desejos; de querer ter mais, de ter a razão, de que a vida seja como queremos. Temos desejos de glória; de ser reconhecidos e admirados por todos, de olhar para nós mesmos e não para os outros.

Paulo sabia disso quando escreveu: "Mas tenham as qualidades que o Senhor Jesus Cristo tem e não procurem satisfazer os maus desejos da natureza humana de vocês" (Romanos 13:14). Repito, gostamos de complicação. Quanto mais pensamos em nossos desejos, luxúrias nos parecem ser uma palavra muito distante para nós, em mais confusões entramos. Quanto mais queremos controlar, mais infelizes somos. Quanto mais temos, menos confiamos.

Se você tem mais idade, saberá do que estou falando. Quando eu era criança, não havia telefones celulares, por isso ao terminar os compromissos da noite, voltávamos para casa e ninguém se preocupava. Nossos pais confiavam que retornaríamos bem. Diziam que as notícias ruins voam, e assim se não as houvesse, tudo estava bem. Hoje, se não pudermos contatar alguém já ficamos aflitos. Vivemos desconfiados. Gostamos de confusões. Não aprendemos que o fato de querermos controlar tudo nos tira a paz.

Há uma maneira de sair deste problema: descansar no Pai, Jesus fez isso em Sua vida terrena. Deus sabe quantos fios de cabelo que você tem, como não saberá onde você está e o que precisa? Descanse nele! Acredite que Ele está cuidando de você! Não complique mais. Não complique a vida.

"...tenham as qualidades que o Senhor Jesus Cristo tem..."

Partidarismos e divisões

14 de setembro

Nelson Mandela se tornou presidente da República da África do Sul no momento mais difícil da história. As relações inter-raciais eram hostis e mesmo com as primeiras eleições democráticas, havia muito a percorrer. Uma de suas primeiras decisões foi apoiar o rúgbi como um dos esportes mais importantes do país. Ninguém esperava isso, Nelson é negro e este era o esporte dos brancos. "Se você se aproximar de seu inimigo, aprenda o seu esporte favorito" disse o presidente. François Pienaar, o capitão branco do time, foi um dos que mais o ajudou, não só para ganhar o Campeonato Mundial desse esporte, mas para fortalecer os laços de amizade inter-raciais.

Paulo escreveu duas cartas aos Coríntios que temos hoje em nossas Bíblias. Corinto era a cidade mais corrupta do Império Romano: idolatria, ocultismo, prostituição, roubo, sexualidade explícita etc. As pessoas que se converteram lá viviam sob tentações inimagináveis, e muitos pecados se infiltraram na igreja. Quando Paulo escreve, dá a impressão de que não dará tempo de explicar tudo que será preciso: há tantos problemas naquela igreja! Paulo remete-se primeiramente ao partidarismo e divisões dentro da igreja. Apesar de serem recém-convertidos no Senhor, alguns já tinham se tornado seguidores de Apolo, de Pedro, ou de Paulo e alguns diziam que seguiam apenas a Cristo. Todos falando mal e ferindo-se entre si, desonrando a Deus.

Paulo também escreveu sobre a imoralidade sexual na igreja, conflitos diante dos incrédulos, distúrbios nos cultos, mentiras, ciúme e mau uso dos dons ... Que igreja! Qualquer um de nós teria fugido, depois de passar alguns domingos lá.

Em Coríntios 13, Paulo fala sobre o amor, porque Deus é amor. O amor é fundamental nas relações dentro e fora da Igreja, o alicerce em nossas vidas. Paulo reconhecia isso por experiência própria.

Penso várias vezes sobre a igreja cheia de problemas e partidarismo. Paulo lhes disse que parassem de seguir líderes humanos e de discutir quem tinha razão. Qualquer um de nós teria desistido de tudo em face de imoralidade, problemas, roubos, tumultos. Paulo conhece o amor do Senhor. Ele é um exemplo para todos que têm algum cargo de responsabilidade nas igrejas.

LEITURA DE HOJE
2 Reis 5–6
Lamentações 2

ORAÇÃO
Jesus, quero seguir-te sempre. Não me permita admirar mais a outras pessoas do que ao Senhor.

E que o meu amor esteja com todos vocês, pois estamos unidos com Cristo Jesus! —1 Coríntios 16:24

15 de setembro

Quem estiver contra nós...

A seleção holandesa de 1974 foi um dos times que melhor futebol jogou ao longo da história. Muitos jogadores do *Ajax* e *Feyenord*, dois clubes rivais participaram e parecia que o time não funcionava. Johan Cruyff, o capitão, disse aos colegas: "Quem estiver contra nós, está contra a Holanda." Eles compreenderam isso e só perderam o jogo da final, contra a Alemanha. Problemas dentro do grupo trazem situações que devem ser superadas, mesmo em igrejas. Veja alguns textos da primeira carta que Paulo escreveu aos coríntios:

"Pois aquilo que parece ser a loucura de Deus é mais sábio do que a sabedoria humana, e aquilo que parece ser a fraqueza de Deus é mais forte do que a força humana (1 Coríntios 1:25).

"O meu ensinamento e a minha mensagem não foram dados com a linguagem da sabedoria humana, mas com provas firmes do poder do Espírito de Deus" (2:4).

"...porque vivem como se fossem pessoas deste mundo. Quando existem ciumeiras e brigas entre vocês, será que isso não prova que vocês são pessoas deste mundo e fazem o que todos fazem? (3:3).

"Certamente vocês sabem que são o templo de Deus e que o Espírito de Deus vive em vocês" (3:16). "Alguns de vocês eram assim. Mas foram lavados do pecado, separados para pertencer a Deus e aceitos por ele por meio do Senhor Jesus Cristo e pelo Espírito do nosso Deus. Alguém vai dizer: "Eu posso fazer tudo o que quero." Pode, sim, mas nem tudo é bom para você. Eu poderia dizer: "Posso fazer qualquer coisa." Mas não vou deixar que nada me escravize" (6:11-12).

"Porém para nós existe somente um Deus, o Pai e Criador de todas as coisas, para quem nós vivemos. E existe somente um Senhor, que é Jesus Cristo, por meio de quem todas as coisas foram criadas e por meio de quem nós existimos" (8:6).

"Sigam o meu exemplo como eu sigo o exemplo de Cristo" (11:1).

"Porém é um só e o mesmo Espírito quem faz tudo isso. Ele dá um dom diferente para cada pessoa, conforme ele quer" (12:11).

"Portanto, agora existem estas três coisas: a fé, a esperança e o amor. Porém a maior delas é o amor" (13:13).

"Mas a verdade é que Cristo foi ressuscitado, e isso é a garantia de que os que estão mortos também serão ressuscitados" (15:20).

"Mas agradeçamos a Deus, que nos dá a vitória por meio do nosso Senhor Jesus Cristo! (15-57).

LEITURA DE HOJE
2 Reis 7–8
Lamentações 3

ORAÇÃO
Pai, o Senhor conhece a minha situação... Dá-me sabedoria para seguir a Tua vontade...

"O maior destes é o amor."

Vamos festejar!

16 de setembro

O jogador Panenka, da Tchecoslováquia, marcou o último pênalti da final do Campeonato Europeu contra a Alemanha, em 1976, vencendo aquele campeonato. O goleiro era o alemão Maier. Panenka ganhou fama por esse pênalti incrível e decisivo: muito de leve para o centro do gol, esperando que o goleiro se jogasse para um dos dois lados. O risco era impressionante! Viktor, o goleiro tcheco e companheiro de quarto de Panenka ameaçara mandá-lo dormir no corredor, se jogasse assim... Mas tudo mudou quando o gol saiu e foram campeões.

A festa da vitória os fez esquecer as ameaças, medos e riscos. O problema ficou para trás, e celebraram com festa. "Então vamos comemorar a nossa Páscoa, não com o pão que leva fermento, o fermento velho do pecado e da imoralidade, mas com o pão sem fermento, o pão da pureza e da verdade" (1 Coríntios 5:8).

É impressionante Paulo usar a palavra "festa" para se referir a crucificação do Senhor. Acostumados às imagens sombrias e religiosas da cruz, ficamos chocados ao ler que o resultado de tanto sofrimento é festa.

Mas é assim! A cruz não foi o fim! A morte não derrotou o Senhor e todos os inimigos foram derrotados. A morte não tem poder sobre nós. É motivo para celebrar! Viver com Deus significa viver celebrando! Ele é a fonte de vida e santidade, o ser mais radiante e feliz que existe!

Ao pensarmos em alguém santificado o associamos com alguém solene, triste, sério. A Bíblia diz que o fruto do Espírito é amor, alegria, paz... Em vários casos, nos pedem para ficar alegres e cantar a Deus. A Palavra de Deus não nos diz para sermos sérios ou solenes. Ser santo é ser extremamente feliz, porque assim é Deus. Ser santo é amar, viver cheio de alegria, criar, desfrutar, o oposto disso é a amargura!

Quando não somos santos, vivemos na tristeza, porque nos afastamos de Deus. Quando não celebramos a vida cristã não entendemos o que Deus quer de nós. Não estamos falando de festas em todos os momentos nem de fingir que se é feliz, mas de viver em sinceridade e verdade. Falamos de estar limpos, de esbanjar a luz e graça, de amar e ajudar os outros, de refletirmos o nosso Pai nos céus. O Senhor nos prometeu vida abundante: viver como Ele viveu, trabalhar e descansar, ajudar os outros e cear com os amigos, falar e ouvir, vigiar e orar, servir e apreciar as crianças...

LEITURA DE HOJE
2 Reis 9-10
Lamentações 4

ORAÇÃO
Pai nosso que estás nos céus, obrigado pela alegria que o Senhor colocou em minha vida. Ensina-me a viver como o Senhor planejou para mim.

**A morte não tem poder sobre nós.
É motivo para celebrar!**

17 de setembro

Comodamente sentado

A Bíblia é o livro por excelência: "Vocês sabem que numa corrida, embora todos os corredores tomem parte, somente um ganha o prêmio. Portanto, corram de tal maneira que ganhem o prêmio" (1 Coríntios 9:24). A Palavra de Deus mudou milhares de vidas pelo poder do Espírito Santo. Ela nos surpreender sempre, pois nela encontramos centenas de versículos que nos servem de exemplos.

Gattuso, campeão da Eurocopa 2007 com o Milan, do mundo com a seleção italiana de 2006, é um jogador de grande qualidade. Seus companheiros dizem que ele corre por todos. Nenhum time seu jamais perdeu de goleada, porque ele sempre luta e não permite aos que estão perto dele desistir. Recentemente declarou: "Olho para os pés e digo para eles, caramba, vocês nunca me dão alegria... Meu único dom é a vontade de não desistir, não mereço ganhar o dinheiro que ganho." Em um mês, ganho mais do que meu pai ganhou durante toda a vida." Ele poderia ter sido um jogador comum, mas decidiu trabalhar para ajudar a todos.

A Bíblia usa imagens do esporte, pois Deus quer que compreendamos que a vida deve ser vivida. Não se pode ser cristão e ser apenas espectador. Muitos tentam viver assim: vão ao campo para ver o que os outros fazem ou acompanham os jogos na TV. Milhões de pessoas assistem como jogam 22 pessoas! Pode parecer cômodo e o *show* é brilhante, mas a vida não é assim. Ser apenas espectador é pouco!

Muitos vivem a vida cristã assim; como espectadores. Pela TV nos chegam as imagens de milhares de pessoas que assistem a um *show* religioso e escutam a pregação, vão para casa e acreditam que cumpriram a sua responsabilidade diante de Deus. E no domingo seguinte assistem a outro evento. Os mais "fiéis" frequentam uma reunião a mais durante a semana. Sua vida com Deus se resume à igreja, vendo os outros, o que fazem. As grandes igrejas escondem entre os seus membros os cristãos passivos. Não os culpe, pois a comodidade manda.

No estádio, todos correm. Na vida cristã, lutamos para vencer, não há espectadores, todos participam. Se não for assim, desobedeceremos a Deus. Se alguém não age assim, deve examinar a sua vida e ver se realmente entendeu a mensagem do evangelho. É impossível amar a Deus à distância e no conforto. É hora de agir.

LEITURA DE HOJE
2 Reis 11-12
Lamentações 5

ORAÇÃO
Deus, Todo-Poderoso, quero lutar e seguir Tua vontade. Não quero ser apenas espectador.

Não se pode ser cristão sendo apenas espectador.

Lixeira de reciclagem

18 de setembro

Rubin Carter, o furacão, foi um famoso boxeador em 1960 e foi condenado à prisão perpétua num julgamento preconceituoso, por um assassinato que não cometeu. Ficou preso durante 19 anos e após os protestos de muitos, e da canção que Bob Dylan dedicou a ele, as provas foram revistas e ele foi declarado inocente.

Ao sair da prisão, todos aguardavam alguém zangado e amargurado, mas ele disse: "Aprendi que a amargura só consome quem a tem. Permitir que a amargura controle minha vida é permitir que meus inimigos levem de mim mais do que levaram."

A lixeira dos computadores costuma ser a única coisa que faz barulho na máquina quando apagamos tudo que há nela. Amamos a sensação de nos livrarmos do que não precisamos. Deveríamos ter uma lixeira em nossos corações para apagar tudo o que nos fez mal: amargura, inveja, orgulho, palavras ofensivas, situações indevidas, ódio, maus pensamentos...

Seria muito simples. Examinemos cuidadosamente se há alguma lição que devemos aprender e coloquemos o que não queremos em nós numa lixeira. Se houver derrota? Coloque-a nas mãos de Deus, peça a Ele que lhe dê sabedoria para aprender o que é preciso e siga em frente...

"Todo atleta que está treinando aguenta exercícios duros porque quer receber uma coroa de folhas de louro, uma coroa que, aliás, não dura muito. Mas nós queremos receber uma coroa que dura para sempre" (1 Coríntios 9:25). Afaste-se de tudo que causa destruição. Apague o problema que está em sua vida interior. Estamos falando não só sobre viver livres do mal, mas também sobre ganhar uma coroa incorruptível!

Quando apagarmos tudo o que nos faz mal, sobrará mais espaço livre para nós. Acostume-se a agradecer. Encha o seu coração de paz, alegria, boas lembranças. Agradeça as inúmeras coisas que Deus lhe deu nos últimos anos. Invista algum tempo de vez em quando repensando a sua vida e lembre-se dos momentos mais sublimes.

Deus nos deu a vida, aproveite o que Ele lhe dá. Em sua "área de trabalho" deixe as pessoas que valem a pena: seus pais, os que cuidaram de você, seus amigos, os que o ajudam todos os dias, os seus irmãos no Senhor... Lembre-se sempre de que Deus é muito bom! Ele está conosco e cuida de nós, mesmo quando pensamos que estamos longe dele.

Nós queremos receber uma coroa que dura para sempre.

LEITURA DE HOJE
2 Reis 13-14
Ezequiel 1

ORAÇÃO
Pai amado, o Senhor me conhece. Deixo minha vida em Tuas mãos, pois sei que me perdoas.

19 de setembro

Para o meu amigo...

A imagem de Andres Iniesta rodou o mundo. Ele fez o gol da vitória da seleção espanhola da Copa do Mundo, 2010. Na camisa estava escrito o nome do seu amigo, e o gol foi dedicado ao amigo falecido pouco antes. Uma grande homenagem!

O apóstolo Paulo sabia que proclamar o evangelho tinha importância eterna. Ele examinava a sua consciência para viver de acordo com a vontade de Deus. "Por isso corro direto para a linha final. Também sou como um lutador de boxe que não perde nenhum golpe" (1 Coríntios 9:26).

Paulo nos alerta e lembra-nos de nosso objetivo, porque um dos riscos que muitos correm é viver apenas uma vida religiosa. E ter uma vida religiosa, sem ter Deus, é golpear o ar.

As religiões são tentativas humanas para se achegar a Deus. Poucas situações são tão desesperadoras do que alguém querer chegar a Deus por seus próprios meios. Pode-se passar a vida inteira lutando para ser o que não se é e tentando ter o que é impossível.

O cristianismo não é uma tentativa de como chegar a Deus, mas trata-se do próprio Deus deixando a Sua glória para morar com o homem. Dependemos de Deus para sermos cristãos. Deus é o Filho Jesus que se fez homem, Ele percorre o caminho inverso que tínhamos tentado. Ele veio até o homem. Não temos de olhar para cima, mas para o lado. Não precisamos aparecer, Ele nos acolhe como somos. Não temos de nos esforçar para sermos melhores, Ele sabe das nossas limitações e se lembra que somos pó.

Ao longo dos anos, surgem mais religiões e seitas em todos os países. O ser humano ainda tem necessidade da vida espiritual, mas muitos querem negar. A humanidade inventa crenças, sem reconhecer que o único Deus que existe é um Deus pessoal que quer manter comunhão com cada ser humano, por meio do Senhor Jesus. Esse relacionamento é o único que pode preencher o vazio interior. È uma relação que não morre com o tempo, mas que dura a eternidade.

Os fundadores de tantas religiões estão mortos e conhecemos os túmulos deles. O túmulo de Jesus está vazio, Ele disse: "Eu sou a ressurreição e a vida". Sabemos que temos a vida eterna. Não queremos golpear o ar ou correr sem sentido.

O objetivo de nossas vidas é Jesus. A nossa segurança não depende de religião, rito ou tradição, nem de crenças, mas de Sua Palavra. Ninguém pode tirar-nos das mãos de Deus.

LEITURA DE HOJE
2 Reis 15-16
Ezequiel 2

ORAÇÃO
Senhor Jesus, obrigado porque vivo em Tuas mãos. Quero honrá-lo sempre!

O objetivo de nossas vidas é Jesus.

Perdedor é quem não corre

20 de setembro

Oscar Pistoriys foi campeão paraolímpico nos 100, 200 e 400 m Pequim 2008. Suas pernas são metálicas, mas isso não o impede de correr. Em 2011, foi às semifinais do *Campeonato Mundial de Atletismo* e naquela ocasião, declarou: "Minha mãe sempre me disse que o perdedor não é quem fica em segundo, mas o que não corre." Os perdedores não se comprometem.

Às vezes, pensamos que somos fracos. Como somos desconhecidos, pensamos que o mundo não mudará por nossas ideias e ações. Mas, podemos ajudar a mudar o mundo. Nossas decisões podem mudar o ambiente ao redor. Se você se interessar pelos outros, eles se sentirão amados; se ajudar quem está ao seu lado, a sua vida e a da sua família mudará. Se você for gentil com os que o ajudam, semeará paz e alegria em suas vidas.

Escutar, sorrir, abraçar, ajudar pode ser apenas um detalhe. Mas é simples e crucial na vida daqueles que estão conosco. Não importa onde estamos, nem sermos grandes e influentes. Quem muda o mundo faz o que pode, onde está, e com os que conhecem.

"Por isso corro direto para a linha final. Também sou como um lutador de boxe que não perde nenhum golpe. Eu trato o meu corpo duramente e o obrigo a ser completamente controlado para que, depois de ter chamado outros para entrarem na luta, eu mesmo não venha a ser eliminado dela" (1 Coríntios 9:26-27).

A nossa vida comparada a de um atleta corredor nos ajuda a compreender muitas coisas. Precisamos continuar correndo sem inveja dos que vão à frente. Não despreze os que o seguem. Siga adiante, ajudando uns aos outros, sem se preocupar com as circunstâncias. Deus nos dará a força que precisamos e não nos abandonará. Não desistamos nunca!

O que fazemos todos os dias tem importância eterna. Os simples atos de bondade tocam os corações de muitos. Os abraços sinceros aliviam o coração de quem está perdendo o sentido da vida. As palavras de gratidão levam o afeto e a amizade para quem os recebe. Cada vez que dizemos a alguém o quanto essa pessoa é importante para nós, ela entende que Deus a fez assim e começa a olhar para o Criador.

Olhemos para os que amamos! Nossa família e amigos precisam dos nossos abraços e sorrisos, e também da gratidão. As pessoas que nos cercam vão gostar de serem ouvidas e de saber que temos interesse nelas. Vamos mudar o mundo! Deus nos dará forças!

LEITURA DE HOJE
2 Reis 17-18
Ezequiel 3

ORAÇÃO
Pai que estás no céu, quero ajudar a minha família... quero dizer às pessoas que amo o que o Senhor fez por mim...

O que fazemos todos os dias tem importância eterna.

21 de setembro

Isso é o que eu quero

O jogador do *Boston Celtics*, Paul Pierce, foi nomeado o melhor jogador nas finais da *NBA* em 2008. Anos antes ele tinha sido agredido numa boate. Felizmente, se recuperou e continua a jogar basquete. Ele nunca descobriu os motivos da agressão.

Infelizmente vivemos num mundo muito violento. Apesar dos estudos que foram realizados sobre as razões que levam à violência, não avançamos muito.

Acho que um dos motivos é cada um procurar o seu próprio bem: O mundo está cheio de pessoas que buscam a própria satisfação e se tornam ditadores mesmo antes do nascimento; um bebê não está seguro no ventre da mãe, pois pode sofrer aborto, se ela não estiver satisfeita com seu próprio corpo, ou alguém a obrigá-la.

O egoísmo está na base da violência de gênero e dos maus-tratos. O agressor exige que todos o satisfaçam. O ódio e a vingança geram a violência social. Poucos acreditam na justiça, e a fazem por conta própria. As pessoas já não se importam com os outros, e se perguntam: "Como posso ter tudo que quero?" Dessa semente, cresce a violência, de forma extraordinária.

A consequência é a insatisfação. Para muitos, é impossível viver sem conseguir o que querem. Outros só servem para nos satisfazer, e todos se sentem usados em muitos momentos da vida. Ninguém pode confiar em ninguém, porque se todos se preocupam somente consigo mesmos, onde está a lealdade e o compromisso? Procuramos nossa satisfação sem nos preocuparmos com os outros. Muitos se movem pela ganância e sede de poder. Querem chegar ao topo, aconteça o que acontecer e doa a quem doer.

Há apenas uma solução, a Bíblia afirma: "O amor é eterno" (1 Coríntios 13:8). Amar é querer o bem da outra pessoa, não apenas buscar o melhor para quem você ama, mas também ajudar os inimigos! Esse é o único antídoto contra a violência. Pode parecer ultrapassado, mas o amor nunca deixará de ser.

Deus é amor, e o Seu modelo de vida é radicalmente diferente. O amor nunca falha porque Deus é eterno. Além disso, Deus é justo, nenhuma pessoa violenta terminará assim, todos pagarão por seus atos. O ódio e o egoísmo não têm futuro. O amor sempre triunfa. Podemos confiar em Deus.

LEITURA DE HOJE
2 Reis 19-20
Ezequiel 4

ORAÇÃO
Pai Santo, quero viver em Teu amor. Ensina-me a amar como o Senhor ama, e a viver como o Senhor quer que eu viva.

Tudo passa, mas o amor é eterno.

Morrer para ressuscitar

22 de setembro

Carl Lewis ganhou a medalha de ouro nos 100 m da prova de atletismo dos Jogos Olímpicos de Los Angeles, 1984, e a colocou nas mãos de seu pai quando ele morreu em 1987, e disse à mãe: "Não se preocupe, irei a Seul e trarei outra." E cumpriu a promessa. A medalha ficará para sempre enterrada, o corpo não. Deus prometeu que um dia todos ressuscitarão e serão transformados. A imortalidade não é ilusória. Mesmo os mais incrédulos carregam dentro de seus corações o desejo de imortalidade. Qualquer pessoa daria tudo o que tem para viver para sempre.

Paulo escreveu: "Seu tolo! Quando você semeia uma semente na terra, ela só brota se morrer. E o que foi semeado é apenas uma semente, talvez um grão de trigo ou outra semente qualquer e não o corpo já formado da planta que vai crescer. Deus dá a essa semente o corpo que ele quer e dá a cada semente um corpo próprio. E a carne dos seres vivos não é toda do mesmo tipo. Os seres humanos têm um tipo de carne; os animais, outro; os pássaros, outro; e os peixes, ainda outro. Há também corpos do céu e corpos da terra. Existe um tipo de beleza que pertence aos corpos celestes, e há outro que pertence aos corpos terrestres. O sol tem o seu próprio brilho; a lua, outro brilho; e as estrelas têm um brilho diferente. E mesmo as estrelas têm diferentes tipos de brilho. Pois será assim quando os mortos ressuscitarem. Quando o corpo é sepultado, é um corpo mortal; mas, quando for ressuscitado, será imortal" (1 Coríntios 15:36-44).

O Espírito de Deus inspirou essas palavras. Jesus disse que "Se um grão de trigo não for jogado na terra e não morrer, ele continuará a ser apenas um grão. Mas, se morrer, dará muito trigo." É preciso morrer para reviver. O grão de trigo é gloriosamente transformado. Ao se colher uma planta tem-se mais abundância do que antes. Um simples grão parece milagre, e é! Só Deus pode fazer que da morte surja a vida.

Para todos os que creem no Senhor, será uma vida diferente, gloriosa, celestial. Como a de Jesus que venceu a morte e apareceu aos Seus discípulos, com Seu corpo transformado, ilimitado e eterno. Deus nos deu uma vida imortal, e devemos morrer para reviver. É necessário que o nosso corpo terrestre seja sepultado para que Deus o transforme à Sua imagem.

LEITURA DE HOJE
2 Reis 21-22
Ezequiel 5

ORAÇÃO
Pai, obrigado porque minha vida não termina aqui. Sei que um dia estarei em Tua casa.

Deus nos concedeu a vida imortal, por meio da fé em Jesus Cristo!

23 de setembro

Confiar nas pessoas

Daniel A. Passarella, meio-campista argentino, começou jovem e o treinador não gostava muito do estilo dele. Aparentemente, a carreira acabaria em breve, mas um novo treinador (Raul Hernandez) o viu no primeiro treino e lhe disse: "Você vai jogar sempre, a menos que tenha uma lesão ou seja expulso. Deste pequeno clube e depois dessas palavras, continuou a progredir na carreira até ser campeão do mundo.

No livro de 2 Coríntios, Paulo escreve sobre a confiança que Deus havia depositado nele. Deus agiu na vida de Paulo e age em nossas vidas também. O amor e a graça de Deus aparecem por todas as partes, em cada uma de suas linhas, expressão e detalhe. A igreja de Corinto era uma das mais carnais do primeiro século, mas o Espírito de Deus os abençoou com graça. Deus nos ama mesmo quando não merecemos, apesar de nunca merecermos!

Deus combate o pecado de Seus filhos com amor, transbordando Sua graça e cuidado incondicional. Ele promete refletir a Sua glória em cada um de nós; faz brilhar a nossa vida por meio de Seu Espírito. Para nós é incompreensível, mas essa é a maneira de tratarmos. Somos infelizes quando nos afastamos dele ou queremos viver de forma a lhe dar vergonha!

Não consigo ler o livro de 2 Coríntios sem admirar a graça e o amor de Deus por mim, não quero viver um só momento sem Ele!

Este livro é uma carta muito pessoal. Alguns tinham acusado Paulo falsamente e ele respondeu descrevendo os seus sofrimentos no seu trabalho para o Senhor. Ao ler esta carta, não se percebe orgulho por parte do apóstolo, ao contrário, ele explica tudo o que lhe aconteceu de maneira que faz o leitor sentir o desejo de sofrer o mesmo que ele sofreu! Quando Paulo despe seu coração na frente da igreja, ele nos ensina que, embora muitas pessoas nos decepcionem ou nos façam mal, não devemos rejeitá-las, é melhor continuar a tratar a todos com a mesma graça que Deus nos trata!

Qual o segredo? "Quem está unido com Cristo é uma nova pessoa; acabou-se o que era velho, e já chegou o que é novo" (2 Coríntios 5:17). Confie em pessoas que são recém-convertidas, Deus está operando em suas vidas. Devemos ter paciência e confiar, os outros também tiveram paciência com cada um de nós!

LEITURA DE HOJE
1 Reis 23-24
Ezequiel 6

ORAÇÃO
Santo Pai, obrigado por me concederes uma nova vida. Quero estar contigo para sempre!

Embora muitos nos decepcionem ou causem mal, não devemos rejeitá-los.

Campeões...!

24 de setembro

Bill Russell venceu o campeonato da *NBA* em muitas ocasiões, mas ficava muito nervoso antes dos jogos. Seus próprios companheiros preocupavam-se com ele.

Mesmo os grandes campeões têm fraquezas. Para nós, campeões na fé, a nossa fraqueza é nossa maior força. Quanto mais fracos somos, mais úteis para Deus. Paulo fala sobre isso no livro de 2 Coríntios.

"Ele nos auxilia em todas as nossas aflições para podermos ajudar os que têm as mesmas aflições que nós temos. E nós damos aos outros a mesma ajuda que recebemos de Deus" (1:4).

"E essa pequena e passageira aflição que sofremos vai nos trazer uma glória enorme e eterna, muito maior do que o sofrimento. Porque nós não prestamos atenção nas coisas que se veem, mas nas que não se veem. Pois o que pode ser visto dura apenas um pouco, mas o que não pode ser visto dura para sempre" (4:17-18).

"Portanto, estamos aqui falando em nome de Cristo, como se o próprio Deus estivesse pedindo por meio de nós. Em nome de Cristo nós pedimos a vocês que deixem que Deus os transforme de inimigos em amigos dele. Em Cristo não havia pecado. Mas Deus colocou sobre Cristo a culpa dos nossos pecados para que nós, em união com ele, vivamos de acordo com a vontade de Deus" (5:20-21).

"Não estou querendo mandar em vocês. O que eu estou querendo é que conheçam o entusiasmo com que as igrejas da Macedônia deram ofertas, para que assim vocês vejam se o amor de vocês é verdadeiro ou não. Porque vocês já conhecem o grande amor do nosso Senhor Jesus Cristo: ele era rico, mas, por amor a vocês, ele se tornou pobre a fim de que vocês se tornassem ricos por meio da pobreza dele" (8:8-9).

"Nas muitas viagens que fiz, tenho estado em perigos de inundações e de ladrões; em perigos causados pelos meus patrícios, os judeus, e também pelos não judeus. Tenho estado no meio de perigos nas cidades, nos desertos e em alto mar; e também em perigos causados por falsos irmãos. Tenho tido trabalhos e canseiras. Muitas vezes tenho ficado sem dormir. Tenho passado fome e sede; têm me faltado casa, comida e roupas" (11:26-27).

"Que a graça do Senhor Jesus Cristo, o amor de Deus e a presença do Espírito Santo estejam com todos vocês!" (13:13).

LEITURA DE HOJE
2 Reis 25
Ezequiel 7-8

ORAÇÃO
Senhor Jesus, obrigado por Tua salvação. Ajuda-me sempre a reconhecer a minha fraqueza.

A graça de Deus nos basta.

25 de setembro

Invencíveis

Daniel Passarella foi campeão do mundo com Argentina como jogador, e como treinador na Copa de 1998. Durante o campeonato, declarou exasperado pelas críticas nos jornais de seu próprio país: "Os invictos são os jornalistas, eles nunca perdem." Quem nunca se arrisca, nunca perde. Quem não participa não pode ser derrotado.

Você pode desfrutar de suas ilusões, sem que nada lhe faça mal ou pode se juntar à luta, mesmo com risco à sua vida. Veja o que Paulo escreveu: "Aqui a palavra "Senhor" quer dizer o Espírito. E onde o Espírito do Senhor está presente, aí existe liberdade. Portanto, todos nós, com o rosto descoberto, refletimos a glória que vem do Senhor. Essa glória vai ficando cada vez mais brilhante e vai nos tornando cada vez mais parecidos com o Senhor, que é o Espírito" (2 Coríntios 3:17-18). Ao lado de Deus não existe a derrota final. Vamos de "de glória em glória" que às vezes pode dar a impressão de que estamos derrotados, mas não é verdade.

As pequenas derrotas podem nos ajudar e nos fortalecer. Não nos conformemos! Se um dia falharmos, o Espírito de Deus continuará operando em nós e não permitirá que sejamos derrotados. Refletimos a glória de Deus, não podemos viver de qualquer maneira! Não podemos voltar atrás!

Devemos continuar e renovar o nosso compromisso. Decidir se queremos lutar ou ser espectadores. Há pouco assisti um criador de tubarões que explicou que se você colocar um tubarão nos primeiros meses de vida em um espaço pequeno, ele nadará de um lugar para outro e ao ver seus movimentos limitados, não crescerá mais do que alguns centímetros. Se você soltar esse tubarão no mar, ele se desenvolverá até ficar tão grande quanto os outros. Assim, vivem muitos crentes: não querem correr riscos e vivem em aquário minúsculo, porque acreditam que ali têm a segurança necessária. Não se arriscam a viver na imensidão da graça de Deus. Não descobrem a liberdade e a alegria da vida sem limites. Comprometem-se, apenas um pouquinho. Não permitem que o Espírito de Deus opere em suas vidas plenamente. Querem ser cristãos só até certo ponto.

Vale a pena navegar na graça de Deus, ter pleno compromisso com Ele. Lutar com o poder do Seu Espírito e, apesar das quedas, experimentar o que significa viver de glória em glória.

LEITURA DE HOJE
1 Crônicas 9-10
Ezequiel 9

ORAÇÃO
Pai amado, quero viver na imensidão de Teu amor. Quero desfrutar da Tua graça sempre.

Muitos nunca perdem, porque jamais lutam...

Cara a cara

26 de setembro

Michael Jordan era um adolescente que jogava no time de basquete da sua faculdade, foi descartado da Liga, por Leroy Smith. Ele não desanimou, e se vingou ao escolher esse nome como seu apelido quando ficava em vários hotéis nos EUA. Para que ninguém soubesse em que quarto ele se hospedava; assinava "Leroy Smith".

Deus nos fez únicos e quer que vivamos de forma singular. Quer que o honremos, pois é o nosso Criador. A melhor maneira de fazer isso é refletir a imagem de Jesus em nós. "Portanto, todos nós, com o rosto descoberto, refletimos a glória que vem do Senhor. Essa glória vai ficando cada vez mais brilhante e vai nos tornando cada vez mais parecidos com o Senhor, que é o Espírito" (2 Coríntios 3:18).

Paulo ensina que uma das obras do Espírito Santo é ser o vínculo de comunhão e amor entre o Pai e o Filho. Ele nos coloca a face do Senhor Jesus, selando-nos quando o recebemos em nossas vidas. E vai nos transformando para sermos o que somos, mas com as características do Senhor. Nada temos para esconder de Deus. Ele nos conhece de maneira perfeita, conhece nossas qualidades e nossos defeitos. Ele nos conhece e nos ama.

Talvez esta verdade fundamental soe muito teológica para você, veja um exemplo muito prático: se você estiver lendo este livro no seu quarto, pare e olhe ao seu redor. De certa forma esse é o seu espelho, é o que você é. O que você ama, o que você tem próximo, são as coisas que valorizamos. Será que alguma coisa de seu entorno reflete a glória de Deus? Ou você tem que ir à igreja para ver algo de Deus em sua vida?

Imagine se hoje em um determinado momento, pudéssemos saber tudo que ocorrerá com você; o que você faz. O que você tem, ou o que você pensa!. Há algo que você precise mudar? O que você vê em seu próprio "espelho"? Não se assuste. Deus age em nós em cada dia de nossas vidas. Permita que Deus aja, é o melhor que lhe pode acontecer! Hoje mesmo, quando você estiver estudando, curtindo, trabalhando, descansando, o Espírito de Deus pode moldar a sua vida para que você seja realmente quem precisa ser. E assim você poderá refletir a imagem do Senhor em sua vida.

LEITURA DE HOJE
1 Crônicas 11–12
Ezequiel 10

ORAÇÃO
Pai, sabes melhor do que ninguém quem eu sou. Não esconderei nada de ti. Encha-me com o Teu Espírito. Quero refletir Teu caráter em minha vida.

Apenas no domingo, outros podem ver que você é cristão?

27 de setembro

Odeio vê-lo brilhar

O base espanhol Calderón jogou no Toronto, um time da *NBA*. Apesar de ser campeão do mundo e da Europa, muito poucos acreditavam nele. Hoje ele é considerado um dos melhores bases de toda a liga. Na temporada 2010-11, ele chegou a bater mais de cem lances livres consecutivos sem um único erro. Os que fazem bem, cedo ou tarde, têm sucesso.

O triunfo de alguém pode causar inveja nos outros imediatamente. Nunca pensam no quanto isto custou a quem está no topo; apenas que mereciam estar naquele lugar. É um problema do caráter. Muitos são incapazes de admirar os outros e dão lugar à inveja.

Você lembra-se da fábula da serpente e do vaga-lume? A serpente perseguiu o vaga-lume e este se esforçava para não lhe servir de alimento. Um dia, num descuido, a serpente o teve bem perto e quando estava prestes a comê-lo, numa última e desesperada tentativa, o vaga-lume disse: "Posso perguntar algo, por favor!" A cobra concordou. "Por que me persegues, você come vaga-lumes?" Não, respondeu o réptil. "Então, eu fiz algo errado?" Não, respondeu ela. "Por que você quer me matar? Não entendo!" "Eu odeio ver você brilhar", a serpente respondeu.

Se a inveja entrar em nossos corações, estaremos perdidos, e incapazes de nos divertir com algo, de ir a algum lugar ou fazer algo que valha a pena. Estaremos sempre pensando em quem invejamos, incapazes de ser nós mesmos, não suportaremos o brilho do outro. É ruim ter inveja. Destruímo-nos mais a nós do que ao outro.

A inveja tem outro lado: o do vaga-lume. Deus nos fez especiais e únicos, mas, aparentemente, nem todos percebem. Precisamos continuar brilhando em nosso viver, embora, talvez, queiram nos prejudicar. Deus disse: "...Que da escuridão brilhe a luz" Ele fez a luz brilhar em nosso coração, para nos trazer a luz do conhecimento da glória de Deus, que brilha no rosto de Jesus Cristo" (2 Coríntios 4:6).

Se Deus brilha em nosso coração, a Sua glória se reflete em nosso rosto, e em tudo que fazemos. É como se vissem o Senhor quando nos veem. Mas alguns não suportam. Isso não tem a ver com nosso orgulho, é o agir de Deus em nós. Nossa parte é entregar-lhe o nosso coração.

Não inveje ninguém, ao contrário! Olhe para os outros com admiração, pois a sua autoestima não está em jogo. Deus fez cada um: único e especial.

LEITURA DE HOJE
1 Crônicas 13-14
Ezequiel 11

ORAÇÃO
Pai Santo, ajuda-me a não ter inveja de ninguém. Quero admirar o que as pessoas em meu entorno são.

Se Deus está brilhando em seu coração, você não precisa invejar ninguém.

33 degraus

28 de setembro

Antes de começar o jogo final da Eurocopa 1992 dois jogadores do *Barcelona* conversavam no campo. Guardiola, o capitão, disse a Julio Salinas: "Olha, 33 degraus para a fama." Julio começou a discutir dizendo que deveriam ser mais, apenas para contrariar, pois nem sabia. Guardiola lhe respondeu: "Quando ganharmos a taça e subirmos, vamos contar para vocês." O *Barcelona* venceu a sua primeira Eurocopa. Todos os jogadores estavam felizes gritando, pulando e se divertindo... Em um momento, Guardiola disse para Julio: "São 33 degraus, já contei". Ele demonstrava o seu caráter vencedor, mesmo na menor discussão.

Acreditar no que dizemos e comprovar o que temos certeza: "As Escrituras Sagradas dizem: "eu crí e por isso falei." Pois assim nós, que temos a mesma fé em Deus, também falamos porque cremos" (2 Coríntios 4:13).

Temos que acreditar no que dizemos,! Não se trata do poder das palavras, mas de conduta. Se não acreditarmos no que dizemos, não vivemos o que cremos, estamos jogando duplamente! Se continuarmos a pensar de forma negativa, até o bem que nos vem à mente vai nos parecer desgraça. Se não acreditarmos no que dizemos, seremos covardes e não chegaremos a lugar algum.

Os nossos pensamentos são importantes. Cada um é o resultado daquilo que pensa. Por isso, devemos deixar o Senhor Jesus controlar nossas mentes. Busquemos ver e pensar no lado bom. Se o nosso coração estiver limpo, nossos pensamentos também estarão. O que cremos é o que vivemos.

É importante o que dizemos a nós mesmos! Sempre estamos pensando em algo: se for ruim, cedo ou tarde, poderá acontecer. Se tudo o que vemos estiver nublado, nem mesmo o arco-íris alegrará o nosso dia. Não estou falando de pensamento positivo, se descansarmos nisso, nos sentiremos enganados muitas vezes! É um bendizer a Deus em primeiro lugar. "Ó Senhor Deus, que todo o meu ser te louve!..." Salmo 103:1. É agradecer tudo o que Ele faz e nos concede; abençoar outras pessoas e circunstâncias também.

Talvez você não aprecie o seu lar, seu trabalho, ou determinada circunstância. Se não for possível mudar, comece a abençoar! Abençoe as pessoas ao seu lado, sua cidade, o trabalho, as circunstâncias em torno de você... Em vez de lutar para partir, lute para melhorar. Converse com você mesmo para abençoar e agradecer.

LEITURA DE HOJE
1 Crônicas 15-16
Ezequiel 12

ORAÇÃO
Pai amado, toca o meu coração e a minha alma para que eu seja agradecido.

Em vez de lutar para partir, lute para melhorar!

29 de setembro

Coloque-o em meu lugar

A posição de goleiro é uma das mais ingratas no futebol, porque só um pode jogar. O defesa, meio-campista ou centroavante pode sempre se movimentar e trocar de posição, mas se você for goleiro num time, não existe opção: é ou jogar ou sentar. Victor Valdés, goleiro titular do *Barcelona* nas últimas temporadas tem o recorde histórico no clube sem sofrer um gol. O goleiro reserva é Pinto, que geralmente joga apenas na copa, mas arrumou um lugar no coração dos outros jogadores e da torcida por seu companheirismo e alegria. Dois grandes goleiros no mesmo clube, mas apenas um lugar para jogar.

Muitos se esqueceram de Deus e procuram alguém para colocar no lugar. Sabem que é impossível viver sem alguém para preencher sua vida, e procuram substitutos. Quem você colocaria no lugar de Jesus? Alguns tentam ocupá-lo com alguém como: Buda, Confúcio, Maomé... Outros com gurus religiosos, filosóficos ou até políticos: Mao, Nietzsche, Marx... Há também os que tentam preencher suas vidas com as realizações de esportistas, artistas ou personagens famosos.

Nenhum deles pode oferecer algo além de momentos de calma, emoção ou meditação. Eles proclamam a beleza de deixar a nossa mente em branco e meditar para encontrar a nós mesmos...? E depois? Você pode ter absoluta confiança em si mesmo, mas isso não resolverá os seus problemas. Sabemos disso!

Muitos tentam retornar às religiões e crenças que se concentram em si mesmos, na meditação e na elevação do espírito até sair da realidade. Precisamos pensar e raciocinar, buscar a Deus com todo o nosso entendimento e foco para ajudar os outros.

Muitos querem encontrar Deus e chegar onde Ele está. Jesus é Deus feito homem "que desceu" até nós, até onde está cada um de nós. Ele nos ama e nos ouve. Para se aproximar dele não é necessário provar nada. É necessário despirmos os nossos corações; ser como somos, sem lhe ocultar nada.

Qualquer pensamento, circunstância ou pessoa que colocarmos no lugar do Senhor Jesus, deixará a nossa vida completamente fora de controle, pois estaremos substituindo o eterno pelo imediato; o que foi criado pelo Criador. Cairemos na mesma infantilidade quando éramos pequenos e tentávamos tapar o sol com o dedo. O que muda a nossa vida é a eternidade de Deus. "Por isso nunca ficamos desanimados..." (2 Coríntios 4:16-18).

LEITURA DE HOJE
1 Crônicas 17-18
Ezequiel 13

ORAÇÃO
Senhor Jesus: ensina-me a colocar os meus olhos no eterno e não no brilho das aparências.

Jesus é Deus feito homem, e Ele habitou entre nós.

Campeão dos críticos

30 de setembro

O argentino Mascherano era um dos melhores jogadores do Liverpool FC, quando o Barcelona o contratou. Certa vez, disse à imprensa: "Serei sempre grato ao Messi por ter me recomendado a este time." Na época, Leo era criticado por fãs argentinos e pela imprensa em seu país, porque segundo eles, não jogava tão bem com a sua seleção quanto com o time espanhol.

Se a crítica fosse um esporte, haveria muitos campeões mundiais. Há verdadeiros especialistas em encontrar as falhas que você puder ter, teve ou terá. Adoram apontar defeitos e fariam tudo para destruir a reputação de quem não gostam. Como não se pode atingi-los, sentem-se felizes prejudicando os outros

É a covardia dos que vivem observando e não se comprometem. É mais fácil julgar os que fazem alguma coisa. É fácil criticar os defeitos dos outros, mas você estaria disposto a se colocar no lugar e fazer o trabalho deles? O que apenas olha nunca faz melhor do que quem está fazendo.

O fracasso é sempre melhor do que ter sido apenas um espectador. Falhar requer muito mais valor do que não tentar.

Você se lembra da história de Pedro, quando disse ao Senhor que queria andar sobre as águas como Ele? Depois de um tempo caminhando até o seu Mestre, Pedro percebeu que estava vivenciando algo impossível... começou a duvidar e parar de olhar para o Senhor, e afundou! Muitos criticam porque o Senhor teve que resgatá-lo da água por sua pouca fé, mas eu admiro Pedro, porque foi o único que decidiu arriscar. Quando todos voltaram para suas casas naquele dia, apenas um tinha algo a dizer. Apenas um discípulo tinha andado sobre as águas, mesmo que ao fim tinha quase se afundado. Pedro aprendeu que fracassar é sempre melhor do que ser apenas um espectador.

O exemplo de Mascherano nos lembra de algo muito importante: muitas pessoas são incapazes de agradecer quando alguém lhes faz algo bom. Simplesmente se calam. De certa forma, revelam o orgulho que está em seus corações: O orgulho é a origem de muitos pecados, e nos impede de agradecer a Deus e aos outros.

Paulo foi capaz de agradecer, não só aos que lhe faziam o bem, mas também aos que desejavam fazê-lo. "Vocês foram os primeiros não somente a ajudar, mas também a querer ajudar" (2 Coríntios 8:10). Muitas coisas mudariam em nosso time, se fôssemos mais agradecidos e menos críticos.

LEITURA DE HOJE
1 Crônicas 19-20
Ezequiel 14

ORAÇÃO
Pai amado, ajuda-me a colocar os meus olhos em ti somente. Quero ser um animador e ajudar a quem precisa do Senhor!

Falhar requer muito mais de cada um, do que o não tentar.

1 de outubro

Armas carnais

Durante as eliminatórias para a Copa do Mundo realizada na África do Sul, 2010, o francês Henry deu uma balão com mão na área adversária, o passe perfeito para o gol da vitória que classificou o time e eliminou a Irlanda. Aparentemente o árbitro não viu, e validou o gol. Muitos disseram que se ele tivesse reconhecido o seu "erro" seria reconhecido mundialmente por seu gesto. Acho que deveria ter feito isso, pois a honra de alguém é mais importante do que um campeonato mundial. Muitos não pensam assim. Lembra-se do gol que Maradona marcou com a mão contra a Inglaterra na Copa do Mundo no México? Chegaram a dizer que era "a mão de deus"...

Se transferirmos essa atitude para a vida, temos que admitir que o mesmo acontece conosco. Muitos colecionam troféus para demonstrar o seu valor: arriscam suas vidas e a dos outros em ultrapassagens... você pode adicionar uma infinidade de troféus que muitos colecionam para demonstrar o que são. Não importam as injustiças que cometem ou a dor que podem causar aos outros. Às vezes, não se importam em arriscar as suas vidas! Querem ganhar!

Tenho visto tantas lutas assim dentro de uma família! Alguns querem ser donos de algo e são capazes de maltratar os que mais os amam. Não se importam com o dano físico ou psicológico, nem se alguém sofre. São incapazes de amar alguém, querem ter razão sempre, e ser o centro de tudo.

Quem quer ganhar a qualquer custo sempre machuca alguém. Não se importa com a injustiça. Não liga se a outra pessoa não consegue o que é justo, porque já conseguiu o seu. O que interessa são os pequenos troféus que ganhamos em discussões imbecis. Quando saboreamos esses troféus, sabendo que fizemos mal aos outros, apenas demonstramos a nossa covardia e o nosso pouco valor como pessoas.

Alguns podem pensar que estão ganhando, mas não é assim. Com armas carnais só se obtém vitórias carnais, temporárias e ridículas. "As armas que usamos na nossa luta não são do mundo; são armas poderosas de Deus, capazes de destruir fortalezas" (2 Coríntios 10:4).

O poder de Deus destrói o mal de forma definitiva. A vitória é sua, e é essa a vitória que vale a pena.

LEITURA DE HOJE
1 Crônicas 21–22
Ezequiel 15

ORAÇÃO
Pai Santo, ajuda-me a viver de forma diferente. Não quero prejudicar nem ser injusto com ninguém.

Alguns vivem saboreando troféus tolos...

O rei dos imitadores

2 de outubro

Na Espanha quando começa a pré-temporada, as semanas são de trabalho físico duro para entrar em forma e testar novos jogadores. Certo treinador referindo-se a um fenômeno que lhe trouxeram disse: "Me disseram que não conhecia a derrota nem o cansaço, mas ele também não conhece o passe, o drible, a marcação, o tiro…" Muitos querem ser imitadores, mas não têm condições para isso.

O rei dos imitadores é o diabo. Ele quer mostrar que não é tão terrível e que é melhor não levá-lo a sério. O diabo adora imitar, por orgulho e inveja, é incapaz de criar algo bom. Vive obcecado pelo que Deus faz, e seu objetivo é tirá-lo de Seu lugar no universo, na história, na vida das pessoas… Ele acredita que tudo lhe pertence, e o objetivo da sua existência é destruir. Ele sabe que a melhor maneira de conseguir isso é confundindo a todos.

"E isso não é de admirar, pois até Satanás pode se disfarçar e ficar parecendo um anjo de luz" (2 Coríntios 11:14). Se ele aparecesse como realmente é, poucos o seguiriam, apenas os doentes quanto ele. Ele não quer ceder a liberdade de escolha, e se dedica a imitar tudo o que Deus faz. Ele sabe que assim consegue enganar muitos.

Deus é Deus em três pessoas: Pai, Filho e Espírito Santo. A obra-prima do diabo surge ao aparecer o Anticristo (livros de Daniel e Apocalipse) e o falso profeta, para formar com ele uma "trindade" satânica. O diabo imita o sobrenatural. Ele pode fingir ser o melhor pregador que conhecemos, fazer milagres e curar. O inimigo gosta de ser espiritual se com isso puder enganar a muitos. Ele é imitador da música e do louvor. Pode alcançar o topo da ciência e da razão. Imita a alegria e a paz que Deus dá, concedendo-a de maneira momentânea.

Sua inveja e seu orgulho o levam a fazer qualquer coisa para destruir quem ele vê como inimigo. Se ele o convence, sabe convencer bem. Ele o engana com cartas marcadas… Pode parecer estranho, mas se olharmos com cuidado, todos nós conhecemos pessoas que se parecem com ele. São capazes de qualquer atitude para fazer outros sofrerem.

Não devemos nos preocupar. A Palavra de Deus diz que um dia o diabo terá o que merece. Enquanto isso, nós podemos resistir quando ele nos atacar e fugir se ele nos procurar fingindo ser anjo de luz. Nada de bom pode vir dele.

LEITURA DE HOJE
1 Crônicas 28–29
Ezequiel 16

ORAÇÃO
Pai que estás no céu, quero viver sempre segundo a Tua vontade. Dá-me sabedoria para não cair em qualquer armadilha do diabo.

A Palavra de Deus diz que um dia o diabo terá o que merece.

3 de outubro

As religiões prendem

Carlos e Elisardo da Torres são irmãos e participaram das provas de atletismo dos Jogos Olímpicos em 1996. Eles são do sul da Galícia, mas não foram os únicos galegos a participar. Minha esposa e eu tivemos a oportunidade de estar com eles e outros da delegação espanhola que tinham nascido lá.

No Novo Testamento há uma carta escrita por Paulo à igreja na Galícia. Embora o nome seja semelhante está a milhares de quilômetros do sudeste da Europa. Paulo escreveu aos gálatas, porque apesar de eles terem acreditado no evangelho, estavam voltando-se às antigas crenças. Pensavam que podiam viver com Cristo sem abandonar os seus antigos ritos religiosos. Pessoas tinham se infiltrado na igreja para dizer-lhes que era impossível Deus aceitá-los pela graça por meio da fé e que eles deviam seguir a lei para serem salvos.

No livro, aparecem várias imagens esportivas, talvez Paulo construísse tendas de campanha para os participantes e visitantes dos jogos na época. Uma delas, talvez a utilizou para ensiná-los sobre o que estava acontecendo em suas vidas: "Vocês estavam indo tão bem!" (Gálatas 5:7). Eles não queriam desistir das tradições. Entendiam a mensagem de Jesus sobre viver pela fé e acreditavam na obra da cruz para a salvação, mas queriam acrescentar outras doutrinas. Paulo escreveu para que entendessem o que é viver de acordo com Deus; e que a salvação que exige trabalho ou o submeter-se a algum tipo de lei não é a salvação oferecida por Cristo.

O segredo para nos relacionarmos com Deus é o Espírito Santo, não nossos esforços. As leis religiosas nos prendem, Deus nos liberta. A lei, os ritos e as tradições nos levam à morte, o Espírito de Deus à vida.

Paulo lhes lembra das maravilhas do evangelho; o que Deus fez por nós e a fidelidade divina. Diz-lhes para não serem tolos, e que só o Espírito de Deus pode lhes restaurar. O apóstolo lhes diz que mesmo se um anjo do céu pregar um evangelho diferente, não deveriam acreditar nele.

Devemos ler a carta aos Gálatas na íntegra e meditar. Esquecemos o essencial rapidamente. Sem perceber, pensamos que somos salvos porque somos melhores do que outros, ou fizemos isso ou aquilo, ou vamos à igreja ou por outras razões. É o Espírito de Deus que nos dá vida e transforma. A Sua graça nos salva. Nada podemos fazer para merecê-la!

LEITURA DE HOJE
2 Crônicas 1–2
Ezequiel 17

ORAÇÃO
Pai que estás no céu, quero ser fiel ao Senhor sempre. Dá-me força para continuar a minha corrida.

O Espírito de Deus é o que nos dá liberdade, que nos dá a vida.

Enganados

Sempre me lembrarei das palavras da atleta australiana Jane Seville, desqualificada na prova de corrida de maratona nos Jogos Olímpicos de Sidney (2000), a poucos metros de vencer, antes da linha de chegada. Jane chorou pelo que acreditava ser a maior decepção em sua vida e ao se explicar, ela disse aos repórteres: "Eu gostaria de ter uma arma em minhas mãos e atirar em mim mesma." Nesses momentos, tudo o que importava era ganhar essa corrida, a sua vida não tinha sentido sem a vitória.

Às vezes, damos importância a situações nem tão extraordinárias. Deixamo-nos enganar pelos outros e por nós mesmos, por não conseguirmos colocar cada coisa em seu lugar e importância ao que realmente importa. Os gálatas tinham sido enganados e se defendiam dessas mentiras. Veja algumas passagens deste livro.

"Por acaso eu procuro a aprovação das pessoas? Não! O que eu quero é a aprovação de Deus. Será que agora estou querendo agradar as pessoas? Se estivesse, eu não seria servo de Cristo" (1:10).

"Porém alguns tinham se juntado ao nosso grupo, fazendo de conta que eram irmãos na fé, e queriam circuncidá-lo. Eram homens que tinham entrado para o grupo como espiões a fim de espiar a liberdade que temos por estarmos unidos com Cristo Jesus e para nos tornar escravos de novo" (2:4).

"Mas sabemos que todos são aceitos por Deus somente pela fé em Jesus Cristo e não por fazerem o que a lei manda. Assim nós também temos crido em Cristo Jesus a fim de sermos aceitos por Deus pela nossa fé em Cristo e não por fazermos o que a lei manda. Pois ninguém é aceito por Deus por fazer o que a lei manda" (2:16).

"Assim já não sou eu quem vive, mas Cristo é quem vive em mim. E esta vida que vivo agora, eu a vivo pela fé no Filho de Deus, que me amou e se deu a si mesmo por mim" (2:20).

"Cristo nos libertou para que nós sejamos realmente livres. Por isso, continuem firmes como pessoas livres e não se tornem escravos novamente" (5:1).

"… que o Espírito de Deus dirija a vida de vocês e não obedeçam aos desejos da natureza humana. Porque o que a nossa natureza humana quer é contra o que o Espírito quer, e o que o Espírito quer é contra o que a natureza humana quer. Os dois são inimigos, e por isso vocês não podem fazer o que vocês querem" (5:16-17).

4 de outubro

LEITURA DE HOJE
2 Crônicas 3–4
Ezequiel 18

ORAÇÃO
Senhor Deus e Pai celestial, dá-me sabedoria para não ser enganado. Fortalece o meu coração e a minha mente para viver sempre na verdade.

"Permaneçam firmes na liberdade…"

5 de outubro

Quem o incomoda?

Martina Hingis — tenista excepcional do século 20, venceu cinco torneios importantes, mas abandonou a carreira após exames positivos por uso de cocaína.

Gostava muito de vê-la jogar e ao saber disso, lembrei-me que Paulo escreveu aos Gálatas: "Que cada pessoa examine o seu próprio modo de agir!" (Gálatas 6:4). É importante saber que o Espírito de Deus o inspirou a escrever isso. Podemos estar correndo muito bem e ser destaque na primeira posição, mas se permitirmos que alguém ou algo entre em nosso caminho, não podemos continuar correndo. Seremos derrotados.

Este é um conselho muito bom e suponho que você já está começando a descobrir muitas aplicações. Como bom galego, gosto de perguntar: Algo lhe incomoda? Quem entrou em seu percurso? Quem destrói as nossas vidas? Uma substância? Um hábito? Um prazer oculto? Os que nos dão conselhos errados?

Só Deus pode nos dar a capacidade e o poder de agir bem, de atingir a linha de chegada de maneira fiel e de desfrutar de tudo o que Ele é.

Se estivermos obcecados pelo que somos, com nossos projetos e objetivos, perdemos a beleza de estar diante de Deus. Perdemo-nos pensando só em nós mesmos, buscando sempre a satisfação pessoal, pensando que o mundo gira ao nosso redor.

Esse é um dos maiores perigos, seja você um atleta, se estiver trabalhando ou estudando, ou nada tiver para fazer. Não importa a religião que você professa, ou se pensa que está fazendo algo bom para os outros. Se estiver sempre preocupado consigo mesmo, sinto lhe dizer que a sua vida não tem sentido. Não fomos feitos para isso. Deus nos criou para vivermos no centro do universo.

O homem moderno não quer lidar com o mal. Tudo é politicamente correto, desde que estejamos bem: "Se eu estou satisfeito, o mundo que afunde." Essa atitude pode prevalecer em nossos corações, mesmo que conheçamos a Deus! (lembra Jonas?) Não pode ser assim.

Sabemos que tudo gira em torno de Deus e que Ele nos criou para sermos imensamente felizes, olhando para Ele. Tornamo-nos deuses quando queremos que tudo e todos nos reverenciem, até mesmo em detalhes.

Se isso acontece, a nossa vida deixa de ter sentido. Redirecionemos os nossos olhos para a meta; o Senhor Jesus, para Ele retirar o que é excedente! Assim poderemos recomeçar!

LEITURA DE HOJE
2 Crônicas 5-6
Ezequiel 19

ORAÇÃO
Pai, ensina-me a perceber se há algo ou alguém me destruindo. Ensina-me a me corrigir quando estiver errado.

Redirecionemos os nossos olhos para a meta; o Senhor Jesus.

Estou cansado!

Na temporada 90-91 na *NBA*, o jogador Lionel Simmons não pôde jogar dois jogos do campeonato de basquete, porque tinha tendinite em dois dedos, pelas horas de *video games*. Qualquer um admitiria deixar de jogar por uma lesão ou cansaço, mas por tendinite?

Às vezes, estamos cansados, e o nosso corpo sofre. Mas o cansaço não é apenas físico: as emoções, os sentimentos, os nervos, nossos pensamentos também podem nos ajudar ou esgotar ainda mais. Precisamos lembrar de detalhes importantes. Podemos aplicar isso em qualquer situação; no esporte também! Nossa mente nos influencia mais do que pensamos. Se estamos focados em problemas, situações difíceis, impossibilidades, crise, etc., acabamos levando isso dentro de nós, e nos cansaremos mais do que o normal.

O que temos em mente acaba nos dominando. Cansa mais aquilo que nos aborrece. Quando nos divertimos não sentimos o cansaço. Se pensamos apenas em nós mesmos, nos cansamos mais rápido. O trabalho em equipe nos ajuda a superar o cansaço. Uma pessoa que só pensa em como será afetada pelo que acontece ao redor, se cansa mais rápido.

Quem se julga inferior, se cansa mais rapidamente. Quem vive ou joga com medo, se cansa antes do que aquele que se julga vencedor. Quem teme o que vai acontecer, já está cansado de antemão. Quem se preocupa, vive cansado e o nervosismo causa fadiga. Precisamos aprender a descansar em Deus e não sermos dominados por problemas.

A culpa também produz cansaço. Se tivermos feito algo errado, o nosso corpo sofre sem a paz. As atitudes ruins nos derrotam. Os que se preocupam com o que os outros dizem, vivem cansados tentando agradar a todos!

A indecisão nos cansa: é melhor tomar uma decisão, mesmo que não seja a melhor, do que durante semanas duvidarmos se o que fazemos vale a pena ou não. Quem duvida se cansa sempre. Os que seguem em frente e se corrigem encontram forças para não desistir.

A vitória sobre o cansaço vem da fé: "Mas nós temos a esperança de que Deus nos aceitará, e é isso o que esperamos pelo poder do Espírito de Deus, que age por meio da nossa fé" (Gálatas 5:5).

LEITURA DE HOJE
2 Crônicas 7–8
Ezequiel 20

ORAÇÃO
Senhor Deus Todo-Poderoso, ajuda-me porque estou cansado. Venho ao Senhor, pois sei que restaurarás a minha vida.

A vitória sobre o cansaço vem da fé.

7 de outubro

Bilhões

Na última temporada de Scottie Pippen na *NBA*, o salário dele era de mais de 12 milhões de dólares anuais. A vida financeira dele estava resolvida, e me surpreendi com suas declarações a uma revista de esportes. Quando começo um jogo e vejo na tribuna Paul Allen, cofundador da Microsoft, com fortuna de 40 bilhões de dólares, quero conseguir custe o que custar um bilhão de dólares.

Qual é o seu objetivo na vida? Ter bilhões? Vencer campeonatos? Fazer o melhor possível? Deixar uma marca em alguém? As decisões mais importantes que tomamos refletem os objetivos das nossas vidas. Como dedicaremos o nosso tempo, força e coração? Que preço pagaremos?

Paulo escreve sobre o que pode estar no coração de muitas pessoas: "As coisas que a natureza humana produz são [...] a imoralidade sexual, a impureza, as ações indecentes, a adoração de ídolos, as feitiçarias, as inimizades, as brigas, as ciumeiras, os acessos de raiva, a ambição egoísta, a desunião, as divisões, as invejas, as bebedeiras, as farras e outras coisas parecidas com essas. [...] os que fazem essas coisas não receberão o Reino de Deus" (Gálatas 5:19-21). É assim que vivemos? Se for, pagaremos as consequências! Não nos livraremos nem nesta vida nem na outra!

O nosso objetivo é demonstrar o fruto do Espírito Santo: "o amor, a alegria, a paz, a paciência, a delicadeza,…" (Gálatas 5:22-23). Talvez uns pensem que a vida assim não vale a pena. Lembre-se das consequências de viver com um coração afastado de Deus: inveja, ansiedade, solidão, amargura, falta de perdão, pensamentos ruins, frustração… Se o mais importante na sua vida é ter "bilhões" você perde a alegria e a paz da vida espiritual. Não há satisfação nos objetivos materiais, eles não trazem a paz de espírito.

Há muitos milionários, mas o seu impacto na sociedade é nulo. Fazem a diferença os que demonstram amor, alegria, paz, paciência… Sempre existiram pessoas com muito dinheiro, mas após suas mortes, todos as esquecem. O nosso mundo não é melhor pelo que fizeram, nem suas vidas foram melhores por causa do que conseguiram.

O Espírito de Deus pode modificar a sua vida. Não importa o que você tenha, ou seja. Não só os outros lhe agradecerão, você mesmo será o primeiro a agradecer a Deus. Ao darmos a Deus o lugar de honra em nossa vida, a satisfação é eterna.

LEITURA DE HOJE
2 Crônicas 9–10
Ezequiel 21

ORAÇÃO
Pai, quero dar a ti o que eu tenho e ajudar os outros como tu fazes.

Há muitos milionários no mundo, mas o impacto que causam na sociedade é quase nulo.

Heróis

O jogador de futebol Raúl detém todos os recordes de jogos no *Real Madrid* e é o maior artilheiro também na *Liga dos Campeões*. Ele sempre foi um exemplo na vida esportiva e familiar: um herói completo.

Os meios de comunicação contam a vida dos heróis modernos. Muitos são admirados por suas realizações nas áreas: social, esportiva, artística, científica... Se algo que alguém faz é digno de admiração, merece o nosso respeito e reconhecimento.

Muitos heróis são formados e sobrevivem sem nenhum fato digno de ser noticiado. Chegam à fama por qualquer motivo. Muitos são fabricantes de sonhos impossíveis, outros estão lá por dinheiro ou poder. Infelizmente, muito poucos podem ser admirados, pois poucos se preocupam em amar e ajudar a sua própria família.

Mais e mais pessoas vivem como se os seus heróis mandassem, não se importam por não ter valores absolutos, muitos famosos saltam ao estrelato em questão de segundos. Se a pessoa admirada continuar na mídia por muito tempo, ela mesma tende a reconsiderar o seu papel e cai na frustração ou no pedantismo mais sublime. Só em poucos casos reconhecem a loucura da sociedade.

Muitos heróis não sabem qual é o seu papel na vida. Poucos têm valores éticos, muitos chegaram ao topo sem qualquer preparação espiritual. Estão lá, pois são famosos. Não lhes peça que sejam coerentes, pois não são os únicos culpados de estarem ali e dizer o que dizem. O mundo admira cada vez mais a maquiagem, músculos e silicone, física e mentalmente.

Criamos heróis até na vida espiritual. Aprendemos a depender de líderes das igrejas, imitando-lhes o vestir, a forma de falar, sem nos importarmos se estão perto do Senhor. Apreciamos as grandes atuações, os títulos, as supostas manifestações de poder, os milhares de seguidores, a aparência espiritual, a situação econômica e as missões que ultrapassam as fronteiras tão rapidamente quanto possível.

E encantados, deixamos de amar Jesus, aquele que veio para servir e não para ser servido. Não nos esqueçamos das características dos heróis da fé: "Mas o Espírito de Deus produz o amor, a alegria, a paz, a paciência, a delicadeza, a bondade, a fidelidade, a humildade e o domínio próprio. E contra essas coisas não existe lei" (Gálatas 5:22-23).

LEITURA DE HOJE
2 Crônicas 11-12
Ezequiel 22

ORAÇÃO
Senhor Jesus, meu herói é o Senhor, és a Luz da minha vida, és todo o meu ser!

Somente Jesus é o nosso maior e eterno herói!

9 de outubro

Que sorte eu tenho!

O impacto na mídia foi impressionante. A imagem de um jogador de futebol de um dos melhores times, ajoelhado no campo orando e agradecendo a Deus por esse momento, rodou o mundo. O jogador de futebol era Geovanni, contratado pelo *Barcelona F.C.*, agradecendo a Deus naquele dia, pouco depois de ser apresentado no clube. Mais tarde, jogaria também em Portugal, na Inglaterra e no Brasil, sempre com o mesmo compromisso público com o Senhor Jesus.

Paulo escreveu a carta aos Efésios, e dizem que ela foi dirigida à igreja em Éfeso e também como carta circular lida em todas as outras igrejas cristãs durante o primeiro século.

Ele repete a expressão "em Cristo" várias vezes e esta é o motivo de toda a argumentação. Como se o Espírito de Deus quisesse deixar claro que tudo que somos e temos, é em Cristo. Os segredos da mente de Deus e da fundamentação do evangelho estão no Salvador. Nossa vida nada seria sem Ele. Leia com atenção todas as ocorrências "em Cristo" e você se surpreenderá com o que Deus lhe dá no Senhor.

Nele, temos nova vida, e a herança da vida eterna. Para os judeus essa vida era um presente de Deus, um dom divino. Eles usavam a palavra "sorte" para isso. Ainda assim, poderíamos exclamar: Que sorte eu tenho! Porque conhecer ao Senhor Jesus é muito melhor do que todos os milhões de um bom contrato pelo nosso trabalho ou qualquer sorte que possamos imaginar. Em Cristo, temos tudo. Somos os filhos do Rei do Universo e isso é incomparável. Portanto, louvemos a Deus pela sua gloriosa graça, que ele nos deu gratuitamente por meio do seu querido Filho. "Pois, pela morte de Cristo na cruz, nós somos libertados, isto é, os nossos pecados são perdoados. Como é maravilhosa a graça de Deus" (Efésios 1:6-7). Deus nos deu em Cristo as riquezas do Seu amor. Podemos falar-lhe em qualquer momento e sabemos que nos ouve e responde. O novo céu e nova terra serão a herança que temos em Cristo, somos feitos para desfrutar dessa vida vitoriosa!

Muitos crentes têm vidas atoladas no que é mundano e Deus quer que voemos como águias! Nunca devemos esquecer quem somos em Cristo. A nossa vida é diferente quando sabemos onde estamos e o que Deus tem reservado para nós. Nele há sentido em tudo.

LEITURA DE HOJE
2 Crônicas 13–14
Ezequiel 23

ORAÇÃO
Amo muito ao Senhor, e preciso muito de ti.

Jamais devemos nos esquecer de quem somos em Cristo.

Honrar ao Senhor

10 de outubro

No final do campeonato europeu de basquete Fred House se ajoelhou junto a Hoskin, do time adversário e juntos agradeceram o cuidado de Deus. Um dia se ganha e outro se perde, mas para a imprensa o mais importante foi ver os dois agradecendo a Deus pela oportunidade de jogar e honrar o Senhor.

O mais importante em nossa vida não é o que somos. Deus quer que nos esforcemos em nosso trabalho para fazer o melhor possível, mas nunca devemos ficar aflitos para ganhar. A maioria das pessoas se preocupa com o que tem; o importante é o que somos, o que permanece por toda a eternidade, o que temos em Cristo. Veja o que o apóstolo Paulo escreveu aos Efésios:

"Agradeçamos ao Deus e Pai do nosso Senhor Jesus Cristo, pois ele nos tem abençoado por estarmos unidos com Cristo, dando-nos todos os dons espirituais do mundo celestial" (1:3).

"Peço que Deus abra a mente de vocês para que vejam a luz dele e conheçam a esperança para a qual ele os chamou…" (1:18.)

"Pois pela graça de Deus vocês são salvos por meio da fé. Isso não vem de vocês, mas é um presente dado por Deus. A salvação não é o resultado dos esforços de vocês; portanto, ninguém pode se orgulhar de tê-la. Pois foi Deus quem nos fez o que somos agora; em nossa união com Cristo Jesus, ele nos criou para que fizéssemos as boas obras que ele já havia preparado para nós" (2:8-10).

"… por meio da nossa fé nele, nós temos a coragem de nos apresentarmos na presença de Deus com toda a confiança" (3:11-12).

"E agora, que a glória seja dada a Deus, o qual, por meio do seu poder que age em nós, pode fazer muito mais do que nós pedimos ou até pensamos! (3:20).

"Pelo contrário, sejam bons e atenciosos uns para com os outros. E perdoem uns aos outros, assim como Deus, por meio de Cristo, perdoou vocês" (4:32).

"Não se embriaguem, pois a bebida levará vocês à desgraça; mas encham-se do Espírito de Deus. Animem uns aos outros com salmos, hinos e canções espirituais. Cantem, de todo o coração, hinos e salmos ao Senhor…" (5:18-20).

"… tornem-se cada vez mais fortes, vivendo unidos com o Senhor e recebendo a força do seu grande poder. Vistam-se com toda a armadura que Deus dá a vocês, para ficarem firmes contra as armadilhas do Diabo" (6:10-11).

"Façam tudo isso orando a Deus e pedindo a ajuda dele. […]. Fiquem alertas… " (6:18).

Pela graça de Deus há salvação em Jesus por meio da fé.

LEITURA DE HOJE
2 Crônicas 15-16
Ezequiel 24

ORAÇÃO
Pai que és santo, quero viver para sempre em Cristo. Sei que tu me destes a vida eterna por meio dele.

11 de outubro

A família está bem!

Num sábado ao meio-dia, eu assistia um jogo da Primeira Liga quando o câmera enfocou um cartaz em que se lia: *Manchester United*, filhos, esposa, nessa ordem." Pensei imediatamente, "É assim que acontece..."

Estamos distorcendo completamente o plano de Deus para as nossas vidas e para a sociedade. Não surpreende que a destruição da família nos países desenvolvidos atinja níveis tão elevados. Neste momento, apenas quatro em cada dez crianças menores de 15 anos vivem com pai e mãe.

A família tradicional está quase desaparecendo e hoje, uma minoria segue o modelo perfeito que Deus criou. Os meios de comunicação convenceram muitos de que existem novas dimensões do amor, e que você pode amar e usar qualquer pessoa, sem preocupar-se com as consequências. O amor exclusivamente sexual tomou conta da maioria da população, e muitos ignoram as consequências da infidelidade em busca do próprio prazer. As doenças venéreas, as gravidezes indesejadas, a desilusão, a solidão, o ódio, o abuso, a violência de gênero e o egoísmo total destruíram mais vidas nos últimos anos do que qualquer guerra ou epidemia.

As TVs e computadores sempre ligado se espalharam pelo mundo, e as famílias já não se falam ou trocam experiências. A vida familiar se reduz a espectadores atordoados vendo a vida dos outros desfilar à sua frente, enquanto a sua própria vai-se pouco a pouco. Os eletrônicos ocupam todos os espaços na casa. Assim, cada um pode viver em seu "mundo". Surpreende que as pessoas não se amem nem se entendam? Parece incrível que muitos preferem o seu time de futebol ou o programa favorito à sua esposa/marido e aos próprios filhos? Veja o que a Bíblia diz:

"Não se embriaguem, pois a bebida levará vocês à desgraça; mas encham-se do Espírito de Deus. Animem uns aos outros com salmos, hinos e canções espirituais. Cantem, de todo o coração, hinos e salmos ao Senhor. Em nome do nosso Senhor Jesus Cristo, agradeçam sempre todas as coisas a Deus, o Pai. Sejam obedientes uns aos outros, pelo respeito que têm por Cristo. Esposa, obedeça ao seu marido, como você obedece ao Senhor. Pois o marido tem autoridade sobre a esposa, assim como Cristo tem autoridade sobre a Igreja. E o próprio Cristo é o Salvador da Igreja, que é o seu corpo..." (Efésios 5:18-20).

LEITURA DE HOJE
2 Crônicas 17–18
Ezequiel 25

ORAÇÃO
Pai que estás no céu, ajuda-me a amar e a cuidar da minha família...

As relações familiares também devem agradar a Deus.

Um grande time

12 de outubro

Em 1966, a Coreia jogou contra Portugal no Mundial da Inglaterra. A Itália precisava do empate para ir às finais contra Portugal, mas a Coreia ganhou o jogo com uma seleção amadora. Ninguém esperava isso, e os dirigentes coreanos tinham cancelado as passagens para disputar as quartas de final! Sem reservas de hotel, dormiram nas dependências de uma igreja. Estavam prestes a eliminar Portugal e chegar às semifinais. Eram grandes jogadores, e formavam uma verdadeira equipe. Veja algumas situações impossíveis num time:

Apenas um joga, os outros dez olham o que o outro faz. Conversam e se animam entre eles. Pensam que o "seu time é o melhor e que estando juntos se divertem" etc. Discutem sobre a cor da camisa, a hora do jogo, o local, os companheiros...

Preocupam-se muito com a vida de cada jogador e se alguém não gosta de jogar. Chegam a afirmar: "Não volto a jogar se não mudarmos o goleiro..."

Não se importam com as regras do jogo; tocam na bola com as mãos, enganam amigos e inimigos, estão fora de forma...

Fazem o que querem e como querem. São egoístas, não se importam com as decisões de outros. "Quero ter a bola comigo", São especialistas nos defeitos alheios.

"Hoje não tenho vontade de jogar, não me sinto muito bem, não vou correr muito." "Enquanto não mudarem os dirigentes do time, não farei nada." "Enquanto não mudarem os jogadores..." "Jogamos desta maneira toda a vida, e vamos continuar assim, mesmo perdendo."

Você acha que um time assim ganharia algum jogo? Nem o deixariam competir! Por que, então, nós nos comportamos assim na igreja? Podemos passar anos com essas atitudes, e, nos julgarmos as pessoas mais espirituais do mundo!

A Bíblia diz que: "...não estamos lutando contra seres humanos, mas contra as forças espirituais do mal que vivem nas alturas, isto é, os governos, as autoridades e os poderes que dominam completamente este mundo de escuridão" (Efésios 6:12). Falamos sobre viver sob a vontade de Deus e lutar contra o mal, a nossa missão é resgatar as pessoas que estão perdidas! Deus nos confiou o ministério da reconciliação! Estamos aqui para refletir a glória de Deus na terra, e nos entretemos com coisas menores enquanto milhares de pessoas morrem? Preocupamo-nos com as nossas disputas tolas, enquanto o mundo espera que reflitamos a luz de Cristo?

LEITURA DE HOJE
2 Crônicas 19–20
Ezequiel 26

ORAÇÃO
Senhor Jesus, muito obrigado por me fazeres parte de Teu corpo, que é a igreja. Ajuda-me a amar os meus irmãos como tu me amas.

Estamos aqui para refletir a glória de Deus.

13 de outubro

Pare de se preocupar!

Kevin Johnson, 1,85 m, foi um jogador genial da NBA. Várias vezes "All Star", enterrou muitas bolas em cestas rivais em grandes saltos. Kevin sempre brincou falando sobre os "pequenos detalhes de um jogo." Além do basquete, Kevin sempre ajudou aos jovens por meio de sua fundação chamada "Esperança".

Acho que você já descobriu que ganhar troféus não é tudo na vida. Muitas vezes, o que importa é se divertir mesmo quando não podemos vencer. A carta de Paulo à igreja em Filipos foi escrita quando o apóstolo estava preso e não podia sair da prisão. Eram os últimos anos de sua vida, e aparentemente as circunstâncias não traziam muitas expectativas de que as coisas mudariam em breve. Para acrescentar ainda mais dor a uma das principais pessoas na história do primeiro século, alguns tinham começado uma guerra privada contra ele, espalhando mentiras e pregando o evangelho de Jesus de maneira falsa e interesseira. Paulo, aparentemente, nada podia fazer e tudo parecia perdido, mas se você ler a carta aos Filipenses com calma, notará que Paulo escreve alguns dos capítulos mais cheios de alegria e felicidade de toda a Bíblia.

Nesta carta o Espírito de Deus nos ensina que não devemos nos preocupar com o que os outros fazem ou dizem, nem com as circunstâncias, com portas que se fecham, com falta de dinheiro. Não devemos nos preocupar com nada!

A vida de um filho de Deus brilha quando a alegria supera as circunstâncias. Deus quer nos ensinar que o aqui é temporário e tem a ver com as circunstâncias, mas o que há dentro dos nossos corações se projeta à eternidade. As preocupações pelo que é material duram poucos meses, a vida eterna é apenas isso, eterna. A Bíblia diz: "...entregando a elas a mensagem da vida. Se agirem assim, eu terei motivo de sentir orgulho de vocês no Dia de Cristo, pois isso mostrará que todo o meu esforço e todo o meu trabalho não foram inúteis" (Filipenses 2:16). Quando vemos tudo sob perspectiva, reconhecemos que não trabalhamos em vão. O que está na terra é temporário e tem data de validade, nós também temos! Quando descansamos em Deus, temos importância eterna.

O dia em que o Senhor voltar, todas as nossas preocupações nos parecerão sem sentido.

LEITURA DE HOJE
2 Crônicas 21–22
Ezequiel 27

ORAÇÃO
Pai amado, sei que sempre cuidas de mim. Descanso em ti.

Quando descansamos em Deus, temos importância eterna.

Deus nunca erra

14 de outubro

O caso do jogador de futebol do *Celta de Vigo*, Giovanella, rodou o mundo. Acusado de um *doping* que ninguém viu, ele foi obrigado a ficar sem jogar por dois anos, embora os números dos frascos que supostamente continham sua amostra estivessem errados e o laboratório destruído as "provas" antes do final do processo de apelação. Apesar disso, Giovanella continuou a confiar em Deus e descansou em Sua justiça. Dois anos mais tarde, com 37 anos, jogando na terceira divisão disse aos jornalistas do "El País: "Hoje só o dinheiro e as coisas materiais servem. A justiça parece não ter valor algum. O que importa é o dinheiro."

O apóstolo Paulo também foi acusado injustamente, foi preso e passou por necessidades econômicas. Sua confiança estava no reto Juiz, o Rei dos reis e Senhor dos senhores. Os juízes nesta terra podem errar, mas Deus nunca erra. "Sei o que é estar necessitado e sei também o que é ter mais do que é preciso. Aprendi o segredo de me sentir contente em todo lugar e em qualquer situação, quer esteja alimentado ou com fome, quer tenha muito ou tenha pouco. Com a força que Cristo me dá, posso enfrentar qualquer situação" (Filipenses 4:12-13).

Vale a pena ler a carta escrita aos filipenses. Você encontrará tesouros escondidos ali:

"... Cristo está sendo anunciado, seja por maus ou por bons motivos. Por isso estou alegre e vou continuar assim" (1:18).

"Pois para mim viver é Cristo, e morrer é lucro" (1:21).

"...para que, em homenagem ao nome de Jesus, todas as criaturas no céu, na terra e no mundo dos mortos, caiam de joelhos e declarem abertamente que Jesus Cristo é o Senhor, para a glória de Deus, o Pai" (2:10-11).

"... sejam alegres por estarem unidos com o Senhor. Não me aborreço de escrever, repetindo o que já escrevi, pois isso contribuirá para a segurança de vocês" (3:1).

"Não estou querendo dizer que já consegui tudo o que quero ou que já fiquei perfeito, mas continuo a correr para conquistar o prêmio, pois para isso já fui conquistado por Cristo Jesus" (3:12).

"...estamos esperando ansiosamente o nosso Salvador, o Senhor Jesus Cristo, que virá de lá" (3:20).

"... em todas as orações peçam a Deus o que vocês precisam e orem sempre com o coração agradecido. E a paz de Deus, que ninguém consegue entender, guardará o coração e a mente de vocês..." (4:6-7).

LEITURA DE HOJE
2 Crônicas 23-24
Ezequiel 28

ORAÇÃO
Senhor Jesus, sei que tenho força para tudo, porque o Senhor coloca o Teu poder em minha vida.

Deus nunca comete um erro.

15 de outubro

Vencer o último jogo

Todos os fãs de esportes sabem quem é Rafael Nadal, mas não os seus limites. Com 25 anos (2011) é um dos melhores. Venceu o Roland Garros seis vezes, Wimbledon duas, e o Aberto dos EUA, da Austrália, e a Copa Davis. Mais de 20 vitórias em torneios *Grand Slam*.

Ele encarna uma das características mais definitivas do tênis: ganhar o último ponto. Não importa como está o placar, quem vence o último ponto é "o cara". Em outros esportes, você pode ter vantagem em gols ou pontos e mantê-la, mas o tênis força você a ser o melhor até o final do jogo. As coisas não são como começam, mas como terminam. Assim é a vida. Você já pensou?

Alguns passam seus dias olhando para trás. Lamentam-se pelo que fizeram ou não. se alegram pelo que conseguiram e se permitem viver. Tudo o que nos aconteceu não terá influência sobre nós, se colocarmos a nossa vida nas mãos de Deus. Se for bom, temos de aprender a agradecer. Se for ruim, devemos pedir sabedoria a Deus para entender em que falhamos.

O importante é recomeçar. Este é o momento que Deus nos dá, você pode viver de maneira diferente, não importa se parecer que está perdendo ou não tem forças para prosseguir, porque o importante é o passo seguinte. Não desanime, prossiga, pense que é importante chegar ao último momento, à última bola, ao último ponto. Lembre-se de que o que faz a diferença é ser fiel até o fim.

Embora esse momento possa estar distante, o que acontecerá quando a minha vida terminar? Vitória? Derrota? Um dia baixará o telão do filme da nossa vida, tudo que fomos e fizemos.

Há alguém que permanece até o fim! Jesus é o único que pode transformar esse último momento sombrio para muitos em grito de vitória: A Bíblia afirma: "...estou certo de que Deus, que começou esse bom trabalho na vida de vocês, vai continuá-lo até que ele esteja completo no Dia de Cristo Jesus" (Filipenses 1:6). Deus o ajuda a olhar mais adiante e dá as forças para você encerrar sua vida com vitória. Ele não o abandonará jamais. Quando o fim chegar, Ele o levará ao lugar onde Ele vive, à casa que preparou para você, com muitas pessoas que você ama e chegaram lá antes... Mas, acima de tudo, é ali que estaremos com Ele para sempre.

LEITURA DE HOJE
2 Crônicas 25-26
Ezequiel 29

ORAÇÃO
Senhor Deus Todo-Poderoso, obrigado por não me abandonares. Quero ser fiel a ti até o último momento da minha vida.

Lembre-se de que o que faz a diferença é ser fiel até o fim.

Sucesso ou fracasso

16 de outubro

Escrevo para você hoje sobre algo que não pude ver com os meus próprios olhos, mas um amigo me disse que numa das portas do vestuário do *Manchester United* há um cartaz que diz:

"**6 Regras básicas para o trabalho em equipe**"
As 6 palavras mais importantes: "Eu admito que cometi um erro."
As 5 palavras mais importantes: "Você fez um bom trabalho."
As 4 palavras mais importantes: "Qual é sua opinião?"
As 3 palavras mais importantes: "Se você acha."
As 2 palavras mais importantes: "Muito obrigado."
A única mais importante: "Nós"
A menos importante: "Eu"

Todos nós deveríamos anotar isso. Vivemos obcecados pela vitória pessoal e pelo que conseguimos em cada uma delas. Poucos atletas se identificam como bons jogadores de equipe. Às vezes, parece que a maioria das pessoas se preocupa apenas com o que pode fazer ou ganhar. Esquecem-se de que um só jogador não pode vencer uma competição por equipes.

Esquecemos que o sucesso e o fracasso são apenas dois impostores: nenhum deve controlar as nossas vidas, se não quisermos perder de vista o que é importante. São circunstanciais e momentâneos. Permanecem na memória poucos dias, até que haja um novo desafio.

O que conta é a atitude, a motivação, a razão pela qual fazemos o que fazemos e o que está em nossos corações para nos motivar. Vencem os que se preocupam em fazer benfeito. Os verdadeiros vencedores são os que se comprometem mil vezes no desafio de dar tudo a cada dia, a cada momento, em cada luta.

Aparentemente, a vida de Jesus foi um fracasso: Ele nunca saiu de seu país, não deixou nada escrito, seus familiares não acreditavam nele, e os líderes religiosos o levaram à morte. Mas Ele fez a vontade do Pai e concedeu amor e graça a todos ao Seu redor. Ele é o maior vencedor da história. Muitos dos primeiros cristãos entregaram as suas vidas como mártires por causa do amor ao evangelho. Milhares ainda hoje se entregam para servir em países onde não há liberdade de consciência. Aparentemente, as suas vidas não têm sentido, são um fracasso, mas Deus e a história os declaram vencedores.

O mundo julga os sucessos e fracassos à luz da publicidade e glória momentânea. Deus vê tudo à luz da eternidade.

LEITURA DE HOJE
2 Crônicas 27-28
Ezequiel 30

ORAÇÃO
Senhor Jesus, quero ser como o Senhor. Ajuda-me a seguir-te. Obrigado por me fazeres um vencedor.

A verdadeira glória tem muito mais a ver com o coletivo do que com o individual.

17 de outubro

Se tem que ir, vá embora

Durante o Campeonato Europeu de seleções de futebol em 1990, a Dinamarca venceu o campeonato, sem estar entre as 16 melhores seleções. A Iugoslávia foi desclassificada por problemas de guerra, portanto, o segundo do grupo foi chamado para ocupar seu lugar. Os jogadores dinamarqueses estavam em férias, e voltaram para tornaram-se campeões! Um jogador dinamarquês teve que abandonar a concentração de sua seleção em duas ocasiões para visitar sua filha gravemente doente, demonstrando um compromisso extraordinário.

Compromisso é uma palavra raramente usada hoje em dia, e significa a honra de defender e viver por aquilo que acreditamos ser justo e necessário. Por isso, as palavras de Paulo à igreja em Filipos parecem tão difíceis de aplicar: "...Continuem trabalhando com respeito e temor a Deus para completar a salvação de vocês. Pois Deus está sempre agindo em vocês para que obedeçam à vontade dele, tanto no pensamento como nas ações..." (Filipenses 2:12-13).

Não se preocupe com nada, exceto com o que Jesus tem preparado para cada um. Saber que a nossa vida depende dele e que tudo o que fazemos: jogar, trabalhar, estudar, divertir-se, enfrentar desafios... Ele nos dá a força para tudo isso. Ele é parte essencial de tudo o que fazemos, pensamos e somos. Paulo escreveu: "Para mim o viver é Cristo". Busquemos a vontade do Pai e que as nossas vidas sejam cheias do Seu Espírito para entendermos quem somos e por que Ele nos fez.

A nossa vida tem sentido quando vivemos com o propósito para o qual fomos criados, quando a nossa vontade e desejos são identificados com os de Deus. Ele nos criou como somos e nos dá poder para vivermos cada dia sendo como somos e nos parecendo mais com o Senhor! A melhor maneira de honrarmos a Deus é vivermos como somos diante dele.

Lutamos para nos tornarmos quem devemos ser. Não somos perfeitos, mas continuamos com os nossos olhos na meta, no Senhor Jesus. Olhamos à frente, embora já tenhamos alcançado muitos dos nossos objetivos na vida. A aventura da vida cristã jamais termina, sempre temos novos desafios pela frente, nunca caímos no tédio! Há sempre algo novo para conquistar! Cristo é tudo em nossas vidas. Comprometemo-nos com Deus porque essa é a única maneira de entender quem somos e por que vivemos.

LEITURA DE HOJE
2 Crônicas 29–30
Ezequiel 31

ORAÇÃO
Senhor Deus Todo-Poderoso, obrigado por mudares minha vida. Quero lutar pelo Senhor! Comprometo-me com o Senhor e Tua obra.

Não cairemos no tédio! Há sempre algo novo para conquistar!

Não tem problema!

A série de TV chamada "O jogo do século", expôs as histórias dos onze melhores jogadores europeus e norte-americanos. Um deles, o alemão Breitner, campeão do mundo em 1974. Breitner tinha chegado ao clube em 1970 e jogava no meio-campo. Os dois laterais esquerdo sofreram lesões, e o treinador lhe pediu para assumir aquela posição. Ele o fez e tornou-se o melhor do mundo naquela posição!

Fazer bem o nosso trabalho é uma dádiva de Deus, pois Ele faz tudo muito bem. O desejo de fazermos algo com perfeição não é ruim. Em qualquer coisa que façamos, Deus quer que busquemos a excelência. Deus é perfeito, nós não o somos. Ele vive na perfeição, nós devemos buscar a excelência.

Os nossos problemas surgem quando queremos competir apenas para fazer algo melhor do que o outro, tendo o orgulho como única motivação. Essa é a porta de entrada para a arrogância e vaidade. Se queremos que os outros nos considerem melhores e superiores demonstramos um comportamento pecaminoso.

O problema não está na "concorrência", mas em nós mesmos. Cada um deve lutar por suas metas: "Não estou querendo dizer que já consegui tudo o que quero ou que já fiquei perfeito, mas continuo a correr para conquistar o prêmio, pois para isso já fui conquistado por Cristo Jesus" (Filipenses 3:12). Paulo ao final de sua vida usou os desportos para ilustrar a sua luta para ficar cada vez mais perto do Senhor. Ele competia consigo mesmo! Não se preocupava com o que os outros pudessem fazer. Não se considerava melhor do que os outros, mas queria aproximar-se de Jesus, para se tornar o mais parecido possível com Ele. Para Paulo, a perfeição só valia a pena como um objetivo, se nela estivesse o Senhor!

Quando queremos fazer tudo da maneira certa, refletimos o caráter de Deus. Às vezes, as ações e decisões de cada dia são as que mais nos desonram, e desonram ao Senhor: Não ser agradecido, não ter palavra, enganar, não terminar o trabalho, esconder, dar mais importância às coisas do que às pessoas, preocuparmo-nos mais com nossa agenda do que com os que amamos, trabalhar para o Senhor apenas por dinheiro... Não sei se nos damos conta ou não, mas agindo assim ferimos a imagem de Deus diante dos outros. Se agradar o Senhor é o nosso objetivo, a Sua vontade será sempre a nossa maior prioridade.

18 de outubro

LEITURA DE HOJE
2 Crônicas 31–32
Ezequiel 32

ORAÇÃO
Senhor Jesus, os meus olhos estão postos em ti. Não quero viver de outra maneira.

Quando queremos fazer tudo da maneira certa, refletimos o caráter de Deus.

19 de outubro

Velhos?

Valtinho, ex-jogador do *Barcelona* e Valdo, ex-jogador de futebol do *Lobelle Santiago* foram grandes nomes nas melhores ligas de futsal do mundo, mas isso não os impede de continuar a jogar e ajudar os outros que precisam. Eles são indispensáveis na tarefa de ensinar os mais jovens, ambos são cristãos e isso é inestimável para os jovens.

As pessoas com mais idade são imprescindíveis. Na verdade, poderíamos dizer que todos nós precisamos que os anos passem para irmos aprendendo o que é realmente importante. O escritor Ernest Hemingway disse numa coletiva de imprensa: "São necessários dois anos para aprender a falar e 60 para aprender a calar a boca. Tantas vezes a sabedoria acompanha a melhor idade. Veja esta mensagem aos idosos:

- Atores velhos nunca morrem, apenas perdem o seu personagem.
- Antropólogos velhos nunca morrem, viram história.
- Astronautas velhos nunca morrem, partem para outro mundo.
- Banqueiros velhos nunca morrem, apenas perdem os juros.
- Compositores velhos nunca morrem, apenas se decompõem.
- Reitores velhos nunca morrem, apenas perdem as suas faculdades.
- Ambientalistas velhos nunca morrem, apenas são reciclados.
- Eletricistas velhos nunca morrem, apenas perdem o contato.
- Homens velhos do tempo nunca morrem, apenas o tempo deixa de ser importante para eles.
- Mágicos velhos nunca morrem, apenas desaparecem.
- Químicos velhos nunca morrem, apenas se desintegram.
- Matemáticos velhos nunca morrem, apenas perdem algumas de suas funções.
- Idosos nunca morrem, apenas deixam de reagir.
- Relojoeiros velhos nunca morrem, apenas o seu tempo acabou.

Lembre-se do que o apóstolo Paulo escreveu nos últimos anos de sua vida: "Corro direto para a linha de chegada a fim de conseguir o prêmio da vitória. Esse prêmio é a nova vida para a qual Deus me chamou por meio de Cristo Jesus" (Filipenses 3:14). Ele nunca pensou que era velho, apenas continuou correndo até chegar ao fim.

Portanto, é nossa tarefa respeitar os mais idosos, e pedir sabedoria para aprender o que é importante na vida. Antes que o tempo se acabe.

LEITURA DE HOJE
2 Crônicas 33–34
Ezequiel 33

ORAÇÃO
Pai, obrigado pela vida que me destes e por tudo o que me permitistes viver!

Devemos pedir sabedoria a Deus para aprender o que é importante na vida.

Disposto a dar tudo!

20 de outubro

Leo Messi começou no time mirim do *Barcelona F.C.* Desde o início, foi o principal jogador no time. Numa entrada dura, sofreu uma fratura do pômulo do rosto. Na semana anterior a final da Copa do Rei. Os médicos recomendaram quinze dias sem jogar, Messi conseguiu uma máscara facial e jogou assim. Antes de começar o jogo, ele tirou a máscara, dizendo: "não vejo nada". No primeiro tempo, o time vencia por 3-0 e todos o convenceram a não jogar o segundo tempo. Venceram por 4 a 1.

Ficamos impressionados com fatos assim, mas não esqueçamos que a capacidade de fazer algo que parece impossível vive dentro de nós. Não precisamos ser pessoas extraordinárias nem estrelas. Grandes mudanças de vidas ocorreram a homens e mulheres absolutamente normais. Todos encontraram forças para defender o que acreditavam, lutaram pelo que valia a pena. Esta transcendência vive em todos os corações de todas as pessoas no mundo. Somos heróis feitos para viver ou fazer o que parece impossível, depende do que acreditamos ser importante. Por qual motivo você empenharia sua vida para conseguir o que parece impossível?

Algumas respostas podem ter algo concreto, um objetivo mensurável: lutar contra a fome, o racismo, a incompreensão, ajudar os solitários e necessitados, os que sofrem... Outros motivos podem nos levar a viver de maneira diferente: ter paz com Deus, com nós mesmos e com os outros. Todas as respostas são perfeitamente válidas. A luta pelo impossível faz a vida ser melhor para todos. É uma luta impossível, porque nunca chegaremos à perfeição. Mas a batalha vale a pena, uma luta para a qual devemos nos esforçar, porque a cada passo que damos, conseguimos que a vida seja mais parecida com a vida que Deus quer.

A Bíblia nos ensina: "Tenham sempre alegria, unidos com o Senhor! Repito: tenham alegria! Sejam amáveis com todos. O Senhor virá logo. Não se preocupem com nada, mas em todas as orações peçam a Deus o que vocês precisam e orem sempre com o coração agradecido. E a paz de Deus, que ninguém consegue entender, guardará o coração e a mente de vocês, pois vocês estão unidos com Cristo Jesus. Por último, meus irmãos, encham a mente de vocês com tudo o que é bom e merece elogios, isto é, tudo o que é verdadeiro, digno, correto, puro, agradável e decente" (Filipenses 4:6-7).

LEITURA DE HOJE
2 Crônicas 35–36
Ezequiel 34

ORAÇÃO
Pai que estás no céu, dá-me forças para transformar tudo o que o Senhor quiser.

Aqueles que vivem perto do coração de Deus podem transformar o mundo.

21 de outubro

Deus feito homem

Jaime Fernández joga na defesa do basquete estudantil e da seleção espanhola sub 18. É um dos principais jogadores no futuro do basquete espanhol. Estou falando de alguém que tem o mesmo nome que eu. Somos pessoas diferentes e compartilhamos o mesmo nome, embora não sejamos aparentados.

A Bíblia apresenta Deus em três pessoas diferentes. Pai, Filho e Espírito Santo que compartilham a perfeição do Deus admirável, sublime e único.

Paulo escreveu a carta aos Colossenses porque algumas pessoas começaram a ensinar que Jesus não era Deus. Ao longo da história este é um dos ataques favoritos do maligno, porque ele sabe que as dúvidas podem atrapalhar a salvação de muitos. Ele também sabe que o fato de reconhecermos que Jesus é o Filho de Deus, o mediador entre Deus e os homens traz a salvação ao homem perdido. Dois mil anos depois, alguns ainda ensinam que Jesus não é Deus. Essas seitas e crenças deveriam estudar a carta de Paulo aos Colossenses!

Paulo escreveu na segunda metade do primeiro século, quando muitos pregavam o evangelho acrescentando filosofias e ideias de religiões da moda. Não eram tão "radicais" e pensavam que distorcendo a verdade não se meteriam em tantos "problemas". Muitos caem no mesmo erro nos dias de hoje, se esquecem de algo que qualquer médico que nos examinar, se houver infecção, para salvar a vida, será preciso ser radical e não tolerar a menor infecção.

Devemos defender a verdade absoluta, sem nenhuma contaminação, sem um erro pequeno. Se não for assim, não será a verdade "absoluta".

A mensagem cristã é simples e autêntica. Jesus é o centro da história. O evangelho depende de Jesus como expressão de amor do Pai. Todas as coisas foram criadas por Ele, nele e para Ele. O cristianismo é Cristo e o cristão coloca o Senhor no centro de todas as suas crenças e ações. Ninguém pode ser cristão sem Jesus ser o seu Senhor. A Bíblia ensina que: "Vocês foram ressuscitados com Cristo. Portanto, ponham o seu interesse nas coisas que são do céu, onde Cristo está sentado ao lado direito de Deus" (Colossenses 3:1). A justiça, a paz, a liberdade e o amor não governarão o nosso mundo, até que Jesus seja reconhecido como o Rei dos reis e Senhor dos senhores. Somos ressuscitados com Cristo, porque Ele é Deus e pode nos transformar e encher de vida por meio de seu Espírito.

LEITURA DE HOJE
Esdras 1-2
Ezequiel 35

ORAÇÃO
Pai que estás no céu, quero conhecer o Senhor mais a cada dia.

É o momento de buscar as coisas do alto.

O sopro do Todo-Poderoso

22 de outubro

Reggie Lewis era o capitão e principal homem no *Boston Celtics* em 1990, porque pensava que a reconstrução do time ia se orientar em torno de seu jogo Ele era um excelente jogador de basquete, mas morreu aos 27 anos vítima de uma doença fatal. Muitos não entenderam a morte deste jovem, crente fiel, de forma tão inesperada.

Se tudo o que somos se reduzisse a esta vida, nada faria sentido. Deus nos planejou para a eternidade. O Espírito de Deus habita dentro de nós como prova dessa eternidade. Ele não pode morrer, por isso Deus Pai o enviou para habitar em nossas vidas e nos lembrarmos que pertencemos a Ele. Somos os Seus filhos. Temos o mesmo Espírito que o nosso Pai. A Palavra de Deus certifica que o Espírito de Deus é eterno (Jó 33:4).

Paulo escreve aos Colossenses, que o mesmo Deus em três pessoas está empenhado não só para a salvação eterna de todos os crentes, mas também para viver uma vida radicalmente diferente, que valha a pena ser vivida, que transforma tudo ao seu redor

Eis alguns versículos importantes desta carta:

"Ele, o primeiro Filho, é a revelação visível do Deus invisível; ele é superior a todas as coisas criadas. Pois, por meio dele, Deus criou tudo, no céu e na terra, tanto o que se vê como o que não se vê, inclusive todos os poderes espirituais, as forças, os governos e as autoridades. Por meio dele e para ele, Deus criou todo o Universo. Antes de tudo, ele já existia, e, por estarem unidas com ele, todas as coisas são conservadas em ordem e harmonia" (1:15-17).

"Portanto, por meio do Filho, Deus resolveu trazer o Universo de volta para si mesmo. Ele trouxe a paz por meio da morte do seu Filho na cruz e assim trouxe de volta para si mesmo todas as coisas, tanto na terra como no céu" (1:20).

"Vocês foram ressuscitados com Cristo. Portanto, ponham o seu interesse nas coisas que são do céu, onde Cristo está sentado ao lado direito de Deus. Pensem nas coisas lá do alto e não nas que são aqui da terra. Porque vocês já morreram, e a vida de vocês está escondida com Cristo, que está unido com Deus. Cristo é a verdadeira vida de vocês, e, quando ele aparecer, vocês aparecerão com ele e tomarão parte na sua glória" (3:1-4).

"Que a mensagem de Cristo, com toda a sua riqueza, viva no coração de vocês!" (3:16).

LEITURA DE HOJE
Esdras 3-4
Ezequiel 36

ORAÇÃO
Espírito Santo, encha a minha vida de modo que eu possa amar e servir-te, sempre!

O Espírito de Deus habita em nossas vidas.

23 de outubro

Sofrendo por nós

Ouvi numa entrevista: "Aos 14 anos experimentei drogas e me afastei do futebol até deixá-lo por completo. Aos 18, era viciado em heroína e tinha a vida destruída. Mas um dia assisti na TV uma entrevista com o jogador cristão Baltazar. Ele falava de Jesus Cristo de maneira maravilhosa e sem ódio. Fiquei muito impactado. Certa noite, decidi findar minha vida, mas lembrei-me das palavras que ouvira daquele jogador e comecei a falar com Deus. Pedi-lhe que, se realmente existisse, mudasse a minha vida. Passados alguns minutos comecei a chorar como criança na presença de Deus.

Senti como se houvesse um fogo em meu interior, uma paz desconhecida e estranha, e em minha mente, sentia que Jesus me dizia para seguir o Seu caminho, Ele tinha a felicidade que eu buscava. Deixei as drogas e o álcool, sem necessidade de ir a um centro de reabilitação, nem mesmo passei pela síndrome de abstinência, foi um verdadeiro milagre. Deus guiou os meus passos para voltar ao futebol e joguei mais cinco anos profissionalmente. Agora eu o sirvo compondo canções e anunciando-o por meio da música." São estas as palavras de testemunho do ex-jogador de futebol, Paco Peña, hoje componente do grupo musical "Alabastro." Sempre nos impressiona escutar sobre o sofrimento de algumas pessoas antes de descobrir a nova vida em Cristo. Muitos caem nas profundezas antes de olhar para o céu.

Paulo havia perseguido o Senhor Jesus antes de conhecê-lo, e compreendia bem o sofrimento, e sabia que a dor pode aproximar as pessoas ao Senhor: "…Pois o que eu sofro no meu corpo pela Igreja, que é o corpo de Cristo, está ajudando a completar os sofrimentos de Cristo em favor dela" (Colossenses 1:24). Por sermos parte do corpo de Cristo, tudo o que sofremos, Ele sofre também. Se alguém é perseguido e maltratado por Sua causa, o Senhor também o é. Quando sofremos, Deus não apenas está conosco, Ele vivencia o nosso sofrimento.

Cedo ou tarde, Ele nos fará ver a luz. Talvez, primeiro fracamente, mas depois seu brilho resplandece por inteiro. Ele sempre esteve presente, embora não tivéssemos conseguido vê-lo. Sempre nos ouve e ajuda, mas às vezes parece estar longe. Sempre nos busca, anima, sustenta e concede forças para continuarmos, mesmo que às vezes pensemos que caímos nas profundezas.

LEITURA DE HOJE
Esdras 5–6
Ezequiel 37

ORAÇÃO
Pai amado, obrigado por não me abandonares nunca. Preciso da Tua presença e ajuda, todos os dias.

Deus sempre esteve presente, embora não tivéssemos conseguido vê-lo.

Luta espiritual

24 de outubro

Durante a Copa do Mundo no México em 1986, o uruguaio José Batista foi expulso aos 56 segundos do início do jogo contra a Escócia. No caminho para o vestiário, o auxiliar da seleção lhe perguntou: "Por que você está aqui se ainda nem tocaram o hino?" Não acreditei que tinha sido expulso tão rápido!

Não é aceitável que nos comportemos de forma violenta ainda mais se somos cristãos. Muitas atrocidades foram cometidas em nome de Deus ao longo da história, e isso deve envergonhar os que as cometeram. Jesus escolheu o caminho oposto, o da não violência; amar os inimigos.

Precisamos lutar contra o mal de forma pacífica e cheia de bondade. Em nossa luta espiritual, a principal arma é a oração. Deus espera que peçamos a Ele que coloque a mão em todas as situações, que nos auxilie e toque os corações, que convença, nos dê a vitória e esteja conosco onde não podemos alcançar a sós.

A Bíblia diz que a nossa guerra é lutar contra o mal; combater as más decisões e ações. Praticar o bem para que o mal não possa vencer e destruir. Às vezes, a Palavra de Deus usa termos desportivos e de conquista. Na carta aos Efésios 6, o apóstolo nos explica sobre as armas que temos que "vestir" para "ganhar" almas e fazer o bem a todos.

Queremos que mais pessoas conheçam o Senhor Jesus. A nossa conquista e luta são válidas quando ajudamos: orando e aproveitando cada oportunidade de brilhar para Deus. É nosso dever lutar com todas as forças para que outros ouçam a mensagem do evangelho por qualquer meio e em qualquer lugar. Peçamos a Deus sabedoria para às situações em que podemos participar e tornar o mundo melhor.

O nosso exemplo é o Senhor; o maior vencedor da história. A luta dele contra o mal o levou a derrotar a morte. Jesus poderia ter destruído o poder do mal estando ainda com o Pai, nos céus, mas Ele se fez homem, aprendeu a obedecer e levou sobre si todo o pecado e o sofrimento de cada um de nós, para ressuscitar como o Vencedor sobre a morte pelo poder do Espírito de Deus. Esse mesmo poder está agora à nossa disposição: "É para realizar essa tarefa que eu trabalho e luto com a força de Cristo, que está agindo poderosamente em mim" (Colossenses 1:29).

Nele, nunca seremos derrotados. A vitória final está nas mãos do nosso Pai. Não fique olhando, vamos lutar!

LEITURA DE HOJE
Esdras 7–8
Ezequiel 38

ORAÇÃO
Deus Pai, Todo-Poderoso, aqui estou e quero fazer a Tua vontade, envia-me. Estou pronto a te servir.

Lutemos para que outros ouçam sobre o evangelho por qualquer meio e em qualquer lugar.

Os que carregam o piano

25 de outubro

O camaronês Samuel Eto'o se destacou por seu futebol e a maneira de explicar os problemas do time. Quando jogou no Barcelona F.C., disse aos repórteres:"Quando ganhamos é graças aos artistas, quando perdemos a culpa é dos que carregam o piano."

A justiça nos esportes, em equipe, costuma ser escassa e a frase dele reflete isso. A vitória tem muitos pais, mas a derrota é órfã! Queremos estar entre os vencedores e não entre os perdedores. Quando o time vence, muitos recebem o mérito, quando perde, todos têm desculpas. Ninguém quer ser responsabilizado

A ideia de justiça habita em nós, embora seja difícil alcançá-la. Queremos que as injustiças desapareçam, sobretudo quando os outros são injustos conosco.

O desejo para que tudo vá bem e que a justiça vença é um dom de Deus. Não importa quem sejamos nem o que tenhamos feito, cedo ou tarde, chegará o momento de enfrentarmos a injustiça.

Além disso, devemos lembrar que para ter vitória, muitas vezes precisamos desistir dos nossos direitos. Às vezes, a busca do bem de todos, está acima da nossa satisfação pessoal. João Batista é um grande exemplo, quando se apresentou a Jesus disse diante de todos: "É necessário que ele cresça e que eu diminua". Soube reconhecer que a vitória pertencia a seu Senhor e renunciou a todos os seus direitos. Isso também é justiça.

Deus é muito mais justo do que todos nós e nunca permite que outro tire o que nós conseguimos com o nosso esforço. "Ninguém vos domine a seu bel-prazer" (Colossenses 2:18). Às vezes, a vitória pertence aos que "carregam o piano" e Deus sabe disso. Ele conhece cada um de nossos esforços e vê o nosso cansaço. Ele não se esquece do que fazemos. Ele gosta que trabalhemos bem e que a nossa motivação seja fazer o correto. Isso terá um prêmio com certeza!

Mas, não deve ser a nossa principal motivação: Lembre-se de que nos assemelhamos a Deus, quando fazemos e o bem, pelo simples prazer de fazê-lo. Estamos aprendendo a amar e dar, pelo simples prazer de amar e dar. Deus criou a beleza e a aprecia. A atitude de viver para Ele e nos assemelharmos a Ele é muito boa. A luta para receber o prêmio que merecemos não é ruim. Deus é justo e nos conhece.

Não importa se você é um artista ou carrega o piano. Se você o faz para o Senhor, Ele não permitirá que você fique sem prêmio.

LEITURA DE HOJE
Esdras 9-10
Ezequiel 39

ORAÇÃO
Pai que estás no céu, obrigado pelas qualidades que me deste. Quero honrar-te Senhor.

Deus é justo e conhece as nossas ações.

Ser gentil

Roger Federer é o tenista que mais ganhou *Grand Slams* em toda a história. Venceu mais de 700 jogos e confessou recentemente: "Vou a cada jogo pensando que posso perder. A maioria dos dias, acho que posso ser derrotado se não der tudo de mim..."

Os que pensam ser melhores do que outros, levam muitas surpresas desagradáveis. Roger não demonstra ser superior a ninguém, mas mantém a calma e tem que lutar por aquilo que quer.

Calma ou mansidão, não usamos este termo com frequência, pois pode dar a impressão de que a pessoa calma se permite "passar por cima". Nada mais longe da realidade; a origem da palavra mansidão tem a ver com descanso, tranquilidade, repouso, paz... O termo define a pessoa espiritual e madura, que as circunstâncias não derrubam facilmente. Alguém que continua a lutar por aquilo que acredita ser certo, embora todos estejam contra ele. Isso nada tem nada a ver com a idade, mas com algumas características muito específicas. Há jovens que demonstram estas qualidades e idosos que são quase insuportáveis!

E quais são essas características? A Bíblia recomenda: "Revesti-vos, pois, como eleitos de Deus, santos e amados, de entranhas de misericórdia, de benignidade, humildade, mansidão, longanimidade" (Colossenses 3:12). Eis as cinco características:

1. Misericórdia,
2. Benignidade,
3. Humildade,
4. Mansidão,
5. Longanimidade.

Você pode não encontrá-las em outro lugar, somente na presença de Deus. Somente o Espírito Santo pode operar em seu coração para você viver dessa maneira. Ele encherá a sua vida de paz e você aprenderá a desfrutar melhor o que há em seu entorno.

A maioria das pessoas ao seu redor vai querer estar com você. Misericórdia, benignidade, humildade, mansidão, longanimidade... Refletir o caráter de Deus é algo impressionante, valioso e grande. Trata-se do que Ele faz em nós.

26 de outubro

LEITURA DE HOJE
Neemias 1-2
Ezequiel 40

ORAÇÃO
Pai, sabes o que eu preciso em minha vida. Ensina-me a seguir a orientação do Teu Espírito, para que Ele me transforme à imagem de Jesus.

Refletir o caráter de Deus é algo impressionante, valioso e grande.

27 de outubro

Gratidão

Paul Gasol, astro do basquete, disse: Em partes da África, há milhares de órfãos com AIDS e aqui nos queixamos por bobagens." Às vezes, os atletas de elite fazem afirmações que valem a pena e ajudam os fãs a pensar sobre o que é importante. Gasol é campeão mundial com a seleção espanhola e também campeão da NBA.

Queixar-se é o esporte favorito de muitas pessoas. A amargura do queixoso aumenta a relutância e a frustração das pessoas que vivem ao seu redor. Existe uma maneira de viver e consiste em ser agradecido. Essa atitude pode fazer a diferença nos relacionamentos.

Se acreditarmos que Deus nos deve algo ou que estamos aqui por sermos bons ou melhores não chegaremos a lugar algum. Ao exigir o que acreditamos que nos pertence, perdemos o que é digno de admiração. As exigências sempre nos levam à amargura e ao desespero. Mas "… tudo o que vocês fizerem ou disserem, façam em nome do Senhor Jesus e por meio dele agradeçam a Deus, o Pai" (Colossenses 3:17). Deus escreveu que a Sua presença traz ações de graças (Salmo 100, 118, 150,). Se quiser que o Criador o receba, seja-lhe grato. As palavras "sejam agradecidos" aparecem várias vezes na Bíblia..

A palavra para agradecer usada no original hebraico do Antigo Testamento significa "dar público agradecimento". É confessar, agradecer, louvar e proclamar. A nossa gratidão deve ser pública. Quando reconhecemos diante dos outro o que Deus ou os outros fazem para nós, aprendemos a ser agradecidos.

O livro de Apocalipse 4:12; 7:12 nos ensina que o Senhor receberá a nossa gratidão eternamente. Deus tem anjos que o servem, mas as únicas criaturas que podem adorá-lo tendo sido salvas somos nós. Viver de maneira agradecida não é opcional, é o segredo para uma vida cheia de paz.

Talvez você esteja passando por uma situação difícil e tem direito a reclamar, Deus sabe disso. Ele ouve cada uma de nossas palavras, conhece o nosso sofrimento e nunca se desaponta quando lhe dizemos o que está em nossos corações. Ainda assim, procure agradecê-lo. Deus lhe deu muito mais do que você pensa e Ele vai curá-lo da dor de seu coração. Agradeça não só pelo que Ele fez até agora, mas o que ainda fará e, de certa forma, será como se a resposta à sua oração já tivesse chegado, pois chegará e você não terá mais dúvidas.

LEITURA DE HOJE
Neemias 3-4
Ezequiel 41

ORAÇÃO
Pai, tu sabes que estou orando por...... há muito tempo. Descanso no Senhor, pois sei que tu sempre me ajudas e me respondes.

Deus, conhece o nosso sofrimento e não se desaponta quando lhe dizemos o que está em nossos corações.

Dedicar-se a você mesmo

28 de outubro

Martina Navratilova foi uma das maiores campeãs do tênis feminino, e aos 50 anos participou em Wimbledon no torneios de duplas. Sobre as suas motivações, confessou: "Quero dedicar-me a mim mesma, meus animais e meu negócio." Isso pode parecer legítimo, mas se não temos tempo para pensar nos outros e em Deus, vamos nos sentir muito vazios.

Muitos esquecem-se de que não é possível satisfazer a necessidade eterna do nosso coração com os objetivos finitos. A nossa alegria, a satisfação e o prazer são limitados e finitos. Se seu coração deseja a eternidade, lembre-se de que somente Deus é infinito, só Ele pode dar satisfação eterna.

Lembro-me da história do famoso pintor Van Gogh, cujos quadros alcançaram, depois de sua morte, uma valorização "vertiginosa" de milhões de euros. Ele viveu os últimos anos de sua vida na pobreza absoluta, e mal podia pagar o sótão onde trabalhava. Sabe-se que um dia ele apareceu diante do proprietário com um carrinho de mão em que levava vários quadros, porque não tinha dinheiro vivo. O homem se recusou a aceitar esse tipo de pagamento, é claro! Quando a sua esposa voltou, disse-lhe como o artista queria pagar as suas dívidas "em espécie" e a mulher lhe deu uma verdadeira bronca: "Estúpido, você poderia ter ficado com o carrinho de mão!"

Um simples objeto de metal tinha mais valor para eles do que uma obra de arte; mais valioso do que os milhões que um só daqueles quadros valeriam no futuro. Não os critique, é a escolha de muitos em suas vidas. Preferem os carrinhos de mão, e desprezam o melhor da vida. Buscam sempre coisas materiais desprezando a liberdade, o amor, a amizade, o fôlego, a paz, sua identidade como pessoas, a vida espiritual, o relacionamento com Deus... Muitos dedicam seu tempo para ganhar lixo, enquanto perdem o que é realmente importante. Alguns chegam a nos apontar para aqueles que amam a Deus, porque pensam que somos tolos quando renunciamos às pequenas bobagens da vida, para ficarmos com as verdadeiras obras de arte.

Uma vida que realmente vale a pena tem base muito mais firme: "E tudo o que vocês fizerem ou disserem, façam em nome do Senhor Jesus e por meio dele agradeçam a Deus, o Pai" (Colossenses 3:17). Aproveitemos o eterno em cada momento. Dessa maneira, começaremos a viver em nome do Senhor Jesus.

Uma vida que realmente vale a pena tem base muito mais firme.

LEITURA DE HOJE
Neemias 5–6
Ezequiel 42

ORAÇÃO
Pai Santo, perdoa-me pelas vezes em que me preocupei com o que não tinha importância. Venho a ti, quero estar em Tua presença.

29 de outubro

Escrito na lembrança

Sachi foi o treinador que fez do *AC Milan* um time do sonho. Ele venceram a Liga, a copa italiano e a Liga dos Campeões. Um de seus principais jogadores, o atacante holandês Van Basten, lhe perguntou: Por que além de ganhar, tinha que jogar bem? Ele respondeu: "A vitória fica escrita nos livros, mas a maneira de jogar permanece na mente e lembrança."

"O que vocês fizerem façam de todo o coração, como se estivessem servindo o Senhor e não as pessoas" (Colossenses 3:23). Muitos só querem vencer e no processo perdem a beleza do jogo. Não se importam com o que devem fazer, deixar para trás, se mentem ou magoam outros. Querem vencer a qualquer custo, mas o final não justifica os meios.

Se você perdeu a esperança, a capacidade de se surpreender e admirar, a gratidão ou o carinho das pessoas ao seu redor, o preço que você paga é muito alto para o que você conseguiu. Cedo ou tarde, você viverá uma decepção completa em relação ao futuro e a frustração continuará por não saber aproveitar o que tem, por estar sempre querendo algo mais.

Se pensamos apenas em nossos objetivos e metas, perdemos a beleza das circunstâncias. Paramos de apreciar a surpresa do inesperado e perdemos o privilégio de parar quando vale a pena. Vivemos apressados atrás do próximo objetivo ou meta. Ter, conseguir, ganhar mais... Corremos para a vida não nos escapar e correndo damos todas as nossas forças. Com o tempo as ilusões que tínhamos se transformam em amargura e nos decepcionamos completamente.

As pessoas que realmente influenciam a sociedade são as que gostam do que fazem. Os que trabalham não só para si, mas também para os outros. Aqueles que têm objetivos, mas não perdem a vida por eles. As pessoas importantes não são as que têm muito, os campeões ou os poderosos. Destes ninguém se lembra, embora os seus nomes tenham ficado na história! Deus quer que aproveitemos cada momento de nossas vidas. Nem tudo é ganhar.

Também não é perder sempre, você já sabe o que quero dizer! Estamos falando sobre a maneira que vivemos. Corremos de um lado para outro sem qualquer sentido para conseguir as realizações que nunca nos satisfazem? Recomendo que você viva de acordo com o seu coração. Você desfrutará melhor a sua vida e permanecerá na lembrança de todos. E ainda mais importante, no coração eterno de Deus.

LEITURA DE HOJE
Neemias 7
Ezequiel 43

ORAÇÃO
Senhor Jesus, ensina-me a desfrutar da vida abundante que o Senhor me dá.

As pessoas mais valiosas são as que vivem de acordo com o seu coração.

Decisões importantes

30 de outubro

O jogador de futebol Jairo Patiño, colombiano, jogou em vários times argentinos e na seleção, antes de chegar ao *River Plate*. Um dos momentos mais importantes de sua vida foi a gravidez da esposa, pois ela esteve à beira de perder o bebê, mas Deus cuidou deles e os ajudou de forma sobrenatural, ele disse: "Aprendi a não tomar decisões sozinho, mas a confiar sempre no Senhor, descansar nele e obedecê-lo."

Paulo escreveu sua Primeira Carta aos Tessalonicenses para agradecer a todos os membros da igreja, por suas vidas, exemplo e ajuda. Em toda a região, falava-se da transformação que ocorrera em muitas pessoas de Tessalônica e como Deus tinha feito verdadeiros milagres na vida de muitos. Eles tinham abandonado ídolos e práticas inúteis para seguir o Senhor. Eram um exemplo para todos ao redor, e Paulo lhes escreve para agradecer.

O tema principal é a segunda vinda de Cristo. Foi a primeira carta que Paulo escreveu, e circulou por todas as igrejas. O Espírito de Deus queria que todos se lembrassem que da mesma maneira que o Senhor Jesus tinha subido aos céus, um dia Ele voltaria. De certa forma, este é um dos segredos da vida cristã: viver para sempre com os olhos e coração postos no retorno do Messias. Não sabemos o dia nem a hora que Ele voltará, mas lembre-se de que pode ser a qualquer momento. Talvez antes do final deste ano!

Paulo também escreve sobre como viver sob a vontade de Deus: "...sejam agradecidos a Deus em todas as ocasiões. Isso é o que Deus quer de vocês por estarem unidos com Cristo Jesus" (1 Tessalonicenses 5:18). Agradecer, orar sempre, viver no Espírito de Deus, seguir Jesus, ajudar uns aos outros... são atitudes descritas na Palavra de Deus e esta carta nos lembra isso várias vezes.

Deus empenha a Sua Palavra para nos guiar e cuidar para que possamos ser justificados quando Jesus retornar. Diz que Ele agirá em nossas vidas para que seja assim. Não diz que somos perfeitos, mas justificados. Nenhum de nós espera a perfeição nos filhos (é impossível! Nem nós somos), mas queremos fazer as coisas bem, ser amados, que outros queiram estar conosco e que nos ouçam

Quando amamos o Senhor de todo o coração, forças, corpo, mente e ao nosso próximo como a nós mesmos, somos irrepreensíveis. Embora às vezes cometamos erros.

LEITURA DE HOJE
Neemias 8-9
Ezequiel 44

ORAÇÃO
Senhor Jesus, sei que voltarás novamente. Ajuda-me a estar preparado. Espero em ti.

Deus age em nossas vidas para podemos ser irrepreensíveis e justificados por Jesus.

31 de outubro

Nem tudo sai como pensamos

No século 20, década de 60 o *Real Madrid* foi favorecido com um pênalti durante um jogo do Campeonato Europeu. Normalmente, quem batia os pênaltis era Alfredo Di Stéfano, mas Rial disse: "Deixe-me bater, vou arregaçar. O campo estava cheio de neve, Rial escorregou e jogou a bola muito alto, na arquibancada.

Às vezes nem tudo corre como pensamos. Até chegar o principal dia da humanidade; quando tudo ficará "em seu lugar". As duas cartas à Igreja em Tessalônica nos lembram desse dia, quando o Senhor voltar.

1 Tessalonicenses

"Pois lembramos, na presença do nosso Deus e Pai, como vocês puseram em prática a sua fé, como o amor de vocês os fez trabalhar tanto e como é firme a esperança que vocês têm no nosso Senhor Jesus Cristo" (1:3).

"… vocês nos receberam bem e como vocês deixaram os ídolos para seguir e servir ao Deus vivo e verdadeiro" (1:9).

"Que o Senhor faça com que cresça cada vez mais o amor que vocês têm uns pelos outros e por todas as pessoas, e que esse amor se torne igual ao nosso amor por vocês! Desse modo Deus dará força ao coração de vocês, e vocês serão completamente dedicados a ele e estarão sem culpa na presença do nosso Deus e Pai, quando o nosso Senhor Jesus vier com todos os que são dele. Amém!" (3:12-13).

"Então nós, os que estivermos vivos, seremos levados nas nuvens, junto com eles, para nos encontrarmos com o Senhor no ar…" (4:17).

"… E que ele conserve o espírito, a alma e o corpo de vocês livres de toda mancha, para o dia em que vier o nosso Senhor Jesus Cristo" (5:23).

2 Tessalonicenses

"… Vocês também estarão entre eles, pois creram na mensagem que nós anunciamos" (1.10).

"Não deixem que ninguém os engane com nada disso. Pois, antes desse dia, terá de acontecer a Revolta contra Deus, e terá de aparecer o Perverso, que está condenado a ir para o inferno" (2:3).

"Irmãos, sempre devemos dar graças a Deus por vocês, a quem o Senhor ama. Pois Deus os escolheu como os primeiros a serem salvos pelo poder do Espírito Santo e pela fé que vocês têm na verdade, a fim de tornar vocês o seu povo dedicado a ele" (2:13).

"… que a mensagem do Senhor continue a se espalhar rapidamente e seja bem aceita, como aconteceu entre vocês." (3:1)

LEITURA DE HOJE
Neemias 10–11
Ezequiel 45

ORAÇÃO
Senhor Jesus, dá-me forças e sabedoria para dizer a todos que o Senhor voltará.

"Não atrapalhem a ação do Espírito Santo."

Os melhores amigos

1 de novembro

Os Jogos Olímpicos realizados em Berlim em 1936 tinham a intenção de demonstrar certa superioridade da raça ariana sobre todas as outras, assim acreditava o ditador da época. No entanto, vários atletas negros venceram as provas e, dentre eles, Jesse Owens. Na época, Lutz Long era um dos atletas alemães mais queridos e o principal concorrente na prova de salto em distância. Poderia ter ganhado o ouro olímpico, mas preferiu ajudar Owens com conselhos quando este estava prestes a ser eliminado. Os dois eram cristãos, e começaram uma amizade que surpreendeu o mundo, rompendo todas as barreiras possíveis. Long foi o primeiro a abraçar Owens, quando este ganhou a medalha de ouro na frente do ditador alemão!

Owens mais tarde declarou: "poderia derreter todas as minhas medalhas e troféus e nada se compararia ao que senti naquele momento, uma amizade de 24 quilates". Mais tarde, Lutz foi levado a um campo de concentração, onde morreu. Durante o tempo na prisão, os dois reforçaram a amizade até a morte. Quando o filho de Long se casou, Owens foi à Alemanha. E o noivo lhe disse: "Meu pai se orgulharia de o seu melhor amigo estar hoje comigo. Ele o respeitava e admirava."

Deus nos ensina a dar o nosso tempo e esforços para fortalecer as amizades com as pessoas que convivemos. Quanto mais difícil é a situação na qual uma amizade nasce e cresce, mais fortalecida ela sai de todos os problemas. Paulo sempre amou e ajudou não só os que trabalhavam com ele, mas os membros das diferentes igrejas que fundava: "Afinal, quando o nosso Senhor Jesus vier, vocês e ninguém mais são de modo todo especial a nossa esperança, a nossa alegria e o nosso motivo de satisfação, diante dele, pela nossa vitória" (1 Tessalonicenses 2:19). Para ele, as pessoas eram a sua alegria e coroa de glória. Mesmo em situações difíceis, mal-entendidos e problemas, a vida de Paulo girava em torno do Senhor, ajudando os outros e aproximando-os dele. Você tem amigos assim? Se você em seu último momento pudesse fazer apenas três ligações, a quem faria? O que você diria?

O que você está esperando para fazer essas chamadas? Para dizer a estas pessoas que as ama? Diga-lhes a importância que elas têm para você! Divirta-se com elas! Agradeça a Deus por suas vidas e dedique-lhes tempo! Vivendo assim, escrevemos páginas da história para sempre!

A nossa esperança, alegria e satisfação estão no Senhor.

LEITURA DE HOJE
Neemias 12-13
Ezequiel 46

ORAÇÃO
Pai, agradeço pela vida de... Abre os meus olhos para ver se meus amigos ou família precisam de ajuda.

2 de novembro

Respirar para viver

Desde 2007, Deus nos deu o privilégio de conhecer os melhores jogadores de futsal. Foram campeões do mundo com a Seleção do Brasil. Um deles, Franklin, foi um goleiro decisivo, Rafael veio a Santiago pouco tempo depois de jogar no *Lobelle de Santiago* e Carlinhos jogou na Espanha antes de retornar ao Brasil. Os três eram unidos em sua decisão de seguir o Senhor Jesus, eles e as suas famílias.

Todos os dias, milhares de pessoas decidem seguir Jesus. Vivem em circunstâncias diferentes, têm idades diferentes, estudos e culturas diferentes. Mas o Espírito de Deus que toca as suas vidas e os ajuda a entender sobre a eternidade é comum a todos. Apenas o Espírito Santo nos faz descobrir as lições espirituais,— o único que faz tudo por nós, ajudando-nos a respirar espiritualmente.

Sei que pode soar espiritual e místico, mas é mais simples do que pensamos. Ninguém vive sem respirar, nossa vida depende disso! Deus quis que, na língua hebraica, na qual o Antigo Testamento foi escrito, o espírito e o vento fossem a mesma palavra. Se pararmos de respirar e não recebermos o ar, morremos fisicamente. Se não recebemos o Espírito de Deus em nós, morremos espiritualmente.

A nossa respiração nos mantém vivos, o sopro de Deus nos dá a vida eterna. Sem Deus, nada podemos entender. A vida espiritual se atrapalha. Paulo escreveu à igreja de Tessalônica: "Não atrapalhem a ação do Espírito Santo" (1 Tessalonicenses 5:19). Podemos nos aproximar de Deus, apenas por Seu Espírito. Não devemos atrapalhar o Espírito porque disso depende a vida. Se o Espírito de Deus não habita em nós, estamos mortos espiritualmente.

Com o Seu Espírito, compreendemos as verdades espirituais. Quando Pedro escreveu sua segunda carta e diz que os escritores da Palavra de Deus foram incentivados pelo Espírito Santo, ele utiliza uma imagem bonita, porque Pedro era um homem do mar: essa palavra era usada quando as velas de um barco eram desfraldadas e o vento conduzia o navio. (Lembre-se que o espírito e vento eram a mesma palavra?). Da mesma forma, o Espírito de Deus conduz as nossas vidas a uma aventura feliz e segura. Faz-nos percorrer mares insondáveis e chegar a um porto seguro sempre. Ele nos sussurra para podermos compreender as lições espirituais mais surpreendentes, nos faz navegar para a vida eterna.

LEITURA DE HOJE
Ester 1
Ezequiel 47–48

ORAÇÃO
Espírito Santo — enche-me e leva-me para onde tu quiseres.

Se o Espírito de Deus não habita em nós, estamos mortos espiritualmente.

Chegar ao céu

3 de novembro

Pete Maravich revolucionou o basquete. Inventou fintas e passes e outros o imitaram. Ainda hoje, é um ídolo de muitos. Pouco antes de morrer foi proclamado como um dos melhores da história. Ao saber disso, ele disse: "Na próxima semana, estarei no *Hall da Fama da NBA*, mas não mudaria a minha posição nas mãos de Jesus nem por um milhão de títulos da *NBA*, nem por cem milhões de dólares."

Paulo escreveu o livro de 2 Tessalonicenses para explicar detalhes sobre a segunda vinda de Jesus. Encontramos ali o sentimento de "pertencimento" que advém da certeza de que vivemos nas mãos de Deus e ninguém pode nos derrotar. Paulo escreveu essa carta para lembrar a todos de que Deus cuida de nós. Jesus prometeu voltar um dia e nada do que nos acontece foge de Seu controle.

Talvez uma das melhores explicações sobre o motivo desta carta seja o texto do profeta Isaías: "O Senhor Deus acabará para sempre com a morte. Ele enxugará as lágrimas dos olhos de todos e fará desaparecer do mundo inteiro a vergonha que o seu povo está passando. O Senhor falou" (Isaías 25:8). Deus sabe o que está acontecendo em nossas vidas, nossos problemas e lágrimas, nossas fraquezas. Ele nos envolve quando desanimamos e nos fala por Sua Palavra, na qual se compromete a nos dar a vida eterna. Imagine ao chegarmos ao céu e revermos todas as pessoas que amávamos que já estão com o Senhor. Voltar para conversar e abraçar as pessoas que amamos, e que receberam o Senhor em suas vidas. Dizer muitas coisas que não podíamos dizer aqui, sabendo que Deus enxugará todas as nossas lágrimas e que o sofrimento desaparecerá. Desfrutar de corpos transformados e de uma vida sem fim; estar com o Senhor e ver os milhares de lugares que Ele criou e que não tivemos a oportunidade de conhecer...

Quando o Senhor vier e nos levar com Ele, ou quando chegarmos diante de Sua presença, a nossa vida aqui terá terminado, Ele nos ensinará a ver tudo diferente. Ah! mas... um pequeno detalhe, alguns na igreja, até tinham deixado de trabalhar, pois esperavam esse momento. Não se trata disso. Deus espera que colaboremos com Ele para construir uma terra o melhor possível e que muitos possam vir a conhecê-lo. Façamos o bem a todos esperando pela vinda do Senhor, e então nos tornaremos mais semelhantes a Ele.

LEITURA DE HOJE
Ester 2
Daniel 1-2

ORAÇÃO
Pai que estás no céu, obrigado porque o Senhor Jesus voltará. Ajuda-me a viver honrando-te até a Tua volta.

Façamos o bem a todos esperando pela vinda do Senhor.

4 de novembro

Um jovem aprendiz

Kameni foi goleiro titular da Seleção de Camarões, com 16 anos! Nas finais dos Jogos Olímpicos de Sydney, 2000, a seleção brasileira era a melhor do torneio e quando eles a enfrentaram Kameni disse aos companheiros: "Joguem com calma, vou parar todas." Eles chegaram a final contra a Espanha e ganharam o ouro olímpico. E Kameni era um adolescente!

No livro de 2 Timóteo, Paulo descreve que viajara com Timóteo em várias ocasiões, e que agora lhe escreve para viver perto do Senhor. Desde que o conheceu Paulo cuidou dele, como um filho espiritual, e verdadeiro amigo. Em seus últimos anos de vida o apóstolo quer que Timóteo entenda o significado de ter alguém por perto para conversar e ouvir. Paulo quer que você compreenda que, na obra de Deus, um dos maiores presentes que Ele nos dá, são os nossos amigos.

Paulo estava preocupado porque nos últimos anos, em quase todas as igrejas tinham sido introduzidas pessoas pouco espirituais, que queriam apenas ganhar dinheiro à custa do evangelho e ser conhecidas e poderosas em nome do Senhor. Esses falsos cristãos procuravam os principais lugares, e faziam muitos desviarem-se da fé.

Esse perigo ainda está vivo, agora mais do que nunca. A falsa espiritualidade e o cristianismo nominal chegaram a muitas igrejas, dando origem à fé fictícia, que se mantém alicerçada no poder, dinheiro e sucesso. Infelizmente, a cada dia mais pessoas seguem seus líderes espirituais e não o Senhor Jesus, e esse caminho leva à perdição.

Paulo, que tinha mais motivos do que ninguém para confiar em si mesmo explicou a Timóteo qual era a fonte de sua força: "Agradeço a Cristo Jesus, o nosso Senhor, que me tem dado forças para cumprir a minha missão" (1 Timóteo 1:12).

O segredo da vida cristã continua sendo o Senhor Jesus. Não tem nada a ver com o nosso trabalho, as nossas forças, o poder que acreditamos ter, o dinheiro e nem o sucesso. A nossa vida é Cristo ou não é nada. É Deus, não nós.

Deus ainda acredita em nós, e nos tem como fiéis, mesmo que sejamos fracos. Ele se compromete conosco, apesar de nossa mesquinhez. A nossa vida é diferente quando olhamos somente para Ele. Não há outra maneira de viver diante do Senhor, não há vida cristã alternativa. Deixemos de acreditar no que somos, e creiamos nele.

LEITURA DE HOJE
Ester 3
Daniel 3–4

ORAÇÃO
Pai, obrigado por Tua presença em minha vida. Não quero desapontar-te nunca.

O segredo da vida cristã continua sendo o Senhor Jesus.

Coração, mente e consciência

As situações difíceis podem surgir a qualquer momento. O porto-riquenho Daniel Santiago quase ficou cego devido a um acidente em quadra durante um jogo da *NBA*. Ele confiou em Deus para se recuperar e voltar a competir, na *NBA*, na Europa, e em seu país natal. O seu compromisso com o Senhor e a confiança de que Ele poderia curá-lo o ajudaram a seguir em frente.

A Palavra de Deus menciona três consequências do amor que Ele depositou em nós. A graça divina é o alicerce de nossa vida, sem Deus nada podemos fazer, mas ao descansarmos nele, podemos firmar o nosso coração na fé. "Essa ordem está sendo dada a fim de que amemos uns aos outros com um amor que vem de um coração puro, de uma consciência limpa e de uma fé verdadeira" (1 Timóteo 1:5). Veja estas características: Coração, consciência e fé.

Coração: tudo que se refere ao nosso ser interior, o que somos.

O coração puro não tem segundas intenções e não quer viver amargurado, sabe que foi perdoado e é capaz de perdoar. Conhece os seus limites e entende que não é perfeito, e vive dando a graça, pois ele a recebeu. Prefere descansar tranquilo e não desconfiar; vive perto do coração de Deus.

Consciência: não apenas não gostar do mal, mas não viver por nossa própria vontade. Escolhe o correto e o bom, mesmo à custa de perder o que se deseja. Ter boa consciência significa não enganar os outros para tirar proveito. Deus sabe que não somos perfeitos, Ele conhece as nossas fraquezas, mas quer que a nossa consciência não nos acuse. Sabendo que algo nos prejudica, não podemos seguir em frente. Precisamos estar em paz com todos no que for possível.

Fé sincera: esse é um dos nossos maiores problemas; significa acreditar sem hipocrisia e não tentar esconder as nossas dúvidas perante o Senhor, mas dizer-lhe o que pensamos e confiar nele. A fé sincera é um compromisso com Deus. Não se pode jogar nos "dois lados", pensando em confiar nele e ao mesmo tempo tentar controlar, ou pior, fingir que abandonamos a Deus quando pensamos que Ele não faz o que esperamos.

O coração, a consciência e a fé sincera fazem parte do nosso ser interior, do que somos e de nossas decisões. Estão melhores quando se aproximam o máximo possível do Criador.

5 de novembro

LEITURA DE HOJE
Ester 4
Daniel 5-6

ORAÇÃO
Pai Santo olha o meu coração e enche-o com o Teu amor. Quero viver sempre de maneira santa.

Coração, consciência e fé sincera fazem parte do nosso ser interior.

6 de novembro

O melhor jogo

"Hoje estou jogando o melhor jogo, disse o jogador aposentado e atual treinador José Antonio Chamot ao explicar os melhores momentos de sua vida: "Aos 16 anos vim à cidade de San Lorenzo pela transferência do trabalho de meu pai, e após 2 anos em divisões inferiores, estreei na primeira divisão com 19 anos. Joguei quase 2 anos como titular e em 1990 fiz parte da Seleção da Argentina, um dos sonhos da minha vida. Fui à Europa com 21 anos. Saí da Argentina com muito respeito por Deus e um pequeno evangelho dado por meu irmão Daniel com a recomendação de que o lesse, pois ele já tinha confiado em Jesus e isso mudara a sua vida. Joguei 3 anos no *Pisa*, 1 em *Foggia*, 4 no *Lazio de Roma*, 18 meses no *Atlético Madrid* e 3 anos no *Milão da Itália*. Diversas circunstâncias me fizeram refletir sobre a carga que eu carregava. Sentia este fardo, apesar de desfrutar de muitos privilégios que Deus me concedia. Fazia parte de um time importante na Itália e era titular da Seleção Argentina. A minha esposa estava grávida da nossa primeira filha e eu não tinha necessidades financeiras. Mas ainda não conseguia encontrar a paz e a alegria que o meu ser desejava. Muitas vezes, levava os problemas do trabalho para casa e quebrava a harmonia do meu casamento e do lar.

Um dia ouvi que Cristo não é uma religião, mas que é necessário ter com Ele um relacionamento pessoal. Eu precisava disso para ficar bem com Deus, pois Ele traria luz e alegria aos meus dias. Deixei aquele fardo em Suas mãos para Ele endireitar os meus caminhos. Ofereci o primeiro lugar a Jesus Cristo no meu coração, na mente e na vida. Ele tomou o Seu lugar. Hoje, seguimos o propósito que Deus tem para as nossas vidas e somos instrumentos úteis em Suas mãos, aproveitando o tempo que estamos aqui. Vemos como Deus realiza a Sua vontade em nós e que não apenas estamos nele, mas Ele está em nós."

O esporte não preenche o vazio que temos. Podemos treinar, divertir e chegar ao topo... mas nada se compara ao *treinar* para amar mais a Deus. A Bíblia diz: "...Para progredir na vida cristã, faça sempre exercícios espirituais. Pois os exercícios físicos têm alguma utilidade, mas o exercício espiritual tem valor para tudo porque o seu resultado é a vida, tanto agora como no futuro" (1 Timóteo 4:7,8).

A promessa da presença de Jesus é para sempre!

LEITURA DE HOJE
Ester 5
Daniel 7-8

ORAÇÃO
Senhor Jesus, quero seguir-te sempre, e viver com o Senhor, desde agora e por toda a eternidade.

A promessa da Sua presença, cuidado e abundância é real neste momento, e para sempre!

Terminar a corrida

7 de novembro

No México, em 1968, os Jogos Olímpicos tinham se acabado, e a maioria dos espectadores deixado o estádio. Restavam os últimos retardatários e alguns fotógrafos recolhendo seus equipamentos. De repente, quase duas horas depois que tudo acabara John Akhawari, da Tanzânia, entrou no estádio. Ele mal conseguia andar, com uma perna enfaixada e rastros de sangue em sua roupa. Apesar de tudo, ele dá a volta em torno do estádio para terminar os 42 km e 195 m. Um repórter lhe disse que não fazia sentido o que fizera, pois praticamente ninguém o assistia, Akhawari respondeu: "Meu país não me enviou a 12 mil km de distância para começar uma corrida, mas para terminá-la." O seu exemplo de lealdade, honra, disciplina e perseverança me impressionou.

Em sua segunda carta a Timóteo Paulo escreveu sobre aquilo que ele "vivenciava". Não falou sobre lealdade, mas demonstrou-a com sua vida. Ele dedicou a sua vida para compartilhar o evangelho de Cristo. E o fez suportando sofrimentos, dor, lutas, inveja, desprezo e a incompreensão de muitos. Não apenas de seus inimigos, mas aparentemente dos que estavam próximos a ele.

Mas o apóstolo não se importou. Deus o enviou para conquistar o mundo com os que compunham a igreja do primeiro século, e todos o fizeram, Muitos deles pagaram com a própria vida por serem fiéis a Deus. O objetivo não era a glória terrena, mas a recompensa eterna.

Talvez por essa razão, ao final da carta Paulo diz a seu discípulo e grande amigo: "Faça o possível para vir antes do inverno…" (2 Timóteo 4:21). Ele referia-se, obviamente, ao inverno rigoroso na cadeia, mas talvez também ao inverno da vida; seus últimos anos antes de partir para a presença de Deus. Talvez também o inverno da incompreensão, da solidão, porque quase todos o tinham abandonado. Talvez o inverno da escuridão ao ver que Deus não o libertara da prisão… O inverno do sofrimento.

Não há nada mais importante do que descansar na graça de Deus. Aconteça o que acontecer, Deus nunca nos abandona e Ele concede a "graça sobre graça", para que nos sintamos queridos, seguros, tranquilos… É importante que aprendamos a apreciar o amor de Deus e que nele reflitamos. Devemos permanecer ao lado dos que estão passando pelo inverno da vida, e ajudá-los, para refletir a graça de Deus em nossas vidas.

LEITURA DE HOJE
Ester 6
Daniel 9-10

ORAÇÃO
Amado Pai, sei que o Senhor sempre me dá força para prosseguir. Quero terminar a minha corrida fiel a ti!

É importante que aprendamos a apreciar o amor de Deus e que nele reflitamos.

8 de novembro

Pobres desmiolados

Milhões de euros perdidos, violência, mortes, dirigentes que roubaram e levaram clubes à falência, apostas ilegais etc. Essas situações mereceriam uma legislação adequada e estudo profundo pelos dirigentes do futebol mundial para não se repetirem. No entanto, o que mais preocupou a FIFA e UEFA após as Copas de 2004 e 2008 e a Liga dos Campeões foi a proibição de mensagens sobre Jesus nas camisas de Kaká, Edmilson, Lúcio e outros... Cacau, na Alemanha, Guille Franco e muitos outros em quase todo o mundo e diferentes categorias fizeram o mesmo, para agora verem a liberdade pessoal restringida. A moda agora: é banir da mídia qualquer tipo de manifestação cristã.

O moderno é não acreditar, ter mente vazia e repetir o que os outros dizem. O estranho é que a nossa sociedade tenta manter a aparência de científica e a base da ciência é precisamente a pesquisa... mas muitos não se preocupam em examinar se os fatos históricos sobre o Senhor Jesus procedem. Se os esforços e as pesquisas que muitos fizeram em diferentes campos da ciência tivessem sido tão ridículos quanto à dedicação para saber se Deus existe, a humanidade ainda estaria acendendo o fogo com duas pedras.

A mídia muitas vezes apresenta os cristãos desfavoravelmente. E se a sociedade se volta contra Deus, perde-se absolutamente toda a referência espiritual. Qualquer tipo de situação que tenha a ver com a liberdade, o amor, a morte, a paz, o sentido da vida, a amizade, o problema do mal e centenas de realidades mais transcedentais é sempre determinado com base nas dimensões materiais.

Nessa realidade, nenhum objeto material pode satisfazer a nossa alma. Se alguém precisa da religiosidade em sua vida, tudo desmorona porque o coração não tem em que se apoiar.

Não podemos nos calar. É hora de proclamar que só Deus pode preencher o coração do ser humano e somente Ele tem a resposta para cada um dos problemas do espírito. Não devemos temer repetir isso várias vezes, porque se ficarmos em silêncio, esconderemos a única esperança em que os que nos rodeiam podem descansar. Se nos escondemos nas igrejas porque o mundo é mau, não só perdemos a nossa identidade, mas também desobedecemos ao Senhor Jesus. "Pense no que estou dizendo, pois o Senhor fará com que você compreenda todas as coisas" (2 Timóteo 2:7). Deus lhe dará o poder de falar e viver, pois silenciar é para os covardes.

LEITURA DE HOJE
Ester 7
Daniel 11-12

ORAÇÃO
Pai querido, não quero calar sobre o que o Senhor faz por mim. Quero honrar-te sempre.

O Senhor fará você compreender todas as coisas.

No coração de Deus

9 de novembro

Antonio Orejuela, espanhol, jogou futebol nos anos de 1980, inclusive na seleção espanhola. Ele sofreu uma lesão no joelho que quase o aposentou definitivamente. Após a cirurgia, a ferida não cicatrizava nem respondia aos tratamentos, até que um médico descobriu que uma bactéria impedia a recuperação dele. Deus o ajudou nesse momento para que os médicos encontrassem a solução para o seu mal. Hoje ele e sua família são cristãos.

Quando você envelhece e para de jogar, apenas os que realmente o amam se lembram de você. Tente escrever os nomes dos campeões do mundo de qualquer esporte de 15 anos atrás ou mais… Apenas os mais famosos ficam na lembrança!

No entanto, todos nós vivemos no coração de Deus. Para ele, todos somos importantes, Ele nunca se esquece de nós, para Deus sempre temos valor. Ele nos dá segurança, nos ensina que a nossa vida tem valor e nos mostra qual o fim da nossa estrada, por assim dizer, porque o que cremos ser o fim é apenas o começo.

Mas Ele nos acompanha sempre, e não nos deixa sós. Paulo experimentara isso e escreve no final de sua vida: "É por isso que sofro essas coisas. Mas eu ainda tenho muita confiança, pois sei em quem tenho crido e estou certo de que ele é poderoso para guardar, até aquele dia, aquilo que ele me confiou" (2 Timóteo 1:12). A nossa vida tem um propósito, porque Deus nos fez, não importam as circunstâncias, Deus guardará este "depósito" para sempre. O que somos, ninguém nos tira, pois está nas mãos de Deus. Não importam as mudanças físicas, familiares, sociais ou circunstanciais… Se confiarmos em Deus, Ele nos guardará até o dia em que a "eternidade" começar.

Jesus ajudou aos outros, e essa deve ser a nossa atitude; fazer o bem. Jesus curou a todos, deu-lhes alimento, atenção e deu-lhes o que precisavam etc. Ele veio para proclamar a mensagem do evangelho do reino por três anos e se entregou por nós.

Ajudemos os outros também, mesmo que nos reste apenas um dia para viver, pois o Senhor pode nos chamar a qualquer momento! Nada nos envergonha nem preocupa. Sabemos em quem temos crido, que Ele é poderoso para nos guardar. A nossa vida tem sentido porque está em Suas mãos. Não nos importa se alguns dos nossos conhecidos se esquecem de nós, pois vivemos no coração de Deus.

LEITURA DE HOJE
Ester 8
Oseias 1-2

ORAÇÃO
Pai que estás nos céus, dou-te graças porque sei que estou em Teu coração. Obrigado por Teu amor.

Sabemos em quem temos crido, que Ele é poderoso para nos guardar e cuidar.

Especialista em autodestruição

10 de novembro

Eddie Griffin foi um dos jogadores da *NBA*. Ele tinha contrato com um grande time, mas as drogas e más companhias o levaram à depressão. Ele morreu na madrugada em que bateu o seu carro 4x4 contra um trem, numa passagem de nível. Tiveram que examinar os seus dentes para reconhecer o corpo. Seus amigos não tinham notado sua falta.

Muitos buscam o prazer a qualquer preço. O corpo se torna o rei do destino. Poucos se preocupam com a alma ou espírito, objetivo de vida ou propósito. Não fazem o bem, nem se aproximam de Deus para apreciá-lo e adorá-lo. Isso os levaria a viver sem perder os prazeres que Deus nos deu.

Quando vivemos apenas o momento, nada nos satisfaz. Essa frustração interna nos derrota, e queremos sempre ir além no prazer, possuir mais e ser mais admirados. A nossa ambição não tem limites, e nos impede de desfrutar o que já temos. Somos egoístas, e não apenas com o que é bom para nós. Às vezes, encontramos prazer em ver o outro sofrer. E, claro, nunca pensamos nas consequências, mas que um momento de glória vale tudo.

Somos especializados em nos autodestruirmos. Mesmo ao fabricarmos máquinas que aumentam o nosso conforto, estas nos dominam, porque cremos não poder viver sem elas. Passamos metade da vida desperdiçando energias, até reconhecer que poderíamos viver sem elas. Cedo ou tarde, nos consumimos também.

Nada disso é novidade. Olhe a descrição de Paulo sobre o caráter de muitos: "Lembre disto: nos últimos dias haverá tempos difíceis. Pois muitos serão egoístas, avarentos, orgulhosos, vaidosos, xingadores, ingratos, desobedientes aos seus pais e não terão respeito pela religião. Não terão amor pelos outros e serão duros, caluniadores, incapazes de se controlarem, violentos e inimigos do bem. Serão traidores, atrevidos e cheios de orgulho. Amarão mais os prazeres do que a Deus" (2 Timóteo 3:1).

Egoístas, não é uma definição perfeita? Não gostamos do termo "pecado", mas a Palavra de Deus o define de várias maneiras: "errar o alvo", transgredir um limite estabelecido por lei, seja moral ou físico, ser injusto, ou deturpar uma decisão do seu sentido original.

O pecado é a armadilha que construímos para derrubar o outro e na qual tropeçamos. É o rebelar-se contra o nosso Criador. Todos os pecados carregam com eles um ato de vontade da nossa parte. Não há desculpa, ou voltamos para Deus, ou morremos.

LEITURA DE HOJE
Ester 9
Oseias 3-4

ORAÇÃO
Santo Pai, dá-me forças para não me autodestruir nem desonrar-te.

Ou permanecemos na presença de Deus ou morremos.

Manipulação total

Durante as últimas jogadas do basquete mundial júnior, em Madrid, os jogadores dos dois times acordaram que uma das seleções deveria vencer por quatro pontos para os dois times chegarem às semifinais. A Espanha que era a favorita foi eliminada. As últimas jogadas foram feitas para acomodar o resultado a ponto de as federações abrirem um inquérito. No final, o melhor jogador júnior na época, Ricky Rubio, não pôde disputar as semifinais com a seleção espanhola.

Esta história nos lembra de outras características da nossa sociedade: a manipulação. Consciente ou não, a mídia, os governos e a grande maioria das fontes de informação não nos permitem conhecer a verdade ao nosso redor.

A manipulação histórica faz todos se lembrarem do passado de acordo com os seus próprios preconceitos. Certos historiadores europeus dizem que o Holocausto durante a Segunda Guerra Mundial era invenção dos Aliados. Como, se é possível visitar os campos de concentração, verificar os fornos a gás e imaginar as imagens!

Sofremos a manipulação social: Não se pode opinar sobre questões específicas, sem ser identificado, porque a "sociedade" impõe uma ideia em particular e todos devem segui-la: aborto, tratamento de idosos, fome, racismo, doenças, lucros desonestos etc. Se você manifestar-se contrário ao pensamento da maioria será identificado e isolado.

Vivemos também na época da manipulação científica, genética, biológica etc..., sem que alguém saiba quais limites devem existir. Poucos admitem uma lei moral maior que determine o certo e o errado.

A manipulação religiosa diz que todos os caminhos levam a Roma e não importam as suas crenças, chegaremos ao mesmo lugar. Tudo é visto pela ótica individual. Quase ninguém parece se importar com o rigor histórico da Bíblia e a certeza absoluta de que Jesus é o Filho de Deus enviado à Terra para morrer, ressuscitar e salvar cada pessoa. Embora essa verdade seja a maior, a maioria das pessoas não se importa, pois para elas a verdade não tem qualquer sentido. A manipulação não tem volta. Se você não conhecer a verdade, será apenas escravo de quem o engana. Temos liberdade para decidir, mas muitos "...parecerão ser seguidores da nossa religião, mas com as suas ações negarão o verdadeiro poder dela. Fique longe dessa gente!" (2 Timóteo 3:5).

Se você não conhecer a verdade, será apenas escravo de quem o engana.

11 de novembro

LEITURA DE HOJE
Ester 10
Oseias 5- 6

ORAÇÃO
Senhor Jesus, ensina-me a viver na liberdade e a não ser manipulado.

12 de novembro

Deixar uma marca

Dois jogadores de basquete estrearam na seleção espanhola em 2011, apesar de nascidos fora da Espanha. Um deles é Nikola Mirotic, de Montenegro, campeão europeu do Sub-20 e eleito o melhor jogador do torneio. O outro é Serge Ibaka, do Congo que joga na *NBA*, ele é campeão europeu com a seleção e um dos jogadores mais fortes na Europa. Ambos deixaram a sua marca na história do esporte.

Há outros que atingiram o topo do basquetebol, como Barea, de Porto Rico, campeão da *NBA*, que foi impressionante nas semifinais e finais. Ao escrevermos sobre os veteranos do futebol vem à mente o exemplo de Carles Puyol. Em 10 temporadas no *Barcelona* e na seleção, ganhou todos os campeonatos estaduais da Europa e no mundo, possíveis de ganhar!

Todos querem deixar marcas na vida. Os atores mais conhecidos do cinema, deixam literalmente as suas marcas pessoais no Hall da fama. Queremos viver além do que somos, levamos essa transcendência da imortalidade nos nossos corações desde sempre. Que tipo de marca você quer deixar? Alguns são capazes de tudo para obter fama e poder, depois reconhecem que isso não os satisfaz. Para deixar uma marca que valha a pena, pense na amizade, no amor, no serviço, na ajuda aos outros, no saber aproveitar a vida... Se pudermos ajudar os outros, as nossas vidas valerão a pena, embora possa parecer pouco o que fizemos. Se formos capazes de fazer alguém sorrir, teremos um bom dia. Ao aproveitarmos o tempo com a família e amigos, reconhecemos que Deus está abençoando o que fazemos.

Qual marca você deixará... Como será lembrado? Certa vez, Iami, a minha filha mais velha na época com 14 anos disse: "Pai, você é meu herói". Por meses vivi "nas nuvens", lembrando disso. Se formos heróis para quem amamos, se deixarmos nessas pessoas a nossa marca do amor, nossa vida terá sido um sucesso estrondoso!

O apóstolo Paulo escreveu: "Fiz o melhor que pude na corrida, cheguei até o fim, conservei a fé. E agora está me esperando o prêmio da vitória, que é dado para quem vive uma vida correta, o prêmio que o Senhor, o justo Juiz, me dará naquele dia, e não somente a mim, mas a todos os que esperam, com amor, a sua vinda" (2 Timóteo 4:7-8). A fidelidade ao Senhor é a marca do cristão. Essa marca ninguém pode apagar. É uma vida que, para Deus, merece uma coroa.

LEITURA DE HOJE
Jó 1
Oseias 7-8

ORAÇÃO
Pai Santo, obrigado pelo que me destes. Quero levar as pessoas para a Tua presença.

Se formos heróis para quem amamos, nossa vida terá sido um sucesso estrondoso!

Cheios de admiração

13 de novembro

Nos últimos anos, vários treinadores jovens foram contratados por times importantes. Tito Vilanova, assistente do treinador Guardiola enquanto ele treinava o *Barcelona F.C*. Como Vilanova, muitos treinadores jovens têm demonstrado ter bons conhecimentos e capacidade para fazer o trabalho bem feito. Admiramos os que fazem o trabalho bem feito, mas também temos que confiar no que os mais jovens podem fazer.

Nos últimos dias, admiramos muitos versículos escritos por Paulo. É hora de avançar, da admiração à ação.

"Agradeço a Cristo Jesus, o nosso Senhor, que me tem dado forças para cumprir a minha missão. Eu lhe agradeço porque ele achou que eu era merecedor e porque me escolheu para servi-lo. Ele fez isso apesar de eu ter dito blasfêmias contra ele no passado e de o ter perseguido e insultado. Mas Deus teve misericórdia de mim, pois eu não tinha fé e por isso não sabia o que estava fazendo. E o nosso Senhor derramou a sua imensa graça sobre mim e me deu a fé e o amor que temos por estarmos unidos com Cristo Jesus. O ensinamento verdadeiro e que deve ser crido e aceito de todo o coração é este: Cristo Jesus veio ao mundo para salvar os pecadores, dos quais eu sou o pior" (1 Timóteo 1:12-15).

"Pois existe um só Deus e uma só pessoa que une Deus com os seres humanos — o ser humano Cristo Jesus" (1 Timóteo 2:5).

"…Ele se tornou um ser humano, foi aprovado pelo Espírito de Deus, foi visto pelos anjos, foi anunciado entre as nações, foi aceito com fé por muitos no mundo inteiro e foi levado para a glória" (1 Timóteo 3:16).

"…Viva uma vida correta, de dedicação a Deus, de fé, de amor, de perseverança e de respeito pelos outros" (1 Timóteo 6:11).

"Portanto, não se envergonhe de dar o seu testemunho a favor do nosso Senhor […] com a força que vem de Deus, esteja pronto para sofrer comigo por amor ao evangelho" (2 Timóteo 1:8).

"Faça todo o possível para conseguir a completa aprovação de Deus…" (2 Timóteo 2:15).

"Pois toda a Escritura Sagrada é inspirada por Deus e é útil para ensinar a verdade, condenar o erro, corrigir as faltas e ensinar a maneira certa de viver. E isso para que o servo de Deus esteja completamente preparado e pronto…" (2 Timóteo 3:16-17).

LEITURA DE HOJE
Jó 2
Oseias 9-10

ORAÇÃO
Senhor Jesus, quero admirar-te sempre. Os meus olhos estão postos no Senhor.

Deus não nos deu o espírito de covardia, mas de amor e poder.

14 de novembro

Ser um viciado

A. C. Green é conhecido na *NBA* por ter sido várias vezes campeão; o jogador que mais partidas jogou e por seus programas de ajuda aos jovens, para tirá-los das drogas e imoralidade. "Só em Jesus temos as respostas que as pessoas estão procurando," ele disse numa entrevista, pois cada vez mais, os jovens usam a liberdade que têm para entrar em situações que os escravizam.

Depois das cartas a Timóteo, no Novo Testamento, você encontrará a carta de Paulo a Tito, outro de seus colaboradores. Eles tinham ido juntos fundar igrejas na ilha de Creta e, mais tarde, Paulo pediu-lhe que ficasse na ilha por alguns meses para fortalecer as vidas dos cristãos.

Creta é uma ilha no Mediterrâneo e, naquele tempo, seus habitantes tinham a reputação de serem pessoas complicadas. Seus líderes diziam que eles eram pessoas mentirosas e de caráter fraco. Estas características são comuns hoje, pois muitos usam a liberdade que têm para consumir substâncias que os escravizam.

Os vícios nos roubam a vida, impedem que pensemos em outras coisas. Roubam-nos os desejos e os sonhos. Ninguém vive pior do que um viciado. Ninguém é mais escravo do que aqueles que acreditam que fazem o que querem, mas fazem o que o seu corpo pede. Quando algo ou alguém o escraviza, você vive apenas para satisfazer o seu vício.

Quando pensamos que o mal e o pecado são algo que merece a nossa admiração, temos um grande problema. Pensamos que se não fizermos o que queremos, estaremos perdendo as nossas vidas ou sendo um pouco bobos. Temos de aprender a dizer não! Se começarmos assim, acabaremos destruídos por milhares de bobagens diferentes. Quando não damos conta, ficamos escravizados quase de forma inevitável.

Paulo escreve a Tito para explicar-lhe quais características aqueles que querem seguir ao Senhor e os responsáveis pela igreja devem ter. Estas características são as mesmas nos dias de hoje. Tantas pessoas querem orientar a vida espiritual dos outros, sem ter o amor, o caráter nem o poder que Deus quer.

Nesta carta, Paulo ensina sobre como levar pessoas a conhecerem a Cristo e fortalecê-las no amor de Deus: "Pois Deus revelou a sua graça para dar a salvação a todos" (Tito 2:11). Mesmo sendo pessoas complicadas, Deus nos ama e oferece a salvação a todos.

LEITURA DE HOJE
Jó 3
Oseias 11–12

ORAÇÃO
Pai, livra-me de tudo o que me destrói. Enche-me do poder do Teu Espírito, para dizer não ao pecado, por menor que possa me parecer.

Quando pensamos que o mal e o pecado merecem nossa admiração, temos um grande problema.

Amigos para sempre

Durante 2011, tivemos todos os clássicos imagináveis na Europa — *Real Madrid* e *Barcelona* se enfrentaram diversas vezes. A tensão era muito forte, e num dos últimos jogos, desencadeou-se uma briga entre os jogadores e os reservas dos dois times. No calor dos acontecimentos o capitão do *Real Madrid*, Casillas, falou numa entrevista coisas sobre o time adversário que não eram inteiramente verdade. Passado algum tempo, Iker percebeu que estava errado e num ato de respeito chamou os capitães de *Barcelona*, Xavi e Puyol, para se desculpar. O problema foi facilmente resolvido, pois a amizade deles significava mais do que um pequeno aborrecimento.

A amizade é um dom de Deus, e a Bíblia nos ensina sobre a ajuda mútua e afeto. A carta de Paulo a Filemom narra uma delas. Os dois eram amigos e um dos trabalhadores de Filemom, Onésimo, o tinha roubado e fugido. Nunca mais se ouvira falar dele e, aparentemente, o que ele tinha roubado era importante. Mais tarde, Onésimo ouviu o evangelho por intermédio de Paulo e decidiu seguir o Senhor. Quando Onésimo contou sua história a Paulo, este o reconheceu como a pessoa que tinha roubado Filemom.

Paulo escreve a Filemon pedindo-lhe para perdoar Onésimo. Ele fala como um verdadeiro amigo, ao dizer que seria bom recebê-lo em casa novamente. Onésimo agora era cristão e o seu comportamento era radicalmente diferente. Paulo chega a dizer que ele mesmo recuperaria o que Onésimo roubou, se fosse necessário.

Deus quer nos ensinar que Ele é o Deus da restauração e das segundas chances. Ele age para fazer um fugitivo aparecer centenas de quilômetros de distância para ouvir um alguém que é amigo próximo do primeiro. Alguns dizem que não há milagres hoje! Você sabe por que Deus faz tudo isso? Ele quer restaurar a vida de Onésimo e está dando a ele uma segunda chance.

Abra os seus olhos. Admire e agradeça as centenas de casualidades que Deus lhe dá para restaurar a sua vida, para lhe dar uma nova chance... Emocione-se ao ver como Deus é capaz de mudar a situação ou uma pessoa para lhe mostrar que você tem valor para Ele.

Na maioria das vezes, Deus faz os seus pequenos milagres por meio de um bom amigo. Nada vale tanto quanto o abraço sincero de quem o ama. Isso é um dom de Deus.

LEITURA DE HOJE
Jó 4
Oseias 13-14

ORAÇÃO
Pai Amado, dá-me sabedoria e sensibilidade para cuidar dos meus amigos...

Admire e agradeça as casualidades que Deus lhe dá para restaurar a sua vida...

15 de novembro

Impossível viver sem fé

16 de novembro

Evelyn Ashford foi uma das corredoras mais famosas do século 20. Ela ganhou 4 medalhas de ouro e 1 de prata em 2 Olimpíadas diferentes, 1984–88 e foi porta-estandarte dos EUA em Seul. Competiu com trinta e cinco anos, nenhuma outra atleta tinha feito isso antes. Sempre declarou que a sua confiança em Deus lhe dava forças: "Sem fé nada podia fazer."

Ninguém sabe quem escreveu a carta aos Hebreus, embora seja uma das mais impressionantes do Novo Testamento. Os argumentos usados pelo Espírito de Deus para desenvolver o senhorio de Cristo sobre qualquer outra pessoa, circunstância ou lei nos espantam. A eloquência é admirável: "Antigamente, por meio dos profetas, Deus falou muitas vezes e de muitas maneiras aos nossos antepassados, mas nestes últimos tempos ele nos falou por meio do seu Filho" (Hebreus 1:1,2).

A carta foi dirigida aos judeus que tinham crido em Jesus e demonstra que o Senhor está acima de todos os profetas, anjos ou seres. Jesus aparece como o Criador e herdeiro de todo o universo. Como Salvador e Senhor de todos os que o recebem Ele não é só a origem, mas também a culminação de tudo. Ele é infinitamente melhor do que qualquer outro profeta, ideologia, religião, filosofia etc. Ele é único. Sendo os primeiros destinatários judeus, o argumento da carta se baseia principalmente no Antigo Testamento, mas todos os capítulos apontam para o mesmo lugar, ao sacrifício do Senhor Jesus na cruz em nosso lugar e a Sua ressurreição para nos dar vida.

É uma carta para ler com calma e prestar atenção. É importante entender o contexto. Lembre-se de que originalmente os livros da Bíblia foram escritos sem a divisão em capítulos e versículos, por isso esta é uma das epístolas melhor compreendida quando lida na sequência. Assim que você puder tirar algum tempo, faça-o, vai ajudar muito!

Ao final da carta, encontramos as consequências decorrentes da centralidade do Senhor Jesus. A partir do capítulo 11 encontramos os heróis da fé. Uma das frases-chave no livro é: "Conservemos os nossos olhos fixos em Jesus." A fé nos faz ver o invisível, acreditar no que Ele diz e viver para sempre descansando nele. É uma questão de fé e confiança contínua em quem morreu e ressuscitou por nós. Ele nos ama e compreende, pois passou por lutas para ser declarado Vencedor, para que vivamos como vencedores.

LEITURA DE HOJE
Jó 5
Joel 1–2

ORAÇÃO
Pai que estás no céu, obrigado por nos falar por meio do Senhor Jesus.

Deus nos fez para viver como vencedores em quaisquer circunstâncias...

Não temos nada, faremos tudo

17 de novembro

Em maio de 1960, um grande terremoto atingiu o Chile e muitas sedes do mundial tiveram que ser substituídas. Quase não foi possível realizar a Copa do Mundo de Futebol em 1962 lá. O presidente naquela época superou o desespero e declarou: "Como não temos nada, faremos tudo." O trabalho foi excelente e a organização perfeita. O estádio apresentava essa frase em uma grande faixa no dia da abertura.

Quando estamos fracos, estamos prontos para qualquer coisa. Já não dependemos de nós mesmos, mas de Deus, e com Ele, tudo vale a pena! Quando estamos fracos, somos fortes. Ninguém pode nos derrotar, porque Deus é o nosso refúgio, lembre-se: "Pela fé eles lutaram contra nações inteiras e venceram. Fizeram o que era correto e receberam o que Deus lhes havia prometido..." (Hebreus 11:33-34).

Entreguemos as nossas fraquezas a Deus para deixá-lo agir por meio de nós também. Alguns textos da Carta aos Hebreus podem nos orientar:

"Antigamente, por meio dos profetas, Deus falou muitas vezes e de muitas maneiras aos nossos antepassados, mas nestes últimos tempos ele nos falou por meio do seu Filho. [...]. O Filho brilha com o brilho da glória de Deus e é a perfeita semelhança do próprio Deus. Ele sustenta o Universo com a sua palavra poderosa. E, depois de ter purificado os seres humanos dos seus pecados, sentou-se no céu, do lado direito de Deus, o Todo-Poderoso" (1:1-3).

"Sendo assim, como é que nós escaparemos do castigo se desprezarmos uma salvação tão grande? Primeiro, o próprio Senhor Jesus anunciou essa salvação; e depois aqueles que a ouviram nos provaram que ela é verdadeira. Ao mesmo tempo, por meio de sinais de poder, maravilhas e muitos tipos de milagres, Deus confirmou o testemunho deles..." (2:3-4).

"...Pois a aliança que ele conseguiu é melhor porque ela se baseia em promessas de coisas melhores" (8:6).

"...Cristo foi oferecido uma só vez em sacrifício, para tirar os pecados de muitas pessoas. Depois ele aparecerá pela segunda vez, não para tirar pecados, mas para salvar as pessoas que estão esperando por ele" (9:28).

"...Sejamos agradecidos e adoremos a Deus de um modo que o agrade, com respeito e temor" (12:28).

"Não se deixem levar por ensinamentos diferentes e estranhos que tiram vocês do caminho certo..." (13:9).

LEITURA DE HOJE
Jó 6
Joel 3
Amós 1

ORAÇÃO
Pai que estás no céu, não quero desapontar o Senhor nunca!

Sejamos agradecidos e adoremos a Deus.

18 de novembro

Conduta jurídica

A manchete era "O campeão olímpico Michael Johnson devolverá sua última medalha de ouro conseguida no revezamento 4x400 m nas Olimpíadas de Sydney 2000, depois que um companheiro da equipe admitiu ter se dopado." Isso aconteceu após Antonio Pettigrew testemunhar contra o treinador Trevor Graham e admitir ter tomado substâncias dopantes a partir de 1996. A confissão foi depois das suspensões de Alvin e Calvin Harrison e Jerome Young, também membros da equipe.

Cada vez mais pessoas devolvem as medalhas, cargos, dinheiro etc... são processados por corrupção, suborno, *doping*, crimes econômicos, fraudes etc... Não é errado reconhecer, pelo contrário! Impressiona é que o fazem apenas ao serem descobertos.

Chamo isso de conduta jurídica, ou seja, é correto, enquanto não se descobre. É válido, desde que ninguém saiba. Se houver suspeita e denúncia, todos se arrependem. Poucos pautam suas decisões de acordo com o certo ou errado. Quase todos tentam enganar e se ninguém souber, melhor! No final, a maioria deixa de viver de acordo com a justiça, e só a utilizam ao serem enganados ou descobertos.

Deus nos conhece e deixou escrito: "...devemos prestar mais atenção nas verdades que temos ouvido, para não nos desviarmos delas" (Hebreus 2:1). A palavra "desviar" ir para outro lado, no original significa "perder o rumo". A definição de muitos hoje.

E esse sinal de alerta "para não nos desviarmos delas" foi escrito para todos, cristãos ou não. A maior parte da sociedade já não vive mais sob os princípios cristãos nem se preocupa muito com o que é certo ou errado. Muitos perderam o rumo e não se preocupam.

Isso é válido também para os que acreditam em Deus, pois podem deslizar e seguir o rumo errado. Podemos desperdiçar nossa vida pensando que estamos agindo certo, sem viver a vida que Deus nos preparou. Podemos perder o rumo, embora estejamos no caminho certo.

Não é só fazer o bem por medo da punição. A conduta jurídica não transformará a sociedade nem irá torná-la mais justa. Pensar que tudo está bem, enquanto não nos descobrem, é erro infantil. Outros podem estar nos roubando, sem que o saibamos. Deus espera que descansemos nele e prestemos atenção ao que ouvimos, à Sua Palavra. Que as nossas decisões sejam feitas em Sua presença. Não podemos perder o rumo.

LEITURA DE HOJE:
Jó 7
Amós 2-3

ORAÇÃO
Pai amado, examina o meu coração e mostra-me se estou perdendo o rumo. Não quero me afastar do Senhor.

Que as nossas decisões sejam feitas em Sua presença.

Livrá-los do medo da morte

Terry Fox morreu aos 22 anos e foi um dos canadenses mais famosos do século 20, Dezenas de escolas primárias e secundárias, bibliotecas, piscinas, pistas de atletismo, levam o seu nome. Cedo, ele descobriu suas habilidades para os esportes: rúgbi, beisebol, saltos de trampolim... Até que um dia o seu treinador escolar o fez tentar corridas de rua. Em princípio, ele não gostou, mas logo se tornou seu esporte favorito.

Ganhou muitos troféus durante a adolescência, mas preferiu deixar de lado a prática profissional para estudar para ser professor de educação física. Em 12 de novembro de 1976, ao voltar para casa dirigindo, se distraiu e bateu num caminhão. Saiu quase ileso, mas com pequenas protuberâncias no seu joelho direito. Meses depois, a dor não parou, e ele foi ao médico. Foi diagnosticado com osteossarcoma, um tipo de câncer que geralmente começa no joelho e se estende, afetando os músculos e tendões. A única solução possível naquele momento era amputar a perna. Terry tinha apenas 18 anos. A sua passagem por diversas clínicas de câncer e o tratamento com os pacientes o comoveu profundamente, o que o levou a fazer algo que pudesse ajudar outros pacientes. Assim nasceu a *Maratona da Esperança*, e ele percorreu o trajeto para arrecadar fundos para pesquisas contra o câncer.

Ele não conseguiu terminar sua façanha. Após 143 dias de corrida, nos quais cobriu a distância de 5.373 km por seis províncias canadenses, o câncer atingiu os seus pulmões e o país inteiro, que se sentia impactado por iniciativa tão valente. Todos ficaram absolutamente aturdidos! Uma rede de TV organizou uma telemaratona para ajudar Terry Fox e levantou dezenas de milhões de dólares. Nos últimos dias de sua vida, quando o câncer já se espalhava por todo o seu corpo, ele recebeu inúmeras homenagens, inclusive a maior que o governo canadense outorga a um civil. Fox morreu em 28 de junho de 1981 e o seu legado e coragem continuam como exemplo para o país e ao mundo.

Fox nos deixou um exemplo admirável, porque nos ensinou a lutar contra a enfermidade e a morte. Mas nunca esqueça que alguém já as venceu — o Senhor Jesus: "...e também para libertar os que foram escravos toda a sua vida por causa do medo da morte" (Hebreus 2:15).

19 de novembro

LEITURA DE HOJE
Jó 8
Amós 4-5

ORAÇÃO
Pai que estás no céu, eu quero ajudar...

Jesus venceu a doença e a morte. Não devemos temer.

20 de novembro

Todos nós duvidamos

Quantos pontos você acha que é possível conseguir num jogo de basquete em 1min 30s? Nove ou 10 já seria muito, mas Isaiah Thomas da *NBA* marcou 16 pontos! Ele sozinho! Seria impossível vencê-lo! E se confiássemos de forma incondicional no que somos capazes de fazer, sem nos preocuparmos com as circunstâncias? E se estivéssemos dispostos e sempre prontos para o que parece impossível? Tudo depende da nossa confiança, de saber que o improvável possa vir a acontecer. Essa confiança é mais importante do que pensamos, porque nas batalhas da vida, o que faz a diferença não é a nossa força, mas o poder de Deus em nossas vidas.

"…Se hoje vocês ouvirem a voz de Deus, não sejam teimosos como foram os seus antepassados …" (Hebreus 3:7-9). A nossa confiança em Deus deve crescer diariamente e não pode se igualar ao dia em que recebemos o Senhor em nossas vidas. Deve fortalecer-se com vitórias na caminhada diária com Jesus.

Esse foi o grave problema do povo de Israel, que viu ao longo dos anos tudo o que o Senhor lhes fizera, quando os salvou dos seus inimigos, como cuidou deles surpreendentemente…, mas deixaram de confiar nele.

Sejamos honestos, em algum momento todos nós duvidamos. As dúvidas nos assustam, mas elas são parte da nossa fé. A nossa fé em Deus cresce em meio à descrença e desafios, em momentos difíceis e em situações em que não entendemos o que está acontecendo. Na Bíblia, aprendemos que Deus entende as nossas dúvidas e o nosso desespero. Ele nos pede a confiança absoluta, mas entende a nossa fraqueza.

Sempre que duvidamos, buscamos o Senhor, pois precisamos dele. Deus continua amando os que duvidam, questionam e não entendem, mas sempre se dirigem a Ele. O Pai sofre quando nos afastamos dele, Ele quer o nosso amor em todos os momentos, sobretudo nos momentos mais difíceis que reafirmam a nossa fé. Quando mais duvidamos, mais precisamos dele desesperadamente.

O oposto da fé é o medo. O que destrói a fé não é a duvida de que não podemos alcançar o que acreditamos, mas o medo de não ser capaz de conseguir. Se duvidamos é porque estamos lutando. O medo nos paralisa, e por isso, Deus está sempre ao nosso lado, para fortalecer a nossa confiança e a nossa fé, embora, às vezes, duvidemos.

LEITURA DE HOJE
Jó 9
Amós 6-7

ORAÇÃO
Senhor Jesus, olha para as minhas dúvidas. Ajuda-me em minha incredulidade, pois necessito de ti.

Deus está sempre ao nosso lado, para fortalecer a nossa confiança e a nossa fé.

Mais uma vez, descansa!

21 de novembro

João Leite, o goleiro da Seleção do Brasil nos anos 80 foi um dos fundadores do grupo *Atletas de Cristo*. Ele agora está na política, e alguns de seus adversários políticos o vaiaram quando ele estava apresentando um projeto de lei. Ele fez uma pausa e disse: "Quando era goleiro e jogava num estádio adversário, milhares de pessoas me vaiavam. Não vou me preocupar com a vaia de alguns." Trata-se de aplicar o que acreditamos, simples assim.

A nossa confiança no que conhecemos nos mantém firmes. Podemos conhecer as leis da aerodinâmica e os princípios relativos à construção de aeronaves, mas termos tanto medo que nunca resolveremos subir numa delas. Podemos nos tornar especialistas sobre o caráter de Deus e examinar textos bíblicos, mas se o que lermos não transformar as nossas vidas, não estaremos confiando em Deus.

O segredo é descansar no Senhor. As crianças compreendem isso, porque confiam em seus pais e descansam no cuidado deles. Para elas, as dúvidas começam a surgir quando elas adquirem mais conhecimento e decidem desconfiar dos pais.

Descanse em Deus! Não tente controlar todas as coisas. Não pense que Deus tem de fazer o que você quer, Ele é infinitamente bom, sábio e poderoso para cuidar de você. Descanse incondicionalmente nele como uma criança que confia em seu pai...

Você não precisa saber todas as respostas às suas perguntas. Com os anos, você entenderá mais coisas, e a confiança não cresce com o conhecimento das respostas. Cresce ao colocar o que você é e o que lhe acontece nas mãos de Deus. Faça o que puder, mas não tente consertar tudo, muitas vezes caímos na depressão por não deixar que Deus cuide de nós!

Se Deus é verdadeiro só aos domingos; você não entendeu o evangelho. Ou Ele vive em nós, ou não sabemos do que falamos. Argumente se quiser, mas a confiança em Deus é o segredo de tudo. Ele nos pede para nos esforçarmos para descansar nele. "Porque quem receber o descanso que Deus prometeu vai descansar de todos os seus trabalhos, assim como Deus descansou dos trabalhos dele. Portanto, façamos tudo para receber esse descanso, e assim nenhum de nós deixará de recebê-lo, como aconteceu com aquelas pessoas, por terem se revoltado" (Hebreus 4:10,11).

Vivamos pela fé. Confie e descanse. Quem tem o Universo em Suas mãos, pode entender o que o preocupa.

LEITURA DE HOJE
Jó 10
Amós 8-9

ORAÇÃO
Querido Pai celestial, ainda é difícil descansar em Tua Palavra. Dá-me força para fazê-lo, pois necessito da Tua presença.

A confiança não cresce com o conhecimento das respostas, mas pelo entregar tudo nas mãos de Deus.

22 de novembro

O maior presente

Buck Williams foi um dos melhores jogadores de basquete. Ele usava o seu corpo para tomar a posição antes de um rebote e para bloquear e ajudar os seus companheiros. Ao receber Jesus como Salvador, o seu time começou a perder os jogos. Ele continuava firme no trabalho, "Deus está construindo o meu caráter", dizia, e se esforçava ao máximo. Chegaram a jogar a final do campeonato da NBA e perderam apenas no último jogo da série!

A nossa vida é importante presente que Deus nos deu. Ele poderia não nos ter dado, mas Ele queria que nascêssemos e por isso a nossa vida tem sentido. Talvez houvesse a possibilidade de não vivermos, mas Deus nos quis aqui, e Ele sabe o que faz.

O escritor dos Hebreus escreveu que nós tomamos decisões que nos fazem ter propósitos. Nele relata-se o momento crucial na vida de um dos heróis do povo: Foi pela fé que Moisés, já adulto, não quis ser chamado de filho da filha de Faraó. Ele preferiu sofrer com o povo de Deus e não os prazeres do pecado. Ele achou melhor sofrer o desprezo por causa do Messias do que possuir todos os tesouros do Egito. Ele tinha os olhos fixos na recompensa futura. Pela fé ele saiu do Egito, sem ter medo da raiva do rei, e seguiu firme, como se visse o Deus invisível (Hebreus 11:24-27). Deus o presenteou com a sua vida, ele não precisava nascer naquela época, em que os egípcios matavam os judeus do sexo masculino que nasciam, mas Deus permitiu que Moisés vivesse. Ele o serviu de forma admirável e se tornou um dos heróis da fé.

Deus fez o mesmo com cada um de nós. Talvez uns pensem que não deveriam ter nascido. A vida de Moisés não foi fácil, pois ele passou 40 anos com os egípcios, aprendendo a ser alguém e outros 40 como pastor de ovelhas. Moisés se acostumou com a presença e o tempo de Deus. Quantas vezes nos esquecemos disso! Dois elementos fundamentais em nossas vidas que quase sempre ignoramos.

Os planos de Deus são sempre melhores, e Ele nos ajudará a cumprir os nossos sonhos. Devemos parar de pensar só em nós mesmos! Para se descobrir, esqueça-se no Senhor, pois Jesus disse: "mas quem esquece a si mesmo por minha causa e por causa do evangelho terá a vida verdadeira". Confie em Deus! Não tente fazer tudo sozinho! Se não soubermos esperar, nos frustraremos. Deus não se atrasa, Ele tem o momento certo. Espere nele.

LEITURA DE HOJE
Jó 11
Obadias

ORAÇÃO
Pai, obrigado por minha vida. Ensina-me a viver de acordo com os Teus princípios. Preciso saber esperar e confiar no Senhor.

Os planos de Deus são sempre melhores.

O mundo não era digno deles

23 de novembro

O filme *Carruagens de Fogo* é a história de dois corredores britânicos que participaram nos Jogos Olímpicos de Paris: Harold Abrahams e Eric Lidell. Abrahams correria para vencer, e Lidell disse várias vezes: "Deus me fez rápido e quando corro, o agrado." Os dois se tornaram campeões olímpicos, mas Eric desistiu de tudo para retornar à Escócia e depois partir como missionário à China. Ele morreu lá e toda a Europa chorou por ele.

Os nossos heróis são bem-sucedidos, ricos, poderosos, conhecidos, fortes e especiais, escolhidos pelo destino para ocupar pedestais sociais. Os heróis de Deus têm outras qualidades: "Pela fé eles lutaram contra nações inteiras e venceram. Fizeram o que era correto e receberam o que Deus lhes havia prometido. Fecharam a boca de leões, apagaram incêndios terríveis e escaparam de serem mortos à espada. Eram fracos, mas se tornaram fortes. Foram poderosos na guerra e venceram exércitos estrangeiros. Pela fé mulheres receberam de volta os seus mortos, que ressuscitaram. Outros foram torturados até a morte; eles recusaram ser postos em liberdade a fim de ressuscitar para uma vida melhor. Alguns foram insultados e surrados; e outros, acorrentados e jogados na cadeia. Outros foram mortos a pedradas; outros, serrados pelo meio; e outros, mortos à espada. Andaram de um lado para outro vestidos de peles de ovelhas e de cabras; eram pobres, perseguidos e maltratados. Andaram como refugiados pelos desertos e montes, vivendo em cavernas e em buracos na terra. O mundo não era digno deles!" (Hebreus 11:33-38).

Muitos se esforçam pela fama, mas Deus nos ensina que o lugar dos verdadeiros heróis não é aqui. John Bunyan, escritor de *O peregrino* e pregador, foi condenado à morte por pregar o evangelho. O promotor afirmou: "Por fim, terminamos com este pensador e a sua causa, não nos incomodará mais, e o seu nome preso na cadeia com ele ficará no esquecimento. Terminamos com ele por toda a eternidade." Mas milhões leram o livro "O peregrino" e foram à eternidade guiados pelo seu escritor.

Estar sob a dependência de Deus constrói heróis. "Eu farei com que as minhas palavras sejam como um fogo" (Jeremias 5:14) é a promessa de Deus para os que creem nele. Não desista, porque você é um herói para Ele. Estamos aqui para mudar a história.

LEITURA DE HOJE
Jó 12
Jonas 1-2

ORAÇÃO
Senhor Deus Todo-Poderoso. Estou disposto a fazer o que o Senhor quiser. Sei que me darás a força e a confiança para viver de acordo com a Tua vontade.

Não estamos aqui para nos divertir, mas para mudar a história.

24 de novembro

Sonhadores

Recentemente, foi feita uma pesquisa na internet sobre as jogadas mais famosas da história do futebol mundial. É muito difícil escolher apenas uma das jogadas como a mais famosa da história, mas se você não se lembra, eis algumas delas: A parada do escorpião, do goleiro René Higuita, o gol de Leo Messi, depois de driblar quase todo o time do *Getafe*, o gol de Maradona contra a Inglaterra na Copa do Mundo no México, o do brasileiro Ronaldo contra o *Compostela*, quando jogava pelo *Barcelona* etc.

Sonhamos em realizar algum ato para deixar na lembrança. Essa não deve ser a nossa única motivação. Deus espera algo muito mais permanente: a origem aramaica da palavra sanidade, saúde é a mesma que a palavra sonhar. Ao realizamos os nossos sonhos, encontramos a saúde para nós e os que nos cercam. O imaginar, criar e sonhar com o que vale a pena, ter objetivos que nos obrigam a olhar para o céu, faz a vida ter sentido. Quem sonha vive mais alegre. Quem se desespera e pensa que o que faz não tem sentido acrescenta amargura à sua existência.

Quando você pensa que não há saída é a hora de voltar-se para Deus para Ele ensiná-lo e fortalecê-lo. Quando cremos não haver saída, Deus nos enche de esperança. "...Eram fracos, mas se tornaram fortes..." (Hebreus 11:34). Já aconteceu com todos nós! Deus nos fortalece quando acreditamos que não podemos fazer nada. A Bíblia diz que alguns deles nunca viram o que haviam sonhado, mas que Deus os considera heróis porque não desistiram. E o prêmio que terão na Sua presença terá valido a pena!

Confiar em Deus é também colocar os nossos sonhos em Suas mãos, permitir que Ele cure as nossas vidas, ao falarmos com Ele e ouvirmos a Sua voz. Descansar nele significa não tomar decisões antes de falar com o Senhor, porque Ele nos criou e sabe exatamente o que precisamos. Deus não permitirá que os nossos sonhos desapareçam, e mesmo que morramos sem alcançá-los, aparentemente! Ele sabe o que está em nossos corações e por essa razão alimenta esses sonhos. Se não for antes, um dia, quando estivermos com Ele, os veremos realizados, multiplicado por mil!

Enquanto isso continuamos abrindo os corações ao nosso Pai que está nos céus porque Ele aprecia passar o Seu tempo conosco e nos cura. Pratique a oração!

LEITURA DE HOJE
Jó 13
Jonas 3–4

ORAÇÃO
Senhor Jesus, obrigado por Tua ajuda. Preciso falar com o Senhor...

Confiar em Deus é também colocar nossos sonhos em Suas mãos.

Coragem, meu filho

25 de novembro

O ciclista Lance Armstrong tornou-se famoso por vencer 7 vezes o *Tour de France*. A sua mãe, Linda Mooneyham, estava sempre com ele. Lance usava o sobrenome do seu falecido padrasto Terry. "Por trás de cada obstáculo, há uma chance", era uma das frases favoritas da sua mãe. Lance, depois de muitas dificuldades em sua luta contra o câncer, fez suas essas palavras.

Quando Lance terminou a sua primeira corrida como profissional em último lugar, ele queria abandonar tudo. Sua mãe o incentivou a não desistir! Após vencer o mundial do ciclismo em Oslo, o rei da Noruega o convidou para uma recepção, e ele condicionou a sua ida à de sua mãe. "Se ela não for, também não irei", disse ele.

O que esta mãe fez por seu filho, nós faríamos também pelos nossos. Em formaturas no colégio das minhas filhas, vejo como os pais incentivam os filhos com entusiasmo. Filmam e fotografam com suas câmeras, não importa as posições que atinjam, alegram-se ao vê-los vencer e os esperam para abraçá-los e dizer que os amam.

O nosso Pai que está no céu nos contempla com admiração. Alegra-se ao ver que queremos respeitar a Sua vontade e nos ensina que as nossas escolhas devem refletir o Seu Espírito em nossas vidas para que sejamos mais semelhantes ao Seu Filho, "...temos essa grande multidão de testemunhas ao nosso redor..." (Hebreus 12:1). A nossa vida é uma corrida em que o Pai nos anima e fortalece. Os heróis da fé nos apoiam com seus exemplos e nos ajudam a perseverar. A Bíblia diz que até os anjos do céu e as hostes do mal nos observam: os primeiros para compreender e admirar o amor de Deus em nossas vidas; os outros para nos derrubar.

Os que nos observam são sempre as pessoas mais próximas de nós. Os que não conhecem o Senhor, como Salvador, só saberão o que significa confiar nele, se observarem o nosso exemplo. Esta é a nossa aventura! Deus nos criou para lutarmos pelo bem, para não sermos derrotados pelo mal, para ajudar tanto quanto possível para que todos sejam livres.

Deus quer que defendamos os indefesos, os perseguidos e fracos, que proclamemos a mensagem de liberdade aos desamparados, que ajudemos aqueles que nada têm e que estejamos ao lado dos oprimidos e que tenhamos compaixão de todos

LEITURA DE HOJE
Jó 14
Miqueias 1-2

ORAÇÃO
Pai que estás no céu, sei que... está sofrendo agora, e quero fazer a minha parte.

Deus nos vê e nos anima a viver de maneira a refletirmos a Sua santidade.

26 de novembro

Não pare de correr!

Haile Gebrselassie é recordista mundial da maratona de Berlim 2008, com um tempo de 2h03min58s. Ele foi medalha de ouro nos Jogos Olímpicos de Atlanta e Sydney 2000 na prova dos 10 mil metros, e em 4 campeonatos mundiais. Corria dez quilômetros desde criança, pois sua escola ficava distante de sua casa.

A Bíblia compara a nossa vida a uma corrida de maratona. Ao dizer que devemos correr e seguir em frente, não fala de uma corrida curta ou competição de vários quilômetros, mas da mais longa que existe. "Assim nós temos essa grande multidão de testemunhas ao nosso redor. Portanto, deixemos de lado tudo o que nos atrapalha e o pecado que se agarra firmemente em nós e continuemos a correr, sem desanimar, a corrida marcada para nós" (Hebreus 12:1). O segredo não é correr muito, mas correr com paciência.

Em corridas de maratona, o importante é seguir em frente sempre. Não duvidar da meta. Se pararmos, pensamos sobre o que passamos e medimos o cansaço que temos, as dúvidas começarão. Com dúvidas, desistimos. Mesmo cansados, devemos prosseguir. A corrida longa deve ser feita de forma contínua. Não adianta correr com toda velocidade por 1 quilômetro, e depois descansar ou fazer mais 10 andando. Em nossas vidas, devemos correr com paciência todos os dias. Não adianta muito tentar correr um dia, sendo mais espiritual do que ninguém, porque lemos algo que gostamos ou porque nos sentimos muito bem, e depois desaparecer durante vários meses.

Infelizmente é isso que muitos fazem. Dependem dos empurrões espirituais que recebem de outras pessoas. São cristãos apenas aos domingos, na igreja. Ali são capazes de conquistar o mundo, mas quando chegam a sua casa e trabalho, ninguém os reconhece.

Quando vamos à igreja, treinamos o ouvir a Palavra de Deus, adorar e ter comunhão com os outros... O jogo ocorre entre segunda a sábado! Ninguém vence se apenas treinar e nunca competir. Viver com Deus implica em andar com Ele todos os momentos, brilhar, lutar para transformar o mundo, depender do Espírito de Deus em todas as coisas e em cada momento de nossas vidas.

Precisamos correr com paciência! Não devemos desistir, nem abandonar! É importante ouvir o nosso treinador todos os dias das nossas vidas! Ele sempre nos dará a força necessária para seguir em frente.

LEITURA DE HOJE
Jó 15
Miqueias 3-4

ORAÇÃO
Senhor Jesus, descanso em ti. Dependo e necessito do Senhor.

Viver com Deus implica em andar com Ele todos os momentos.

Tire todo o peso

27 de novembro

O norte-americano Dan Jansen ficou em 4.º lugar na prova de 1000 m de patinação nas Olimpíadas de Inverno, em Sarajevo e, no Canadá. Naquela época, todos pensaram que a sua carreira estava acabada. Quando competiu novamente, um grande amigo lhe disse: "Relaxe e curta a patinação, não pense em mais nada," Jansen ganhou o ouro, quando ninguém esperava.

Encontramos uma imagem desportiva na Bíblia: "Assim nós temos essa grande multidão de testemunhas ao nosso redor. Portanto, deixemos de lado tudo o que nos atrapalha e o pecado que se agarra firmemente em nós e continuemos a correr, sem desanimar, a corrida marcada para nós" (Hebreus 12:1). É um ensinamento concreto e simples: para correr bem, devemos tirar todo o peso e pecado. A Palavra de Deus é muita clara: se algo nos separa de Deus e nos destrói, devemos evitar.

A que Ele se refere quando fala de peso; não precisa necessariamente ser algo ruim, pode até ser algo bom, mas nos impede de alcançar a meta. Nenhum corredor carrega peso extra ao competir, mesmo tendo amor pelo que está carregando. Os nossos pesos têm a ver com nosso caráter: coisas que ninguém sabe, lembranças do passado gravadas em nossos corações ou as fraquezas contra as quais acreditamos não poder lutar.

Às vezes, um peso é um rótulo que nos colocam e não esquecemos: "Você jamais vencerá", "Você sempre estraga tudo", "Você não consegue", "Você é fraco", "Você fala pouco ou demais…". Centenas de opções. Podemos dar-lhes vida em nós e permitir que nos identifiquem para sempre, ou não!

O nosso passado também pode ser um fardo. Talvez algo tenha nos marcado para sempre, e não somos capazes de perdoar ou esquecer. O nosso presente pode ser o maior inimigo, se nos julgamos jovens ou velhos demais, pouco preparados ou não. Sempre nos preocupamos com algo! E a preocupação é o pior peso que podemos carregar.

A opinião dos outros é um dos pesos mais difíceis de esquecer: vencer para provar alguma coisa; fazer o certo na frente de alguém determinado, ou de todos. O simples fato de o outro ver o que realmente somos, pode nos paralisar. Outros pesos refletem o tempo que dedicamos às situações e coisas não importantes. Muito tempo na TV, internet, tempo perdido de qualquer maneira… Você conhece os pesos que o impedem de aproveitar o que Deus lhe dá na vida.

A opinião dos outros é um dos pesos mais difíceis de esquecer.

LEITURA DE HOJE
Jó 16
Miqueias 5-6

ORAÇÃO
Pai que estás no céu, abandono todos os pesos que carreguei durante a minha vida. Deixo tudo aos pés da cruz.

28 de novembro

Qual é o seu objetivo na vida?

O maior infortúnio do *River Plate*, da Argentina, aconteceu no final de 2011, quando foi rebaixado para a segunda divisão no país. Foi espetacular porque jamais um clube com tantos títulos havia caído tanto. Para retornar à primeira divisão, os dirigentes do time contrataram o treinador Almeida, acompanhado pelo auxiliar José A. Chamot. Chamot sempre proclamou o seu amor pelo Senhor e o desejo de honrá-lo.

Qual é o objetivo da nossa vida? Lemos na Bíblia o seguinte: "Conservemos os nossos olhos fixos em Jesus, pois é por meio dele que a nossa fé começa" (Hebreus 12:2).

Pode parecer óbvio, mas não há vida cristã sem Cristo, qualquer um pode entender isso. Por que temos tantos problemas nas organizações, igrejas, missões etc.? Por que tantos cristãos não encontram o seu lugar na vida? Para muitos cristãos o mais importante na vida são as bênçãos de Deus. Para outros, o ministério, a organização ou a igreja, a doutrina e as crenças que defendem. Não faltam os que vivem em volta dos milagres, do poder, do extraordinário, para servir e trabalhar. Essas coisas não são más em si mesmas e não podem ser o objetivo da nossa vida.

Deus nos concede o trabalho na igreja, o serviço, as missões e estes às vezes nos entristecem e desanimam, porque só o Senhor pode preencher os nossos corações. Quando tudo vai bem, somos felizes, mas quando as dificuldades surgem, nada pode substituir o nosso Senhor. Se em nossa vida o ministério, a igreja, a pregação, os milagres, o poder, o louvor, a evangelização, o serviço etc, são o que enchem nossos corações de alegria, cedo ou tarde, nos decepcionaremos e desanimaremos. Somente o Senhor pode nos amar incondicionalmente, apenas Ele pode saciar a nossa vida. Deus quis que tudo girasse em torno dele. O Espírito de Deus glorifica tudo e habita em nós para que possamos glorificá-lo.

Novamente, qual é o objetivo da sua vida? Examinemo-nos. Grande parte dos problemas que temos decorre de algo tão simples como isso. Precisamos colocar os nossos olhos no Senhor Jesus, o restante virá com o tempo. Nada podemos fazer para encher de significado as nossas vidas como amar ao Senhor Jesus.

LEITURA DE HOJE
Jó 17
Miqueias 7

ORAÇÃO
Pai Santo, quero amar-te e servir ao Senhor e não a mim mesmo.

**Apenas Jesus pode preencher a nossa vida.
Qualquer outra meta nos deixará insatisfeitos.**

Deus vem para nos ajudar!

29 de novembro

Minha esposa e eu fomos voluntários nos Jogos de Barcelona em 1992, e vimos como Derek Redmond, o favorito para a medalha de ouro nos 400 m em atletismo, ficou estendido no chão, se contorcendo de dor por fratura muscular, após percorrer mais da metade do percurso. Por alguns segundos, não conseguia se levantar, mas de repente um homem forte saltou das arquibancadas e se colocou ao lado dele para levantá-lo e continuar andando com ele. Caminharam lado a lado até a linha de chegada.

Ficamos comovidos por este gesto. Soubemos depois que esse homem era o seu pai. Ele disse aos repórteres que não poderia permitir que o seu filho não terminasse a corrida, por isso o ajudou a terminá-la com a perna quase imobilizada.

Lembrei do texto abaixo, que é um dos exemplos mais claros sobre o que Deus faz conosco. O nosso Pai celestial não quer que abandonemos a nossa corrida. Ele nos ajuda, nos segura em Seus braços, para nos levar até o fim.

"Conservemos os nossos olhos fixos em Jesus, pois é por meio dele que a nossa fé começa, e é ele quem a aperfeiçoa. Ele não deixou que a cruz fizesse com que ele desistisse. Pelo contrário, por causa da alegria que lhe foi prometida, ele não se importou com a humilhação de morrer na cruz e agora está sentado do lado direito do trono de Deus" (Hebreus 12:2). Paulo escrevendo aos filipenses diz que aquele que começou boa obra em nós vai completá-la. O Espírito de Deus não entra e transforma as nossas vidas num dia para nos abandonar na primeira mudança. Não. A Bíblia diz que Jesus é o nosso advogado no céu. Ele intercede por nós no céu e nunca perde um julgamento. Não podemos falhar com uma ajuda como essa!

Deus não lembra apenas dos que cruzam a linha de chegada em primeiro lugar. Ele se preocupa com todos e para Ele, todos são vencedores. Se você se sente sem forças, busque, chame, ore, clame a Ele, porque Ele está perto. Se você não continuar, Ele irá junto com você. Se você não tiver forças, Ele colocará a mão em seu ombro e o levará, porque Ele nos ajuda em nossas fraquezas. Ele não permitirá que você fique quebrantado no caminho. Ele conhece os seus esforços e lágrimas; os seus fracassos e decepções. Para Ele é impossível continuar olhando quando um de Seus filhos cai. Descanse nele e sinta-se feliz de viver nos braços do seu Pai.

LEITURA DE HOJE
Jó 18
Naum 1-2

ORAÇÃO
Pai amado, obrigado por Tua ajuda para seguir sempre em frente. Obrigado por Teus abraços e cuidados. Amo-te Senhor.

Deus não abandona na metade do caminho.

Em que mão está tudo?

30 de novembro

LEITURA DE HOJE
Jó 19
Naum 3

ORAÇÃO
Senhor Jesus, quero deixar toda a minha vida em Tuas mãos. Dá-me forças para seguir-te...

Uma bola de basquete em minhas mãos vale pouco. A mesma bola nas mãos de Kevin Durant, Derrick Rose ou Kobi Bryant vale milhões. Tudo depende de quem a segura. Uma bicicleta em minhas mãos pode valer pouco, mas se Alberto Contador, 3 vezes vencedor do *Tour de France* se sentar nela, valerá muito. Milhões de pessoas querem vê-lo correr. Depende de quem a usa!

Se você ver um estilingue e quatro pedras em minhas mãos, pensará que vou brincar com as crianças. Nas mãos de Davi foi o segredo da vitória para o povo de Deus. Tudo depende da mão onde estão as coisas. Depende de quem o utiliza!

Dois pães e cinco peixes em minhas mãos servem para uma simples refeição. Dois pães e cinco peixes nas mãos de Jesus alimentam milhares de pessoas. Depende das mãos que os abençoam.

Nas mãos de quem está a questão? Nas nossas ou nas do Senhor. Coloque os seus projetos, preocupações, medos, desejos, sonhos, família, relacionamentos e tudo que você possui, nas mãos de Deus. Lembre-se de que não se trata de nós, mas sim do Senhor. Não somos nós que nos mantemos vivos, mas o Senhor.

Se nos voltássemos contra Ele, perderíamos tudo e nos sentiríamos miserável. Se você quiser controlar tudo e tirá-lo de sua vida, a desgraça será total.

A pessoa infeliz é aquela que não quer viver na graça de Deus. Não importa o que você sabe sobre a Bíblia ou quantas vezes tenha ido à igreja se não se fortalecer em Deus. O escritor dos Hebreus deixou claro: "Não se deixem levar por ensinamentos diferentes e estranhos que tiram vocês do caminho certo. É bom sermos espiritualmente fortes por meio da graça de Deus e não por meio da obediência a regras sobre alimentos. Pois os que obedecem a essas regras não têm sido ajudados por elas" (13:9).

Se você quiser saber se algo é de Deus, peça que o Espírito Santo o fortaleça na Sua graça. Fortalecer-se na graça é permitir que todos os assuntos estejam nas mãos de Deus. É dar todas as nossas coisas para que Deus as controle, com o descanso no amor e no cuidado no nosso Pai. Exerçamos a nossa liberdade sabendo que ela provém da liberdade em Cristo. Tomamos as decisões que nos parecem melhores, lembrando-nos sempre de que nunca somos mais livres do que quando estamos ao Seu lado. Ao vivermos sob a graça de Deus, nosso valor é eterno.

Infeliz é a pessoa que não quer viver sob a graça de Deus.

Sem chorar

1 de dezembro

Tracy McGrady é um dos jogadores mais bem pagos da *NBA*, com contrato de quase vinte milhões de dólares anuais. Durante suas férias, ele e seu amigo, Dikembe Mutombo, visitaram um campo de refugiados em Dafur, Sudão. Mutombo é um jogador cristão comprometido com o trabalho social. Quando McGrady voltou à sua cidade, confessou aos jornalistas: "Uma noite, estava muito cansado e fui dormir cedo. Acordei de madrugada, olhei para o teto do quarto, pensei no que tinha visto e não consegui parar de chorar."

A carta de Tiago foi escrita por um dos irmãos de Jesus e é dirigida principalmente aos primeiros judeus que tinham se convertido ao cristianismo e sido perseguidos e tiveram que abandonar suas casas. Muitos deles, para não enfrentar as perseguições, diziam que criam no Senhor, mas calavam-se, para não denunciar sua crença. Tiago explica que esse tipo de fé não servia, pois o que crê, demonstra, mesmo que sofra. As obras são sempre o fruto da fé.

Talvez esse tenha sido o primeiro livro escrito do Novo Testamento pelo próprio Tiago. O temperamento dele era forte e falava com clareza. Escreveu uma das cartas mais claras e diretas da Bíblia. Deus quer nos ensinar o que realmente significa a fé em Jesus posta em prática. Não se trata de pregar, mas de viver a fé.

A carta de Tiago enfatiza dois temas: os perigos da língua, mostrados em quatro direções bem claras: Falar o que não se deve, maldizer, vangloriar-se e dar falso testemunho são os quatro graves perigos em que podemos cair. Tiago afirma que o cristão espiritual e maduro é aquele que pode controlar a sua língua!

O segundo tema é a justiça social, os problemas que os ricos estavam ocasionando dentro e fora da igreja. É uma carta atual, porque um dos mais desastrosos pecados da humanidade ainda é o comportamento dos que ganham milhões, enquanto outros passam necessidades.

Tudo isso, e alguns detalhes geniais sobre a sabedoria, os relacionamentos, as provações, as tentações etc., tem a ver com algo muito prático. Tiago era genial, direto e objetivo! "Mas a sabedoria que vem do alto é antes de tudo pura, depois pacífica, amável, compreensiva, cheia de misericórdia e de bons frutos, imparcial e sincera" (Tiago 3:17). Se realmente somos sábios, temos que viver assim

LEITURA DE HOJE
Habacuque 1–3

ORAÇÃO
Senhor Jesus, toca o meu coração com Tua sabedoria para que eu possa viver como tu queres.

Se você ama ao Senhor de verdade, vai demonstrar, mesmo que tenha que sofrer.

2 de dezembro

Dá trabalho

Michael Chang foi um dos tenistas mais conhecidos da década de noventa. Entre outros êxitos, ele foi o mais jovem vencedor de *Roland Garros*. Desde o começo, Michael esbanjava sabedoria em suas entrevistas: "As pessoas lhe perguntavam como ele podia glorificar a Deus quando perdia? Ele sabia que quando se vence é muito fácil, mas quando se perde, todos o observam e é esse o momento de demonstrar sua confiança em Deus."

A carta de Tiago nos ensina, entre outras coisas, como viver quando tudo, aparentemente, parece ir mal. Estes são alguns versículos-chaves:

"…sintam-se felizes quando passarem por todo tipo de aflições. Pois vocês sabem que, quando a sua fé vence essas provações, ela produz perseverança" (1:2-3).

"Da mesma boca saem palavras tanto de agradecimento como de maldição. Meus irmãos, isso não deve ser assim" (3:10).

"A sabedoria que vem do céu é antes de tudo pura; e é também pacífica, bondosa e amigável. Ela é cheia de misericórdia, produz uma colheita de boas ações, não trata os outros pela sua aparência e é livre de fingimento. Pois a bondade é a colheita produzida pelas sementes que foram plantadas pelos que trabalham em favor da paz" (3:17,18).

"… ser amigo do mundo é ser inimigo de Deus? Quem quiser ser amigo do mundo se torna inimigo de Deus" (4:4).

"…Deus é contra os orgulhosos, mas é bondoso com os humildes. Portanto, obedeçam a Deus e enfrentem o Diabo, que ele fugirá de vocês" (4:6-7).

"…não falem mal uns dos outros. Quem fala mal do seu irmão em Cristo ou o julga está falando mal da lei e julgando-a. Pois, se você julga a lei, então já não é uma pessoa que obedece à lei, mas é alguém que a julga" (4:11)

"…e não têm pago os salários das pessoas que trabalham nos seus campos. Escutem as suas reclamações! Os gritos dos que trabalham nas colheitas têm chegado até os ouvidos de Deus…" (5:4).

"…Não desanimem, pois o Senhor virá logo" (5:8).

"Se algum de vocês está sofrendo, ore. Se alguém está contente, cante hinos de agradecimento" (5:13).

"Portanto, confessem os seus pecados uns aos outros e façam oração uns pelos outros, para que vocês sejam curados. A oração de uma pessoa obediente a Deus tem muito poder" (5:16).

LEITURA DE HOJE
Jó 20
Sofonias 1-2

ORAÇÃO
Pai Santo, eu quero glorificar Teu nome para sempre. Ensina-me a viver de acordo com a Tua Palavra.

Sejam praticantes da Palavra e não somente ouvintes.

Ajuda

3 de dezembro

Gerald Green foi pré-selecionado para a *NBA* e campeão do *All America* em 2005. Todos pensavam que ele seria um dos primeiros selecionados, mas foi em 18.º lugar. Pode ser que a falta de um dedo médio numa das mãos tenha influenciado. É provável que alguns tenham pensado que ele não estava suficientemente preparado.

Uma das frases que mais ouço nos últimos anos é: "Deus ajuda aos que se ajudam." Às vezes me parece que muitos vivem sob essa filosofia e defendem como verdade bíblica. Não é verdade.

A Bíblia ensina que Deus ajuda aos que nada podem fazer, Ele está ao lado dos necessitados, incompreendidos, fracos, solitários, pobres de espírito, dos que creem que não podem dar o próximo passo; dos que sentem que necessitam dele. A Bíblia nos ensina que Deus ajuda aos que se ajoelham porque estes sabem que nada podem sem Ele. Deus está mais perto de nós quando a única coisa que podemos fazer é levantar-lhe as nossas mãos, quase em desespero.

Os que se acham perfeitos são os que estão mais longe do Senhor. Os que se julgam bons, e comparam sua santidade com os defeitos alheios, não compreendem o caráter de Deus e vivem separados de Seu amor. Mais do que pensam! A Palavra de Deus diz que Ele resiste aos orgulhosos, mas concede Sua graça aos humildes. E o faz incondicionalmente. Ele se dá por completo. Quer nos ajudar, escuta e espera que peçamos a Ele, como esperamos que nossos filhos nos peçam ajuda. Deus deseja lhe ajudar e sem que você precise fazer ou mostrar algo. Apenas descanse nele.

"Mas, se alguém tem falta de sabedoria, peça a Deus, e ele a dará porque é generoso e dá com bondade a todos" (Tiago 1:5). O trabalho dele é dar. Ele é amor em Sua essência e abençoador. Deus não tem segundas intenções, como nós às vezes temos. Ele nos presenteia sem cobrança, simplesmente quer que creiamos nele. Precisamos aprender a viver por fé e a confiar em Sua Palavra. A base de um relacionamento é crer no que o outro diz, e se o ouvimos precisamos crer no que Ele anuncia.

A dúvida é uma ofensa ao doador, um insulto a quem nos ama. É como pensarmos que Ele não pode, não quer ou não sabe o que lhe pedimos. Deus ajuda a todos os que aceitam a Sua ajuda.

LEITURA DE HOJE
Jó 21
Sofonias 3

ORAÇÃO
Deus santo, eu necessito sabedoria para... Coloco minha vida em Tuas mãos, pois cada dia preciso mais de ti.

Devemos confiar em Deus. Não se trata de nós, mas de Seu poder. Não duvide, pois a dúvida ofende ao doador.

Herdeiros da eternidade

4 de dezembro

O norte americano Josh Davis conseguiu três medalhas de ouro na natação durante os jogos olímpicos de Atlanta, 1996. Ele repetia aos jornalistas depois de cada vitória: "O caráter é mais importante que o êxito." Como cristão, sempre reconheceu que para Deus o que somos é mais importante do que os nossos bens. O que há em nosso coração é mais importante do que as nossas vitórias.

A Bíblia afirma em Tiago 1:12 "Feliz é aquele que nas aflições continua fiel! Porque, depois de sair aprovado dessas aflições, receberá como prêmio a vida que Deus promete aos que o amam". Tiago, irmão de Jesus, usou exemplos desportivos em sua carta, e este é um deles. Ele quer mostrar que ser aprovado é mais importante para Deus, do que todas as vitórias que possamos obter. O que há em nosso interior é eterno, os triunfos e as vitórias se acabam. O que somos permanece para sempre, o que temos em mãos desaparece com o tempo.

Temos que aprender a olhar mais para o alto! Às vezes, vivemos dias horríveis porque falhamos em algum exame, por algo fora de lugar, por alguém vestir a mesma roupa que nós, por nosso cabelo desarrumado ou outras bobagens que nos cercam. Isso demonstra o quanto nos preocupamos com situações absurdas. Somos capazes de nos zangarmos com coisas desnecessárias. Quando agimos assim, nossa vida não agrada ao Senhor, pois o supérfluo e o superficial definem o nosso temperamento e relacionamentos.

A vitória dura por um momento, o caráter dura para sempre. Os triunfos são registrados nos livros, mas nosso temperamento na vida dos que nos cercam. As vitórias podem trazer fama e dinheiro, mas o Espírito de Deus traz paz ao coração, confiança e sentido. Não renunciamos ao êxito, pois ele é parte da vontade de Deus, mas não nos preocupamos em alcançá-lo a qualquer custo.

Os recordes alcançados têm curta validade, e nosso êxito só dura enquanto não é superado. O que somos é parte de nós. Aprendemos a olhar para o Senhor em meio às circunstâncias. Oramos para sermos aprovados em qualquer tipo de provação.

Quando Tiago menciona o prêmio, no texto original, ele se refere à coroa de louros, que era entregue aos vencedores dos Jogos Olímpicos. Deus quer nos mostrar que um dia receberemos uma coroa na eternidade. Um prêmio que jamais será desgastado, não perderá o valor, nem poderá ser roubado. Um troféu que será um abraço de Deus.

LEITURA DE HOJE
Jó 22
Ageu 1-2

ORAÇÃO
Pai nosso que estás nos céus, ensina-me a compreender que o que faço tem importância eterna.

O que está em nosso coração é mais importante do que o êxito.

Perseguir um sonho

O *Athletic de Bilbao* é um clube de futebol onde só pode jogar quem nasceu em Euskadi. A grande maioria dos meninos bascos sonha jogar nele algum dia. Em 2011, vários jogadores desse time eram da seleção espanhola como Llorente, Muniain, Javi Martinez, Ander Herrera. O clube contratou um dos melhores técnicos, o chileno Marcelo Bielsa.

Lutar por um sonho é algo inerente ao ser humano. Desde que nascemos, temos algum sonho. Muitos parecem ser incapazes de dedicar forças, tempo, constância, disciplina etc, para alcançá-lo. Os sonhos não se cumprem por mágica, temos que lutar por eles. Essa é a diferença entre os que o alcançam e os que são espectadores. Nosso problema é gostar de ver, contemplar o que os outros fazem.

O curioso do caso é que o nosso coração está desenhado para ser "espectador". Os médicos dizem que se ficarmos sentados o dia todo sem fazermos nada, aumentamos nosso peso, a pressão arterial, as gorduras nocivas e o colesterol sobem, bem como o consumo de oxigênio. Em poucas palavras, deixamos de viver pouco a pouco! Fisicamente, para o nosso coração, é fatal. Muitas substâncias que geramos podem acabar por destruí-lo.

Quando a nossa vida espiritual não é produtiva, surgem outras substâncias que nos consomem por dentro: a crítica, o aborrecimento, o desânimo, o comodismo, a amargura, a inveja etc. Espiritualmente, também podemos morrer aos poucos.

Lembremo-nos, só os que correm, lutam e vivem têm direito a receber o prêmio! Só os que se comprometem ganham a sua coroa. Não existe galardão para os melhores espectadores do mundo! Não há uma competição para ver quem permanece por mais tempo sem fazer nada. No entanto, a Bíblia diz: "Feliz é aquele que nas aflições continua fiel! Porque, depois de sair aprovado dessas aflições, receberá como prêmio a vida que Deus promete aos que o amam" (Tiago 1:12).

Não perca mais tempo! O espectador jamais poderá jogar, correr, lutar e viver como aquele que trabalha. Quem se compromete com o trabalho de Deus, pode ser que às vezes tenha problemas ou se lesione; mas desfrutará do que faz. O espectador morrerá sem ver seus sonhos realizados. Na vida cristã, olhar é pouco. É preciso participar! Alguns vivem e outros se contentam com a sobrevivência.

5 de dezembro

LEITURA DE HOJE
Jó 23
Zacarias 1

ORAÇÃO
Santo Espírito, encha-me de ti para que eu possa compreender o valor de minha vida. Quero glorificar-te em tudo que eu fizer.

Feliz é aquele que nas aflições continua fiel!

6 de dezembro

Discriminação? Jamais!

Arthur Ashe foi o primeiro tenista de raça negra a vencer torneios. Numa cirurgia, ele foi infectado via transfusão de sangue pelo vírus da *AIDS*. Naquela época ainda não se conhecia o alcance da doença e ele faleceu pouco depois. Numa entrevista, falou: "É doloroso saber que tenho esse mal terrível, mas a rejeição maior que sempre suportei foi pela cor da minha pele."

Deus fez todos os seres humanos à Sua imagem e semelhança. Ele os criou e os ama, e enviou Seu próprio Filho para morrer em nosso lugar. Para Deus, nosso valor é idêntico, mas nós inventamos as discriminações. Todos nós temos a mesma dignidade, concedida por Deus. Até o maior assassino tem em seu coração uma mínima parte da imagem divina. Jamais demonstremos discriminação aos que têm a cor da pele, conhecimento, posição social ou aparência diferente da nossa. Jamais rejeitemos alguém. Ninguém é mais importante do que o outro pelo que possui ou pelo poder que tenha alcançado. Ninguém é merecedor de nada por crer ser maior que outra pessoa. A Bíblia diz: "Meus irmãos, vocês que creem no nosso glorioso Senhor Jesus Cristo, nunca tratem as pessoas de modo diferente por causa da aparência delas. Por exemplo, entra na reunião de vocês um homem com anéis de ouro e bem vestido, e entra também outro, pobre e vestindo roupas velhas. Digamos que vocês tratam melhor o que está bem vestido e dizem: "Este é o melhor lugar; sente-se aqui", mas dizem ao pobre: "Fique de pé" ou "Sente-se aí no chão, perto dos meus pés." Nesse caso vocês estão fazendo diferença entre vocês mesmos e estão se baseando em maus motivos para julgar o valor dos outros. Escutem, meus queridos irmãos! Deus escolheu os pobres deste mundo para serem ricos na fé e para possuírem o Reino que ele prometeu aos que o amam. No entanto, vocês desprezam os pobres. Por acaso, não são os ricos que exploram vocês e os arrastam para serem julgados nos tribunais?" (Tiago 2:1-6).

As palavras de Tiago são muito claras. Infelizmente, todos nós podemos cair no favoritismo, na rejeição e na discriminação dos mais fracos. Precisamos abrir os olhos e vigiar o nosso comportamento; compreender o caráter de Deus, que ama e trata a todos igualmente, e que nos fez diferentes para que aprendêssemos a amar uns aos outros, incondicionalmente.

LEITURA DE HOJE
Jó 24
Zacarias 2

ORAÇÃO
Senhor, não quero discriminar ninguém por motivo algum. Ajuda-me a amar a todos sem distinção.

Deus nos fez diferentes para que aprendêssemos a amar uns aos outros.

Nascer outra vez

"Mais importante do que um campeonato olímpico ou ganhar na *NBA* é saber que Deus nos concede uma nova vida. Seguir a Jesus foi a decisão mais importante que tomei na vida", disse Allan Houston, medalha de ouro nos jogos olímpicos de Sidney, 2000. O apóstolo Pedro em sua primeira carta afirma que Deus nos concede a vida eterna. A Bíblia ensina que Deus nos faz nascer do alto. Uma vida nova e diferente, em qualidade e quantidade. O sangue de Cristo foi o preço dessa nova vida, pois não era possível outro resgate. Nem todo o ouro do mundo paga uma única vida. Primeiro, porque nosso valor para Ele é infinito. Sem Deus em nossa vida, estaríamos mortos espiritualmente. Só Ele poderia nos resgatar.

Precisamos o sangue de um vencedor. Quando surge uma nova doença, os médicos e cientistas obtêm os anticorpos para vencê-la no sangue de alguém que haja contraído e vencido a doença. Esse sangue ajuda a obter as vacinas e desenvolver os remédios para que outros possam ser curados do mesmo mal. Jesus foi pregado numa cruz, onde ofereceu sua vida voluntariamente para vencer o pecado e a morte. Assim, podemos também ser vencedores se aceitarmos o sangue que Ele derramou por nós. Se o recebermos dentro de nós, é como se Deus fizesse uma transfusão espiritual. A Bíblia diz que o sangue de Jesus nos limpa de todo o pecado.

Pedro escreveu sobre o sofrimento. Quando ele enviou a sua carta, Nero governava Roma e os cristãos eram perseguidos por todo o império. Muitos morriam por seguir ao Senhor. O Espírito de Deus nos diz através do apóstolo que: "Essas provações são para mostrar que a fé que vocês têm é verdadeira. Pois até o ouro, que pode ser destruído, é provado pelo fogo. Da mesma maneira, a fé que vocês têm, que vale muito mais do que o ouro, precisa ser provada para que continue firme. E assim vocês receberão aprovação, glória e honra, no dia em que Jesus Cristo for revelado" (1 Pedro 1:7). O ouro é refinado para perder todas as impurezas. Somos provados para que venha à luz o caráter que Deus quer formar em nós.

Cada vez que nossa fé é provada, temos a possibilidade de crescer. Muitas vezes, a escola de Deus é o deserto da vida, as situações e os momentos em que achamos que nada faz sentido. Cada sofrimento torna a nossa fé mais preciosa para Deus, para nós e para os demais; porque quando as pessoas veem como reagimos às dificuldades, querem também conhecê-lo. Cada vez que confiamos em Deus, mesmo que nossa situação pareça desesperadora, trazemos salvação aos outros.

Quando recebemos Jesus em nossa vida, é como se Deus fizesse em nós uma transfusão espiritual.

7 de dezembro

LEITURA DE HOJE
Jó 25
Zacarias 3

ORAÇÃO
Senhor Jesus, obrigada pelo Teu sangue. Agora sou um vencedor. Dá-me forças para compartilhar com todos.

8 de dezembro

Mais que uma equipe

O treinador Pepu Hernandez levou a equipe espanhola a ser campeã mundial de basquetebol. Na noite anterior à partida final, ele recebeu a notícia da morte de seu pai, mas informou aos jogadores, após a partida, para não impressioná-los. Depois de receber a condecoração como o melhor, disse: "Não somos uma equipe, somos uma família." Mesmo os momentos de glória são impregnados de sofrimento. Pedro nos fala disso em duas cartas. Veja estes conhecidos versículos:

1 Pedro

"Essas provações são para mostrar que a fé que vocês têm é verdadeira. Pois até o ouro, que pode ser destruído, é provado pelo fogo. Da mesma maneira, a fé que vocês têm, que vale muito mais do que o ouro, precisa ser provada para que continue firme. E assim vocês receberão aprovação, glória e honra, no dia em que Jesus Cristo for revelado" (1:7).

"Mas vocês são a raça escolhida, os sacerdotes do Rei, a nação completamente dedicada a Deus, o povo que pertence a ele. Vocês foram escolhidos para anunciar os atos poderosos de Deus, que os chamou da escuridão para a sua maravilhosa luz" (2:9).

"Não paguem mal com mal, nem ofensa com ofensa. Pelo contrário, paguem a ofensa com uma bênção porque, quando Deus os chamou, ele prometeu dar uma bênção a vocês" (3:9).

"Tenham [...] respeito por Cristo e o tratem como Senhor. Estejam sempre prontos para responder a qualquer pessoa que pedir que expliquem a esperança que vocês têm" (3:15).

"...sejam humildes debaixo da poderosa mão de Deus para que ele os honre no tempo certo. Entreguem todas as suas preocupações a Deus, pois ele cuida de vocês (5:6,7).

2 Pedro

"Desse modo ele nos tem dado os maravilhosos e preciosos dons que prometeu. Ele fez isso para que, por meio desses dons, nós escapássemos da imoralidade que os maus desejos trouxeram a este mundo e pudéssemos tomar parte na sua natureza divina" (1:4).

"...O Senhor não demora a fazer o que prometeu, como alguns pensam. Pelo contrário, ele tem paciência com vocês porque não quer que ninguém seja destruído, mas deseja que todos se arrependam dos seus pecados" (3:8,9).

"Porém continuem a crescer na graça e no conhecimento do nosso Senhor e Salvador Jesus Cristo..." (3:18).

LEITURA DE HOJE
Jó 26
Zacarias 4

ORAÇÃO
Pai amado, obrigado por me fazer Teu filho e parte de Tua família. Quero amar os meus irmãos como o Senhor nos ama.

Quando nossa fé é provada, torna-se mais preciosa que ouro.

É necessário crescer!

9 de dezembro

Dick Bavetta apitou mais de duas mil partidas e todos do mundo do basquete o conhecem. Conta-se que numa partida em que o time favorito de Jack Nicholson perdia em sua própria quadra, o famoso ator se levantou para sair. Sua equipe estava jogando mal, mas quando Bavetta o viu saindo, disse-lhe: "Por acaso eu fui embora? Pois volte e sente-se novamente."

Às vezes tratamos as pessoas como crianças para que reajam. Receber Jesus como Salvador é o passo mais importante de nossa vida, mas é apenas o primeiro. Deus precisa continuar a agir em nós, e o Seu Espírito quer nos preencher para refletirmos o caráter de Jesus e para que desfrutemos o que preparou para nós.

Jesus disse a Nicodemos (João 3) que iniciar um relacionamento pessoal com Deus é como nascer outra vez. Precisamos crescer e amadurecer espiritualmente. Jesus explicou isso de maneira admirável: "Sejam como criancinhas recém-nascidas, desejando sempre o puro leite espiritual, para que, bebendo dele, vocês possam crescer e ser salvos [...]. Cheguem perto dele, a pedra viva que os seres humanos rejeitaram como inútil, mas que Deus escolheu como de grande valor. Vocês, também, como pedras vivas, deixem que Deus os use na construção de um templo espiritual onde vocês servirão como sacerdotes dedicados a Deus..." (1 Pedro 2:2-5).

Se você tem ao seu lado alguém que acabou de conhecer o Senhor, ajude-o a crescer espiritualmente. Devemos alimentar os bebês com leite, até que possam comer os alimentos sólidos. Eles costumam fazer muito barulho e, aparentemente, não falam. Não nos escandalizemos pelo que eles fazem; mexem-se muito, caem e fracassam. Não podemos dar-lhes tudo em um dia.

Ainda assim, alguns querem ser bebês para sempre. Não querem compreender que o nosso objetivo na vida é: "...levar todos à presença de Deus como pessoas espiritualmente adultas e unidas com Cristo" (Colossenses 1:28). Precisamos procurar a perfeição em nossas singularidades, porque Deus nos fez únicos.

Não tratemos as pessoas como eternas crianças. O cristão maduro deve tomar decisões espirituais. A igreja não pode ser um hospital de emergências para fazer pequenos curativos, é o local onde Deus pode transformar as almas. Não ocupemos os leitos por não nos sentirmos bem, pois milhares morrem sem esperança. Deixe Deus agir em sua vida.

LEITURA DE HOJE
Jó 27
Zacarias 5
Apocalipse 1

ORAÇÃO
Pai que estás nos céus, não quero ser criança por toda a vida. Ajuda-me a crescer e ser mais semelhante a Cristo.

A igreja é o local onde Deus opera transformações profundas na alma.

10 de dezembro

As maiores proezas

A norte-americana Sheila Taormina participou aos 39 anos dos Jogos Olímpicos de Pequim. Ela foi 4 vezes campeã olímpica em 3 modalidades diferentes. Competiu no pentatlo moderno e ficou entre as 20 melhores. Já tinha ganhado o ouro em Atlanta 96, na prova de natação no 4x200 estilo livre nos EUA; Sidney 2000 e Atenas 2004. No triatlo ficou em sexto e 23.º lugar, respectivamente.

Para competir no pentatlo vendeu sua casa, para pagar as aulas de esgrima, hipismo e tiro. Custou-lhe mais de 50 mil dólares por ano, mas seu sonho era competir nessa modalidade em Pequim, e ser uma das melhores. Nenhuma outra desportista na história igualou-se a ela.

Deus age poderosamente em nossa vida também! Pedro usa a palavra "poderoso" para descrever o evangelho que devemos compartilhar com todos: "Mas vocês são a raça escolhida, os sacerdotes do Rei, a nação completamente dedicada a Deus, o povo que pertence a ele. Vocês foram escolhidos para anunciar os atos poderosos de Deus, que os chamou da escuridão para a sua maravilhosa luz" (1 Pedro 2:9).

Deus nos resgatou da morte quando não tínhamos a opção de viver. Deu-nos a liberdade quando éramos escravos. Jesus pagou com Sua vida o preço por nós e nos tirou do mercado de escravos. Comprou-nos com o Seu sangue. Hoje podemos viver em Sua luz, somos livres e ninguém pode nos derrotar! É normal que queiramos dizer isso a todos!

Vivemos entusiasmados com o que Deus faz em nossa vida, admiramo-nos ao ver o Seu cuidado cada dia Ele nos impressiona com Seu amor e caráter. Sentimo-nos amados ao sabermos que Ele nos fez Seus filhos e quer viver conosco diariamente. Descansamos nele e aprendemos a viver fortalecidos em Seu poder. Falamos de uma vida que jamais tem fim: protegida pelas mãos e pelo coração de Deus.

Os atos de Deus aquecem o nosso coração. A vida que Deus nos dá, jamais é monótona. Sabemos que tudo tem sentido, e aprendemos a desfrutar cada dia da companhia e da beleza divina. O futuro é sempre apaixonante porque nada acontece sem que Ele saiba. Mesmo que atravessemos o deserto, Ele faz brotar rios de água viva em nosso interior. Nenhum mal ou sofrimento tem duração eterna: Deus vence tudo que nos destrói a vida. Ele não nos fez apenas para aproveitarmos a vida, mas para que o anunciemos a todos. Não podemos nos calar!

LEITURA DE HOJE
Jó 28
Zacarias 6
Apocalipse 2

ORAÇÃO
Senhor Jesus, obrigado pelo que tens feito em minha vida. Hoje mesmo vou compartilhar sobre Teus atos poderosos com...

Deus não nos fez apenas para aproveitar a vida, mas para que o anunciemos a todos. Não nos calemos!

Sem vergonha

11 de dezembro

A maratona é uma das modalidades mais difíceis dos Jogos Olímpicos. Só os grandes atletas conseguem competir nessa modalidade desde o início da carreira. Em 1912, o atleta Francisco Lázaro faleceu no meio da prova, e o japonês Kanakuri desapareceu. Nada se soube dele por muitos anos.

No começo dos anos 60, quase cinquenta anos depois, um jornalista o encontrou em sua cidade natal, já aposentado de seu trabalho. Ele explicou que na metade da corrida sentiu-se mal e um espectador o levou até sua casa para descansar, e ele dormiu exausto. Ao acordar, teve vergonha de se apresentar à sua federação. Atravessou a Rússia e voltou para casa. Sei que há muitos motivos para sentirmos vergonha. Ninguém é perfeito.

Deus nos convida a persistir, não a nos envergonharmos. Ele conhece, nossas falhas e fracassos. Esconder-se não é para os cristãos. Deus quer que olhemos para o futuro confiantes por saber que Ele está presente e nada pode nos derrotar. Ele nos chama para viver como Jesus viveu. A melhor maneira de fazer isso, é seguir Seus passos: "...pois foi para isso que ele os chamou. O próprio Cristo sofreu por vocês e deixou o exemplo, para que sigam os seus passos" (1 Pedro 2:21). O verbo que Pedro usa para dizer "seguir seus passos" é o mesmo para descrever o seguir alguém num caminho de areia ou neve. Significa que devemos pôr nossos pés nas pegadas deixadas pelo Mestre, seguindo-o muito de perto, sem perdê-lo de vista.

O segredo é conhecê-lo: Seu caráter, ensinamentos, maneira de relacionar-se com os outros, relacionamento com o Pai, a necessidade de estar sempre perto dele, orando e adorando; Seu modo de ajudar a todos, Sua confiança, despreocupação com as coisas, determinação em fazer a vontade do Pai...

Deus não espera que façamos o que Ele faz, mas que aprendamos a ver a vida como Ele. Não exige que sejamos exatamente como Ele era, mas que vivamos com Ele ao nosso lado. Que aprendamos a pensar e a tomar decisões em Cristo, porque Ele habita em nós. A presença dele em nossas vidas é o que melhor nos pode acontecer.

Não é ser religioso ou bom. É inútil nos esforçarmos para sermos perfeitos. Cedo ou tarde nos envergonharemos de nossos erros. Só o Espírito de Deus pode nos ajudar a viver com o Senhor em todas as circunstâncias da vida. Deus espera que sigamos os Seus passos.

LEITURA DE HOJE
Jó 29
Zacarias 7
Apocalipse 3

ORAÇÃO
Senhor Jesus, quero sempre seguir-te. Ensina-me a viver guiado por Teu Espírito e dá-me forças para jamais abandonar-te.

Deus espera que sigamos os Seus passos.

12 de dezembro

A terra dos vivos

Paul Azinger foi o campeão do *USA-PGA* de golfe em 1993. Poucos dias depois disso, a alegria das comemorações desvaneceu-se quando ele foi diagnosticado com câncer. O capelão da equipe lhe disse: "Zinger, não estamos na terra dos vivos indo para a terra dos mortos. Vivemos na terra dos mortos, indo para a terra dos vivos." Paulo confiou em Deus em todas as circunstâncias e, voltou a vencer o mesmo torneio em 1994, já completamente recuperado.

Quando as situações difíceis nos sacodem, lembremo-nos de que vamos para uma vida melhor. Se confiamos em Deus, nossa vida pertence a Ele, e cada dia nos aproxima mais da verdadeira vida, a eterna. Nada se compara ao que está por vir, ninguém pode imaginar essa grandiosidade.

Deus nos dá uma vida que jamais se acaba, e quer que a vivamos da melhor maneira possível. Receberemos "...o direito de entrar no Reino eterno do nosso Senhor e Salvador Jesus Cristo" (2 Pedro 1:11).

Se vivermos perto do Senhor e o servirmos, nossa recompensa será imensa. Deus nos dá tudo, mesmo sem merecermos. O melhor é a Sua presença. Viver para sempre com o autor da vida será algo extraordinário! Indescritível! Jesus está preparando um lugar para nós (João 14). Se essa terra é desolada e imperfeita como é, imagine viver num lugar onde o mal não existe!

Deus nos promete galardões e recompensas por nosso trabalho e compromisso em viver conforme a Sua vontade. Quer que entremos no céu de maneira triunfal e quando o vermos face a face, nos esqueceremos dos dissabores daqui. Quando Deus se empenha em algo, Ele o realiza admiravelmente!

Pedro escreveu aos falsos mestres que haviam aparecido em diferentes igrejas, pregando um evangelho cheio de complicações, obras, religiosidade e mistérios fazendo alguns cristãos sentirem-se inseguros do amor do Pai. Pedro diz para não nos preocuparmos por sermos marcados, ou sofrermos por nos fecharem as portas. Deus espera que vivamos de maneira santa e que nos assemelhemos a Ele. A Bíblia nos ensina que nem todos receberão a mesma recompensa que o apóstolo Paulo recebeu. Mas ninguém se sentirá mal ao ver o prêmio recebido pelos que foram fiéis ao Senhor, porque no céu não existirá inveja. Além disso, todos nós estaremos ali, imerecidamente!

Estamos indo para o mundo dos vivos. Peçamos a ajuda a Deus para fazermos essa viagem ao lado dele.

LEITURA DE HOJE
Jó 30
Zacarias 8
Apocalipse 4

ORAÇÃO
Obrigado Pai celestial por me dares a vida eterna. Ensina-me a vivê-la desde hoje e para sempre.

Estamos no mundo dos mortos, indo para o mundo dos vivos.

Fora de controle

Há alguns anos Paul Gascoigne jogava suas últimas temporadas como jogador de futebol numa equipe da terceira divisão inglesa. Na época, ele gostava que o chamassem de "G-8" e dizia: "Não quero que lembrem-se de mim como um idiota." Ele achava que tinha a vida sob controle e sofria com o alcoolismo.

Muitas vezes somos os nossos piores inimigos. Usamos substâncias que nos escravizam, para ter poucos minutos de prazer. O álcool é um dos maiores perigos para os jovens de hoje, muitos o ingerem aos 11 ou 12 anos. São influenciados pelos outros, querem sentir-se mais velhos, não ser excluídos, provar novidades, ter coragem de ousar, ou outros motivos sem sentido.

O apóstolo Paulo ensinou que se os outros não o aceitam e o obrigam a fazer algo que pode destruí-lo, é melhor abandonar essas companhias. Garanto que você encontrará companhias que valham a pena, amigos que o amarão sem querer mudá-lo.

Atrás de muitas formas de escravidão está o prazer e o desejo de fazer o que bem quisermos, mesmo sabendo que nos prejudicamos. Pensamos que a liberdade de ser rebeldes sem causa vale a pena e quando percebemos onde fomos parar, é tarde. Para muitos não há mais volta, para outros há, mas o preço a pagar é alto demais.

Milhares morrem em acidentes de trânsito causados por motoristas alcoolizados. A verdade é que a sociedade não ajuda muito, pois há controle do uso de álcool nas estradas, mas não há controle suficiente dos que maltratam suas esposas, maridos e filhos sob os efeitos do álcool. Por que não lutamos com mais força?

O álcool pode parecer divertido para alguns, e símbolo de liberdade para outros. No entanto, é uma droga que escraviza: "Prometem liberdade a essas pessoas, mas eles mesmos são escravos de hábitos imorais. Pois cada pessoa é escrava daquilo que a domina" (2 Pedro 2:19).

É o momento de tomar decisões e dizer não a tudo que nos destrói e escraviza, de ter a coragem de deixar para trás se algo nos domina. Lembre-se de que há esperança, se tomarmos essa decisão. Somente aquele que crê que não consegue vencer sozinho, pode sentir a graça de vencer com o Deus que torna todas as coisas possíveis.

Fale com Deus. Peça-lhe ajuda. Não viva uma vida medíocre.

A primeira decisão é saber dizer não a tudo o que nos destrói.

13 de dezembro

LEITURA DE HOJE
Jó 31
Zacarias 9
Apocalipse 5

ORAÇÃO
Pai amado, sei que não estou só, porque o Senhor está comigo. Dá-me forças para dizer não a tudo que me destrói.

Ressonância na eternidade

14 de dezembro

LEITURA DE HOJE
Jó 32
Zacarias 10
Apocalipse 6

ORAÇÃO
Senhor Jesus, quero servir-te. Quero fazer tudo o que está ao meu alcance para que este mundo seja melhor.

"O que fazemos na vida tem ressonância na eternidade." Esse foi o grito que Máximo, o general romano lançou sobre a sua tropa na luta contra os germânicos. A eternidade é algo que parece muito distante. Se você for jovem, talvez nem tenha pensado nisso. Quando a idade vem chegando, pensamos algumas vezes sobre o que existe além da morte. Alguns creem que depois de morrer não há nada e levam a vida pensando: "comamos e bebamos, porque amanhã morreremos". Outros vivem única e exclusivamente para a eternidade e passam a vida esperando o momento sublime da morte.

Esse é um engano do maligno, e nele caímos sem perceber. O que fazemos aqui tem ressonância na eternidade, tal qual Máximo gritava. O desejo que sentimos dentro de nós é por sermos planejados para a vida eterna. Nosso futuro está relacionado com o que vivemos agora. Não podemos fugir dessa vida esperando uma vida melhor, pois se vivermos dessa maneira, talvez quando esse momento chegar, estaremos onde não pensávamos estar.

Deus nos desafia a uma vida diferente. Ele está preparando novos céus e nova terra, onde o mal não existirá e o bem excederá tudo o que imaginamos. "Porém Deus prometeu, e nós estamos esperando um novo céu e uma nova terra, onde tudo será feito de acordo com a vontade dele" (2 Pedro 3:13). Uns pensam que o inferno estará cheio de foliões divertidos.

Os que pensam assim, nem fazem ideia do que dizem. O que há de melhor no mundo é presente de Deus que inventou os prazeres que desfrutamos. Na eternidade teremos milhões de oportunidades diferentes e quem sabe atividades que agora nos são impossíveis de compreender. O tédio não existirá. Além disso, não nos esqueçamos de um detalhe: as pessoas que aparecem na Bíblia estarão com um corpo transformado na presença de Deus e serão reconhecidas. Saberemos quem são. Imagine encontrar os que amamos e são do Senhor!

Quanto mais servirmos ao Senhor agora, mais o serviremos nos céus. Quanto mais ajudarmos aos outros e vivermos dentro da vontade de Deus para transformar o mundo, maior será o nosso papel no Seu reino. O que fazemos tem valor eterno.

O que fazemos tem valor eterno.

Você me deve uns jogos

Jaskevicius, jogador lituano de basquetebol, campeão da Europa, medalha nos Jogos Olímpicos —, tem uma história impressionante. Rita, sua mãe, jogou handebol na equipe da antiga URRS, mas não pôde participar dos Jogos Olímpicos de 1976 porque estava grávida e não quis abortar. Seu treinador lhe pediu isso, mas ela se negou e não foi convocada. Em entrevista recente, Rita falou: "Ninguém podia negar um pedido do treinador. Eu neguei, não abortei, e Saraunas Jaskevicius nasceu." Se ela tivesse abortado, um dos jogadores mais geniais do basquetebol europeu nem teria nascido.

A primeira carta do apóstolo João foi escrita para a igreja do final do primeiro século. Nela, ele enfatiza o amor de Deus e o amor entre os irmãos. O apóstolo João nos lembra do mandamento: "Amem uns aos outros como o Senhor nos ama." Nada é tão importante como amar: "Sabemos o que é o amor por causa disto: Cristo deu a sua vida por nós. Por isso nós também devemos dar a nossa vida pelos nossos irmãos" (1 João 3:16).

João escreve de uma maneira muito prática. Fala sobre como viver de acordo com a vontade de Deus e confiar nele em tudo. Seu argumento é fácil de entender: Se cremos em Deus, devemos confiar nele e em Sua Palavra. Se não cremos nele, não apenas perdemos o norte de nossa vida, mas fazemos de Deus um mentiroso. Portanto, a vida cristã só tem sentido quando amamos e confiamos em Deus e amamos e ajudamos aos outros.

Temos que nos empenhar para salvar a vida dos outros. As vezes, Deus usa o nosso próprio sangue, para isso. De nossa parte, essa doação deve ser de maneira desinteressada.

Sei que há países onde o aborto foi liberado, mas é contra o desejo de Deus. Ele conhece cada um mesmo antes de nascer e ninguém tem o direito de tirar a vida que Deus dá a cada indivíduo. Sou grato pelo exemplo da Rita. O filho que esperava foi o motivo da interrupção da sua carreira, mas apesar das pressões, ela não o abortou.

Além do motivo fundamental — lutar pelo direito dos que não podem se defender (o que sentiríamos se alguém nos privasse da própria vida?), antes de praticar o aborto deve-se pensar na pessoa que irá perder a vida. Caso nascesse — quem teria sido, como poderia se divertir com você, como o teria amado. Você permitiria que alguém ferisse o seu filho ou filha de 2, 4, 9 ou 12 anos?

Se cremos em Deus, devemos confiar nele e em Sua Palavra.

15 de dezembro

LEITURA DE HOJE
Jó 33
Zacarías 11
Apocalipse 7

ORAÇÃO
Espírito Santo enche-me de ti para que eu viva nesse amor único que nos dás. Dá-me forças para ajudar a defender os mais frágeis.

16 de dezembro

Não acredito!

As mentiras não costumam ser algo normal numa competição desportiva, mas elas existem. Rosi Ruiz correu a maratona de Boston em 1980 e cruzou a chegada com 30 minutos abaixo de sua melhor marca pessoal. Ninguém podia acreditar! Mais tarde soube-se que ela tinha feito parte do percurso da maratona de metrô.

A verdade é o fundamento da nossa vida. O exemplo de hoje nos mostra simplesmente uma travessura, mas nossa vida não terá sentido se confiarmos numa mentira. Daí a importância de crer em Deus; viver e confiar nele. Morremos parcial ou definitivamente se não crermos nele. O argumento de João é contundente: "Aquele que crê no Filho de Deus tem esse testemunho no seu próprio coração. Mas quem não crê em Deus faz de Deus um mentiroso, porque não crê no testemunho que Deus deu a respeito do seu Filho. E este é o testemunho: Deus nos deu a vida eterna, e essa vida é nossa por meio do seu Filho" (1 João 5:10-11).

É simples, se lhe digo algo e você me acredita; confia em mim. Se não acreditar, pensará que estou mentindo. Essa conclusão tão simples faz parte de nossa vida muitas vezes, com todos os que conhecemos. O relacionamento frutifica quando acreditamos em outra pessoa, e se quebra quando não confiamos. Crer em alguém é a chave de um bom relacionamento. Crer em Deus é razão para viver! Veja o que João escreve em sua carta:

"…se dizemos que estamos unidos com Deus e ao mesmo tempo vivemos na escuridão, então estamos mentindo com palavras e ações" (1 João 1:6).

"Mas quem odeia o seu irmão está na escuridão…" (2:11).

"Pois quem rejeita o Filho rejeita também o Pai; e quem aceita o Filho tem também o Pai" (2:23).

"Vejam como é grande o amor do Pai por nós! O seu amor é tão grande, que somos chamados de filhos de Deus e somos, de fato, seus filhos. É por isso que o mundo não nos conhece, pois não conheceu a Deus" (3:1).

"Sabemos o que é o amor por causa disto: Cristo deu a sua vida por nós. Por isso nós também devemos dar a nossa vida pelos nossos irmãos" (3:16).

"… E, por causa do Espírito que ele nos deu, sabemos que Deus vive unido conosco…" (3:24).

"Queridos amigos, amemos uns aos outros porque o amor vem de Deus. Quem ama é filho de Deus e conhece a Deus" (4:7).

LEITURA DE HOJE
Jó 34
Zacarias 12
Apocalipse 8

ORAÇÃO
Senhor Deus santo, elevo meu coração a ti com amor e creio em Tua Palavra. Minha vida não tem sentido sem a Tua presença.

Crer é confiar.

Prazo de validade

17 de dezembro

Christian Olsson era voluntário no estádio Ullevi no Mundial de Atletismo, 1995, e ficou impressionado com o recorde mundial de Jonathan Edwards na prova do salto triplo 18,29 m. Christian além de admirar, competia no salto em altura, e a partir desse momento começou a treinar para o salto triplo. Em 2006, onze anos depois, ele era o campeão do mundo. Ser o protagonista. Quase todos buscam um espaço na história, não importa o trabalho ou a especialidade de cada um. Todos gostariam de ser lembrados pelo que fizeram ou disseram.

A nossa motivação deve incluir algo que tenha valor para a eternidade. A Palavra de Deus sempre nos lembra que a maior parte do que fazemos aqui é temporal e que devemos perseguir o que permanece, o que é eterno.

Muitas decisões são motivadas pela aparência. O que fazemos, somos, ou temos nos valoriza aos olhos dos outros. Isto nos faz viver presos a uma sociedade que sempre nos julga pela aparência. Na eternidade o que terá valor é o que você é, o que há em seu interior. Vivemos sob a forte influência da publicidade.

Se os outros não souberem o que você está fazendo, o ignoram. Deus diz que se dermos um copo de água a alguém desconhecido teremos recompensa. Você está ajudando a alguém sem que os outros saibam? Cada ato que fazemos é registrado no livro da vida. O que fazemos motivados por amor a Deus e ao próximo não ficará sem recompensa.

Tudo passa, tem tempo e validade. Nosso corpo também. Deus conhece o limite da nossa vida. Quando recebemos Jesus como Salvador, Deus coloca o Seu Espírito em nós, e dá a promessa da vida eterna. "E o mundo passa, com tudo aquilo que as pessoas cobiçam; porém aquele que faz a vontade de Deus vive para sempre" (1 João 2:17).

Você está no lugar que Deus quer? Você lhe pediu a opinião sobre o que você faz? O que motiva as suas decisões? Às vezes decidimos dependendo do que recebemos, da comodidade, da fama, das opiniões dos outros. Vivendo assim, não somos os protagonistas da nossa própria vida. O dinheiro, a pressão, a sociedade, a comodidade ou outras pessoas decidem por nós. Muitas vezes, deixamos de viver sob a vontade de Deus, e nem sequer fazemos o que nos agrada! Deus conhece os seus sonhos e desejos. Coloque-se nas mãos do Pai e permaneça ao lado dele para sempre.

LEITURA DE HOJE
Jó 35
Zacarias 13
Apocalipse 9

ORAÇÃO
Pai Santo, quero fazer Tua vontade. Limpa o meu coração e guia-me sempre.

O que realmente tem valor é o que somos; o que há em nosso coração.

18 de dezembro

O que devo deixar

O britânico Jonathan Edwards foi campeão olímpico em Sidney 2000 na prova de salto triplo. Quando lhe perguntaram sobre os treinamentos e a disciplina para atingir o pódio, ele afirmou: "O treinamento atlético é duro, exige semanas inteiras de muita preparação para provas que duram alguns minutos, mas nada se compara a seguir Jesus. Segui-lo é o melhor, apesar dos sacrifícios. As pessoas não veem o trabalho duro por trás dos bastidores; o tempo exigido do atleta; as horas longe da família. Você só pode seguir em frente se tiver muita certeza de que o que faz é o que Deus quer para sua vida."

João escreveu sua segunda carta sobre a vontade de Deus para nos lembrar de que só Jesus tem todos os direitos em nossa vida. Ao final do primeiro século, falsos mestres que negavam que Jesus era Deus começaram a introduzir-se nas igrejas, semeando dúvidas nos corações de muitos. João lhes disse claramente para que não deixassem eles proclamarem as falsas doutrinas onde estivessem. Eles nem sequer deveriam comer ou dormir nas casas dos cristãos!

Se não formos sábios, teremos problemas. Qualquer pessoa pode nos falar de algo aparentemente espiritual com o objetivo de nos desviar do que a Palavra de Deus diz. O inimigo é astuto e ataca com mentiras. No começo tudo parece certo, mas ao final, nos destrói.

A Bíblia nos ensina a viver "…uma vida de obediência aos mandamentos de Deus…." (2 João 6). Precisamos ler a Palavra de Deus todos os dias para que essa intimidade com o Pai nos sustente diariamente. Devemos orar antes de tomar decisões; pedir ao Senhor que abra ou feche as portas que forem necessárias. Precisamos comparar o que ouvimos com o que a Bíblia diz, e pedir ao Espírito de Deus que nos ilumine em tudo que fizermos.

Precisamos orar e depender de Deus. Orar sem cessar. Orar e orar e orar! Viver na presença do Senhor em todos os momentos de nossa vida! É melhor cometer algum engano quando estamos orando e buscando a vontade de Deus, do que tomar uma decisão sem contar com o Pai. Lembre-se de que se você precisar consertar algo, e todos nós precisamos fazer isso em muitas ocasiões, Deus é tão bom, que é capaz de nos perdoar e restaurar. Mesmo nas circunstâncias mais adversas!

Ele nos ajuda sempre. Amá-lo é cumprir os Seus mandamentos. Andar com Ele nos conduz à vida eterna.

LEITURA DE HOJE
Jó 36
Zacarias 14
Apocalipse 10

ORAÇÃO
Pai, preciso estar diante de ti e contar-lhe sobre… Fala-me em Tua palavra, para que eu saiba o que devo fazer.

Precisamos orar e depender de Deus. Orar sem cessar. Orar e orar e orar!

Servos

Muitos atletas são conhecidos por suas repetidas conquistas, mesmo que não tenham sido campeões. Sua dedicação e perseverança são exemplo para todos. Esse é o caso de John Kelly, que faleceu em 2004, aos 96 anos, tendo corrido a maratona de Boston durante 57 edições diferentes. A última vez havia sido em 1992, quando já tinha 84 anos.

A terceira carta do apóstolo João foi dirigida a um de seus filhos espirituais, Gaio, para lhe falar do amor de Deus e para deixar claro o comportamento radicalmente oposto de duas pessoas: por um lado Diótrefes, que só queria ocupar os primeiros lugares e por outro lado Demétrio, alguém que tinha aprendido s servir a todos.

João escreve a Gaio de maneira bem direta: "...imite o que é bom e não o que é mau..." (3 João 11). Esse deve ser o objetivo de todos na igreja, não apenas dos líderes. Diante do Senhor, o mais importante não é o que busca ser o primeiro, mas o que serve a todos. Se alguém busca o reconhecimento, prestígio e liderança, não é exemplo a ser seguido; com Deus é diferente: o servo de Deus serve aos outros. Todos podem entender isso.

Nos últimos anos de sua vida, João escreve várias vezes sobre a nossa relação com Deus e com o próximo. O amor é também a base da vida de cada família. Não importa se você é pai, mãe, filho, filha, avó, avô... Deus espera de nós que amemos e ajudemos os que nos cercam a aproximar-se do Senhor.

Às vezes pensamos que só os pais têm a responsabilidade espiritual de ensinar seus filhos a amar a Deus. A Bíblia diz que essa responsabilidade se estende também aos avós. As crianças passam bastante tempo em casa. Elas são nossa primeira responsabilidade, antes do trabalho ou ministério. Não aceite a mentira que se diz sobre o tempo de qualidade. Quantidade e qualidade têm importância.

Você vê apenas as melhores jogadas da sua equipe favorita, ao invés de todo o jogo? Quando você vai às compras procura logo o que precisa sem perder tempo com outras coisas? E com o seu momento de diversão? Então, por que você faz isso com seus filhos? A família merece o nosso tempo. Quando lhes damos, demonstramos que são importantes para nós. O amor é isso, dar-se. O nosso servir ao outro também envolve o dar-se, o entregar-se a si mesmo.

19 de dezembro

LEITURA DE HOJE
Jó 37
Malaquias 1
Apocalipse 11

ORAÇÃO
Pai, ensina-me a servir. Ajuda-me a dedicar meu tempo aos que amo.

Servir é entregar-se a si mesmo para servir aos outros.

20 de dezembro

Falsos mestres

Durante a Copa do Mundo na Espanha, 1982, houve boatos de que a Alemanha e a Áustria tinham acordado que a Alemanha venceria por 1 x 0. O resultado classificaria os 2 times. Aos 10 min. do primeiro tempo, Hrubesh marcou um gol para a Alemanha, quando o goleiro da Alemanha, Schumacher colocava o seu boné. Alguns dizem que esse fora o sinal, pois a partir dali, nada mais aconteceu na partida, e as duas equipes se classificaram.

Nada disso foi provado, pois são coisas quase impossíveis de serem provadas. Só os envolvidos sabem o que aconteceu realmente, e Deus. Impressiona-me que muitos queiram alcançar seus objetivos a qualquer custo, não se importam se tiverem que enganar muitos.

Pessoas assim também estão na igreja! Judas em seu livro fala dos falsos mestres. Ele era irmão de Tiago e meio-irmão de Jesus, e escreveu sobre isso porque os ensinamentos de alguns que se diziam cristãos estavam desviando a fé de muitos.

Na história do cristianismo, muitos, em nome de Deus, têm dito e feito verdadeiras barbaridades; perseguem, martirizam, prendem e matam milhares de pessoas. Até mesmo aos tradutores da Bíblia que queriam que a Palavra de Deus alcançasse a todos! Muitas barbaridades já foram cometidas em defesa da fé, apesar de Jesus ter deixado bem claro que os cristãos demonstram a sua fé, amando os seus inimigos!

Jesus enfrentou várias vezes os líderes religiosos. "Este povo que me honra com seus lábios, mas tem seu coração longe de mim"! Chegou a dizer que o que faz de nós servos do Senhor não é o que fazemos, mas nosso amor por Ele, demonstrado no que fazemos. Os religiosos levaram Jesus à morte! Pode soar mal, mas penso que os maiores inimigos da fé costumam estar dentro de muitas igrejas que se dizem cristãs: "Eles são como as ondas bravas do mar, jogando para cima a espuma das suas ações vergonhosas; são como estrelas sem rumo, para as quais Deus reservou, para sempre, um lugar na mais profunda escuridão" (Judas v.13). O final que os espera é terrível! Diante do Senhor, a religiosidade e a denominação de nada servem.

Deus espera que nos amemos uns aos outros e que descansemos e confiemos nele. Jesus deve estar sempre no centro de tudo. A religião apenas não tem sentido. O cristianismo não tem valor algum sem o sacrifício de Cristo. Ou nós o seguimos ou nada seremos.

LEITURA DE HOJE
Jó 38
Malaquias 2
Apocalipse 12

ORAÇÃO
Pai Santo, livra-nos de nos espelhar em outras pessoas. Queremos honrar somente a Jesus e dar a Ele toda a glória.

Deus espera que nos amemos uns aos outros e que descansemos e confiemos nele.

Enganar

21 de dezembro

Sabemos bem que em geral se compete de acordo com as regras. Porém, quase todos os dias conhecemos histórias de homens e mulheres que quiseram vencer a qualquer custo. Abbies Thehami tentou vencer a maratona de Bruxelas, 1991, de forma curiosa. Seu treinador começou a corrida e depois de 20 quilômetros, deixou-a terminar para que chegasse em 1.º lugar. Foram descobertos quando se percebeu que no começo, o corredor (treinador) tinha bigode, e ao final, quem a finalizara, não tinha.

Em geral, compete-se de acordo com as regras. Em nossa sociedade, as trapaças às vezes não são tão óbvias e precisa-se de tempo de investigação para desmascará-las. Muitos tentam vencer de qualquer maneira, especialmente se há dinheiro envolvido!

Na verdade os enganos são bem elaborados e às vezes é realmente difícil saber quem está dizendo uma mentira, roubando dinheiro num negócio, ou simplesmente fazendo o que não deve. Os enganadores muitas vezes são vistos como sábios por nunca terem sido descobertos em suas trapaças. Judas define bem os cinco tipos de pessoas muito comuns nos nossos dias: "Esses homens estão sempre resmungando e acusando os outros. Eles seguem os seus próprios maus desejos, vivem se gabando e bajulam os outros porque são interesseiros. Parece a definição de pessoas que vemos na mídia: Murmuradores, queixosos, ansiosos pela autossatisfação, arrogantes e aduladores. Lembro-me de várias pessoas que se encaixam nessas descrições, inclusive nas cinco características! Judas escreveu que esse tipo de pessoas era comum na sociedade e entre os cristãos.

Se não mantivermos os olhos abertos, poderemos cair nas mesmas armadilhas, pois nosso interior não é muito diferente. Murmuramos e nos queixamos quando não nos dão atenção. Gostamos de nos sentir bem, e pensamos em nós mesmos em primeiro lugar. Somos arrogantes porque cremos que quase sempre temos razão, e capazes de qualquer coisa se soubermos que receberemos algo em troca.

Peçamos a Deus que renove o nosso coração, e que o faça de acordo com a Sua vontade. Precisamos de um coração limpo para correr bem. Cada dia devemos pedir ao Espírito de Deus que nos encha por completo para que possamos viver como lhe agrada, porque se assim não fizermos, seremos um perigo.

LEITURA DE HOJE
Jó 39
Malaquias 3
Apocalipse 13

ORAÇÃO
Senhor Jesus põe Tua mão sobre mim e limpa o meu coração. Enche-me com o Teu Espírito para que eu viva como tu queres.

Peçamos a Deus que renove o nosso coração, e que o faça de acordo com a Sua vontade.

22 de dezembro

Mais além

Juan Manuel Fangio, um dos mais conhecidos campeões mundiais da Fórmula 1, conseguiu salvar sua vida durante um Grande Prêmio de Monte Carlo por um simples detalhe. Numa curva muito fechada, observou que todos os espectadores olhavam para o final dela e nem lhe prestavam atenção. Freou bruscamente e percebeu que metros à frente houvera um acidente, e vários carros estavam destruídos. Ele viu além do óbvio e isso lhe salvou a vida.

O último livro da Bíblia, o Apocalipse, foi escrito para que pudéssemos ver além deste momento. João sob a inspiração do Espírito Santo lembra-nos que o ponto alto da história será a segunda vinda de Jesus. O apóstolo escreveu para que, sabendo isto, possamos salvar nossas vidas.

Parece um livro difícil, com profecias complicadas e situações incompreensíveis, e muitos recusam-se a lê-lo. Creem que podem seguir como cristãos, ignorando parte da Palavra de Deus. É impossível, e perdem a bênção do Senhor, pois é parte da Palavra de Deus, e contém bênçãos aos que o leem. Deus quer que compreendamos que ao esperar a segunda vinda de Jesus, recebemos vida.

O livro fala dos acontecimentos dos últimos dias, da segunda vinda do Messias, da certeza do juízo e da justiça de Deus, do julgamento do Cordeiro, do novo céu e nova terra, da eternidade, do que acontecerá após a morte, dos últimos momentos da humanidade... Este livro foi escrito para que o nosso coração adore a Deus. Está repleto de canções e de seres que louvam ao Senhor. Lendo-o podemos imaginar como será a eternidade com Deus e com os Seus. Foi escrito para os Seus adoradores.

João o escreveu quando estava condenado e exilado na ilha de Patmos, por ter sido fiel ao Senhor. Significa revelação e gira em torno de Jesus, da história e da eternidade. "Olhem! Ele vem com as nuvens! Todos o verão, até mesmo os que o atravessaram com a lança. Todos os povos do mundo chorarão por causa dele. Certamente será assim. Amém!" (Apocalipse 1:7).

Se você ainda não o leu, este é o melhor momento para fazê-lo. Se já o leu e percebeu que escaparam alguns detalhes, siga adiante. Leia-o vendo o Senhor em cada versículo e desfrute do fato dele ser o nosso Criador, pois teve a primeira palavra em nossa história e em nossa vida, mas terá também a última, porque Ele vai voltar. Não se esqueça disso!

LEITURA DE HOJE
Jó 40
Malaquias 4
Apocalipse 14

ORAÇÃO
Pai, dá-me sabedoria para entender o que acontecerá. Ajuda-me a confiar sempre em ti, porque minha vida está em Tuas mãos.

O Senhor teve a primeira palavra em nossa história e em nossa vida, mas também terá a última.

O Rei vai voltar!

23 de dezembro

Edson Arantes do Nascimento deve o apelido "Pelé", como é reconhecido no mundo, a um colega de classe que o chamou assim querendo insultá-lo. Quando Edson o ouviu, lhe deu um soco e foi suspenso por dois dias. Não sabia que essa palavra não tinha qualquer significado em português! Pouco tempo mais tarde, aos 17 anos, Pelé já era campeão do mundo, e todos começaram a considerá-lo rei.

O livro do Apocalipse trata da segunda volta do Rei dos reis e Senhor dos senhores. O Senhor Jesus. Leia estes textos-chave:

"Feliz quem lê este livro, e felizes aqueles que ouvem as palavras desta mensagem profética e obedecem ao que está escrito neste livro! Pois está perto o tempo em que todas essas coisas acontecerão" (1:3).

"Portanto, se vocês têm ouvidos para ouvir, então ouçam o que o Espírito de Deus diz às igrejas" (3:22).

"Então um dos líderes me disse: – Não chore. Olhe! O Leão da tribo de Judá, o famoso descendente do rei Davi, conseguiu a vitória e pode quebrar os sete selos e abrir o livro" (5:5).

"Então ouvi todas as criaturas que há no céu, na terra, debaixo da terra e no mar, isto é, todas as criaturas do Universo, que cantavam: 'Ao que está sentado no trono e ao Cordeiro pertencem o louvor, a honra, a glória e o poder para todo o sempre!'" (5:13).

"Pois o Cordeiro, que está no meio do trono, será o pastor dessas pessoas e as guiará para as fontes das águas da vida. E Deus enxugará todas as lágrimas dos olhos delas" (7:17).

"O monstro foi feito prisioneiro junto com o falso profeta, que havia feito coisas espantosas na sua presença. Com aquelas coisas ele havia enganado os que tinham o sinal do monstro e os que haviam adorado a imagem do monstro. O monstro e o falso profeta foram jogados vivos no lago de fogo que queima com enxofre" (Apocalipse 19:20).

"Quem não tinha o seu nome escrito no Livro da Vida foi jogado no lago de fogo" (20:15).

"Depois disso ouvi no céu uma voz forte como se fosse a de uma grande multidão, que dizia: – Aleluia! A salvação, a glória e o poder pertencem ao nosso Deus!" (19:1).

"O Espírito e a Noiva dizem: – Venha! Aquele que ouve isso diga também: – Venha! Aquele que tem sede venha. E quem quiser receba de graça da água da vida" (22:17).

O Espírito de Deus chama a noiva — a igreja — e diz: Vem!

LEITURA DE HOJE
Jó 41
Apocalipse 15

ORAÇÃO
Senhor Jesus, volte logo!

24 de dezembro

Entregar o coração

Às vezes os problemas se acumulam. Se algo pode sair mal, acontecerá no momento mais inoportuno. Talvez Lamar Odom, campeão da NBA, tenha pensado isso quando seu filho pequeno e sua avó faleceram no mesmo dia. "Isso deu-me forças porque creio que foi Deus que o permitiu," confessou Odom. "Na vida acontecem coisas que o fazem melhor e mais forte". Dias mais tarde, dispararam um tiro contra ele, mas a bala passou-lhe próximo. Poucos centímetros para que não tocasse o seu corpo: "Deus esteve comigo" respondeu Lamar aos jornalistas.

A fé cresce nas provas e dificuldades, quando não entendemos o que acontece ao redor. Às vezes pensamos que ter fé é simplesmente crer, que no original grego a palavra crer significa entregar o coração, confiar como a criança faz com seu pai.

Quando nos apaixonamos por alguém, entregamos lhe o coração por completo. Confiamos no que essa pessoa diz e faz. Entregamo-nos por completo. Se uma amizade nossa vale a pena, colocamos todo o nosso coração nesse relacionamento e vamos em frente. É isso o que Deus espera de nós.

No Antigo Testamento, o Espírito de Deus usa a palavra conhecer" para definir como deve ser a nossa fé. "Conhecer", no idioma hebraico, era fazê-lo de modo total, perfeito e íntimo. É o mesmo verbo usado para definir a relação sexual entre marido e mulher. Não se pode "conhecer pela metade". Temos que nos entregar por completo! A fé é igual! Crer em Deus é conhecê-lo de um modo total e perfeito, de tal maneira que todo nosso ser esteja envolvido. Tudo o que somos e o que temos!

Deus se doou, ao entregar o Seu amor a cada um de nós. Fez isso por Sua vontade, pois nada havia de amável em nós. Fez porque Deus é amor em essência e queria que nós desfrutássemos desse amor.

Nós o amamos, porque Ele nos amou primeiro. Não o fazemos por obrigação: Amamos como somos amados. Deus, porém, nos ama sem impor condições. Ele aprecia a nossa resposta de amor, mas nos ama de qualquer maneira.

Sei que todos nós caímos, falhamos, duvidamos… Mas o Espírito de Deus pode nos ajudar a viver o que parece impossível. Ele nos dá as forças para parecermos a cada dia mais com aquele que disse: "Eu sou o Alfa e o Ômega, diz o Senhor Deus, o Todo-Poderoso, que é, que era e que há de vir" (Apocalipse 1:8). Nele cremos, vivemos e somos…

LEITURA DE HOJE
Jó 42
Apocalipse 16

ORAÇÃO
Senhor Jesus, te entrego o meu coração. Quero que reines em minha vida e que sejas o meu melhor amigo!

Crer em Deus é conhecê-lo de modo total e perfeito, de maneira que todo o nosso ser se envolva.

Um menino nos nasceu

25 de dezembro

Durante vários anos, na casa de nossos pais, celebramos o Natal com convidados. Normalmente eram os jogadores da equipe de basquetebol da cidade. Essa tradição não se interrompeu com nossa mudança para a cidade de Santiago.

Mas nem tudo é celebração, para muitas pessoas o dia de Natal é muito triste: alguns recordam-se de queridos que já se foram; outros percebem que a celebração espiritual foi trocada por consumismo e desejos. Quase ninguém se lembra do "menino de Belém".

Ter comprado o que desejamos não melhora o estado de nossa alma. Ter a agenda cheia de atividades e celebrações, não traz tranquilidade, paz e descanso. Pensamos ser os tais, porque conseguimos quase tudo, no entanto, estamos mais perdidos do que nunca.

O Natal significa que "...já nasceu uma criança, Deus nos mandou um menino que será o nosso rei. Ele será chamado de "Conselheiro Maravilhoso", "Deus Poderoso", "Pai Eterno", "Príncipe da Paz". Ele será descendente do rei Davi; o seu poder como rei crescerá, e haverá paz em todo o seu reino. As bases do seu governo serão a justiça e o direito, desde o começo e para sempre. No seu grande amor, o Senhor Todo-Poderoso fará com que tudo isso aconteça" (Isaías 9:2-7). Um menino nasceu para todos, ricos e pobres, sábios e ignorantes; um menino para todas as culturas, raças e povos. Deus se fez homem para todos, para os que celebrarão a festa em casa e para os que não têm onde dormir essa noite. O menino nasceu para os desprezados, para os poderosos, para os solitários, para os que atravessam o deserto de suas vidas e para os que são felizes. O menino nasceu para todos.

Esse menino nasceu para você também, acredite ou não. O Natal não é só uma história bonita para contarmos aos filhos. É a história da humanidade: da vida de Jesus, Seu poder, Seu trato com as pessoas, Seu serviço, Seu sofrimento e morte.

O menino é o Deus Forte, e nós precisamos dele. Ele conhece as nossas limitações, problemas e frustrações e é o único capaz de vencê-las. Ele é o Pai Eterno, e pode nos fazer vencer os medos e cuidar de nós para sempre. É o Príncipe da Paz, que enche de tranquilidade a nossa vida e nossa família. O Príncipe que veio para voltar. Um menino nos nasceu, para você e para mim. Esse dia mudou nossa história. Vale a pena celebrá-lo!

LEITURA DE HOJE
Apocalipse 17

ORAÇÃO
Pai Santo, obrigado por ter enviado o Teu filho ao mundo por mim. Eu te amo, adoro e preciso de ti... Obrigado por me amar tanto!

O Natal não é só uma bela história para contarmos aos nossos filhos. É a história da humanidade.

26 de dezembro

Raça, tribo, nação e língua

Elana Mayer é atleta sul-americana e foi medalha de prata na prova dos 10 mil m nos Jogos Olímpicos de 1992 e 1996. Como parte do seu treinamento ela corre por volta de 150 km por semana. Após receber a medalha de prata em Atlanta, dava-lhe tranquilidade saber que o amor de Deus por ela era incondicional, não dependia de suas vitórias. Depois da corrida das Olimpíadas de 1992 em Barcelona, ela deu a volta de honra no estádio de mãos dadas com a etíope Tulu Deratu, medalhista de ouro. Juntas, mostraram ao mundo a esperança da unidade racial na África.

Muitas pessoas lutam para que não haja discriminação racial, nem qualquer outra! É uma luta contínua e sem descanso. No céu cessará toda a discriminação, pois Deus nos criou à Sua semelhança e nos ama. Em Sua casa haverá pessoas de todos os povos, tribos, raças nações e línguas.

Lá não haverá distinção. Viveremos eternamente desfrutando de Seu amor e criação. Falaremos e compreenderemos todas as línguas, e haverá harmonia perfeita. A Bíblia diz: "...Pois foste morto na cruz e, por meio da tua morte, compraste para Deus pessoas de todas as tribos, línguas, nações e raças. Tu fizeste com que essas pessoas fossem um reino de sacerdotes que servem ao nosso Deus; e elas governarão o mundo inteiro" (Apocalipse 5:9-10).

Deus nos fez reis e sacerdotes de todos os povos, raças e línguas. Os que defendem posturas racistas não compreendem o caráter de Deus. A diversidade é parte da glória da Sua criação. Ele nos fez diferentes e nos ama. A uniformidade é obra do diabo. Os ditadores odeiam as diferenças. Querem que todos pensem, vivam e reajam como eles querem. Deus ama as diferenças porque Ele as criou e se alegra nessa criação, presenteando-nos com liberdade e graça, cristãos ou não. Jamais nos esqueçamos de que uma das melhores maneiras de honrar a Deus é sermos nós mesmos. Ele fez cada um diferente, para que usufruíssemos da liberdade de sermos diferentes.

O diabo inventou o orgulho e a amargura. Esse orgulho causa inveja quando queremos estar no lugar da outra pessoa, ou ao pensarmos que Deus se enganou conosco. Não caia nisso: Quando você é você mesmo, isso honra o Criador. Se você se sente feliz pelo que é e ama aos outros como são, honra a Deus.

LEITURA DE HOJE
Apocalipse 18

ORAÇÃO
Pai que estás nos céus, quero honrar-te com minha vida.

Deus nos ensinará a desfrutar da diversidade no céu.

Autoridade paciente

27 de dezembro

Na partida de futebol entre o *Manchester* x *Chelsea*, o treinador do *Manchester United*, pediu aos jogadores que entrassem em campo com chuteiras com travas altas, porque o campo estava encharcado. O uruguaio Diego Forlán, um dos melhores do time decidiu por sua conta usar travas baixas. Ninguém notou, até que num momento decisivo, Forlán teve a oportunidade de marcar gol, mas escorregou e perdeu a chance. "Não se pode enganar o treinador Ferguson. A princípio eu ia usar as chuteiras que ele recomendou, mas ao final, não as usei. Escorreguei perto do gol e desperdicei a oportunidade. O treinador pegou as chuteiras e atirou longe e essa foi minha última partida no *United*."

Sir Alex Ferguson não queria que ninguém o desobedecesse. Essa era sua maneira de comandar seu time. Em muitas ocasiões nós também costumamos punir as pessoas que não nos obedecem ou que contestam nossas decisões. O nosso conceito de autoridade é forte para deixarmos que passem por cima de nós. Se acharmos que temos razão, queremos ganhar a qualquer custo.

Deus não é assim. Ele é mais paciente. Não nos impõe a Sua justiça, se fosse assim nenhum de nós estaria vivo. Deus espera que reconheçamos os nossos erros e nos dá tempo para pedirmos perdão e para perdoar. Queremos fazer justiça aos que nos tratam mal, mas não desejamos essa mesma justiça quando erramos. Somos egoístas, mesmo sem perceber.

Mas há outro tipo de justiça mais importante do que nossas pequenas batalhas. Os que perderam a vida precisam de justiça. Os perseguidos e maltratados por seguir ao evangelho esperam o juízo de Deus. Os enganados querem ser ressarcidos. Deus fará justiça:"...Eles gritavam com voz bem forte: – Ó Todo-Poderoso, santo e verdadeiro! Quando julgarás e condenarás os que na terra nos mataram? Cada um deles recebeu uma roupa branca. E foi dito a eles que descansassem um pouco mais, até que se completasse o número dos seus companheiros no trabalho de Cristo, que eram seus irmãos e que iam ser mortos como eles tinham sido" (Apocalipse 6:9-11).

Um dia a justiça de Deus será plena, mas enquanto isso, Deus quer que ajudemos os que estão sofrendo pelo evangelho. Podemos orar por eles, dar-lhes o que necessitam, lutar para que tenham liberdade, pois todos somos parte de Cristo. Se um sofre, todos nós sofremos. Se alguém é perseguido, somos perseguidos. Podemos orar, porque Deus continua cuidando deles, e pedir sabedoria a Deus para ajudar em tudo o que pudermos.

Deus espera que reconheçamos os nossos erros e nos dá tempo para pedirmos perdão e para perdoar.

LEITURA DE HOJE
Apocalipse 19

ORAÇÃO
Pai eterno, quero orar pelos que são perseguidos por amor a ti...

28 de dezembro

Compartilhe o vermelho

Os espanhóis, campeões de futebol na África 2010 foram chamados de os "vermelhos" em referência à cor da camisa. O goleiro, Casillas, foi considerado o melhor dos últimos tempos, e outros jogadores do time que jogavam no *Real Madrid* e *Barcelona* também se destacaram. Depois da Copa, eles participaram de uma propaganda, dizendo: "Dê o seu sangue, compartilhe o vermelho que há em seu interior."

Às vezes, nos esforçamos para compreender a linguagem espiritual da Palavra de Deus, sem perceber que muitas coisas são mais simples do que cremos. A Bíblia diz que os que recebem Jesus em suas vidas, são chamados filhos de Deus, e se tornam parte da noiva de Cristo, a igreja. Deus usa essa imagem para mostrar que um dia será realizado o "casamento" do Cordeiro e nós seremos a noiva de Jesus. Deus nos ama tanto que um dia seremos um com Ele, como um casal que se ama e se une diante de Deus.

Uniremo-nos a Cristo, pois o seguimos e somos parte de Sua igreja. Imagine uma seleção de milhões de pessoas? É o corpo de Cristo. Ele nos escolheu porque amamos o Senhor. Essa é a única condição. Jesus é digno de nosso amor. Ele deu Sua vida por nós, e derramou até a última gota de sangue por você.

A Sua igreja é purificada por Seu sangue. Não é uma camisa vermelha que vestimos, mas o sangue de Jesus que nos purificou que flui em nossas veias espirituais. Jamais nos esqueçamos disso. O sangue dele nos permite fazer parte dessa equipe eterna. È o sangue do Vencedor: de Deus feito homem. A vida que recebemos é imortal, eterna! Em Apocalipse 7:9, lemos: "...vi uma grande multidão tão grande, que ninguém podia contar, Eram de todas as nações, tribos, raças e línguas..." No time de Deus há pessoas de todas as nações, tribos, povos, raças e línguas. A multidão é incontável! O amor de Deus não tem limites.

Recebemos a vida eterna, porque Deus nos amou. Não merecíamos e nada nos custou. Nosso sangue, no entanto, não é como o dele, porque vivemos em um mundo imperfeito, mas podemos salvar muitas vidas, se o doarmos. Se você ama a Deus, doe o seu sangue. Muitos poderão continuar vivendo graças a você e entenderão o que significa receber um presente tão grande.

Jesus nos concedeu o Seu sangue para nos dar vida. Nós devemos doar o nosso para que outros possam continuar a viver.

LEITURA DE HOJE
Apocalipse 20

ORAÇÃO
Pai que estás nos céus, agradeço-te por me permitir participar da Tua equipe. Hoje, quero ajudar...

Todos os que amam o Senhor Jesus são a Sua noiva e tornam-se parte de Sua igreja.

Que tipo de rei você é?

Pelé foi campeão do mundo de futebol na Suécia,1958, com a seleção do Brasil, aos 17 anos. No começo do campeonato, a seleção brasileira não estava muito bem. Pelé não estava escalado e os jogadores veteranos pediram ao técnico que ele jogasse. Pelé foi a grande sensação daquela Copa. Anos mais tarde, ele encontrou George Best, um excelente jogador europeu e este lhe disse: "que tipo de rei é você que não fuma nem bebe?" Talvez esse fosse um dos motivos da qualidade dele.

Acho curioso o nosso jeito de usufruir de tudo sem querer pagar o preço das consequências. Alguns costumes destroem, mas muitos nem se importam. Outros adotam a "política do avestruz", de esconder sua cabeça quando tem medo. Outros afirmam ter o direito de fazer o que querem e que pagarão as consequências.

Se reações assim acontecem em pequenas discussões, imagine quando falamos de Deus! As reações variam: escapar, rir, negar, zangar, chamar de bobo, evitar conversa... Os que negam a existência de Deus usufruírem do que Ele faz.

Deus nos presenteou com a vida, amizade, beleza, alegria dos bons momentos etc... E disso gostamos! Mesmo que muitos creiam ser isso um acaso cósmico de forças sem sentido.

Para alguns, tudo que é bom um dia acabará. Deus nos dá centenas de chances de nos voltarmos a Ele, e se não quisermos, seremos nós mesmos a decidir isso. O que é bom acabará quando os que negam a Deus estiverem definitivamente separados dele, no momento em que atravessarem as portas do inferno. Negar a Deus hoje é fácil. Naquele dia, será cruel. A Bíblia diz que muitos continuarão negando, mesmo vendo o que veem e sentindo o que sentem. "Elas sofreram queimaduras dolorosas causadas por esse fogo e amaldiçoaram o nome de Deus, que tem autoridade sobre essas pragas. Mas não se arrependeram dos seus pecados, nem louvaram a glória de Deus" (Apocalipse 16:9).

Jamais entendi o motivo do orgulho de morrer querendo ter razão, parece ser mais poderoso do que nós mesmos. Sofremos isso várias vezes durante a nossa vida e se não formos capazes de voltar a Deus, sofreremos definitivamente na eternidade. Como é fácil dizer de coração: "Sinto muito, eu estava errado". "Quero viver de modo diferente!". "Senhor, quero viver sempre contigo." Ou não é tão fácil?

29 de dezembro

LEITURA DE HOJE
Apocalipse 21

ORAÇÃO
Pai querido, corrija-me se há em mim algo errado. Põe Tua mão sobre mim e limpa o meu coração.

O orgulho de querer morrer tendo razão parece ser mais forte do que nós mesmos.

Tudo se descobre

O jogador brasileiro Garrincha foi admirado por suas habilidades no campo e por ocorrências em sua vida particular. Ele tinha excelente senso de humor. Na Copa de 1958, o técnico brasileiro, antes do jogo explicava como o time deveria jogar em determinado momento quando Garrincha lhe perguntou: "Você combinou com nossos rivais que faremos assim?"

Se a vida fosse tão simples como um evento esportivo, nos pouparíamos de muitos problemas. Infelizmente não é assim. Algumas táticas aplicadas no esporte estão profundamente arraigadas em nosso caráter, e uma delas é vigiar os outros, nos preocupar com o que dizem ou fazem.

É curioso, porque não se trata de ganhar de ninguém, mesmo assim, muitos vivem preocupados com o que os outros fazem, onde estão ou o que pensam. Agem assim principalmente quando sua conduta não é muito apropriada. Ninguém quer ser pego ou descoberto. Muitos vivem de aparência o que os obriga a vigilância porque estão preocupados que descubram o que estão fazendo. Pergunte aos seus amigos o que fariam se soubessem que ninguém os vê. O que fariam se não fossem responsáveis pelas consequências dos seus atos, se ninguém soubesse de nada: Enganariam, roubariam, mentiriam, matariam?

O que cada um de nós faria? O medo de sermos descobertos é a única razão de não fazermos certas coisas? Um dia tudo virá à luz, as coisas boas e as más, nossas ações, nossas razões, as decisões que tomamos. "Vi também os mortos, tanto os importantes como os humildes, que estavam de pé diante do trono. Foram abertos livros, e também foi aberto outro livro, o Livro da Vida. Os mortos foram julgados de acordo com o que cada um havia feito, conforme estava escrito nos livros" (Apocalipse 20:12).

Nesse dia não haverá volta, o que tiver sido, será. Ninguém poderá inventar desculpas, nem buscar atenuantes para a sua maneira de viver. Não poderemos culpar ninguém. A Bíblia diz que os livros serão abertos e que tudo ficará descoberto. Nada ficará encoberto e será impossível escapar desse dia.

Nesse momento teremos duas opções: o nosso nome escrito no Livro da Vida, porque recebemos o Senhor Jesus como Salvador, ou seremos julgados pelo que fizemos. Lembre-se de que se queremos ser julgados por nossas obras, deveremos ser tão bons quanto Deus. O seu nome está escrito no Livro da Vida?

LEITURA DE HOJE
Apocalipse 22

ORAÇÃO
Deus poderoso, agradeço por meu nome estar escrito em Teu Livro da Vida. Examina, transforma e guia-me sempre por Teus caminhos.

Nesse dia não haverá volta. O que foi, será.

Prêmio para os melhores

A indicação de três jogadores da mesma equipe do futebol espanhol para um prêmio foi inédita. Xavi, Iniesta e Messi foram os três finalistas do Globo de Ouro, 2010, que por fim, Leo Messi venceu. Os três pensavam que os outros dois tinham mais méritos para ganhar do que eles mesmos. Os três eram bons amigos e estavam convencidos de que se alegrariam fosse qual fosse o ganhador.

Ao final de um ano, costuma-se entregar prêmios aos melhores do ano, nos esportes, e em muitos segmentos da sociedade. É a época ideal para recordarmos que o maior prêmio no universo está ao alcance de todos e não precisamos ser melhores do que ninguém, nem esperar uma data específica, pois esse prêmio já está reservado a nós. Só precisamos confiar e descansar.

O prêmio será os novos céus e nova terra, que desfrutaremos de maneira incomparável e sem fim. "O anjo também me mostrou o rio da água da vida, brilhante como cristal, que sai do trono de Deus e do Cordeiro e que passa no meio da rua principal da cidade. Em cada lado do rio está a árvore da vida, que dá doze frutas por ano, isto é, uma por mês. E as suas folhas servem para curar as nações. E não haverá na cidade nada que esteja debaixo da maldição de Deus. O trono de Deus e do Cordeiro estará na cidade, e os seus servos o adorarão. Verão o seu rosto, e na testa terão escrito o nome de Deus. Ali não haverá mais noite, e não precisarão nem da luz de candelabros nem da luz do sol, pois o Senhor Deus brilhará sobre eles. E reinarão para todo o sempre" (Apocalipse 22:1-5).

O ano termina e refletimos sobre o que já passou. Isso é necessário, e nos faz bem. Alguns tentam não pensar sobre isso, mas cedo ou tarde, vemos nossa vida passar diante de nós. No final do ano essa sensação toma conta de nós: O que esperar do próximo?". Evitamos pensar que nossa vida está indo. A cada ano o final está mais perto.

Há porém um final alternativo! Deus tem um prêmio preparado para cada um de nós. Ninguém sabe que dia o receberemos, pois não sabemos quando partiremos.

Agradeça a Deus por esse ano. Ele cuidou de você até hoje. Descanse no Senhor e alegre-se nele. A cada dia que passa, estamos mais perto da vida eterna e cada instante nos aproxima mais dos novos céus, da nova terra, da presença de Deus e do prazer de viver tudo o que Ele preparou para nós.

31 de dezembro

LEITURA DE HOJE
Salmo 95

ORAÇÃO
Obrigado, Pai eterno, por este ano que nos deste. Colocamos diante de ti os nossos sonhos para o próximo ano! Amamos o Senhor.

Para os que confiam em Deus, cada fim de ano é um lembrete de que o grande dia se aproxima!

Notas

Notas

Notas